Sozioökonomische Forschungen Band 14

Herausgeber:
Prof. Dr. Ernst Dürr, Nürnberg
Prof. Dr. Egon Tuchfeldt, Bern

Dr. Wolfgang Harbrecht

Europa auf dem Wege zur Wirtschafts- und Währungsunion

Theoretische und politische Probleme der Errichtung
einer Wirtschafts- und Währungsunion
in der Europäischen Gemeinschaft

Verlag Paul Haupt Bern und Stuttgart

Als Habilitationsschrift auf Empfehlung der Wirtschafts- und Sozialwissenschaftlichen Fakultät der Universität Erlangen–Nürnberg gedruckt mit Unterstützung der Deutschen Forschungsgemeinschaft.

CIP-Kurztitelaufnahme der Deutschen Bibliothek

Harbrecht, Wolfgang:
Europa auf dem Wege zur Wirtschafts- und Währungsunion: theoret. u. polit. Probleme d. Errichtung e. Wirtschafts- u. Währungsunion in d. Europ. Gemeinschaft / Wolfgang Harbrecht, – Bern; Stuttgart: Haupt, 1981.
(Sozioökonomische Forschungen; Bd. 14)
ISBN 3-258-03082-0

Vorwort

Die vorliegende Arbeit befasst sich mit den theoretischen und politischen Problemen der Errichtung einer Wirtschafts- und Währungsunion in der Europäischen Gemeinschaft.

Als die Arbeit 1977 konzipiert wurde, war noch nicht abzusehen, dass die Staats- und Regierungschefs der neun EG-Staaten schon bald einen zweiten Versuch zur monetären Integration Europas in Angriff nehmen würden, der schliesslich Ende 1978 zur Schaffung des Europäischen Währungssystems EWS führte. Statt dessen schien sich zum damaligen Zeitpunkt die Erkenntnis durchgesetzt zu haben, dass erneute Bemühungen um eine Wirtschafts- und Währungsunion in Europa nicht einfach dort anknüpfen könnten, wo man 1973 stehen- bzw. steckengeblieben war. Vielmehr glaubte man, angesichts der veränderten Ausgangsbedingungen nach neuen Wegen suchen zu müssen.

Diesem Problemstand entsprechend bestand das Ziel dieser Arbeit ursprünglich darin, die zum damaligen Zeitpunkt diskutierten alternativen Vorschläge zur Vollendung der Wirtschafts- und Währungsunion in der Europäischen Gemeinschaft vom wirtschaftstheoretischen Standpunkt aus auf ihre Gangbarkeit hin zu überprüfen und zu untersuchen, welche ökonomischen und politischen Voraussetzungen und Bedingungen erfüllt sein müssten, damit bei einer eventuellen Realisierung des einen oder anderen Weges mit einem Erfolg hätte gerechnet werden können. Ausserdem war beabsichtigt, aufgrund der in dieser Untersuchung gewonnenen Erkenntnisse ein eigenes, ökonomisch funktionsfähiges Konzept zur Errichtung einer Wirtschafts- und Währungsunion in der Europäischen Gemeinschaft zu entwickeln, das die in der Europäischen Gemeinschaft bestehenden politischen Probleme der Errichtung einer Wirtschafts- und Währungsunion soweit wie möglich berücksichtigte.

Mit der Konzipierung und Einführung des EWS veränderte sich die Richtung der wirtschaftspolitischen Diskussion weg von der Frage, welcher Weg wohl am ehesten zur monetären Integration in Europa führen würde, zu der Frage hin, ob der von den Staats- und Regierungschefs mit der Einführung des EWS beschrittene Weg wirklich erfolgversprechend ist oder ob das EWS nicht schon von seiner Konzeption her zum Scheitern verurteilt sei. Für den Verfasser dieser Arbeit ergab sich dadurch eine Themenerweiterung: Eine Analyse der alternativen Vorschläge zur Errichtung einer Wirtschafts- und Währungsunion musste nun natürlich auch das neue Europäische Währungssystem EWS in angemessener Weise berücksichtigen.

Dieses Buch enthält daher ausser einer eingehenden grundsätzlichen Analyse der theoretischen und politischen Probleme der Errichtung einer Wirtschafts- und Währungsunion in der Europäischen Gemeinschaft und einer Diskussion der alternativen Wege zur Erreichung dieses Zieles eine ausführliche Untersuchung der ökonomischen Auswirkungen des EWS und eine Überprüfung seiner ökonomischen Funktionsfähigkeit aus der Sicht des gegenwärtigen Standes der Wirtschaftstheorie sowie eine kritische Beurteilung der Erfolgsaussichten des EWS aufgrund der in dieser Arbeit gewonnenen Erkenntnisse.

Abschliessend möchte ich allen danken, die zum Entstehen dieser Arbeit beigetragen haben. Mein Dank gebührt zunächst meinem verehrten Lehrer, Herrn Prof. Dr. Manfred Neumann, der diese Arbeit an seinem Lehrstuhl ermöglicht hat. Danken möchte ich weiterhin Herrn Prof. Dr. Ernst Dürr, Nürnberg, und Herrn Prof. Dr. Egon Tuchtfeldt, Bern, für die Aufnahme dieser Arbeit in ihre Reihe «Sozioöko-

mische Forschungen». Mein ganz besonderer Dank gilt schließlich meiner Frau, die zum Entstehen dieser Arbeit weit mehr als nur das Schreiben des Manuskripts beigetragen hat. Die Entstehung der Arbeit wurde 1978/79 durch ein Forschungsstipendium der Kommission der Europäischen Gemeinschaften finanziell gefördert.
Das Manuskript wurde im Oktober 1979 abgeschlossen. Der Verfasser sah bisher keine Veranlassung, seine in der Arbeit dargelegte Beurteilung des EWS zu revidieren.

Nürnberg, im August 1981 Wolfgang Harbrecht

Inhaltsverzeichnis

Einleitung

Ende 1978 haben die Staats- bzw. Regierungschefs der neun Mitgliedstaaten der Europäischen Gemeinschaft in ihrer Eigenschaft als Europäischer Rat in Brüssel ein Europäisches Währungssystem beschlossen, mit dem in Europa eine Zone der Währungsstabilität errichtet werden soll. Das Europäische Währungssystem EWS stellt das bisherige Ergebnis einer «relance de l'unification monétaire européenne» dar, die seit 1977 die Diskussion um Fortschritte der europäischen Integration zunehmend beherrscht hatte. Mit dem Beschluss, in der Europäischen Gemeinschaft ein eigenes Europäisches Währungssystem zu errichten, haben die Vertreter der neun Mitgliedstaaten der EG einen zweiten Versuch eingeleitet, die Europäische Gemeinschaft zu einer Wirtschafts- und Währungsunion weiterzuentwickeln.

Der Plan, die wirtschaftliche und politische Integration der europäischen Staaten durch Errichtung einer Wirtschafts- und Währungsunion in Europa über das in den Gemeinschaftsverträgen vorgesehene Ausmass hinaus weiterzuführen, ist nun schon über zehn Jahre alt. Denn bereits auf der Haager Gipfelkonferenz im Dezember 1969 beschlossen die Staats- bzw. Regierungschefs der damals noch sechs EG-Staaten die stufenweise Errichtung einer Wirtschafts- und Währungsunion. Die Regierungsvertreter hielten die Weiterentwicklung der EG zu einer Wirtschafts- und Währungsunion nicht nur für wünschenswert, um weitere Fortschritte im europäischen Einigungsprozess zu erzielen, sondern auch für notwendig, um den in der EG erreichten Integrationsstand zu sichern.

Die im Anschluss an diesen Beschluss erfolgten Bemühungen, in Europa nach dem im «Werner-Bericht» vorgeschlagenen Stufenplan die Wirtschafts- und Währungsunion in Stufen bis 1980 zu errichten, blieben jedoch – nicht zuletzt wegen der internationalen Währungskrisen Anfang der siebziger Jahre und der unmittelbar darauffolgenden Ölkrise – in den ersten Anfängen stecken. Seit der Feststellung einer von der Kommission im Jahre 1974 eingesetzten Studiengruppe in ihrem Bericht «Wirtschafts- und Währungsunion 1980», dass sie das Ergebnis der seit 1969 unternommenen Bemühungen um die Errichtung einer Wirtschafts- und Währungsunion in Europa als einen Misserfolg ansieht, galten die Bemühungen, die Europäische Gemeinschaft bis 1980 zu einer Wirtschafts- und Währungsunion weiterzuentwickeln, auch mehr oder weniger offiziell als gescheitert. Damit war ein erster Anlauf zur Errichtung einer Wirtschafts- und Währungsunion in Europa fehlgeschlagen. Statt zu einer engeren monetären Kooperation waren die europäischen Staaten zu einem System flexibler Wechselkurse übergegangen, in dem die Gemeinschaftswährungen nicht nur gegenüber dem US-Dollar mehr oder weniger frei floateten, sondern in dem auch innerhalb der Europäischen Gemeinschaft zwischen den wichtigsten Gemeinschaftswährungen flexible Wechselkurse vorherrschten.

Obwohl die Errichtung des EWS zweifellos einen Fortschritt auf dem Gebiet der währungspolitischen Integration Europas darstellt und das EWS inzwischen in seiner Anfangsphase tatsächlich in der Lage war, die Europäische Gemeinschaft trotz einer erneuten Ölkrise zu einer Zone der Wechselkursstabilität zu machen, sind doch von Anfang an auch von verschiedenen Seiten warnende Stimmen erhoben worden, die an einen dauerhaften Erfolg des EWS in seiner gegenwärtigen Form nicht glauben können. Tatsächlich hat sich das EWS bisher auch nur als eine Zone der Wechselkursstabilität erwiesen, nicht jedoch oder zumindest nicht in befriedigender Weise als eine Zone der Währungsstabilität. Gerade von dem in

jüngster Zeit wieder zu beobachtenden verstärkten Anstieg des Preisniveaus in der Europäischen Gemeinschaft und den sich wieder vergrössernden Inflationsunterschieden in den verschiedenen EG-Mitgliedstaaten drohen dem EWS aber Gefahren, deren erfolgreiche Bewältigung in dem neuen Währungssystem bisher nicht unter Beweis gestellt wurde.
Die «EWS-Pessimisten» begründen ihre Skepsis gegenüber dem EWS vor allem damit, dass das EWS im Grunde nichts anderes darstellt als einen zweiten Versuch, den 1970 im «Werner-Bericht» vorgeschlagenen Weg zur Errichtung einer Wirtschafts- und Währungsunion wieder aufzugreifen und fortzusetzen. Dieser Weg war aber Anfang der siebziger Jahre nach Meinung der Studiengruppe «Wirtschafts- und Währungsunion 1980» nicht nur wegen der internationalen Währungskrisen, sondern vor allem auch wegen konzeptioneller Mängel und einem mangelnden politischen Willen zur Einführung einer gemeinsamen Wirtschafts-und Währungspolitik gescheitert. Bei der Festlegung dieses Weges hatten sich nämlich weitgehend die sog. «Monetaristen» durchgesetzt, die die Auffassung vertreten, dass eine Wirtschafts- und Währungsunion am einfachsten dadurch erreicht werden könne, dass man die Wechselkurse zwischen den verschiedenen Gemeinschaftswährungen unwiderruflich fixiert und die Bandbreiten zwischen den Wechselkursen vollständig beseitigt. Dieser währungspolitische Schritt soll nach Meinung der «Monetaristen» als Motor für die übrige Integration dienen. Insbesondere würde eine derartige unwiderrufliche Fixierung der Wechselkurse schon von der Sache her im Laufe der Zeit eine stärkere Koordinierung der Wirtschafts- und Währungspolitik erzwingen und damit zu einem einheitlichen Währungsraum mit einer einheitlichen Geld- und Währungspolitik führen.
Gegen diese Meinung wenden die sog. «Ökonomisten» ein, dass man eine Wirtschafts- und Währungsunion nur am Ende eines wirtschaftlichen Integrationsprozesses erreichen könne, nachdem vorher nicht nur die volle Mobilität aller Güter und Produktionsfaktoren, d.h. insbesondere auch ein freier Kapitalverkehr, verwirklicht worden ist, sondern auch vorher eine gemeinsame Wirtschaftspolitik, insbesondere eine gemeinsame Geld- und Währungspolitik, eingeführt wurde. Dazu müsste aber ein klarer politischer Wille vorhanden sein, zu dem sich die sechs EWG-Staaten aber schon bei Abschluss der Römischen Verträge nicht durchringen konnten und der den inzwischen neun EG-Staaten bis heute fehlt.
Tatsächlich stellt eine Wirtschafts- und Währungsunion die höchste Form der wirtschaftlichen Integration dar – nämlich eine Totalintegration auf wirtschaftlichem Gebiet. Der Wirtschaftsraum einer Wirtschafts- und Währungsunion unterscheidet sich durch nichts vom Wirtschaftsraum eines einheitlichen Staatsgebietes. Ihre Verwirklichung in Europa würde demnach die Vollendung des wirtschaftlichen Integrationsprozesses der in der Europäischen Gemeinschaft zusammengeschlossenen Staaten bedeuten.
Wenn dieses Ziel bisher nicht erreicht worden ist, so kann das entweder daran liegen, dass bei den betreffenden Staaten tatsächlich der politische Wille fehlt, oder aber daran, dass man noch nicht den richtigen Weg gefunden hat, um das angestrebte Ziel zu erreichen. Während in der Literatur bisher überwiegend die Auffassung vertreten wird, dass die Weiterentwicklung der Europäischen Gemeinschaft zu einer Wirtschafts- und Währungsunion bisher vor allem am mangelnden politischen Willen der Verantwortlichen der EG-Mitgliedstaaten gescheitert ist, wird in dieser Arbeit die Meinung vertreten und begründet, dass das

1969 auf der Gipfelkonferenz von Den Haag gesteckte Ziel, die Europäische Gemeinschaft in Stufen zu einer Wirtschafts- und Währungsunion weiterzuentwikkeln, bisher vor allem deswegen verfehlt worden ist, weil kein funktionsfähiges Entwicklungskonzept zur Verfügung stand, das die theoretischen und politischen Probleme der Errichtung einer Wirtschafts- und Währungsunion unter den besonderen Gegebenheiten in der Europäischen Gemeinschaft genügend berücksichtigte.
Wie wir in dieser Arbeit nachweisen werden, sind die theoretischen und politischen Probleme der Errichtung einer Wirtschafts- und Währungsunion in Europa aber keineswegs nur wirtschaftlicher Natur, wie es bisher in der Literatur überwiegend behauptet wird. Vielmehr muss die wirtschaftliche Integration im Gesamtzusammenhang des politischen Einigungsprozesses der europäischen Staaten gesehen werden. Wir glauben nämlich nachweisen zu können, dass jede Form der wirtschaftlichen Integration, die eine Freihandelszone übersteigt, allein ökonomisch nicht mehr erklärbar ist, sondern letztlich aus anderen, politischen Motiven durchgeführt wird.
Geht man von dieser These aus, so folgt daraus, dass nicht nur der Grad der wirtschaftlichen Integration, sondern auch die konkrete Form nicht allein nach ökonomischen Zweckmässigkeitsgesichtspunkten festgelegt wird, sondern in erster Linie in einer Art und Weise verwirklicht wird, die mit den ausserökonomischen, politischen Zielsetzungen kompatibel ist. Wenn wir den politischen Problemen der Errichtung einer Wirtschafts- und Währungsunion auf den Grund gehen wollen und ein adäquates Integrationskonzept entwickeln wollen, genügt es daher nicht, die ökonomischen Probleme der Errichtung einer Wirtschafts- und Währungsunion aufzudecken und ein ökonomisch geschlossenes Entwicklungskonzept vorzustellen, sondern wir müssen ein Integrationskonzept finden, das ökonomisch leistungsfähig ist und nicht schon vom ökonomischen Standpunkt aus gesehen problematisch ist, und das ausserdem auch mit den ausserökonomischen, politischen Zielsetzungen vereinbar ist.
Im Rahmen einer derartigen Analyse gelangen wir in der vorliegenden Arbeit zu dem Ergebnis, dass die stufenweise Errichtung einer Wirtschafts- und Währungsunion in der Europäischen Gemeinschaft unter den derzeit gegebenen politischen Rahmenbedingungen am besten erreicht werden kann, indem man in einer ersten Stufe neben den bestehenden nationalen Gemeinschaftswährungen eine europäische Gemeinschaftswährung als Parallelwährung einführt, die von einer gemeinsamen europäischen Zentralbank emittiert und verwaltet wird, und diese europäische Zentralwährung gegenüber den weiterhin bestehenden nationalen Gemeinschaftswährungen in den Rang einer Leitwährung erhebt. Es wird in dieser Arbeit also mit anderen Worten als erster Schritt zur Errichtung einer Wirtschafts- und Währungsunion in Europa die Einführung eines Leitwährungssystems in der EG vorgeschlagen, in dem eine europäische Gemeinschaftswährung gegenüber den nationalen Gemeinschaftswährungen eine Leitwährungsfunktion einnimmt und letztere die Position von Nichtleitwährungen einnehmen. Denn wie wir in unserer Arbeit ausführlich begründen werden, stellt ein Leitwährungssystem eine intergouvernementale Form einer Währungsunion auf Widerruf bzw. eine Quasi-Währungsunion dar, in der zwischen allen Währungen des betreffenden Währungsraumes feste Wechselkurse bestehen und in der die Zentralbank des «Leitwährungslandes», in unserem Falle also die gemeinsame europäische Zentralbank als Emissionsbank der europäischen Gemeinschaftswährung die Geldpolitik des gesamten Währungsraumes determiniert. Obwohl durch die Ein-

führung eines solchen Leitwährungssystems in der Europäischen Gemeinschaft ein einheitlicher Währungsraum mit einer im gesamten Währungsraum einheitlichen Geldpolitik entsteht, verlieren die nationalen Währungsbehörden dennoch nichts von ihren währungspolitischen Kompetenzen und können daher jederzeit – falls sie das für erforderlich halten – unerwünschte Entwicklungen in ihrem Sinne korrigieren.
Diese in einer ersten Stufe geschaffene intergouvernementale Form einer Währungsunion auf Widerruf, die dem derzeit in der Europäischen Gemeinschaft verfolgten konföderalistischen Integrationskonzept in besonderer Weise entspricht, kann dann zu einem späteren Zeitpunkt in einer zweiten Stufe zu einer föderalistischen Form der Währungsunion weiterentwickelt werden, indem ein Teil der währungspolitischen Kompetenzen der nationalen Zentralbanken auf die gemeinsame europäische Zentralbank übertragen wird, bevor schliesslich in einer dritten, letzten Stufe die als Endziel anzustrebende unitaristische Form der Währungsunion, in der es nur noch eine einzige europäische Gemeinschaftswährung und nur noch ein gemeinsames europäisches Zentralbanksystem gibt, verwirklicht wird.
Im Gegensatz zu den bisher in der Europäischen Gemeinschaft in Angriff genommenen Schritten zur Verwirklichung einer Wirtschafts- und Währungsunion in Europa handelt es sich bei dem hier vorgeschlagenen Integrationskonzept um einen Stufenplan, in dem in jeder einzelnen Stufe ein in sich vollendeter ökonomisch stabiler Zustand verwirklicht wird, der im Prinzip beliebig lange beibehalten werden kann, ohne dass er vom Verfall bedroht wäre. Dagegen stellen alle bisher in der Europäischen Gemeinschaft eingeleiteten Schritte zur Errichtung einer Wirtschafts- und Währungsunion – also sowohl die Anfang der siebziger Jahre nach dem «Werner-Konzept» getroffenen Massnahmen als auch das Ende 1978 errichtete EWS – ökonomisch instabile Lösungen dar, die zwar eine innere Dynamik zu weiteren Schritten in Richtung auf das Endziel enthalten, gerade deswegen aber nur Übergangslösungen darstellen, die entweder fortentwickelt werden *müssen* oder aber – wenn dies nicht gelingt – zerfallen.
Zur Begründung der genannten Ergebnisse werden wir in unserer Arbeit wie folgt vorgehen:
Im ersten Kapitel werden wir nachweisen, dass eine internationale wirtschaftliche Integration, die über die Realisierung des Freihandelspostulats hinausgeht, ökonomisch allein nicht mehr begründbar ist, sondern immer auf ausserökonomische, politische Motive der beteiligten Staaten zurückzuführen ist. Entsprechend ist die Bildung einer Wirtschafts- und Währungsunion letztlich kein ökonomischer, sondern ein politischer Akt. Als Mittel zum Zweck hängt das Ausmass und die konkrete Form der wirtschaftlichen Integration entsprechend ihrem politischen Charakter von den ausserökonomischen, politischen Zielen der beteiligten Staaten ab. Dabei wird der angestrebte Grad der wirtschaftlichen Integration um so höher sein, je enger die politische Verbindung der beteiligten Staaten geplant ist. Ebenso wird die Wahl der Integrationsmethode von Art und Umfang der politischen Verbindung der betroffenen Staaten bestimmt.
Angesichts dieser Ergebnisse werden wir im zweiten Kapitel untersuchen, welchen wirtschaftlichen Integrationsgrad und welche Form der politischen Integration die sechs Gründerstaaten der EWG bei Unterzeichnung der Römischen Verträge 1957 anstrebten. Wir kommen dabei zu dem Ergebnis, dass die sechs EWG-Staaten mit dem EWG-Vertrag in erster Linie einen Gemeinsamen Markt für alle Güter und Produktionsfaktoren errichten wollten, der durch eine gemein-

same Wirtschaftsordnungspolitik und eine weitgehend einheitliche rechtliche Rahmenordnung materiell abgesichert werden sollte. Über dieses allgemeine Ziel hinaus wollten die Gründerstaaten der EWG für einzelne Wirtschaftszweige durch die Bildung von unitaristisch strukturierten sektoralen Wirtschaftsunionen eine engere Integration erreichen. Dagegen strebten sie keine Wirtschaftsunion sui generis an und schon gar keine Wirtschafts- und Währungsunion. Die Errichtung einer Wirtschafts- und Währungsunion unterblieb jedoch nicht so sehr wegen einer mangelnden Bereitschaft der Vertragsstaaten, ihre nationale Zuständigkeit für den Einsatz der makroökonomischen Instrumente Geld-, Fiskal- und Währungspolitik auf eine supranationale Institution zu übertragen, sondern weil es durchaus gute politische Gründe gab, sich zunächst auf die Errichtung eines Gemeinsamen Marktes zu beschränken. Vor allem erübrigte sich eine engere währungspolitische Kooperation, weil die internationale währungspolitische Integration bei Abschluss der Römischen Verträge der wirtschaftlichen Integration weit voraus war und insofern eine währungspolitische Integration im EWG-Vertrag weder notwendig noch politisch opportun erschien.
Diese letzte These wird im dritten Kapitel eingehend untersucht und ausführlich begründet. Wir werden in diesem Kapitel mit Hilfe einer ausführlichen wirtschaftstheoretischen Analyse nachweisen, dass das Währungssystem von Bretton Woods die wirtschaftliche Integration Europas von Anfang an um eine de-facto-Währungsunion atlantischen Ausmasses ergänzt hat und insofern in den ersten zehn Jahren des Bestehens der EWG das Fehlen einer gemeinsamen Geld- und Währungspolitik in der EWG materiell ersetzt hat. Wir werden auch aufzeigen, dass der *politische* Wille, die wirtschaftliche Integration in Europa durch die Errichtung einer Wirtschafts- und Währungsunion weiterzuführen und zu vollenden, just in dem Augenblick entstanden ist, als den politisch Verantwortlichen der EG-Staaten bewusst wurde, dass die de-facto-Währungsunion, die durch das funktionierende Bretton Woods-System in Europa zehn Jahre lang bestanden hatte, bedroht bzw. schon zerbrochen war.
Im vierten Kapitel wird schliesslich der erste Versuch zur Errichtung einer Wirtschafts- und Währungsunion beschrieben und untersucht, aus welchen Gründen dieser erste Anlauf gescheitert ist bzw. scheitern musste. Wir kommen dabei zu dem Ergebnis, dass dieser erste Anlauf zur Errichtung einer Wirtschafts- und Währungsunion nicht nur wegen der unerwarteten, widrigen Ereignisse Anfang der siebziger Jahre fehlgeschlagen ist, sondern vor allem wegen konzeptioneller Mängel im sog. «Werner-Konzept».
Nach der Darstellung und Diskussion einiger nach dem Scheitern des «Werner-Konzepts» entwickelter alternativer Strategien zur Errichtung einer Wirtschafts-und Währungsunion im fünften Kapitel werden wir im sechsten Kapitel schliesslich ausführlich die Funktionsweise des neuen europäischen Währungssystems EWS darstellen und dieses daraufhin untersuchen, inwieweit es vom Ansatz her ökonomisch beständig ist und in welcher Richtung es weiterentwickelt werden müsste, um als eine erfolgversprechende Ausgangsbasis für einen zweiten Anlauf zur Errichtung einer Wirtschafts- und Währungsunion zu dienen. Wir werden in diesem Kapitel zeigen, dass das EWS von seiner Funktionsweise her eher dem klassischen Goldstandard gleicht als dem Währungssystem von Bretton Woods, und beweisen, dass es auf Dauer nur funktionsfähig ist, wenn sich alle beteiligten Staaten entweder der Wirkungsweise des sog. Goldautomatismus passiv unterziehen und auf eine aktive Geldmengenpolitik verzichten, was heute aber kaum mehr ernsthaft erwartet werden kann, oder aber sich zu einer *gemein-*

samen Geld-und Währungspolitik durchringen, die von einer gemeinsamen Europäischen Zentralbank für die gesamte Europäische Gemeinschaft verbindlich beschlossen und durchgeführt wird.
Da eine derartige Weiterentwicklung des EWS aber notwendigerweise nur durch eine weitgehende Übertragung der währungspolitischen Kompetenzen von den nationalen Zentralbanken auf die zu errichtende gemeinsame Europäische Zentralbank erfolgen könnte, d.h. die Errichtung eines zumindest föderativ, wenn nicht gar gleich eines unitaristisch strukturierten europäischen Zentralbanksystems voraussetzen würde, sehen wir angesichts der gegenwärtig in der Europäischen Gemeinschaft gegebenen Rahmenbedingungen für dieses Integrationskonzept jedoch nur geringe Aussichten auf Verwirklichung. Aus diesem Grunde wird im siebten Kapitel als eine erste Stufe zur Errichtung einer Wirtschafts- und Währungsunion die Weiterentwicklung des EWS zu einem Leitwährungssystem empfohlen, durch das die Europäische Gemeinschaft in den Genuss der Vorteile einer europäischen Währungsunion gelangen könnte, ohne dass von den Mitgliedstaaten der EG ein *formeller* Verzicht auf währungspolitische Kompetenzen erforderlich wäre. Hat der Markt eine europäische Zentralwährung erst einmal als Leitwährung akzeptiert, so ist die vollständige Ersetzung der nationalen Gemeinschaftswährungen durch die europäische Zentralwährung und damit die Weiterentwicklung der Europäischen Gemeinschaft zu einer echten, endgültigen Wirtschafts- und Währungsunion nur noch eine Frage der Zeit.

1 Integrationstheoretische Überlegungen zur Errichtung einer Wirtschafts- und Währungsunion

1.1 Zum Begriff der Wirtschafts- und Währungsunion

Unter einer Wirtschafts- und Währungsunion versteht man ganz allgemein den Zusammenschluss der Volkswirtschaften mehrerer Staaten zu einem einheitlichen Wirtschaftsraum mit einer gemeinsamen Währung sowie einer einheitlichen Wirtschafts- und Währungspolitik. Eine Wirtschafts- und Währungsunion stellt damit die stärkste und weitgehendste Form der wirtschaftlichen Integration dar – nämlich eine Totalintegration auf wirtschaftlichem Gebiet. Der Wirtschaftsraum einer Wirtschafts- und Währungsunion unterscheidet sich durch nichts vom Wirtschaftsraum eines einheitlichen Staatsgebietes.

Bezüglich wirtschaftlicher Fragen unterliegt der Wirtschaftsraum einer Wirtschafts- und Währungsunion einer einheitlichen Hoheitsgewalt. Die Tatsache, dass in einer Wirtschafts- und Währungsunion die Wirtschafts- und Währungspolitik im weitesten Sinne einer einheitlichen Hoheitsgewalt unterliegt, bedeutet jedoch nicht notwendigerweise, dass die Hoheitsgewalt auf dem Gebiete der Wirtschafts- und Währungspolitik auch institutionell oder organisatorisch von nur einer einzigen zentralen Hoheitsgewalt ausgeübt wird. Vielmehr ist es genausogut denkbar, dass die Wirtschafts- und Währungspolitik nach wie vor von den staatlichen Hoheitsträgern der Mitgliedstaaten der Wirtschafts- und Währungsunion durchgeführt wird. Allerdings muss die Wirtschafts- und Währungspolitik in allen Mitgliedstaaten gleich sein, d.h. *einem* gemeinsamen politischen Willen entsprechen[1]. Für die Funktionsfähigkeit einer Wirtschafts- und Währungsunion kommt es demnach – zumindest theoretisch – nicht darauf an, ob die Wirtschafts- und Währungspolitik von einem eigenen supranationalen Unionsorgan zentral wahrgenommen wird oder ob die einheitliche, gemeinsame Wirtschafts- und Währungspolitik auf dem Wege der Koordinierung der wirtschaftspolitischen Vorstellungen der nationalen staatlichen Hoheitsträger der Mitgliedstaaten zustande kommt. Enscheidend ist vielmehr, dass am Ende des politischen Willensbildungsprozesses in der Gemeinschaft *ein* einheitlicher politischer Wille erkennbar wird und in der ganzen Gemeinschaft zum Tragen kommt. Ob diese notwendige Einheitlichkeit allerdings *in der Praxis* durch eine blosse Koordinierung nationaler Politiken genügend sichergestellt und immer gewährleistet ist, ist freilich eine andere Frage, mit der wir uns im Laufe dieser Arbeit noch eingehend beschäftigen werden.

Die Wirtschafts- und Währungsunion stellt eine mögliche Form internationaler wirtschaftlicher Integration dar. Andere mögliche Formen internationaler wirtschaftlicher Integration sind die Freihandelszone, die Zollunion, der gemeinsame Markt, die Wirtschaftsunion und die Währungsunion[2].

[1] So enthielten z. B. die in der Europäischen Gemeinschaft Anfang der siebziger Jahre diskutierten Pläne zur Errichtung einer Wirtschafts- und Währungsunion in Europa alle als ein Merkmal für eine Wirtschafts- und Währungsunion eine gemeinsame *oder* koordinierte Wirtschafts- und Währungspolitik. Vgl. Hans Willgerodt, Alexander Domsch, Rolf Hasse, Volker Merx, Wege und Irrwege zur europäischen Währungsunion, Freiburg 1972, S. 16

[2] Vgl. Bela Balassa, The Theory of Economic Integration, 2. Aufl., London 1965, S. 2, der die Währungsunion allerdings nicht als gesonderte Integrationsform aufführt, sondern nur

Eine Freihandelszone liegt vor, wenn die Mitgliedstaaten untereinander alle Zölle und quantitativen Handelsbeschränkungen abgeschafft haben, jeder Mitgliedstaat aber gegenüber Nichtmitgliedstaaten seine ursprünglichen nationalen Zölle beibehält. Dagegen entsteht eine Zollunion durch Abschaffung der Zölle und quantitativen Handelsbeschränkungen zwischen den Mitgliedstaaten und die Einführung eines gemeinsamen Zolltarifs gegenüber Drittstaaten[3]. Nach aussen hin unterscheidet sich eine Zollunion von einer Freihandelszone demnach nur dadurch, dass die Zollunion im Gegensatz zur Freihandelszone gegenüber Drittländern ein einheitliches Zollgebiet darstellt. Im Innenverhältnis wird allerdings die Errichtung und Aufrechterhaltung eines gemeinsamen Zolltarifs in einer Zollunion auf Dauer kaum ohne eine gemeinsame Zoll- und Aussenhandelspolitik möglich sein. Die Gründung einer Zollunion erfordert daher von den Mitgliedstaaten nicht nur eine Vereinheitlichung der Zollsätze, sondern auch die Einführung einer gemeinsamen Handelspolitik gegenüber Drittländern[4]. Damit stellt aber der Zusammenschluss mehrerer Staaten in einer Zollunion einen deutlich höheren wirtschaftlichen Integrationsgrad dar als in einer Freihandelszone.
Eine noch höhere Form internationaler wirtschaftlicher Integration stellt der gemeinsame Markt dar. In einem gemeinsamen Markt sind innerhalb des gemeinsamen Marktes nicht nur alle Handelsrestriktionen zwischen den Mitgliedstaaten beseitigt, sondern auch alle die Freizügigkeit der Produktionsfaktoren behindernden Restriktionen. Ein gemeinsamer Markt ist demnach durch Freihandel und Freizügigkeit der Produktionsfaktoren im Inneren gekennzeichnet.
Eine Wirtschaftsunion zeichnet sich gegenüber dem gemeinsamen Markt schliesslich dadurch aus, dass innerhalb ihrer Grenzen nicht nur wie in einem gemeinsamen Markt freier Güter- und Dienstleistungsverkehr sowie Freizügigkeit der Produktionsfaktoren besteht, sondern darüber hinaus eine Annäherung bzw. Harmonisierung der nationalen Wirtschaftspolitiken in dem Umfang erfolgt, dass eine Diskriminierung aufgrund unterschiedlicher nationaler Wirtschaftspolitiken vermieden wird[5]. Damit müssen aber in einer Wirtschaftsunion wesentliche Teile der wirtschaftspolitischen Autonomie der Mitgliedstaaten zugunsten gemeinsamer Ziele aufgegeben werden.
Nicht direkt eingliedern nach dem Grad der internationalen wirtschaftlichen Integration lässt sich die Währungsunion. Von einer Währungsunion spricht man, wenn sich souveräne Staaten mit unterschiedlichen Währungen zu einem ein-

in der Form der Wirtschafts- und Währungsunion erwähnt. Die Währungsunion stellt nach unserer Auffassung jedoch eine eigenständige Form der wirtschaftlichen Integration dar, die nicht von der Realisierung der anderen genannten Integrationsformen abhängig ist

[3] Diese Begriffsbestimmung hat sozusagen offiziellen Charakter, da die beiden Begriffe in dieser Form in Artikel XXIV des Allgemeinen Zoll- und Handelsabkommens (GATT) definiert sind (Der Wortlaut des Allgemeinen Zoll- und Handelsabkommens [GATT] ist in seiner derzeit gültigen Form [Stand Mitte 1976] in deutscher und englischer Sprache abgedruckt in: Deutsches Handels-Archiv, Sonderdruck Juni 1976; Artikel XXIV des GATT ist im Wortlaut auch abgedruckt bei Heinrich v. Siegler, Dokumentation der Europäischen Integration 1946–1961, unter besonderer Beachtung des Verhältnisses EWG–Efta, Bonn–Wien–Zürich 1961, S. 7)

[4] Diese Zuordnung der gemeinsamen Handelspolitik zur Zollunion gilt es bei der Abgrenzung der Zollunion von der Wirtschaftsunion zu beachten

[5] Vgl. B. Balassa, The Theory..., a.a.O., S. 2: «An economic union, as distinct from a common market, combines the suppression of restrictions on commodity and factor movements with some degree of harmonization of national economic policies, in order to remove discrimination that was due to disparities in these policies»

heitlichen Währungsgebiet zusammenschliessen, indem sie die Wechselkurse ihrer Währungen untereinander unwiderruflich fixieren und ihre Währungen untereinander für uneingeschränkt konvertibel erklären, oder wenn mehrere souveräne Staaten eine gemeinsame Währung besitzen[6]. Die Währungsunion stellt wie alle anderen bisher erläuterten Integrationsformen eine wirtschaftliche Teilintegration dar, nämlich eine Integration auf monetärem Gebiet. Diese monetäre Integration umfasst einen völlig freien und uneingeschränkten Kapital- und Zahlungsverkehr zwischen den Mitgliedstaaten der Währungsunion zu festen, unveränderlichen Wechselkursen (sofern nicht eine gemeinsame Währung existiert) und führt zu einem einheitlichen Geld- und Kapitalmarkt. Ausserdem umfasst diese monetäre Integration eine gemeinsame Geldpolitik innerhalb des Währungsraumes sowie eine gemeinsame Währungspolitik nach aussen. Eine Währungsunion kann isoliert oder kombiniert mit anderen Formen wirtschaftlicher Teilintegration realisiert werden, wobei die kombinierte Realisierung einer Wirtschaftsunion und Währungsunion die stärkste Form internationaler wirtschaftlicher Integration darstellt.
Obwohl in einer Wirtschaftsunion schon ein recht fortgeschrittenes Stadium wirtschaftlicher Integration erreicht wird, ist die wirtschaftliche Integration in einer Wirtschaftsunion noch keineswegs vollkommen. Eine vollkommene internationale wirtschaftliche Integration setzt nach B. Balassa vielmehr darüber hinaus die Vereinheitlichung der Geldpolitik, Fiskalpolitik, Sozialpolitik und Konjunkturpolitik voraus und erfordert die Errichtung einer supranationalen Behörde, deren Entscheidungen für die Mitgliedstaaten verbindlich sind[7]. Die Integrationsform, in der alle diese Politiken vereinheitlicht sind, ist die Wirtschafts- und Währungsunion, die damit als die vollkommenste Form einer internationalen wirtschaftlichen Integration von an sich souveränen Staaten angesehen werden kann.
Bemerkenswert erscheint, dass Bela Balassa die Errichtung einer supranationalen Behörde mit eigener Hoheitsgewalt als unabdingbare Voraussetzung für eine vollständige internationale wirtschaftliche Integration ansieht, während in jüngerer Zeit – vor allem im Rahmen der Diskussion um eine Weiterentwicklung der Europäischen Gemeinschaft zu einer Wirtschafts- und Währungsunion – ein derartiges supranationales Zentralorgan nicht mehr unbedingt für erforderlich gehalten wird. Es wird daher unter anderem ein zentrales Anliegen dieser Arbeit sein, der Frage nachzugehen, ob eine Wirtschafts- und Währungsunion auch ohne eigene supranationale Organe mit eigenen Hoheitsrechten möglich ist oder nicht.
Obwohl die genannten Formen internationaler wirtschaftlicher Integration sich klar voneinander abgrenzen lassen und auch bezüglich des Integrationsgrades eine eindeutige Rangordnung zwischen den verschiedenen Formen internationaler wirtschaftlicher Integration besteht, ist damit jedoch noch nicht das gesamte Spektrum möglicher internationaler wirtschaftlicher Integrationsformen erfasst. Um alle möglichen Formen voll zu erfassen und sinnvoll ordnen zu können, ist es vielmehr notwendig, die wesentlichen Charakteristika internationaler wirtschaftlicher Integration herauszuarbeiten und zu versuchen, eine Systematik internationaler wirtschaftlicher Integration zu erstellen, aus der die wesentlichen Elemente wirtschaftlicher Integration zu erkennen sind und mit deren Hilfe die

[6] Vgl. Manfred Feldsieper, Währungsunionen II: Zielsetzungen und Probleme, in: Handwörterbuch der Wirtschaftswissenschaft, Bd. 8, Stuttgart–New York–Tübingen–Göttingen–Zürich 1980, S. 546

[7] Vgl. B. Balassa, The Theory..., a.a.O., S. 2

bekannten Erscheinungsformen internationaler wirtschaftlicher Integration richtig eingeordnet und eingestuft werden können.

1.2 Begriff und Elemente wirtschaftlicher Integration

Unter Integration versteht man ganz allgemein die Angleichung oder Verschmelzung von Teilen zu einem übergeordneten Ganzen[8]. Integration ist demnach ein *Prozess*, durch den Teile zu einem einheitlichen Ganzen verschmolzen werden. Mit dem Begriff Integration wird häufig aber auch der *Zustand* nach der Verschmelzung beschrieben. Damit dient der Begriff Integration nicht nur zur Charakterisierung eines Prozesses, sondern auch zur Umschreibung eines Zieles oder eines (Ist-)Zustandes[9].
Wendet man den Begriff Integration auf Staaten an, so soll damit das Ziel und der Prozess des Zusammenschlusses mehrerer unabhängiger Staaten zu einem neuen gemeinsamen Staat umschrieben werden. Entsprechend versteht man unter dem Begriff der europäischen Integration den Zusammenschluss der europäischen Staaten in einem neuen, gemeinsamen Staat. Da ein Staat umfassende hoheitsrechtliche Zuständigkeiten besitzt, bedingt eine Integration eine Übertragung aller oder zumindest wesentlicher Teile der Hoheitsrechte eines Staates auf den neuen gemeinsamen Staat. Diese berühren im allgemeinen alle Bereiche, in denen ein Staat tätig wird, wie Wirtschaft, Recht, Kultur, Verteidigung und Politik. Eine Integration von Staaten erfordert daher im Prinzip eine Integration aller Bereiche.
Eine internationale wirtschaftliche Integration liegt vor, wenn sich die Integrationsmassnahmen auf den Wirtschaftsbereich der beteiligten Staaten beschränken; d. h. wenn mehrere Staaten (nur) einen einheitlichen Wirtschaftsraum bilden wollen. Da sich in diesem Fall die Integration nur auf einen Teilbereich der staatlichen Zuständigkeiten – nämlich die Wirtschaft – erstreckt, stellt eine wirtschaftliche Integration für sich genommen immer nur eine partielle Integration dar.
Die wirtschaftliche Integration zwischen mehreren Staatsgebieten kann so umfassend und vollkommen sein, dass der gemeinsame Wirtschaftsraum sich nicht mehr von einem nationalen Wirtschaftsraum unterscheidet. Wird ein derart einheitlicher Wirtschaftsraum angestrebt bzw. erreicht, so spricht man von wirtschaftlicher Totalintegration. Von wirtschaftlicher Teilintegration spricht man dagegen, wenn mehrere Volkswirtschaften nur teilweise integriert werden, d. h. wenn die nationalen Wirtschaftsräume ihre Identität im Zuge des Integrationsprozesses nicht völlig verlieren, sondern nach erfolgter Teilintegration als unterschiedliche nationale Wirtschaftsräume immer noch erkennbar sind. Von den eingangs aufgeführten Formen wirtschaftlicher Integration hat nur die Wirtschafts- und Währungsunion eine Totalintegration zum Ziel, während alle anderen Formen wirtschaftlicher Integration nur eine mehr oder weniger starke Teilintegration nationaler Wirtschaftsräume anstreben.

[8] Vgl. Andreas Predöhl und Harald Jürgensen, Europäische Integration, in: Handwörterbuch der Sozialwissenschaften, 3. Band, Stuttgart–Tübingen–Göttingen 1961, S. 371. Vgl. auch B. Balassa, The Theory..., a.a.O., S. 1, sowie Hans R. Krämer, Formen und Methoden der internationalen wirtschaftlichen Integration – Versuch einer Systematik –, Tübingen 1969, S. 2ff.
[9] Vgl. H. R. Krämer, Formen und Methoden..., a.a.O., S. 2ff.

Bei der Teilintegration muss man, um alle möglichen Formen vollständig erfassen zu können, in Formen globaler Teilintegration und Formen sektoraler oder partieller Teilintegration unterteilen. Von einer sektoralen oder partiellen Teilintegration spricht man, wenn sich die Integration nur auf einzelne Wirtschaftssektoren der beteiligten Volkswirtschaften erstreckt[10]. Dabei kann das Ausmass der Integration dieser Sektoren wie bei der globalen Integration unterschiedliche Intensitätsgrade erreichen. Von einer globalen Teilintegration spricht man, wenn die Integration alle Sektoren umfasst, die beteiligten Volkswirtschaften aber nicht voll miteinander integriert werden.

Bezüglich des Ausmasses der Integration kann man verschiedene Intensitätsgrade unterscheiden. Predöhl und Jürgensen unterscheiden insgesamt drei Intensitätsgrade der Integration[11]. Eine *Integration 1. Grades* wird durch die Beseitigung bestehender Handelshemmnisse zwischen den beteiligten Staatsräumen erreicht. Sie ist gleichbedeutend mit der Verwirklichung der Freihandelspostulate für eine begrenzte Region durch Reduzierung der einzelstaatlichen Interventionsbefugnisse im Rahmen internationaler Vereinbarungen. Eine *Integration 2. Grades* ist erreicht, wenn in den beteiligten Staatsräumen ausser dem Freihandel auch die Freizügigkeit der Produktionsfaktoren Arbeit und Kapital im gesamten Wirtschaftsgebiet gewährleistet ist. Bei diesen ersten beiden Integrationsgraden bleiben die nationalen Hoheitsrechte voll erhalten. Eine Aufgabe nationaler Hoheitsrechte ist nicht notwendig. Es wird lediglich im Rahmen internationaler Vereinbarungen ein gewisser Zustand in Form einer internationalen Rahmenordnung hergestellt und auf die Anwendung bestimmter interventionistischer und diskriminierender Massnahmen von seiten der beteiligten Staaten verzichtet. Der eigentliche Integrationsprozess bleibt hier dem Marktmechanismus überlassen, dessen Wirken bei ausreichender monetärer Disziplin und Konvertibilität der Währungen die Handels- und Produktionsstruktur verbessert. Predöhl und Jürgensen bezeichnen diese beiden Stufen wirtschaftlicher Integration daher auch als funktionelle Integration, die einen Weg zur Herbeiführung und Sicherung einer wirtschaftlichen Integration darstellt.

Diesen beiden Formen funktioneller Integration stellen Predöhl und Jürgensen als nächsthöhere Stufe der Integration und gleichzeitig als zweiten Weg zur Herbeiführung und Sicherung einer wirtschaftlichen Integration die institutionelle Integration gegenüber[12]. Sie liegt vor, wenn die beteiligten Staaten über die oben charakterisierte funktionelle Integration 1. oder 2. Grades hinaus durch Koordination der Ordnungs- und Prozesspolitik wirtschaftspolitische Autonomie zugunsten gemeinsamer Ziele aufgeben. Eine Staatengemeinschaft, deren Volkswirtschaften auf diesem Wege miteinander integriert werden, kann nach Predöhl und Jürgensen als Wirtschaftsunion bezeichnet werden.

Die drei Abstufungen des Integrationsausmasses, die Predöhl und Jürgensen

[10] Der Begriff «partielle Teilintegration» entspricht der Begriffsbildung von H. Bachmann. Vgl. Hans Bachmann, Partielle Wirtschaftsunion? – Betrachtungen zum Schuman-Plan –, in: Aussenwirtschaft, 5. Jhrg. 1950, S. 237–243

[11] Vgl. A. Predöhl und H. Jürgensen, Europäische Integration, a.a.O., S. 371 f. Vgl. auch K. Albrecht, Probleme und Methoden der wirtschaftlichen Integration, Kieler Vorträge, Heft 1, Kiel 1951, S. 4, und R. Sannwald und J. Stohler, Wirtschaftliche Integration, Basel–Tübingen 1958, S. 75 ff.

[12] Vgl. auch Ernst Heuss, Klassischer Freihandel oder Integration?, in: Ordo – Jahrbuch für die Ordnung von Wirtschaft und Gesellschaft, 11. Bd. 1979, S. 95 f.

vornehmen, sind in mehrfacher Hinsicht unbefriedigend[13]. Eine Einteilung in nur drei unterschiedliche Intensitätsgrade der wirtschaftlichen Integration ist zum einen unvollständig. Sie umfasst nämlich nicht das Ausmass an wirtschaftlicher Integration, das in einer Wirtschafts- und Währungsunion erreicht wird. Diese Schwäche könnte allerdings einfach dadurch beseitigt werden, dass man insgesamt vier Intensitätsgrade der wirtschaftlichen Integration unterscheidet, nämlich die beiden Intensitätsgrade der funktionellen Integration sowie zwei Intensitätsgrade der institutionellen Integration: die Wirtschaftsunion und die Wirtschafts- und Währungsunion.
Die Einteilung von Predöhl und Jürgensen ist zweitens nicht spezifiziert genug, um die vielfältigen Erscheinungsformen wirtschaftlicher Integration unterschiedlichen Ausmasses, wie wir sie heute vorfinden, ausreichend klassifizieren und einordnen zu können. So würde z. B. sowohl die Freihandelszone als auch die Zollunion in der Klassifikation von Predöhl und Jürgensen eine funktionelle Integration 1. Grades darstellen, obwohl das Ausmass zwischen diesen beiden Formen wirtschaftlicher Integration unterschiedlich ist. Damit wurde deutlich gemacht, dass verschiedene Varianten einer funktionellen Wirtschaftsintegration ersten Grades möglich sind.
Die Kritik der ungenügenden Spezifikation gilt in noch stärkerem Masse für die funktionelle Integration zweiten Grades, die durch Freihandel und Freizügigkeit der Produktionsfaktoren gekennzeichnet ist. Da es mehrere Produktionsfaktoren – nämlich Arbeit und Kapital – gibt, kann die Freizügigkeit entweder für beide Faktoren hergestellt werden oder aber nur für jeweils einen Faktor. Es ist nämlich durchaus möglich und kann unter bestimmten Umständen sogar sinnvoll sein, die Freizügigkeit der Arbeitskräfte unabhängig von der des Kapitals zu verwirklichen und umgekehrt. Man muss daher die Herstellung der Freizügigkeit schon für jeden einzelnen Faktor allein als einen sinnvollen und wesentlichen Schritt auf dem Wege zu einer verstärkten Integration ansehen. Entsprechend sind auch bei einer funktionellen Integration zweiten Grades verschiedene Varianten zu unterscheiden. Sie werden aber durch den Begriff der funktionellen Integration zweiten Grades nur unvollkommen spezifiziert.
Schliesslich muss man feststellen, dass die Trennung in funktionelle und institutionelle Integration zur Charakterisierung des Ausmasses an Integration irreführend ist. Auch wenn die Integration z. B. durch Gründung einer Wirtschaftsunion einen institutionellen Rahmen erhält, fällt dem Marktmechanismus nach wie vor eine zentrale Integrationsaufgabe zu. Eine Integration mehrerer Volkswirtschaften zu einem mehr oder weniger einheitlichen Wirtschaftsraum auf dem Papier ist ökonomisch belanglos und ohne Bedeutung, wenn sie nicht vom Markt, d. h. funktionell vollzogen wird. Der institutionelle Rahmen kann allenfalls als ein zusätzliches, zweites integrierendes Band betrachtet werden, mit dem die funktionelle Integration beschleunigt, verstärkt und vervollkommnet werden kann. Sie beginnt auch nicht erst bei einer Wirtschaftsunion, wie es aus der Klassifizierung von Predöhl und Jürgensen geschlossen werden könnte. Vielmehr kann jede Stufe wirtschaftlicher Integration in einen institutionellen Rahmen gekleidet und damit durch institutionelle Massnahmen unterstützt und gefördert werden, wobei bei der Ausgestaltung des institutionellen Rahmens selbst wiederum ein weites Spektrum zu unterscheiden ist – von einer klassischen internationalen Organisa-

[13] Kritisch beurteilt wird die Einteilung von Predöhl und Jürgensen auch von Hans R. Krämer. Vgl. H. R. Krämer, Formen und Methoden..., a.a.O., S. 44ff.

tion, deren Beschlussorgane dem Einstimmigkeitsprinzip unterliegen und nur Empfehlungen aussprechen können, bis hin zur supranationalen Gemeinschaft, auf die staatliche Hoheitsrechte übertragen werden und die daher in der betreffenden Staatengemeinschaft anstelle der Mitgliedstaaten auf dem ihr übertragenen Bereich die staatliche Hoheitsgewalt direkt und unmittelbar ausübt, wobei die notwendigen Entscheidungen in den Organen in der Regel nicht einstimmig gefasst werden müssen, sondern schon mit (einfacher oder qualifizierter) Mehrheit getroffen werden können.

Ingesamt gesehen muss man daher feststellen, dass die Unterscheidung unterschiedlicher Intensitätsgrade der Integration von Predöhl und Jürgensen kaum geeignet ist, die bekannten Integrationsformen systematisch eindeutig zu ordnen. Allerdings macht die Einteilung deutlich, dass man im wesentlichen drei grundlegende Elemente der wirtschaftlichen Integration unterscheiden muss: den freien Güterverkehr, die Freizügigkeit der Produktionsfaktoren sowie eine gemeinsame Wirtschaftspolitik im weitesten Sinne des Wortes.

Setzt man diese drei Elemente in der genannten Reihenfolge in die Tat um[14], so erhält man drei Stufen der wirtschaftlichen Integration, nämlich

1. die Verwirklichung des Freihandels im Innern als erste, niedrigste Stufe der wirtschaftlichen Integration,
2. die Errichtung eines gemeinsamen Marktes für Güter und Faktoren als zweite Stufe der wirtschaftlichen Integration, und
3. die Schaffung eines einheitlichen Wirtschaftsraumes als dritte, höchste Stufe der wirtschaftlichen Integration.

An dieser Stelle muss betont werden, dass die hier aufgeführten Stufen wirtschaftlicher Integration nicht das gesamte Spektrum der internationalen wirtschaftlichen Interdependenz umfassen. Vielmehr führt schon jede Form des internationalen Handels, selbst in der einfachen Form eines bilateralen Naturaltausches, zu internationaler Arbeitsteilung und damit zu einer gewissen Interdependenz verschiedener nationaler Wirtschaftsräume. Nimmt der internationale Handel zwischen verschiedenen Volkswirtschaften einen grösseren Umfang an, so kann die internationale Arbeitsteilung und gegenseitige wirtschaftliche Interdependenz ein Ausmass erreichen, das sich im Ergebnis kaum von einem teilweise integrierten Wirtschaftsraum unterscheidet[15]. Dennoch wollen wir die allein aufgrund internationaler Handelsbeziehungen entstandene wirtschaftliche Interdependenz zwischen verschiedenen nationalen Wirtschaftsräumen – obwohl sie, wie gesagt, ein beträchtliches Ausmass erreichen und im Endeffekt einen stark integrierenden Effekt bewirken kann – nicht als wirtschaftliche Integration bezeichnen[16]. Unter Integration versteht man – wie oben ausgeführt – das Ziel und

[14] Die Verwirklichung der genannten Elemente der wirtschaftlichen Integration in einer anderen als der angegebenen Reihenfolge wäre wenig sinnvoll, wenn nicht gar unmöglich

[15] Das folgt aus dem Heckscher-Ohlin-Theorem, das im Kern besagt, dass ein freier internationaler Handel die Mobilität der Produktionsfaktoren ersetzen kann. Vgl. Eli Heckscher, The Effect of Foreign Trade on the Distribution of Income, in: Ekonomisk Tidskrift, Vol. 21 (1919), S. 497–512, wiederabgedruckt in: Readings in the Theory of International Trade, London 1961, S. 272–300; Bertil Ohlin, Interregional and International Trade, Cambridge (Mass.) 1933; Paul A. Samuelson, International Trade and the Equalization of Factor Prices, in: The Economic Journal, Vol. 58, 1948, S. 163–184, dt. Übers.: Der Ausgleich der Faktorpreise durch den internationalen Handel, in: Klaus Rose, Theorie der internationalen Wirtschaftsbeziehungen, Köln–Berlin 1965, S. 69–87

[16] Damit wird hier der Begriff Integration enger aufgefasst als z. B. von Ernst Heuss, J. Weiller oder Erich Schneider, der den Fall der vollkommenen Isolation dem Fall der totalen Inte-

den Prozess, Teile zu einem Ganzen zu verschmelzen[17]. Genau dies ist aber nicht das Ziel des internationalen Handels. Das Ziel des internationalen Handels beschränkt sich vielmehr darauf, durch Tausch und internationale Spezialisierung die Wohlfahrt in den nationalen Volkswirtschaften zu erhöhen, ohne dabei die nationale Eigenständigkeit zu verlieren.
Berücksichtigt man diese Abgrenzung zwischen wirtschaftlicher Integration und dem üblichen internationalen Handel, so muss man die erste Stufe wirtschaftlicher Integration als Grenzfall betrachten. Freihandel kann nämlich einerseits als höchste Stufe klassischer internationaler Handelsbeziehungen betrachtet werden oder aber eben als Beginn bzw. erste Stufe einer wirtschaftlichen Integration. Die erstere Betrachtungsweise ist wohl die richtige, wenn es um eine Beurteilung der klassischen Forderung nach weltweitem Freihandel geht. Hier würde man bestimmt zu weit gehen, wenn man den Klassikern die Absicht unterstellen wollte, sie hätten bei ihrer Forderung nach Freihandel als Endziel eine weltweite Integration auf wirtschaftlichem Gebiet vor Augen gehabt[18]. Die letztere Betrachtungsweise dürfte dagegen bei regionalen wirtschaftlichen Zusammenschlüssen in einer Freihandelszone oder Zollunion angebracht sein. Diese wirtschaftlichen Zusammenschlüsse haben nämlich in aller Regel als Endziel eine weitergehende wirtschaftliche Integration zum Ziel.

1.3 Der Zusammenhang zwischen wirtschaftlicher Integration und politischen Zielen

Wie oben schon ausgeführt wurde, ist innerhalb jeder Stufe der wirtschaftlichen Integration ein mehr oder weniger breites Spektrum unterschiedlicher Integrationsgrade möglich. Besonders breit ist dieses Spektrum naturgemäss innerhalb der dritten Stufe. Die Schaffung eines einheitlichen Wirtschaftsraumes impliziert nämlich nicht unbedingt, dass am Ende ein homogener Wirtschaftsraum erreicht wird. Auf der anderen Seite kann in einem einheitlichen Wirtschaftsraum bezüglich der entscheidenden makroökonomischen Grössen wie Inflationsrate, Arbeitslosigkeit oder Lohnniveau und der ökonomischen Rahmenbedingungen wie

gration gegenüberstellt und alle Formen internationaler Wirtschaftsbeziehungen zwischen diesen beiden Extremfällen als unterschiedliche Grade der wirtschaftlichen Integration betrachtet. Vgl. Erich Schneider, Lineamenti di una teoria economia del mercato comune, in: Rivista Economica de Scienze Economiche e Commerciali, Vol. 5 (1957), S. 107f., und Jean Weiller, Les degrés de l'intégration et les chances d'une ‹zone de coopération› internationale, in: Revue Economique, Vol. 9 (1958), S. 233, sowie E. Heuss, Klassischer Freihandel oder Integration?, a.a.O., S. 95ff.

[17] So definiert z. B. Bela Balassa: «The word ‹integration› denotes the bringing together of parts into a whole.» Vgl. B. Balassa, The Theory..., a.a.O., S. 1. Eine ausführliche Auseinandersetzung mit dem Begriff der Integration findet sich bei Bela Balassa, Towards a Theory of Economic Integration, in: Kyklos, Vol. 14 (1961), S. 1–17, sowie bei H. R. Krämer, Formen und Methoden..., a.a.O., S. 2ff. Vergleiche auch die dort angegebene Literatur

[18] Diese Beurteilung des klassischen Freihandelspostulats ergibt sich nicht zuletzt aus der Entwicklung der reinen Aussenhandelstheorie, die sich in ihrer langjährigen Geschichte fast ausschliesslich mit Problemen des internationalen Handels, kaum dagegen mit den Problemen internationaler Faktormobilität oder gar einer weitergehenden internationalen wirtschaftlichen Integration befasst hat. Sie betrachtet es vielmehr als eine ihrer wichtigsten Erkenntnisse, dass man gerade auch ohne Freizügigkeit der Produktionsfaktoren und damit ohne eine weitergehende wirtschaftliche Integration voll in den Genuss der wohlfahrtsteigernden Effekte internationaler Arbeitsteilung gelangen kann

Steuer- und Sozialgesetzgebung sowie Wettbewerbs- und Gesellschaftsrecht sehr wohl mit Hilfe einer aktiven Wirtschaftspolitik ein hohes Mass an Homogenität angestrebt und erreicht werden. Je nachdem, welches Mass an Homogenität angestrebt wird, muss natürlich die Ordnungs- und Prozesspolitik in unterschiedlichem Masse abgestimmt und vereinheitlicht werden. Je nach dem angestrebten Ziel kann man sich innerhalb der dritten Stufe der wirtschaftlichen Integration dementsprechend entweder auf eine partielle Abstimmung bzw. Koordination von einzelnen Bereichen der Wirtschaftspolitik auf intergouvernementaler Basis beschränken oder aber auch die gesamten ökonomischen Rahmenbedingungen für die gesamte Union einheitlich gestalten, eine gemeinsame Währung einführen und die gesamte Prozesspolitik von zentraler Stelle aus, d. h. von einem gemeinsamen supranationalen Zentralorgan für den gesamten Wirtschaftsraum einheitlich gestalten.
Wie weit die wirtschaftliche Integration in dieser Stufe tatsächlich getrieben wird, ist letztlich aber nicht mehr nur ein ökonomisches Problem, sondern auch eine politische Frage. Denn das Ausmass an wirtschaftlicher Integration wird von der politischen Seite her in hohem Masse durch drei politische Grundsatzentscheidungen beeinflusst:

1. Will man eine wirtschaftliche Totalintegration erreichen oder wird im Prinzip nur eine Teilintegration angestrebt?
2. Strebt man in dem zu integrierenden Wirtschaftsraum eine mehr liberalistische oder mehr dirigistische Wirtschaftsordnung an?
3. Soll in dem zu integrierenden Wirtschaftsraum ein mehr zentralistisches oder föderalistisches Integrationsmodell verwirklicht werden?

Eine wirtschaftliche Totalintegration stellt schon vom Begriff her einen höheren Integrationsgrad dar als eine wirtschaftliche Teilintegration. Es ist deshalb müssig festzustellen, dass das Ausmass an wirtschaftlicher Integration um so höher sein wird, je ernsthafter und je gezielter eine wirtschaftliche Totalintegration angestrebt wird.
Der erforderliche Umfang an wirtschaftlicher Integration wird ebenfalls um so höher sein, je dirigistischer die Wirtschaftsordnung der beteiligten Mitgliedstaaten ist[19]. Orientiert sich die Wirtschaftspolitik der Mitgliedstaaten an den ordoliberalen Maximen der sozialen Marktwirtschaft, so werden die staatlichen Eingriffe in den Wirtschaftsablauf insgesamt geringer sein und indirekter erfolgen als etwa in einem Staat, in dem die Wirtschaft durch ein System der Planification oder der nationalen Programmierung gelenkt werden soll. Je weniger Eingriffe aber ein Staat in den Wirtschaftsablauf seines Landes vornimmt, desto weniger Eingriffe brauchen im Falle einer Integration mit den anderen Mitgliedstaaten abgestimmt und harmonisiert zu werden oder, mit anderen Worten, desto weniger Politiken brauchen vergemeinschaftet zu werden.
Umgekehrt wird bei einer dirigistischen Wirtschaftspolitik der Mitgliedstaaten die Einheitlichkeit eines Wirtschaftsraumes nur dann einigermassen erreicht und sichergestellt, wenn die wirtschaftlichen Eingriffe der Staaten ausreichend aufeinander abgestimmt bzw. harmonisiert sind, so dass durch die staatlichen Eingriffe keine nationalen Diskriminierungen und Wettbewerbsverzerrungen hervorgeru-

[19] Die Wirtschaftsordnung wurde in der Integrationstheorie zum erstenmal von Bela Balassa berücksichtigt, der bei der wirtschaftlichen Integration einen liberalistischen und einen dirigistischen Ansatz unterscheidet. Auf den Zusammenhang zwischen dem notwendigen Umfang an wirtschaftlicher Integration und Wirtschaftsordnung hat Balassa jedoch nicht hingewiesen. Vgl. B. Balassa, The Theory..., a.a.O., S.7ff.

fen werden. So gesehen erfordert eine dirigistische Wirtschaftsordnung im Falle einer Integration verschiedener nationaler Wirtschaftsräume ein höheres Integrationspotential und einen stärkeren Integrationswillen von den beteiligten Staaten als bei der Verfolgung einer liberalen Wirtschaftspolitik, ohne im Ergebnis einen höheren Integrationsgrad zu gewährleisten als in einer liberalistischen Wirtschaftsordnung mit weniger gemeinsamen Politiken[20].

Diese Abhängigkeit der Zahl der abzustimmenden Massnahmen bzw. der zu integrierenden Bereiche der Wirtschaftspolitik von der Wirtschaftsordnung macht deutlich, dass man das Ausmass der erreichten Integration in einem Wirtschaftsraum nicht einfach an der Zahl der abgestimmten Massnahmen bzw. am absoluten Umfang der Gemeinschaftspolitik messen kann. Sie muss vielmehr daran gemessen werden, welcher Anteil der gesamten in einem Land durchgeführten Wirtschaftspolitik vergemeinschaftet ist, bzw. daran, wieviel wirtschaftspolitische Restautonomie die einzelnen Mitgliedstaaten in dem zu integrierenden Wirtschaftsraum noch besitzen.

Die Frage, welcher Anteil der gesamten in einem Wirtschaftsraum erforderlichen Wirtschaftspolitik gemeinsam durchgeführt wird und in welcher Form er gemeinsam durchgeführt wird, hängt letztlich aber von der politischen Zielsetzung der wirtschaftlichen Integration ab. Ist die wirtschaftliche Integration Selbstzweck, d. h. will man durch die Integration nur in den Genuss der wohlfahrtssteigernden Effekte eines freien Güteraustausches und eines grossen gemeinsamen Binnenmarktes gelangen, so wird man im Zweifel die Wirtschaftspolitik nur in dem Umfang und in dem Masse aufeinander abstimmen, wie dies zur Funktionsfähigkeit des gemeinsamen Marktes unbedingt erforderlich ist. Man wird in diesem Fall auch kaum nationale Kompetenzen auf gemeinsame supranationale Organe übertragen, die die erforderliche Wirtschaftspolitik eigenverantwortlich beschliessen und durchführen, sondern nur eine Koordinierung der nationalen Politiken vornehmen, die aber von den Mitgliedstaaten der Union in nationaler Verantwortung durchgeführt wird. Es erscheint allerdings angesichts der in einem solchen Fall meist als negativ empfundenen politischen Nebenwirkung eines gewissen nationalen Souveränitätsverlustes insgesamt gesehen fragwürdig zu sein, ob bei einer rein wirtschaftlichen Zielsetzung überhaupt eine höhere Stufe der Integration beschlossen wird, da – wie erwähnt – schon die Einführung eines freien Güterverkehrs nach erfolgter Anpassung der nationalen Volkswirtschaften die Allokationsvorteile eines integrierten Wirtschaftsraumes verschafft[21].

Dient die wirtschaftliche Integration dagegen einer höherrangigen politischen Zielsetzung, wie etwa einer späteren (oder parallelen) politischen Einigung der beteiligten Staaten, so hängt der Anteil sowie die Form der gemeinsamen Wirtschaftspolitik nicht zuletzt von der geplanten Art der Staatenverbindung ab. Soll

[20] Wenn sich z. B. zwei Staaten aufgrund ihrer liberalen Wirtschaftsordnung dafür entscheiden, keine struktur- oder regionalpolitischen Massnahmen zu ergreifen, so stellt dies im Ergebnis eine einheitliche Politik dar, ohne dass zwischen den beiden Staaten eine gemeinsame Politik auf diesem Gebiet beschlossen wurde

[21] Tatsächlich verfolgen die meisten Staaten, die regional eine höhere Stufe der wirtschaftlichen Integration als einen reinen Freihandel im Innern beschlossen haben, mit der wirtschaftlichen Integration weitergehende politische Ziele. Dies gilt ganz klar für die EG-Staaten, die über die wirtschaftliche Integration eine politische Einigung anstreben (vgl. Präambel zum EWG-Vertrag oder z. B. das Schlusskommuniqué der Haager Gipfelkonferenz). Aber auch die Zentralamerikanische Wirtschaftsgemeinschaft CAFTA verfolgt letztlich weitergehende politische Ziele. (Vgl. Roman Herzog, Allgemeine Staatslehre, Frankfurt 1971, S. 399 ff.)

der politische Zusammenschluss der beteiligten Staaten in einer Konföderation, d. h. in einem (relativ lockeren) Staatenbund erfolgen[22], so wird man auch bei der wirtschaftlichen Integration nur jene Teile bzw. jene Bereiche der Wirtschaftspolitik gemeinsam planen und verfolgen, die aus Gründen nationaler Nichtdiskriminierung für den gesamten Wirtschaftsraum einheitlich sein müssen, oder bei denen eine nationale Wirtschaftspolitik aufgrund der ökonomischen Abhängigkeiten nicht mehr wirksam ist, d.h. nicht mehr zum gewünschten Erfolg führt.
Da eine Konföderation keine eigenständige Staatsgewalt besitzt und ihr das Recht zum unmittelbaren Durchgriff auf die Bürger der Mitgliedstaaten fehlt, bleibt in diesem Fall als Mittel zur erforderlichen Vereinheitlichung der Wirtschaftspolitik nur das Instrument der *Koordination* der nationalen Wirtschaftspolitiken. Das heisst, die souveränen Mitgliedstaaten legen sich auf gemeinsame Ziele fest und verpflichten sich gegenseitig zur Durchführung entsprechender Massnahmen, die Durchführung selbst bleibt aber den einzelnen Mitgliedstaaten überlassen, die nach wie vor alle Hoheitsrechte innehaben und gegenüber ihren Partnern nur aufgrund ihrer vertraglichen Verpflichtung für die vereinbarte Durchführung verantwortlich sind. Werden die Vereinbarungen von einem der Partner nicht eingehalten, so haben die anderen Partner mangels fehlender Hoheitsrechte des Staatenbundes gegenüber den Mitgliedstaaten keine rechtliche Möglichkeit, ihre Einhaltung zu erzwingen. Ihre Einhaltung kann allenfalls durch politischen Druck erzwungen werden[23].
Soll der politische Zusammenschluss der beteiligten Staaten dagegen in einer Föderation, d. h. in einem Bundesstaat erfolgen, so wird auch die wirtschaftliche Integration einen höheren Grad erreichen als bei Anstrebung einer blossen Konföderation.
Ein Bundesstaat unterscheidet sich von einem Staatenbund im wesentlichen dadurch, dass bei Bildung einer Föderation die beteiligten Gliedstaaten staatliche Hoheitsrechte in einem Umfang an den Bund abtreten, dass die staatliche Souveränität nicht mehr bei den Gliedstaaten, sondern beim Bund selbst liegt. Der Bundesstaat stellt also «ein aus einer Mehrheit von Staaten gebildeter Staat»[24] dar mit eigenem Staatsvolk, eigenem Staatsgebiet und vor allem mit einer eigenen Staatsgewalt. Allerdings bleiben die Gliedstaaten in einer Föderation als Staaten (oder Länder) an der politischen Willensbildung im Bund beteiligt und behalten je nach dem föderativen Charakter des Bundesstaates einen mehr oder weniger grossen Teil staatlicher Hoheitsrechte zurück. Damit ist das Charakteristische einer Föderation bezüglich der staatlichen Aufgaben und Befugnisse eine Kompetenzaufteilung zwischen dem Zentralstaat und den Gliedstaaten[25].
Diesem Staatskonzept entsprechend wird man bei der wirtschaftlichen Integration alle wesentlichen Teile und Bereiche der Wirtschaftspolitik vereinheitlichen und den Mitgliedstaaten nur über solche wirtschaftspolitischen Aktivitäten freie Hand lassen, die in ihrer quantitativen Auswirkung auf den gesamten Wirtschafts-

[22] Unter einer Konföderation oder einem Staatenbund versteht man eine Staatenverbindung, der eine umfassende Zentralgewalt und das Recht zu einer unmittelbaren Ausübung staatlicher Hoheitsrechte fehlen. Nach «klassischer» Lehre hat ein Staatenbund den Zweck, das Bundesgebiet nach aussen zu schützen, nach innen den Frieden zwischen den verbundenen Staaten zu bewahren und sich zur Realisierung dieser Bundeszwecke dauerhaft zu organisieren. Vgl. R. Herzog, Allgemeine Staatslehre, a.a.O., S. 399 ff.

[23] Ausführlich behandelt wird das Instrument der Koordinierung als Integrationsmethode bei H. R. Krämer, Formen und Methoden..., a.a.O., S. 59ff.

[24] Vgl. Georg Jellinek, Allgemeine Staatslehre, 3. Aufl., 1914, S. 769

[25] Vgl. R. Herzog, Allgemeine Staatslehre, a.a.O., S. 400

raum nur gering sind oder die von der Zielrichtung her nur regionalen Charakter haben. Als geeignetstes Mittel zur Vereinheitlichung der Wirtschaftspolitik bietet sich in diesem Fall die Einführung *gemeinsamer Politiken* an, d.h. die wirtschaftspolitische Kompetenz wird in diesem Bereich auf die Gemeinschaftsorgane übertragen, die entsprechend den dort geltenden Verfahren für die Beschliessung und Durchführung wirtschaftspolitischer Massnahmen in diesem Bereich verantwortlich sind. Je nach dem föderativen Charakter der Union können sich dabei die Gemeinschaftsorgane auf eine gemeinsame Zielformulierung beschränken und die Durchführungsmassnahmen zur Erreichung der gemeinsam formulierten Ziele den Mitgliedstaaten überlassen oder aber auch sowohl die Zielformulierung als auch die Durchführung direkt vornehmen[26]. Umfang und Grad der zu vereinheitlichenden Politiken und damit der Grad der wirtschaftlichen Integration hängt in diesem Fall somit vom gewünschten föderativen Grad der angestrebten Föderation ab.
Streben die beteiligten Staaten schliesslich unter völliger politischer Selbstaufgabe gar eine politische Vereinigung in einem neuen gemeinsamen Einheitsstaat an, der an ihrer Stelle alle staatlichen Aufgaben und Funktionen übernehmen soll, so werden sie auch alle wirtschaftspolitischen Kompetenzen uneingeschränkt dem neuen Hoheitsträger übertragen. Dieser wird, da er in dem neu gebildeten Staatsgebiet als gemeinsamer Rechtsnachfolger der bisherigen Staaten über die alleinige Hoheitsgewalt verfügt, die gesamte Wirtschaftspolitik – genauso wie alle anderen Bereiche der Politik – von zentraler Stelle aus planen und durchführen, wobei alle wirtschaftspolitischen Aktivitäten des neuen Staates unmittelbar und direkt wirksam werden. Bei einem derartigen unitaristischen Integrationskonzept kann man sich im Bereich der wirtschaftlichen Integration auch nicht auf eine Teilintegration beschränken. Vielmehr bedingt das unitaristische Integrationskonzept notwendigerweise eine wirtschaftliche Totalintegration, d.h. es führt im Ergebnis zu einem völlig einheitlichen Wirtschaftsraum, in dem überall die gleichen Gesetze gelten und in dem es nur eine Währung gibt.
Nachdem im bisherigen Verlauf dieses Abschnitts gezeigt werden konnte, dass eine die gesamte Wirtschaft der beteiligten Staaten umfassende wirtschaftliche Globalintegration praktisch immer einen politischen Hintergrund hat und das Ausmass der gewünschten Integration sowie die gewählte Integrationsform in hohem Masse von den politischen Motiven, die der wirtschaftlichen Integration zugrunde liegen, abhängig ist, erhebt sich die Frage, ob dies auch für die sektorale Integration gilt.
Rein äusserlich stellt eine sektorale wirtschaftliche Integration zwischen Staaten einen Zweckverband mit einem beschränkten, konkreten Ziel dar. Solche Ziele können sein: ein mehrere Staaten umfassender gemeinsamer Agrarmarkt, ein einheitlicher Energiemarkt mit einem gemeinsamen Energieverbundnetz, ein Zusammenschluss zur Entwicklung und gemeinsamen Nutzung bestimmter Zukunftsindustrien wie der Kernindustrie oder Luft- und Raumfahrtindustrie oder ein gemeinsamer Markt für bestimmte Grundstoffindustrien. Nachdem es sich hierbei um relativ eng begrenzte und genau abgegrenzte Gebiete handelt, sollte man vermuten, dass einem solchen Zweckverband über den konkreten Inhalt des Zweckverbandes hinaus kaum eine allgemeinere politische Bedeutung zukommt. Dies ist jedoch nicht der Fall. Vielmehr entstehen auch solche Zweckver-

[26] Zum Begriff der gemeinsamen Politik vergleiche auch H. R. Krämer, Formen und Methoden..., a.a.O., S. 69ff.

bände mit nur sektoraler wirtschaftlicher Integrationswirkung zwischen Staaten in aller Regel nur, wenn sie nicht nur dem konkreten Sachziel des Staatenverbundes förderlich sind, sondern darüber hinaus auch einem übergeordneten, allgemeineren politischen Ziel dienlich sind. Das folgt daraus, dass die integrative Wirkung auf den Wirtschaftsraum eines solchen Zweckverbandes dem begrenzten Ziel des Verbandes entsprechend, selbst wenn er in Form einer supranationalen Gemeinschaft institutionalisiert wird, ökonomisch wie politisch also einem hohen Integrationsgrad entspricht, relativ begrenzt bleibt. Deshalb entsprechen die wirtschaftlichen Vorteile einer sektoralen Integration nur in den seltensten Fällen dem Verlust an politischem Handlungsspielraum, den die Mitgliedstaaten bei Gründung eines solchen Zweckverbandes in Kauf nehmen müssen. Da ein Verlust an politischer Autonomie aber im allgemeinen von den Staaten als Negativum empfunden wird, verbleibt in den meisten Fällen kein spürbarer Netto-Nutzen, der zur Gründung eines internationalen Zweckverbands mit dem Ziel einer sektoralen wirtschaftlichen Integration führt[27].
Anders stellt sich die Sachlage erst dann dar, wenn der politische Autonomieverlust von allen beteiligten Staaten als wünschenswert oder zumindest nicht nachteilig angesehen wird. In diesem Fall wird der Netto-Nutzen einer sektoralen Integration grösser, da der dabei entstehende Autonomieverlust der Mitgliedstaaten als eigenständiges Positivum in die «Nutzen-Kosten-Analyse» eingeht. Letzteres ist jedoch nur der Fall, wenn ausser den ökonomischen Gründen für die Entwicklung eines solchen Zweckverbandes noch ausserökonomische, politische Gründe sprechen. Diese sind im allgemeinen jedoch nur vorhanden, wenn sich die beteiligten Staaten ganz allgemein enger aneinander binden wollen. Man muss also feststellen, dass selbst Formen sektoraler wirtschaftlicher Integration primär nicht aus wirtschaftlichen Gründen realisiert werden, sondern aus politischen Gründen.
Belegt wird diese Meinung durch die Erfolge und Misserfolge der europäischen Einigungsidee. So wurden die beiden Europäischen Gemeinschaften, die eine sektorale Integration zum Inhalt haben, die Montanunion und Euratom, nicht oder zumindest nicht primär wegen ihrer wirtschaftlichen Vorteile gegründet, sondern in erster Linie aus politischen Gründen. Bezüglich der Europäischen Gemeinschaft für Kohle und Stahl, die eine Integration der Kohle- und Stahlindustrie der Mitgliedstaaten zum Ziel hat, wurde dies vom damaligen französischen Aussenminister Robert Schuman, auf dessen Initiative die Gründung der Montanunion zurückgeht, auch ganz klar und deutlich ausgesprochen[28]. Aber auch bei der Gründung der Europäischen Atomgemeinschaft Euratom, deren Ziel es ist, den

[27] Es mag eingewendet werden, dass Formen sektoraler wirtschaftlicher Integration nur deshalb nicht mehr Verbreitung gefunden haben, weil nach dem Allgemeinen Zoll- und Handelsabkommen eine sektorale wirtschaftliche Integration zwischen GATT-Mitgliedern grundsätzlich nicht erlaubt ist (vgl. Art. XXIV des GATT-Abkommens, nach dem nur Zollunionen und Freihandelszonen «für annähernd den gesamten Handel», also nicht nur für einzelne Warengruppen oder Wirtschaftssektoren, gegründet werden dürfen). Tatsächlich haben die GATT-Mitglieder die Gründung der Montanunion im Jahre 1951 jedoch nicht verhindert, sondern am 10. November 1952 einen entsprechenden «Waiver» gewährt (vgl. Ferdinand K. Liebich, Das GATT als Zentrum der internationalen Handelspolitik, Baden-Baden 1971, S. 37). Auch ist kein Fall bekannt, wo eine internationale sektorale wirtschaftliche Integration ernsthaft diskutiert wurde, aufgrund der GATT-Bestimmungen aber schliesslich nicht erfolgte

[28] Vgl. die als Schuman-Plan berühmt gewordene Erklärung der französischen Regierung vom 9. Mai 1950. Sie ist in deutscher Sprache abgedruckt in: Europa-Archiv, 5. Jhrg. 1950, S. 3091 f.

Ländern der Gemeinschaft durch die Schaffung eines gemeinsamen Marktes auf dem Gebiet der Kernenergie die Erforschung und Nutzung der Kernenergie unter Ausschaltung der damit verbundenen militärischen Sicherheitsrisiken zu ermöglichen, standen eindeutig politische Motive im Vordergrund[29].
Entsprechend scheiterten andere, Anfang der fünfziger Jahre in Europa diskutierte Staaten-Gemeinschaften mit dem Ziel einer sektoralen wirtschaftlichen Integration nicht aus ökonomischen, sondern aus politischen Gründen. Dies gilt sowohl für die im Rahmen des Europarates diskutierten Pläne zur Errichtung einer «Europäischen Agrarunion» (bzw. einer sog. «Grünen Union»), die eine Art gemeinsamen europäischen Agrarmarkt mit Preisstabilisierung zum Ziel hatte, als auch für die Pläne zur Gründung einer «Europäischen Verkehrsbehörde», deren Ziel es sein sollte, die westeuropäischen Staaten durch eine Integration auf dem Gebiet des Verkehrs enger aneinanderzubinden. In beiden Fällen war die Mehrzahl der angesprochenen Staaten zu den mit solchen Zweckverbänden verbundenen politischen Konsequenzen nicht bereit[30].

1.4 Ergebnis

Fasst man die aus den integrationstheoretischen Überlegungen dieses Kapitels gewonnenen Erkenntnisse zusammen, so gelangt man zu folgendem Ergebnis:

1. Die Wirtschafts- und Währungsunion stellt die höchste Form einer wirtschaftlichen Integration dar. Durch sie werden die Volkswirtschaften mehrerer Staaten zu einem einheitlichen Wirtschaftsraum mit einer gemeinsamen Währung verschmolzen, in der ein einheitlicher wirtschaftspolitischer Wille zum Tragen kommt. Der Wirtschaftsraum einer Wirtschafts- und Währungsunion unterscheidet sich damit durch nichts mehr vom Wirtschaftsraum eines einheitlichen Staatsgebietes.
2. Im Gegensatz zum internationalen Handel, der zwischen Staaten betrieben wird, um durch Tausch und internationale Arbeitsteilung die nationale Wohlfahrt zu erhöhen, ist eine internationale wirtschaftliche Integration, die über die Realisierung des Freihandelspostulats hinausgeht, ökonomisch nicht mehr allein begründbar. Eine über die erste Stufe wirtschaftlicher Integration hinausgehende internationale wirtschaftliche Integration ist folglich immer auf ausserökonomische, politische Motive der beteiligten Staaten zurückzuführen[31]. Entsprechend ist die Bildung einer Wirtschafts- und Währungsunion letztlich kein ökonomischer, sondern ein politischer Akt.

[29] Zu den politischen Gründen für die Gründung der Montanunion und von Euratom vergleiche Wolfgang Harbrecht, Die Europäische Gemeinschaft, Stuttgart–New York 1978, S. 12f. und S. 33ff.

[30] Zu den Plänen der Gründung einer Europäischen Agrarunion vergleiche den Mansholt-Plan vom 13. November 1950 und den Pflimlin-Plan vom 20. März 1951. Ihr wesentlicher Inhalt ist wiedergegeben in: H. v. Siegler, Dokumentation..., a.a.O., S. 49 und 53. Die Gründung einer Europäischen Verkehrsbehörde wurde im August 1950 von dem Franzosen Edouard Bonnefous in der Beratenden Versammlung des Europarates zur Diskussion gestellt. Vgl. Richard Mayne, Die Einheit Europas, aus dem Englischen übersetzt von Ruprecht Paqué, München 1963, S. 85f.

[31] Als politische Bedingungen für den (freiwilligen) Zusammenschluss von Staaten in einer Föderation werden in der Literatur angeführt: 1. militärische Unsicherheit, 2. der Wunsch nach Unabhängigkeit von anderen Mächten, 3. die Erwartung ökonomischer Vorteile, 4. geographische Nachbarschaft, 5. ähnliche politische Systeme, 6. die Tatsache, dass die betreffenden Staaten schon vor dem politischen Einigungsprozess in der einen oder anderen Weise miteinander assoziiert waren. Diese Bedingungen weisen auf einige der möglichen politischen Motive für einen politischen Einigungsprozess hin.

3. Als politisches Ziel internationaler wirtschaftlicher Integration lässt sich in allen Fällen der Wunsch der beteiligten Staaten nach einer engeren politischen Verbindung der Mitgliedstaaten nachweisen. Dieser entspringt entweder dem negativen Motiv, durch die Schaffung einer gegenseitigen Abhängigkeit gegenseitiges Misstrauen abzubauen, oder dem positiven Motiv einer politischen Annäherung bzw. politischer Einigungsbestrebungen.
4. Als Mittel zum Zweck hängt das Ausmass und die konkrete Form der wirtschaftlichen Integration entsprechend ihrem politischen Charakter von den ausserökonomischen, politischen Zielen der beteiligten Staaten ab. Dabei wird der angestrebte Grad der wirtschaftlichen Integration um so höher sein, je enger die politische Verbindung der beteiligten Staaten geplant ist. Ebenso wird die Wahl der Integrationsmethode von Art und Umfang der politischen Verbindung der betroffenen Staaten bestimmt.
5. Ausmass und Umfang der erforderlichen Integrationsmassnahmen zur Erreichung eines bestimmten Integrationsniveaus sind in hohem Masse von der Wirtschaftsordnung der beteiligten Staaten abhängig. Je liberaler die Wirtschaftsordnung der Mitgliedstaaten ist, desto weniger Integrationsaufwand ist zur Erreichung eines bestimmten Integrationsniveaus erforderlich. Umgekehrt ist in dirigistischen Wirtschaftsordnungen ein höheres Integrationspotential zur Erreichung eines bestimmten, angestrebten Integrationsniveaus erforderlich.

Aus diesen integrationstheoretischen Erkenntnissen folgt, dass die Europäischen Gemeinschaften trotz ihres wirtschaftlichen Vertragsgegenstandes als *politische* Gebilde anzusehen sind. Obwohl sie eine wirtschaftliche Integration der Volkswirtschaften der neun Mitgliedstaaten der EG zum Ziel haben, geht ihre Gründung nach unseren Überlegungen auf ausserökonomische, politische Motive zurück. Tatsächlich wurde die Europäische Wirtschaftsgemeinschaft im Jahre 1957 gegründet, um «die Grundlagen für einen immer engeren Zusammenschluss der europäischen Völker zu schaffen»[32].

Nach unseren integrationstheoretischen Überlegungen sind die Gemeinschaftsverträge Ausdruck und Ergebnis des europäischen Einigungswillens. Aus dem in den Verträgen angestrebten Integrationsgrad und den dort niedergelegten Integrationsmethoden ist daher das Ausmass und die Form der gewünschten politischen Integration zu erkennen. Ebenso ist aus der Art und dem Umfang der Verwirklichung der Vertragsziele der Gemeinschaftsverträge sowie aus den politischen Erklärungen der neun Gemeinschaftsländer seit Gründung der Europäischen Gemeinschaften zu erkennen, in welchem Masse sich der europäische Einigungswille im Laufe der Zeit verändert hat. Die Entwicklung des europäischen Einigungswillens seit der Gründung der Europäischen Gemeinschaften ist aber wegen der Tatsache, dass die Errichtung einer Wirtschafts- und Währungsunion nicht als ein ökonomischer, sondern als ein politischer Akt anzusehen ist, für die Frage, ob und wie die Europäische Gemeinschaft zu einer Wirtschafts- und Währungsunion weiterentwickelt werden kann, von grösster Bedeutung. Da eine Wirtschafts- und Währungsunion als eine wirtschaftliche Totalintegration den höchsten Grad internationaler wirtschaftlicher Integration verkörpert, erfordert die Errichtung einer Wirtschafts- und Währungsunion nach unseren integrationstheo-

Vgl. K. C. Wheave, Federal Government, 3rd Ed., London 1953, S. 37ff. Vgl. auch D. Coombes, Politics and Bureaucracy in the European Community, London 1970, S. 29f., sowie Malte Faber und Friedrich Breyer, An Economic Approach to Constitutional Aspects of European Integration, unveröffentlichtes Manuskript 1979, S. 2

[32] Vgl. Präambel zum EWG-Vertrag

retischen Überlegungen von allen beteiligten Staaten einen stärkeren politischen Einigungswillen als alle anderen Formen wirtschaftlicher Integration. Sie erfordert demnach auch von den EG-Staaten einen stärkeren politischen Einigungswillen als er zur Gründung der Europäischen Gemeinschaften erforderlich war.

Diese Ausführungen machen deutlich, von welch zentraler Bedeutung das politische Umfeld innerhalb der EG bzw. die politischen Vorstellungen der Gemeinschaftsländer über Sinn und Zweck der Europäischen Gemeinschaft für die Errichtung einer Wirtschafts- und Währungsunion in der Europäischen Gemeinschaft sind. Sie machen darüber hinaus offenkundig, wo eine Analyse der politischen Probleme der Errichtung einer solchen Union ansetzen muss. Zur Analysierung der politischen Probleme der Errichtung einer Wirtschafts- und Währungsunion in der Europäischen Gemeinschaft ist es demnach zunächst erforderlich zu untersuchen, ob in der Europäischen Gemeinschaft heute tatsächlich ein stärkerer Einigungswille als bei Gründung der Europäischen Gemeinschaften vorhanden ist, oder, falls nicht, worauf es sonst zurückzuführen ist, dass heute die Errichtung einer Wirtschafts- und Währungsunion diskutiert und geplant wird, während sich die Gründerstaaten der EWG seinerzeit nicht zu einem derartigen Schritt durchringen konnten. Diesen Fragen soll im nächsten Teil nachgegangen werden.

2 Die Bestimmungen der Gemeinschaftsverträge über die Wirtschafts- und Währungspolitik

2.1 Überblick über das Vertragswerk der Europäischen Gemeinschaften

Die Europäische Gemeinschaft stellt eine Staatengemeinschaft dar, die durch ein umfangreiches Vertragswerk miteinander verbunden ist. Materielle Grundlage der Europäischen Gemeinschaft, so wie sie sich uns heute darstellt, sind die drei Europäischen Gemeinschaften: die Europäische Gemeinschaft für Kohle und Stahl (die Montanunion), die Europäische Wirtschaftsgemeinschaft und die Europäische Atomgemeinschaft Euratom. Sie wurden von den sechs Gründerstaaten der Europäischen Gemeinschaften Deutschland, Frankreich, Italien, den Niederlanden, Belgien und Luxemburg durch die Verträge von Paris und Rom im Jahre 1951 bzw. 1957 ins Leben gerufen[1].

Seit der Gründung der Europäischen Gemeinschaften hat sich der Charakter der Europäischen Gemeinschaft nicht unwesentlich verändert. Die Europäische Gemeinschaft ist erstens grösser geworden. Im Jahre 1973 erfolgte durch den Beitritt der Staaten Grossbritannien, Dänemark und Irland zu den drei Europäischen Gemeinschaften eine Erweiterung der Europäischen Gemeinschaft von sechs auf neun Mitgliedstaaten und am 1. Januar 1981 durch den Beitritt Griechenlands eine zweite Erweiterung auf zehn Mitgliedstaaten[2]. Eine weitere Erweiterung auf zwölf Mitgliedstaaten durch den Beitritt von Portugal und Spanien zu den drei Europäischen Gemeinschaften steht unmittelbar bevor[3].

Die Europäische Gemeinschaft wurde zweitens vervollkommnet und vertieft. Zu diesem Zweck wurden zunächst im Jahre 1967 die Organe der drei Europäischen Gemeinschaften, soweit das nicht schon im Jahre 1957 geschehen war, zusammengelegt und gemeinsame Organe geschaffen[4]. In den Jahren 1970–1975 wurde das Haushaltsrecht der Europäischen Gemeinschaften mehrfach verbessert mit dem Ziel, die Europäische Gemeinschaft durch ein System eigener Einnahmen von den Mitgliedstaaten finanziell unabhängig zu machen und den Haushaltsvollzug einer besseren parlamentarischen Kontrolle zu unterwerfen[5]. Im

[1] Der EGKS-Vertrag wurde am 18. April 1951 in Paris unterzeichnet; er trat am 25. Juli 1952 in Kraft. Der Vertragstext wurde im BGBl. 1952 II, S. 447 ff., veröffentlicht. Der EWG-Vertrag und EAG-Vertrag wurden am 25. März 1957 in Rom unterzeichnet. Diese sog. Römischen Verträge traten am 1. Januar 1958 in Kraft. Der Wortlaut der beiden Verträge wurde im BGBl. 1957 II, S. 753 ff., veröffentlicht. Zur Entstehungsgeschichte der Europäischen Gemeinschaften vgl. W. Harbrecht, Die Europäische Gemeinschaft, a.a.O., S. 5 ff.

[2] Die Schlussakte und die Beitrittsverträge mit Grossbritannien, Dänemark und Irland sind im BGBl. 1972 II, S. 1127 ff., veröffentlicht; die Beitrittsdokumente betreffend Griechenland im ABl. Nr. L 291 vom 19. November 1979

[3] Formellen Antrag auf Beitritt zu den Europäischen Gemeinschaften hat Portugal am 28. März 1977 und Spanien am 28. Juli 1977 gestellt. Die Beitrittsgesuche werden gegenwärtig von den Organen der EG geprüft. Vgl. Bull.EG 5–1978, Ziff. 1.1.1. ff.

[4] Vgl. den «Vertrag zur Einsetzung eines gemeinsamen Rates und einer gemeinsamen Kommission der Europäischen Gemeinschaften» vom 8. April 1965, der am 1. Juli 1967 in Kraft trat, veröffentlicht im BGBl. 1967 II, S. 1454 ff.

[5] Vgl. den «Beschluss vom 21. April 1970 über die Ersetzung der Finanzbeiträge der Mitgliedstaaten durch eigene Mittel der Gemeinschaften», veröffentlicht im ABl. Nr. L 94 vom 28. April 1970, S. 19; den «Vertrag zur Änderung bestimmter Haushaltsvorschriften der Verträge zur Gründung der Europäischen Gemeinschaften und des Vertrages zur Einsetzung eines gemeinsamen Rates und einer gemeinsamen Kommission der Europäischen Gemeinschaften» (sog. 1. Haushaltsvertrag) vom 22. April 1970, veröffentlicht im ABl. Nr.

Jahre 1970 wurde darüber hinaus zwischen den Mitgliedstaaten der Europäischen Gemeinschaft ein System zur Koordinierung ihrer Aussenpolitik eingeführt[6]. Dieses System der europäischen politischen Zusammenarbeit EPZ stellt eine Erweiterung bzw. Ausdehnung der Zusammenarbeit zwischen den Mitgliedstaaten der EG auf ausserökonomische Bereiche dar, wodurch die Europäische Gemeinschaft eine neue, politische Dimension erhielt. Im Jahre 1976 wurde schliesslich der Akt zur Einführung der Direktwahl zum Europäischen Parlament verabschiedet, nach dem in Zukunft die Abgeordneten für das Europäische Parlament in geheimer Wahl unmittelbar von den Bürgern der EG-Mitgliedstaaten gewählt werden[7]. Auch dieser Beschluss stellt nicht nur eine Erfüllung der Gemeinschaftsverträge dar, sondern verleiht der Europäischen Gemeinschaft eine neue, politische Dimension. Die ersten europäischen Wahlen fanden im Juni 1979 statt.

Trotz dieser Veränderung stellt die Europäische Gemeinschaft auch heute noch in erster Linie eine Wirtschaftsgemeinschaft dar, d.h. eine Staatenverbindung, die sich eine wirtschaftliche Integration ihrer Volkswirtschaften zum Ziel gesetzt hat. Denn alle drei Gemeinschaftsverträge haben die wirtschaftliche Integration der EG-Mitgliedstaaten zum Ziel. Die Europäische Gemeinschaft für Kohle und Stahl hat eine sektorale Integration zum Ziel, nämlich die Errichtung eines gemeinsamen Marktes für die Kohle- und Stahlindustrie der Mitgliedstaaten[8]. Die Europäische Atomgemeinschaft hat ebenfalls eine sektorale Integration zum Ziel, nämlich eine gemeinsame Erforschung der Kernenergie und die Entwicklung einer leistungsfähigen europäischen Kernindustrie durch die Schaffung eines gemeinsamen Marktes für die besonderen auf dem Kerngebiet verwendeten Stoffe und Ausrüstungen, durch den freien Kapitalverkehr für Investitionen auf dem Kerngebiet und durch die Freiheit der Beschäftigung für die Fachkräfte innerhalb der Gemeinschaft[9]. Aufgabe der Europäischen Wirtschaftsgemeinschaft schliesslich ist es, «durch die Errichtung eines Gemeinsamen Marktes und die schrittweise Annäherung der Wirtschaftspolitik der Mitgliedstaaten eine harmonische Entwicklung des Wirtschaftslebens innerhalb der Gemeinschaft, eine beständige und ausgewogene Wirtschaftsausweitung, eine grössere Stabilität, eine beschleunigte Hebung der Lebenshaltung und engere Beziehungen zwischen den Staaten zu fördern, die in dieser Gemeinschaft zusammengeschlossen sind»[10].

Fasst man alle drei Verträge zusammen und betrachtet sie als Einheit, wie

L 2 vom 2. Januar 1971, S. 1, sowie den «Vertrag zur Änderung bestimmter Finanzvorschriften der Verträge zur Gründung der Europäischen Gemeinschaften und des Vertrags zur Einsetzung eines gemeinsamen Rates und einer gemeinsamen Kommission der Europäischen Gemeinschaften» (sog. 2. Haushaltsvertrag) vom 22. Juli 1975, veröffentlicht im BGBl. 1976 II, S. 1327ff.

[6] Die europäische politische Zusammenarbeit zwischen den Regierungen der Mitgliedstaaten der EG beruht nicht auf vertraglichen Grundlagen, sondern auf einem System von Absprachen zwischen den Regierungen. Diese sind in sog. «Berichten» schriftlich niedergelegt. Alle für das System der EPZ relevanten Texte sind gesammelt in «Texte zur Europäischen Politischen Zusammenarbeit (EPZ)», herausgegeben vom Presse- und Informationsamt der Bundesregierung, Bonn 1976

[7] Vergleiche den am 20. September 1976 verabschiedeten «Akt zur Einführung allgemeiner unmittelbarer Wahlen der Abgeordneten der Versammlung», veröffentlicht im BGBl. 1977 II, S. 734ff.

[8] Vgl. Art. 2 EGKSV

[9] Vgl. Art. 1 EAGV

[10] Siehe Art. 2 EWGV

dies aufgrund der gerade skizzierten institutionellen Entwicklung der Europäischen Gemeinschaften ohne weiteres berechtigt, ja sogar geboten ist, so haben die Europäischen Gemeinschaften eine umfassende, wirtschaftliche Globalintegration zum Ziel, bei der ein Integrationsniveau auf der dritten, höchsten Stufe angestrebt wird. Ziel der Europäischen Wirtschaftsgemeinschaft, der als der umfassendsten Gemeinschaft unter den drei Europäischen Gemeinschaften eine dominierende Rolle zufällt, ist die Errichtung eines Gemeinsamen Marktes und die schrittweise Annäherung der Wirtschaftspolitik der Mitgliedstaaten, also zumindest die Bildung einer Wirtschaftsunion.
Aus der Zielformulierung des Art. 2 EWGV geht allerdings nicht hervor, in welchem Masse die Annäherung der Wirtschaftspolitik auch die Währungspolitik umfasst und ob der EWG-Vertrag nicht sogar die vertragliche Grundlage für eine wirtschaftliche Totalintegration sein sollte. Aus Art. 2 EWGV ist auch nicht zu erkennen, welches politische Einigungskonzept dem Abschluss des EWG-Vertrags zugrunde lag. Nach den im ersten Teil gewonnenen Erkenntnissen aus den dort angestellten integrationstheoretischen Überlegungen lassen sich aber beide Fragen durch eine eingehende Analysierung der Vertragsbestimmungen über die Wirtschafts- und Währungspolitik in den Gemeinschaftsverträgen beantworten.

2.2 Die Begriffssystematik des EWG-Vertrags

Versteht man unter dem Begriff Wirtschaftspolitik «die Gesamtheit aller Bestrebungen, Handlungen und Massnahmen, die darauf abzielen, den Ablauf des Wirtschaftsgeschehens in einem Gebiet oder Bereich zu ordnen, zu beeinflussen oder unmittelbar festzulegen»[11] oder «alle gestaltenden Massnahmen, die der Staat oder von ihm abgeleitete oder faktisch zuständige Einrichtungen im Hinblick auf Wirtschaftsprozess, Wirtschaftsstruktur und Wirtschaftsordnung treffen»[12], so enthalten natürlich alle drei Gemeinschaftsverträge wirtschaftspolitische Bestimmungen der unterschiedlichsten Art. Dieses weite Begriffsverständnis des Wortes Wirtschaftspolitik ist hier jedoch nicht gemeint, wenn wir die Bestimmungen über die Wirtschafts- und Währungspolitik in den Gemeinschaftsverträgen untersuchen wollen. Für unsere Fragen sind vielmehr in erster Linie die Bestimmungen über die globale Wirtschaftspolitik von Interesse, d. h. die Bestimmungen über die makroökonomischen Bereiche der (speziellen) Wirtschaftspolitik, die darauf abzielen, die makroökonomischen Schlüsselgrössen Sozialprodukt, Beschäftigung, Geldwert und Verteilung im gewünschten Sinne zu beeinflussen[13]. Allerdings sind für die Frage nach dem den Gemeinschaftsverträgen zugrunde liegenden politischen Verbindungskonzept der EG-Mitgliedstaaten auch die wirtschaftspolitischen Bestimmungen über einzelne Wirtschaftssektoren von

[11] Vgl. Herbert Giersch, Allgemeine Wirtschaftspolitik, Bd. I: Grundlagen, Wiesbaden 1960, S. 17

[12] Vgl. Karl Schiller, Artikel «Wirtschaftspolitik», in: HdSW, 12. Bd., Stuttgart–Tübingen–Göttingen 1965, S. 210

[13] Zum Begriff der speziellen Wirtschaftspolitik, wie er hier verwendet wird, und zu den Einteilungsgesichtspunkten vgl. Theodor Pütz, Grundlagen der theoretischen Wirtschaftspolitik, 3. neubearbeitete und erweiterte Auflage, Stuttgart 1975, S. 1. Vgl. auch Gérard Gäfgen, Theorie der Wirtschaftspolitik, in: Werner Ehrlicher u. a., Kompendium der Volkswirtschaftslehre, Bd. 2, 4. überarbeitete und erweiterte Auflage, Göttingen 1975, S. 1–94, insbes. S. 3ff.

Bedeutung. Wir werden daher auch sie – soweit notwendig – in unsere Betrachtung mit einbeziehen.
Obwohl alle drei Gemeinschaftsverträge die wirtschaftliche Integration zum Ziel haben, enthält nur der EWG-Vertrag vertragliche Bestimmungen über die verschiedenen Teilbereiche der globalen Wirtschaftspolitik, und zwar in Form von Bestimmungen über die Konjunkturpolitik, Finanz- und Haushaltspolitik, mittelfristige Wirtschaftspolitik und die Währungspolitik. Allerdings wird der Begriff Wirtschaftspolitik im EWG-Vertrag nicht einheitlich verwendet. Vielmehr tritt er im Vertragstext in unterschiedlichen Sinnbedeutungen auf. Diese entsprechen auch nicht den – zugegebenermassen selbst nicht einheitlichen – Vorstellungen der Wirtschaftswissenschaftler über die alternativen Verwendungsmöglichkeiten des Begriffs, sondern ergeben sich mehr oder weniger klar aus dem Vertragstext selbst. Gerade diese vom Standpunkt des Wirtschaftswissenschaftlers nichtfachmännische Verwendung des Begriffs Wirtschaftspolitik macht eine sorgfältige Analyse der Bestimmungen des EWG-Vertrages erforderlich. Dies soll im folgenden dadurch geschehen, dass die juristischen Formulierungen des EWG-Vertrags zur Wirtschaftspolitik in eine dem Ökonomen verständliche Form übertragen und interpretiert werden.
Versucht man, die Bestimmungen des EWG-Vertrags über die Wirtschaftspolitik begriffssystematisch zu ordnen, so wird man feststellen, dass der Begriff Wirtschaftspolitik im EWG-Vertrag in insgesamt vier unterschiedlichen Sinnbedeutungen auftaucht.

1. Im weitesten Sinne des Wortes, d. h. im Sinne aller gestaltenden Massnahmen, die der Staat oder von ihm abgeleitete oder faktisch zuständige Einrichtungen im Hinblick auf Wirtschaftsprozess, Wirtschaftsstruktur und Wirtschaftsordnung treffen, muss man den Begriff Wirtschaftspolitik in Art. 2 EWGV interpretieren. In diesem Artikel wird als (konkretes) Ziel der Europäischen Wirtschaftsgemeinschaft «die Errichtung eines Gemeinsamen Marktes und die schrittweise Annäherung der Wirtschaftspolitik der Mitgliedstaaten» genannt. In dieser nicht spezifisch bereichsorientierten, sondern unter den im Ersten Teil zusammengefassten «Grundsätzen»[14] des EWG-Vertrags stehenden allgemeinen Vertragsnorm «kann Wirtschaftspolitik nur undifferenziert als ‹allgemeine Wirtschaftspolitik› verstanden sein oder werden, ohne dass damit im Rechtssinne irgendwelche normativen Erkenntnisse verbunden werden dürften»[15].
Das gleiche gilt für den Begriff «Annäherung». Auch er sollte an dieser Stelle allgemein, d.h. ohne spezifischen Rechtsinhalt verstanden werden. Mit ihm wird das Ziel umschrieben, das angestrebt wird, doch gibt der Begriff an dieser Stelle noch keinen Aufschluss über die Methode bzw. die Verfahren, wie die Annäherung erreicht werden soll[16].
Nach dieser weiten Interpretation des Art. 2 EWGV umfasst die schrittweise Annäherung der Wirtschaftspolitik *alle* wirtschaftspolitischen Aktivitäten, und zwar nicht nur jene, die üblicherweise unter dem Begriff Ablaufs- oder Prozesspolitik subsumiert werden, sondern auch jene wirtschaftspolitischen Massnahmen, die

[14] So die Überschrift über den Ersten Teil des EWG-Vertrags
[15] Vgl. Hans Peter Ipsen, Europäisches Gemeinschaftsrecht, Tübingen 1972, S. 778
[16] Damit können wir nicht H. R. Krämer zustimmen, der unter dem Begriff Annäherung eine spezielle Form der Koordination versteht. Vgl. H. R. Krämer, Formen und Methoden..., a.a.O., S. 64 ff.

allgemein dem Bereich der Ordnungspolitik zugeschrieben werden[17]. Insbesondere umfasst der Begriff Wirtschaftspolitik in Art. 2 EWGV auch die Geld-, Fiskal-und Währungspolitik.

2. Etwas enger, wenn auch immer noch in einem sehr weiten bzw. allgemeinen Sinn wird der Begriff Wirtschaftspolitik in Art. 3 EWGV verwendet, in dem die Bereiche und der Umfang der Tätigkeit der Gemeinschaft genauer spezifiziert werden, um ihre Aufgabe bzw. ihr Ziel der Errichtung eines Gemeinsamen Marktes und der Annäherung der Wirtschaftspolitik der Mitgliedstaaten zu erfüllen bzw. zu erreichen. Nach Art. 3 EWGV umfasst die Tätigkeit der Gemeinschaft im Sinne des Artikels 2 nach Massgabe des Vertrages und der darin vorgesehenen Zeitfolge:

«a) die Abschaffung der Zölle und mengenmässigen Beschränkungen bei der Ein- und Ausfuhr von Waren sowie aller sonstigen Massnahmen gleicher Wirkung zwischen den Mitgliedstaaten;
b) die Einführung eines Gemeinsamen Zolltarifs und einer gemeinsamen Handelspolitik gegenüber dritten Ländern;
c) die Beseitigung der Hindernisse für den freien Personen-, Dienstleistungs- und Kapitalverkehr zwischen den Mitgliedstaaten;
d) die Einführung einer gemeinsamen Politik auf dem Gebiet der Landwirtschaft;
e) die Einführung einer gemeinsamen Politik auf dem Gebiet des Verkehrs;
f) die Errichtung eines Systems, das den Wettbewerb innerhalb des Gemeinsamen Marktes vor Verfälschungen schützt;
g) die Anwendung von Verfahren, welche die Koordinierung der Wirtschaftspolitik der Mitgliedstaaten und die Behebung von Störungen im Gleichgewicht ihrer Zahlungsbilanzen ermöglichen;
h) die Angleichung der innerstaatlichen Rechtsvorschriften, soweit dies für das ordnungsmässige Funktionieren des Gemeinsamen Marktes erforderlich ist;
i) die Schaffung eines Europäischen Sozialfonds, um die Beschäftigungsmöglichkeiten der Arbeitnehmer zu verbessern und zur Hebung ihrer Lebenshaltung beizutragen;
j) die Errichtung einer Europäischen Investitionsbank, um durch Erschliessung neuer Hilfsquellen die wirtschaftliche Ausweitung in der Gemeinschaft zu erleichtern;
k) die Assoziierung der überseeischen Länder und Hoheitsgebiete, um den Handelsverkehr zu steigern und die wirtschaftliche und soziale Entwicklung durch gemeinsame Bemühungen zu fördern.»

Art. 3 EWGV verlangt demnach für einige besonders aufgeführte Bereiche der Wirtschaftspolitik eine gemeinsame Politik. Für die übrigen Bereiche verlangt Art. 3 EWGV dagegen nur «die Anwendung von Verfahren, welche die Koordinierung der Wirtschaftspolitik der Mitgliedstaaten und die Behebung von Störungen im Gleichgewicht ihrer Zahlungsbilanzen ermöglichen».
Nachdem Art. 3 EWGV bezüglich des Ordnungsrahmens der EWG ganz klar «die Errichtung eines Systems, das den Wettbewerb innerhalb des Gemeinsamen Marktes vor Verfälschungen schützt», sowie «die Angleichung der innerstaatli-

[17] Zu den Begriffen Ordnungspolitik und Prozesspolitik vgl. G. Gäfgen, Theorie..., a.a.O., S. 3ff., und insbesondere Ernst Dürr, Prozesspolitik, in: Werner Ehrlicher u. a., Kompendium der Volkswirtschaftslehre, Bd. 2, 4. überarbeitete und erweiterte Auflage, Göttingen 1975, S. 95–177, insbes. S. 95f.

chen Rechtsvorschriften, soweit dies für das ordnungsmässige Funktionieren des Gemeinsamen Marktes erforderlich ist», verlangt, kann man wohl ausschliessen, dass der Begriff Wirtschaftspolitik in Art. 3g EWGV die Ordnungspolitik umfasst. Diese wird vielmehr durch die Punkte f) und h) des Art. 3 geregelt, die durch die ausführenden Regelungen des EWG-Vertrages, nämlich durch Art. 85–94 (Wettbewerbsregeln), Art. 95–99 (steuerliche Vorschriften), Art. 100–102 (Angleichung der Rechtsvorschriften) sowie durch Art. 43 Abs. 2 Unterabsatz 2, 49, 54 Abs. 3g, 56 Abs. 2, 57, 66 und 67 in Verbindung mit Art. 69, 75, 99, 103 und 113 spezifiziert werden[18]. In ihnen wird in der Mehrzahl der Bestimmungen weit mehr als nur eine Koordinierung im Sinne einer Abstimmung nationaler Massnahmen verlangt. So sind z.B. einheitliche Wettbewerbsregeln anzuwenden, die eine gemeinsame Wettbewerbspolitik bedingen (Art. 85–94); die indirekten Steuern sind zu harmonisieren (Art. 99) und diejenigen Rechts- und Verwaltungsvorschriften der Mitgliedstaaten, die sich unmittelbar auf die Errichtung oder das Funktionieren des Gemeinsamen Marktes auswirken, sind anzugleichen (Art. 100). Im Bereich der Landwirtschaft sind die einzelstaatlichen Marktordnungen abzulösen und durch gemeinsame Organisationsformen zu ersetzen (Art. 43) und zur Herstellung der Freizügigkeit der Arbeitnehmer sind diskriminierende innerstaatliche Rechtsvorschriften und sich daraus ergebende diskriminierende Verwaltungsverfahren und -praktiken zu beseitigen. Darüber hinaus ist eine enge Zusammenarbeit zwischen den einzelstaatlichen Arbeitsverwaltungen sicherzustellen (Art. 49).

Damit wird in Art. 3f und h aber letztlich nicht weniger als eine in wesentlichen Punkten weitgehend einheitliche Wirtschaftsverfassung bzw. wirtschaftsrechtliche Rahmenordnung für die gesamte Europäische Gemeinschaft verlangt, deren groben Grundzüge schon im EWG-Vertrag festgelegt wurden und deren weitere Konkretisierung im wesentlichen Gegenstand einer *gemeinsamen* Wirtschaftsordnungspolitik ist[19].

Der Begriff Wirtschaftspolitik in Art. 3g kann sich demnach nur noch auf die Prozesspolitik beziehen. Sie umfasst alle wirtschaftspolitischen Massnahmen, die nicht die Wirtschaftsordnung oder Wirtschaftsverfassung eines Staates tangieren, sondern innerhalb einer gegebenen Rahmenordnung den Wirtschaftsablauf beeinflussen. Beziehen sich die wirtschaftspolitischen Massnahmen auf die Be-

[18] Die ausführenden Regelungen zu Art. 3f und 3h sind bei Hans von der Groeben, Hans von Boeckh, Jochen Thiesing, Kommentar zum EWG-Vertrag, Bd. 1, 2. neubearbeitete Auflage, Baden-Baden 1974, S. 85ff., zusammengestellt

[19] Dieser Meinung steht nicht entgegen, dass die in den genannten Artikeln verwendeten Begriffe Harmonisierung, Angleichung, enge Zusammenarbeit nach einer Untersuchung von N. Lochner im Prinzip mit dem Begriff Koordinierung gleichgesetzt werden können und nach H. R. Krämer formell nur bestimmte Formen der Koordination sind (vgl. Norbert Lochner, Was bedeuten die Begriffe Harmonisierung, Koordinierung und gemeinsame Politik in den europäischen Verträgen, in: Zeitschrift für die gesamte Staatswissenschaft, Bd. 118(1962), S. 35–61, insbes. S. 50, und H. R. Krämer, Formen und Methoden..., a.a.O., S. 51ff.). Materiell bedeutet Harmonisierung und Rechtsangleichung, was bei H. v. d. Groeben u.a., Kommentar..., Bd. 1, a.a.O., S. 1276ff., insbes. S. 1279, u.E. deutlich zum Ausdruck kommt, die Ersetzung der verschiedenen einzelstaatlichen Politiken durch eine Gemeinschaftspolitik für das betreffende Sachgebiet. Diese Gemeinschaftspolitik verwirklicht sich in dem Inhalt eines gemeinschaftlichen Rechtsaktes. Dass dies in Form von Richtlinien geschieht, die kein unmittelbar wirksames Gemeinschaftsrecht darstellen, entspricht nur dem föderativen Charakter der Europäischen Gemeinschaft. (Zu dieser letzteren Meinung vergleiche auch Walter Hallstein, Die Europäische Gemeinschaft, 2. Aufl., Düsseldorf–Wien 1974, S. 34f.)

einflussung gesamtwirtschaftlicher Grössen wie Geldwert, Beschäftigung, Sozialprodukt oder Einkommensverteilung, so handelt es sich um Massnahmen der globalen Prozesspolitik; betreffen die wirtschaftspolitischen Massnahmen nur Teilgebiete eines Wirtschaftsraumes, so handelt es sich um regionalpolitische Massnahmen; richten sich die Bestrebungen und Massnahmen dagegen nur auf einen Teilbereich der Wirtschaft eines Gebietes, d.h. nur auf einzelne Wirtschaftssektoren, so spricht man von sektoraler Wirtschaftspolitik.
Doch schliesst der Begriff Wirtschaftspolitik in Art. 3g nicht unmittelbar die gesamte Prozesspolitik ein, da der EWG-Vertrag für einzelne Wirtschaftsbereiche die Einführung einer gemeinsamen Politik vorschreibt. Hinzuweisen ist hier zunächst auf Art. 3b, der die Einführung einer gemeinsamen Handelspolitik vorschreibt, die als ergänzendes konstitutives Element der Zollunion anzusehen ist. Aber auch für die Sektoren Landwirtschaft und Verkehr schreibt der EWG-Vertrag durch die spezielleren Regelungen des Art. 3d und 3e jeweils eine gemeinsame Politik vor.
Die Verpflichtung des Art. 3g zur Anwendung von Verfahren, welche die Koordinierung der Wirtschaftspolitik der Mitgliedstaaten und die Behebung von Störungen im Gleichgewicht ihrer Zahlungsbilanzen ermöglichen, umfasst demnach (ausser der Verpflichtung zur Koordinierung bei der Lösung jener weniger zentralen Teilprobleme der Wirtschaftsordnungspolitik, bei denen keine gemeinsame Politik vorgeschrieben ist, was aber in den Ausführungsbestimmungen zu Art. 3f und h geregelt ist) die gesamte Prozesspolitik, soweit nicht speziellere Regelungen mehr als nur eine Koordinierung verlangen. Sie umfasst damit insbesondere die gesamte globale Prozesspolitik zur Steuerung des gesamtwirtschaftlichen Wirtschaftsablaufs, darüber hinaus aber auch die Regionalpolitik sowie den grössten Teil der sektoralen Wirtschaftspolitik.
In dem gleichen, noch verhältnismässig weiten Sinne ist der Begriff Wirtschaftspolitik auch in Art. 6 und Art. 145 EWGV zu verstehen[20].

3. In einer dritten Wortbedeutung wird der Begriff Wirtschaftspolitik schliesslich als Überschrift für Titel II (Art. 103–116) des Dritten Teils «Die Politik der Gemeinschaft» im EWG-Vertrag benutzt. Betrachtet man die Überschriften der drei Kapitel dieses Titels «Die Konjunkturpolitik» (Art. 103), «Die Zahlungsbilanz» (Art. 104–109) und «Die Handelspolitik» (Art. 110–116) sowie den Inhalt der Art. 103–116, so wird klar, dass es sich bei diesen Bestimmungen um die Ausführungsbestimmungen zur globalen Prozesspolitik handelt, zu der hier auch die gemeinsame Aussenhandelspolitik gegenüber Drittländern gezählt wird. Nicht unter den Begriff Wirtschaftspolitik in diesem Sinne fallen die Sektorpolitiken, wie z.B. die Agrarpolitik, die Verkehrspolitik und die im Vertrag nicht speziell behandelte Industriepolitik. Ebenfalls nicht darunter fällt die Regionalpolitik. Sie alle finden ihre spezifische Regelung in anderen Teilen des EWG-Vertrags und – soweit keine speziellen Regelungen getroffen wurden – durch die Grundsatzartikel 2, 3, 6 und 145 EWGV.
Die globale Prozesspolitik wird im EWG-Vertrag nicht in einem Guss behandelt, sie wird aber auch nicht systematisch in ihre instrumentalen Komponenten Geldpolitik, Fiskalpolitik, Handelspolitik und Währungspolitik zerlegt. Speziell herausgegriffen und gesondert behandelt wird nur die Handelspolitik gegenüber Drittstaaten, dies aber wohl weniger, weil sie ein in sich geschlossener Teil der

[20] Vgl. H. v. d. Groeben u.a., Kommentar..., Bd. 1, a.a.O., S. 85

globalen Ablaufspolitik ist, als vielmehr wegen ihrer Eigenschaft als ergänzendes konstitutives Element einer Zollunion. Letzteres ist wohl auch der Grund dafür, weshalb der EWG-Vertrag eine *gemeinsame* Handelspolitik vorsieht.
Von der Vergemeinschaftung dieses Teils abgesehen, wurde die globale Prozesspolitik im Hoheitsbereich der Mitgliedstaaten belassen. Damit sind für die Geld-, Fiskal- und Währungspolitik nach dem EWG-Vertrag in der Europäischen Gemeinschaft die einzelnen Mitgliedstaaten und nicht die Gemeinschaft zuständig. Allerdings verpflichtet der EWG-Vertrag die Mitgliedstaaten – wie noch im einzelnen zu erläutern sein wird – zur Koordination ihrer nationalen Politiken, wobei der Vertrag unterschiedliche Bestimmungen für die Konjunkturpolitik (Art. 103), die «Wirtschaftspolitik» (Art. 104, 105) und die Währungspolitik (Art. 105, 107) enthält.

4. Der Begriff Wirtschaftspolitik in den Artikeln 104 und 105 ist nochmals in einem engeren Sinne aufzufassen als in der Überschrift über Teil II des Dritten Teils, d. h. als unter Punkt 3. Während er dort die gesamte globale Prozesspolitik einschliesslich der gemeinsamen Handelspolitik gegenüber Drittstaaten umfasst, beinhaltet er in diesen Artikeln die globale Prozesspolitik, soweit sie im Hoheitsbereich der Mitgliedstaaten belassen wurde, also ausschliesslich der gemeinsamen Handelspolitik.
Allerdings kann aus der Tatsache, dass der EWG-Vertrag die Konjunkturpolitik und die Währungspolitik nochmals besonders erwähnt, nicht geschlossen werden, dass der Begriff Wirtschaftspolitik in den Artikeln 104 und 105 nur die «sonstige Wirtschaftspolitik» meint, also jene Teile der globalen Prozesspolitik, die weder Konjunkturpolitik noch Währungspolitik (noch Handelspolitik) sind. Vielmehr ist der Begriff so umfassend zu verstehen, dass er auch die Konjunkturpolitik und die Währungspolitik mit einschliesst. Die besondere Erwähnung der Konjunkturpolitik und der Währungspolitik erfolgt nur deshalb, weil für sie detailliertere Koordinierungsbestimmungen in den Vertrag aufgenommen wurden als für die Wirtschaftspolitik im gerade beschriebenen Sinne im allgemeinen. Der Begriff Wirtschaftspolitik umfasst in den Artikeln 104f. demnach das gesamte (schon klassische) Keynessche Instrumentarium zur Beeinflussung des Wirtschaftsablaufs, um die wirtschaftspolitischen Ziele des magischen Dreiecks bzw. des magischen Vierecks Vollbeschäftigung, Preisniveaustabilität, ausgeglichene Zahlungsbilanz und angemessenes Wirtschaftswachstum zu erreichen, insbesondere also die Geld-, Fiskal- und Währungspolitik.
Es muss an dieser Stelle darauf hingewiesen werden, dass die hier vertretene Interpretation des Begriffs Wirtschaftspolitik in den Art. 104 und 105 enger ist als es in der bisherigen Literatur überwiegend der Fall ist. In der Literatur wird der Begriff Wirtschaftspolitik der Art. 104f. durchweg sehr weit interpretiert; der Kommentar von H. v. d. Groeben u. a. zum Beispiel interpretiert ihn in ähnlich weitem Sinne wie in Art. 2, 6 und 145. Um durch diese weite Interpretation nicht mit anderen Vertragsbestimmungen in Konflikt zu geraten, wird den Artikeln 104f. dort dann allerdings zum Teil nur eine subsidiäre Wirkung zuerkannt[21].
Diese weite Auslegung der Art. 104f. ist nach der hier vertretenen Meinung für einen Ökonomen jedoch nicht nur sachlich nicht gerechtfertigt, sondern steht auch der nach unserer Meinung im EWG-Vertrag enthaltenen Begriffssystematik entgegen. Titel II des Dritten Teils des EWG-Vertrages befasst sich – auch nach der

[21] Vgl. H. v. d. Groeben u. a., Kommentar..., Bd. 1, a.a.O., S. 1358ff. und 1365ff.

herrschenden juristischen Auslegung – «in erster Linie» mit der allgemeinen Wirtschaftspolitik, der wirtschaftlichen Globalsteuerung, die vor allem von den sogenannten Sektorpolitiken wie der Agrarpolitik, der Verkehrspolitik, aber auch der im Vertrag nicht spezifisch behandelten Industriepolitik zu unterscheiden ist»[22]. Diese umfasst aber nicht das Ganze der Wirtschaftspolitik[23]. Folglich kann auch der Begriff Wirtschaftspolitik in Art. 104f. nicht – wie Groeben u.a. Seite 1361 meint – «die gesamte Wirtschaftspolitik» umfassen, sondern eben nur – wie oben ausführlich begründet wurde – die globale Prozesspolitik, soweit sie im Hoheitsbereich der Mitgliedstaaten belassen wurde.

2.3 Die Analyse der wirtschaftspolitischen Bestimmungen des EWG-Vertrags aus integrationstheoretischer Sicht

Nachdem die wirtschaftspolitischen Bestimmungen des EWG-Vertrages begriffssystematisch geordnet und analysiert worden sind, können wir nun diese Bestimmungen daraufhin untersuchen, welcher Integrationsgrad im EWG-Vertrag angestrebt wird und welche Integrationsmethoden er für die einzelnen Bereiche der Wirtschaftspolitik vorsieht.

Untersucht man die Vertragsbestimmungen bezüglich der gerade aufgeworfenen Fragen, so stellt man fest, dass der EWG-Vertrag keine homogene Wirtschaftsunion anvisiert. Konkret anvisiert wird vielmehr nur – was allerdings auch schon sehr viel ist – eine Zollunion, die Freizügigkeit der Produktionsfaktoren, wobei bezüglich des Faktors Kapital gewisse Einschränkungen beibehalten werden, eine Agrarunion mit einer von den Organen der Gemeinschaft bestimmten gemeinsamen Agrarpolitik sowie eine Verkehrsunion mit einer ebenfalls gemeinsamen Verkehrspolitik. Bezüglich der Handelspolitik, Agrarpolitik und Verkehrspolitik haben die Mitgliedstaaten ihre nationale Zuständigkeit damit weitgehend aufgegeben und auf die Gemeinschaft übertragen, die ihre Aufgaben in diesen Bereichen für die Mitgliedstaaten der Gemeinschaft durch Erlass gemeinschaftlicher Rechtsakte mehr oder weniger zentralistisch wahrnimmt.

Darüber hinaus wurden der Gemeinschaft zur ordnungspolitischen Sicherung des Gemeinsamen Marktes und zur Verhinderung bzw. Beseitigung von Wettbewerbsverfälschungen wesentliche Teile der ordnungspolitischen Zuständigkeit übertragen. So wurde im EWG-Vertrag eine gemeinsame Wettbewerbspolitik

[22] Vgl. ebenda, S. 1307. An dieser Stelle sollte darauf hingewiesen werden, dass in der juristischen Literatur bei der Kommentierung der wirtschaftspolitischen Bestimmungen des EWG-Vertrags viel mit dem den Ökonomen verwirrenden Begriff «allgemeine Wirtschaftspolitik» argumentiert wird. Dies rührt daher, dass z.B. in der (gleichermassen gültigen) französischen Fassung des EWG-Vertrages (aber auch in verschiedenen anderen Amtssprachen) in Art. 145 der Begriff «politiques économiques générales» verwendet wird. Die Delegationsleiter haben dazu bei der Aushandlung des Vertragstextes im Jahre 1957 eine authentische Auslegungserklärung formuliert, nach der die Koordinierung der Wirtschaftspolitiken der Mitgliedstaaten, die in Art. 145 des Vertrages vorgesehen ist, die Wirtschaftspolitiken im weitesten Sinne verstanden betrifft, d.h. die Wirtschaftspolitik, Sozialpolitik, Währungspolitik usw. Der Begriff muss danach in Art. 145 in einem weiteren Sinne verstanden werden als im Titel II des Dritten Teils (vgl. Walter Hallstein, Der unvollendete Bundesstaat, Düsseldorf–Wien 1969, S. 97f.). Aus dieser Auslegungserklärung schliesst allerdings Ipsen im Gegensatz zu Groeben u.a., dass Art. 103ff. «nicht die ‹allgemeine Wirtschaftspolitik› erfasst, die die Art. 2, 3, 6, 145 betreffen» (H.P. Ipsen, Europäisches Gemeinschaftsrecht, a.a.O., S. 778). Auch für den Ökonomen wird durch die Einführung des Begriffs ‹allgemeine Wirtschaftspolitik› die Interpretation des EWG-Vertrags nicht erleichtert. Vielmehr wird daran deutlich, wie schwierig eine ökonomisch sinnvolle Interpretation der wirtschaftspolitischen Bestimmungen des EWG-Vertrags ist

[23] H.P. Ipsen, Europäisches Gemeinschaftsrecht, a.a.O., S. 777

festgelegt sowie eine Harmonisierung der Steuern und eine Angleichung der Rechtsvorschriften der Mitgliedstaaten, soweit sie sich unmittelbar auf die Errichtung oder das Funktionieren des Gemeinsamen Marktes auswirken. Obwohl die Steuerhoheit sowie die Gesetzgebungshoheit – abgesehen von der konkurrierenden gesetzgeberischen Kompetenz der Gemeinschaft im Bereich des Kartellrechts – bei den Mitgliedstaaten verblieben sind und die Harmonisierung und Angleichung integrationstheoretisch Instrumente der Koordinierung sind[24], implizieren diese Bestimmungen materiell dennoch eine gemeinsame Ordnungspolitik[25], die allerdings – was dem Wesen der Europäischen Gemeinschaft besonders entspricht – stark föderalistische Züge besitzt und die gewachsenen Ordnungsstrukturen der Mitgliedstaaten gebührend berücksichtigt. Trotz dieser föderalistischen Struktur der Ordnungspolitik der Gemeinschaft wird sie langfristig eine Annäherung wenn nicht gar eine weitgehende materielle (wenn auch nicht formelle) Vereinheitlichung der wirtschaftspolitischen Rahmenbedingungen in der Europäischen Gemeinschaft herbeiführen.

Wesentlich weniger weit als in den Bereichen Landwirtschaft und Verkehr sowie bezüglich der die Wirtschaftsverfassung prägenden Wirtschaftsordnungspolitik sind die Integrationsbestrebungen hinsichtlich der Prozesspolitik in der Europäischen Gemeinschaft. Sie wurde – abgesehen von der Agrar-, Verkehrs- und Handelspolitik, die aber nur einen eng umgrenzten Teil der Prozesspolitik ausmachen – im Hoheitsbereich der Mitgliedstaaten belassen, die damit nach wie vor für den weitaus grössten Teil der Ablaufspolitik zuständig sind.

Allerdings verlangt Art. 3 g eine Koordinierung dieses Teils der Wirtschaftspolitik der Mitgliedstaaten. Diese hat nach Art. 6 EWGV durch die Mitgliedstaaten «in enger Zusammenarbeit mit den Organen der Gemeinschaft» zu erfolgen. Als zuständiges Gemeinschaftsorgan nennt der EWG-Vertrag den Rat, der nach Art. 145 EWGV «zur Verwirklichung der Ziele und nach Massgabe dieses Vertrages... für die Abstimmung der Wirtschaftspolitik der Mitgliedstaaten» zu sorgen hat. Damit wurde sichergestellt, dass die Koordinierung der Wirtschaftspolitik nicht ausserhalb, sondern innerhalb des Gemeinschaftssystems erfolgt. Da der Rat «nach Massgabe dieses Vertrages» für die Abstimmung zu sorgen hat, sind dabei – soweit dies die Gemeinschaftsverträge vorsehen – auch die anderen Gemeinschaftsorgane zu beteiligen. Insbesondere haben aufgrund von Art. 15 FusV[26] auch bei der Abstimmung der Wirtschaftspolitik Rat und Kommission einander zu Rate zu ziehen. Soweit der Rat berechtigt bzw. verpflichtet ist, zur Koordinierung der Wirtschaftspolitik Beschlüsse zu fassen bzw. Rechtsakte zu erlassen, hat er das Gemeinschaftsverfahren einzuhalten, d. h. die anderen Organe der Europäischen Gemeinschaften sind im Rahmen der ihnen in den Verträgen zugewiesenen Befugnisse am Entscheidungsprozess zu beteiligen[27].

Die Verpflichtung zur Koordinierung besteht nach Art. 6 Abs. 1 EWGV «soweit dies zur Erreichung der Ziele des Vertrages erforderlich ist». Die Ziele des EWG-Vertrages ergeben sich aus der Präambel zum EWG-Vertrag, aus den grundlegenden Artikeln 2 und 3 des Vertrages sowie aus den sonstigen Vertragsvorschriften[28]. Angesichts des umfassenden Charakters des EWG-Vertrages ist die Koordinie-

[24] Vgl. H. R. Krämer, Formen und Methoden..., a.a.O., S. 59 ff.

[25] Vgl. H. v. d. Groeben u.a., Kommentar..., Bd. 1, a.a.O., S. 1279 und S. 1313

[26] Art. 15 FusV lautet: Der Rat und die Kommission ziehen einander zu Rate und regeln einvernehmlich die Art und Weise ihrer Zusammenarbeit

[27] Vgl. H. v. d. Groeben u.a., Kommentar..., Bd. 1, a.a.O., S. 107

[28] Vgl. ebenda, und dort angegebene Literatur

rungspflicht der Mitgliedstaaten hierdurch rechtlich nur wenig eingeschränkt. Auf der anderen Seite ist die Bestimmung politisch nur wenig verpflichtend, da es eine Ermessensfrage ist, inwieweit zur Erreichung der Ziele des EWG-Vertrages eine Koordinierung der Wirtschaftspolitik erforderlich ist.
In unserem Zusammenhang von besonderer Bedeutung ist, dass auch die globale Prozesspolitik mit ihren – nach instrumentalen Gesichtspunkten gegliederten – zentralen Teilbereichen Geld-, Fiskal- und Währungspolitik grundsätzlich in mitgliedstaatlicher Kompetenz belassen worden ist. Entsprechend gilt die in den Artikeln 3 und 6 enthaltene Pflicht der Mitgliedstaaten zur Koordinierung ihrer Wirtschaftspolitik, soweit dies zur Erreichung der Ziele des Vertrages erforderlich ist, grundsätzlich auch für die globale Prozesspolitik.
Als Ziel der globalen Prozesspolitik schreibt Art. 104 EWGV den Mitgliedstaaten die Sicherung und Wahrung des gesamtwirtschaftlichen Gleichgewichts in ihrem Land vor: «Jeder Mitgliedstaat betreibt die Wirtschaftspolitik, die erforderlich ist, um unter Wahrung eines hohen Beschäftigungsstands und eines stabilen Preisniveaus das Gleichgewicht seiner Gesamtzahlungsbilanz zu sichern und das Vertrauen in seine Währung aufrechtzuerhalten.» «Um die Verwirklichung der Ziele des Artikels 104 zu erleichtern, koordinieren die Mitgliedstaaten ihre Wirtschaftspolitik.» (Art. 105 Abs. 1)
Es fällt jedoch auf, dass Art. 105 EWGV – anders als die meisten anderen Vertragsbestimmungen, in denen eine Koordinierung vorgesehen ist – weder präzisiert, mit welchen Mitteln die Koordinierung durchzuführen ist, noch die Koordinierungsaufgabe direkt einem der Gemeinschaftsorgane zuweist. Es mag eingewendet werden, dass dies angesichts der eindeutigen Aussagen der Artikel 6 und 145 auch nicht erforderlich war. Jedoch kann eine Zuständigkeit des Rates für die Koordinierung der Wirtschaftspolitik nach Art. 105 nicht direkt aus Art. 145 abgeleitet werden, da die Abstimmungs- und Entscheidungsbefugnis des Rates nach diesem Artikel nur «nach Massgabe dieses Vertrages» besteht, das heisst einer anderen Vorschrift des Vertrages entnommen werden muss. Genau ein derartiger Hinweis fehlt jedoch in Art. 105. Seinem Wortlaut nach begründet dieser keine Kompetenz eines Gemeinschaftsorgans zum Erlass bindender Rechtsakte[29]. Statt dessen sieht Art. 105 vor, dass die Mitgliedstaaten zur Koordinierung ihrer Wirtschaftspolitik eine Zusammenarbeit zwischen ihren zuständigen Verwaltungsstellen und zwischen ihren Zentralbanken einrichten, wobei sich die Aufgabe der Gemeinschaftsorgane hierbei darauf beschränkt, dass die Kommission dem Rat zur Herbeiführung dieser Zusammenarbeit (unverbindliche) Empfehlungen unterbreitet (Art. 105 Abs. 1, Satz 2 und 3).
Diese Regelung macht deutlich, dass die Mitgliedstaaten bei der Gründung der Europäischen Wirtschaftsgemeinschaft gerade bezüglich der globalen Prozesspolitik zu keinerlei Einschränkungen ihrer nationalen Souveränitätsrechte bereit waren, sondern bezüglich dieses zentralen Teils der Wirtschaftspolitik nach wie vor eine alleinige Zuständigkeit der Mitgliedstaaten sicherstellen wollten. Um dieses Ziel zu gewährleisten, wurden den Gemeinschaftsorganen keinerlei materielle Kompetenzen in diesem Bereich zugestanden. Vielmehr wurde bei der Koordinierung der globalen Prozesspolitik der Mitgliedstaaten sowohl der übliche

[29] Vgl. H. v. d. Groeben u. a., Kommentar..., Bd. 1, a.a.O., S. 1368
Eine Beschlussbefugnis lässt sich allenfalls indirekt aus der in Art. 105 enthaltenen Verpflichtung der Kommission begründen, dem Rat Empfehlungen zu unterbreiten. Diese haben nämlich in der Tat nur dann einen Sinn, wenn der Rat aufgrund der Empfehlung bindende Beschlüsse fassen kann. Vgl. H. v. d. Groeben, ebenda

institutionelle Rahmen der Gemeinschaft umgangen als auch die in der EWG sonst vielfach üblichen Koordinationsverfahren, wie zum Beispiel die Schaffung einer Richtlinienkompetenz der Gemeinschaftsorgane, vermieden. Zwar sahen die Mitgliedstaaten ein, dass in einem Gemeinsamen Markt auch eine Koordination der globalen Prozesspolitik erforderlich ist, sie wählten aber, um ihre nationale Souveränität in diesem Bereich nicht einschränken zu müssen oder gar zu verlieren, eine im institutionellen System der Europäischen Gemeinschaften atypische, intergouvernementale Koordinationsmethode, das heisst eine zwischenstaatliche Zusammenarbeit zwischen ihren zuständigen Verwaltungsstellen und zwischen ihren Zentralbanken ausserhalb des Gemeinschaftssystems[30].
Die mangelnde Bereitschaft der Mitgliedstaaten zur Aufgabe nationaler Souveränitätsrechte bezüglich der globalen Prozesspolitik gilt nicht nur für die wirtschaftspolitischen Massnahmen, deren Koordinierung durch Artikel 105 Abs. 1 festgelegt wird, sondern im wesentlichen auch für die speziellen Teilbereiche der globalen Prozesspolitik, die in anderen Bestimmungen des EWG-Vertrages spezieller geregelt wurden, nämlich die Währungspolitik und die Konjunkturpolitik.
Bezüglich der Währungspolitik enthalten die Artikel 105 Abs. 2 und 107 spezielle Koordinierungsbestimmungen. Art. 105 Abs. 2 beschränkt die Koordinierung der Währungspolitik der Mitgliedstaaten auf den für das Funktionieren des Gemeinsamen Marktes erforderlichen Umfang. Damit besteht zwar formell eindeutig eine Verpflichtung zur Koordination der Währungspolitik. Da die Frage, wieweit für das Funktionieren des Gemeinsamen Marktes eine Koordinierung der Währungspolitik erforderlich ist, in aller Regel aber eine Ermessensfrage ist, ist diese Bestimmung materiell nur wenig verpflichtend. Ausserdem wurde keine die Mitgliedstaaten bindende Koordinationsmethode festgelegt.
Ebensowenig wie für die Koordinierung der Wirtschaftspolitik nach Art. 105 Abs. 1 im allgemeinen wurde für die Koordinierung der Währungspolitik ein Gemeinschaftsorgan ausdrücklich benannt. Nur indirekt lässt sich wie für die Koordinierung der Wirtschaftspolitik aus Art. 105 Abs. 1 Unterabsatz 2 eine Zuständigkeit des Rates für die Koordinierung der Währungspolitik begründen. Dessen Beschlussbefugnis beschränkt sich dann aber nur auf Verfahrensfragen, d. h. auf Fragen des Koordinierungsablaufs. Für die Bestimmung des Inhalts der zu koordinierenden Massnahmen kann der Rat dagegen nur unverbindliche Stellungnahmen oder Empfehlungen abgeben[31].
«Um die Koordinierung der Währungspolitik der Mitgliedstaaten in dem für das Funktionieren des Gemeinsamen Marktes erforderlichen Umfang zu fördern», verlangt Art. 105 Abs. 2 die Einsetzung eines Beratenden Währungsausschusses, «der die Aufgabe hat:
– die Währungs- und Finanzlage der Mitgliedstaaten und der Gemeinschaft sowie

[30] Ausserhalb des Gemeinschaftssystems bedeutet hier nicht, dass die Koordinierung der globalen Prozesspolitik ohne vertragliche Regelung bzw. unabhängig oder losgelöst von den Gemeinschaftsverträgen erfolgt, sondern nur, dass der in den Gemeinschaftsverträgen sonst übliche supranationale institutionelle Rechtsweg, nach dem der Rat auf Vorschlag der Kommission nach Anhörung des Parlaments gemeinschaftliche Rechtsakte beschliesst, verlassen worden ist. Natürlich kann man einwenden, dass durch die Festlegung intergouvernementaler Koordinationsmethoden in den Gemeinschaftsverträgen diese automatisch Bestandteil des Gemeinschaftssystems werden. In diesem Sinne findet die Koordinierung der globalen Prozesspolitik natürlich nicht ausserhalb des Gemeinschaftssystems statt

[31] Vgl. H. v. d. Groeben u.a. Kommentar..., Bd. 1, a.a.O., S. 1368ff.

den allgemeinen Zahlungsverkehr der Mitgliedstaaten zu beobachten und dem Rat und der Kommission regelmässig darüber Bericht zu erstatten,
- auf Ersuchen des Rates oder der Kommission oder von sich aus Stellungnahmen an diese Organe abzugeben.»

Obwohl mit dieser Bestimmung zur Förderung der Koordinierung der Währungspolitik eigens ein Währungsausschuss eingesetzt wird, lässt der EWG-Vertrag letztlich offen, wer die Koordinierung der Wirtschafts- und Währungspolitik durchführen soll. Dies ergibt sich einmal daraus, dass der Beratende Währungsausschuss nur zur Förderung der Koordinierung, nicht zur Koordinierung selbst, eingesetzt wurde[32] und zum anderen nur Beobachtungs- und Konsultations- bzw. Beratungsaufgaben wahrzunehmen hat, selbst aber keine Koordinierungsmassnahmen für die Mitgliedstaaten verpflichtend beschliessen kann. Damit besitzt aber kein Gemeinschaftsorgan eine hinreichende Kompetenz zur Durchführung einer die Mitgliedstaaten rechtlich bindenden Koordinierung der Währungspolitik, so dass die Mitgliedstaaten auch in diesem speziellen Bereich trotz der formellen Pflicht zur Koordinierung materiell nichts von ihrer nationalen Souveränität eingebüsst haben und in ihrer Autonomie kaum eingeschränkt sind.

Dass die Mitgliedstaaten nicht nur ihre volle währungspolitische Souveränität erhalten wollten, sondern auch durch die in Art. 105 festgelegte Pflicht zur Koordinierung ihrer Währungspolitik im Grunde in ihrer autonomen nationalen Handlungsfähigkeit nicht eingeschränkt sein wollten, wird klar, wenn man berücksichtigt, dass sich die Mitgliedstaaten ihre grundsätzliche Autonomie in dem für das zwischenstaatliche Zusammenleben wichtigsten Teil der Währungspolitik, nämlich der Wechselkurspolitik, ausdrücklich vorbehalten haben. Art. 107 EWGV verlangt von den Mitgliedstaaten bezüglich ihrer Wechselkurspolitik nämlich nur, dass jeder Mitgliedstaat *seine* Politik auf dem Gebiet der Wechselkurse «als eine Angelegenheit von gemeinsamem Interesse» behandelt.

Die Erklärung einer Politik zu einer «Angelegenheit von gemeinsamem Interesse» verpflichtet die Mitgliedstaaten noch nicht einmal zu einer Koordinierung, sondern nur dazu, auf die Interessen der anderen Mitgliedstaaten und der Gemeinschaft Rücksicht zu nehmen[33]. Wie wenig damit inhaltlich verbunden ist, wird daran deutlich, dass aus der Erklärung der Wechselkurspolitik zu einer Angelegenheit von gemeinsamem Interesse noch nicht einmal eine Verpflichtung zur Konsultation vor einer Wechselkursänderung abgeleitet werden kann[34].

Besonders offenkundig wird schliesslich der Zwiespalt der Gründer der EWG zwischen der Erkenntnis, dass ein Gemeinsamer Markt mit freiem Güterverkehr und grundsätzlicher Mobilität der Produktionsfaktoren auf Dauer nur funktionieren kann, wenn er durch gemeinsame Wirtschafts- und Währungspolitik ergänzt wird, und dem Problem, dass durch eine solche gemeinsame Wirtschafts- und Währungspolitik die nationale Souveränität und der freie nationale Handlungsspielraum auf einem für die Identität eines Staatswesens zentralen Gebiet verlorengeht, an den Bestimmungen des EWG-Vertrages über die Konjunkturpolitik.

Nach Art. 103 Abs. 1 haben sich die Mitgliedstaaten zunächst nur dazu verpflichtet, ihre Konjunkturpolitik als eine Angelegenheit von gemeinsamem Interesse zu betrachten. Damit haben sie die konjunkturpolitische Zuständigkeit zunächst in

[32] Vgl. H. v. d. Groeben u. a. Kommentar..., Bd. 1, a.a.O., S. 1370
[33] Vgl. ebenda, S. 1395
[34] Vgl. ebenda, S. 1394

vollem Umfang bei den Mitgliedstaaten belassen und sich für diesen auf die kurzfristige Stabilisierung der Wirtschaftstätigkeit ausgerichteten Teilbereich der globalen Prozesspolitik bei Abschluss des EWG-Vertrages noch nicht einmal auf eine Koordinierung der wirtschaftspolitischen Massnahmen einigen können.
Allerdings sind die Mitgliedstaaten bei der Beschliessung konjunkturpolitischer Massnahmen nicht so frei wie in ihrer Wechselkurspolitik. Art. 103 Abs. 1 Satz 2 verlangt nämlich von den Mitgliedstaaten, dass sie sich miteinander und mit der Kommission über die unter den jeweiligen Umständen zu ergreifenden Massnahmen ins Benehmen setzen. Daraus folgt zunächst eine Informationspflicht, darüber hinaus jedoch auch eine Beratungspflicht[35]. Da Art. 103 aber keine Koordinierung verlangt, sind die Mitgliedstaaten nicht dazu verpflichtet, nur solche konjunkturpolitischen Massnahmen zu ergreifen, über die nach gemeinsamer Beratung ein Konsens erzielt wurde. Vielmehr können sie nach Konsultierung der Partner und nach Anhörung der Stellungnahmen der Partner konjunkturpolitische Massnahmen auch nach eigenem Gutdünken ergreifen, wenn der aktiv werdende Mitgliedstaat nur nach seiner Meinung das Interesse seiner Partner genügend berücksichtigt zu haben glaubt. Eine Zustimmung der Partner ist nicht erforderlich. Das Prozedere des Art. 103 Abs. 1 stellt damit ein Konsultationsverfahren mit anschliessender Aussprache dar; dieses ist jedoch weniger verpflichtend als ein Koordinierungsverfahren, da ein Konsens vor der Ergreifung konjunkturpolitischer Massnahmen durch die Mitgliedstaaten nicht erforderlich ist[36].
Wie schon Art. 105 bezüglich der Koordinierung der Wirtschafts- und Währungspolitik, so vermeidet es auch Art. 103 Abs. 1, den Rat als institutionellen Rahmen für die Konsultation und Aussprache über konjunkturpolitische Massnahmen direkt zu benennen. Mit der Formulierung, dass sich die Mitgliedstaaten «miteinander und mit der Kommission über die unter den jeweiligen Umständen zu ergreifenden Massnahmen ins Benehmen» setzen, haben die Väter der Römischen Verträge sich die Möglichkeit einer intergouvernementalen Zusammenarbeit zunächst vorbehalten, zu der allerdings Vertreter der Kommission hinzuzuziehen wären.
Für unsere Analyse sind aber mehr noch als Art. 103 Abs. 1 die Bestimmungen der Absätze 2 und 3 des Artikels 103 von zentraler Bedeutung. Denn während sich die Mitgliedstaaten durch Art. 103 Abs. 1 die Möglichkeit offenhielten, die notwendige Gemeinsamkeit auf dem Gebiete der Konjunkturpolitik grundsätzlich unter voller Wahrung der nationalen Souveränität auf zwischenstaatlicher Ebene unter Ausschaltung supranationaler Gemeinschaftsorgane zu erzielen, räumten sie gleichzeitig dem Rat in Art. 103 Abs. 2 und 3 eine umfassende potentielle konjunkturpolitische Kompetenz ein:

«2. Auf Vorschlag der Kommission *kann* der Rat unbeschadet der sonstigen in diesem Vertrag vorgesehenen Verfahren einstimmig über die der Lage entsprechenden Massnahmen entscheiden.
3. Der Rat erlässt mit qualifizierter Mehrheit auf Vorschlag der Kommission gegebenenfalls die erforderlichen Richtlinien zur Durchführung der gemäss Absatz 2 getroffenen Entscheidungen.»[37]

[35] Vgl. H. v. d. Groeben u. a., Kommentar..., Bd. 1, a.a.O., S. 1347
[36] Damit stimmen wir nicht mit H. v. d. Groeben überein, der die Ansicht vertritt, dass durch die Kombination der Informations- und Beratungspflicht letztlich sogar eine Koordinierungspflicht begründet wird. Vgl. H. v. d. Groeben u. a., Kommentar..., Bd. 1, a.a.O., S. 1348
[37] Art. 103 Abs. 2 und 3 (Hervorhebung durch den Verfasser)

Obwohl die Auslegung dieser Bestimmungen unter den Juristen keineswegs einheitlich ist[38], kann man sie doch so verstehen, dass Art. 103 Abs. 2 der Gemeinschaft eine umfassende Regelungskompetenz auf dem Gebiet der Konjunkturpolitik gibt. Die Gemeinschaft ist zwar – anders als bei der Agrar-, Verkehrs- und Handelspolitik – nicht *verpflichtet,* eine gemeinsame Konjunkturpolitik zu entwickeln; sie ist jedoch *berechtigt* und in der Lage, eine solche gemeinsame Politik zu definieren und durchzuführen[39]. Macht der Rat von dieser Ermächtigung Gebrauch, so wird die Zuständigkeit der Mitgliedstaaten in entsprechendem Masse eingeschränkt. Die Befugnis zur Gestaltung einer eigenen Konjunkturpolitik steht den Mitgliedstaaten demnach nur soweit zu, wie sie (noch) nicht nach Art. 103 Abs. 2 vergemeinschaftet worden ist[40].

Nach Art. 103 Abs. 2 und 3 ist der Rat sowohl für die Grundsatzbeschlüsse als auch – anders als sonst im EWG-Vertrag, wo die Kommission oft für die Durchführung zuständig ist – für die «Durchführung der gemäss Absatz 2 getroffenen Entscheidungen» zuständig. Grundsatzbeschlüsse müssen einstimmig, Richtlinien zur Durchführung der gemäss Absatz 2 getroffenen Entscheidungen können mit qualifizierter Mehrheit beschlossen werden. Trotz erforderlicher Einstimmigkeit bei Grundsatzbeschlüssen wird demnach die intergouvernementale Zusammenarbeit der Mitgliedstaaten in Sachen Konjunkturpolitik in dem Augenblick zugunsten supranationaler Verfahren aufgegeben, wo der Rat nach Art. 103 Abs. 2 tätig wird. Zu diesem Schluss gelangt man aus vier Gründen: Einmal, weil ein einstimmiger Beschluss nach Art. 148 Abs. 3 auch bei Stimmenthaltung eines oder mehrerer Mitglieder zustande kommt; zweitens, weil die beschlossenen Massnahmen «durchaus abstrakt präventiven Charakter tragen können»[41], d.h. es braucht nicht abgewartet zu werden, bis die konkrete konjunkturpolitische Lage in der Gemeinschaft ein Handeln notwendig macht; drittens, weil Durchführungsregelungen mit qualifizierter Mehrheit beschlossen werden können; und schliesslich viertens, weil Beschlüsse des Rates Rechtsakte der Gemeinschaft darstellen, über die der supranationale Europäische Gerichtshof im Streitfalle befinden kann[42].

Betrachtet man die Vertragsbestimmungen über die Konjunkturpolitik insgesamt, so muss man feststellen, dass sie den Vertragspartnern bei ihrer Anwendung einen weiten Interpretations- und Handlungsspielraum belassen. Infolge der sehr elastischen Bestimmungen des Art. 103 ist es mit dem EWG-Vertrag nämlich sowohl vereinbar, dass sich die Mitgliedstaaten bezüglich konjunkturpolitischer Massnahmen unter weitgehender Ausschaltung der Gemeinschaftsorgane auf unverbindliche zwischenstaatliche ad-hoc-Konsultationen und -Beratungen beschränken, die keineswegs zu einem abgestimmten Verhalten bzw. zu einer Koordination der Konjunkturpolitik führen müssen, als auch, dass die Mitgliedstaaten ihre Kompetenz bezüglich der Konjunkturpolitik unter Aufgabe entsprechender nationaler Souveränitätsrechte auf die Gemeinschaft und ihre Organe

[38] Vgl. zu den unterschiedlichen Meinungen bezüglich der Auslegung dieser Bestimmungen Carsten-Michael Klisch, Die Konjunkturpolitik in der Europäischen Wirtschaftsgemeinschaft, Baden-Baden 1974, S. 103ff., und die dort angegebene Literatur

[39] Vgl. H. v. d. Groeben u. a., Kommentar..., Bd. 1, a.a.O., S. 1349

[40] Vgl. ebenda, S. 1350. Anders dagegen z. B. C.-M. Klisch, a.a.O., S. 163: «Art. 103 Abs. 2 muss deshalb so ausgelegt werden, dass die Rechte der Mitgliedstaaten weder beschränkt sind, noch beschränkt werden können»

[41] Vgl. H. v. d. Groeben u. a., Kommentar..., Bd. 1, a.a.O., S. 1351

[42] Der Rat handelt nach Art. 103 Abs. 2 und 3 damit auf keinen Fall nur als Regierungskonferenz, wie Klisch meint (vgl. C.-M. Klisch, a.a.O., S. 136ff.)

übertragen, welche dann für den gesamten Wirtschaftsraum der EG zentral eine einheitliche, gemeinsame Konjunkturpolitik durchführen.

2.4 Integrationstheoretische Auswertung der Vertragsbestimmungen über die Wirtschaftspolitik

Wertet man die wirtschaftspolitischen Bestimmungen der Gemeinschaftsverträge unter integrationstheoretischen Aspekten aus, so muss man feststellen, dass die Europäische Gemeinschaft vom integrationstheoretischen Standpunkt aus gesehen keineswegs ein homogenes Integrationsgebilde darstellt. Vielmehr wird für unterschiedliche Wirtschaftssektoren durchaus ein unterschiedliches Integrationsniveau angestrebt.
Primäres Integrationsziel des EWG-Vertrags ist die Schaffung eines Gemeinsamen Marktes für alle Güter und Produktionsfaktoren. Dieser Gemeinsame Markt wird durch die Einführung einer gemeinsamen Wirtschaftsordnungspolitik materiell abgesichert. Diese hat zum Ziel, die wirtschaftliche Rahmenordnung innerhalb der EG soweit zu vereinheitlichen, wie es zur Funktionsfähigkeit des Gemeinsamen Marktes und zur Gewährleistung gleicher Wettbewerbsbedingungen innerhalb des Gemeinsamen Marktes erforderlich ist. Sie hat andererseits bei der Vereinheitlichung die unterschiedlichen, gewachsenen Strukturen in den verschiedenen Mitgliedstaaten gebührend zu berücksichtigen. Aus diesem Grunde wurde für die Durchführung der gemeinsamen Wirtschaftsordnungspolitik – soweit möglich – die typisch föderalistische Integrationsmethode der bindenden Koordinierung gewählt. Diese Methode räumt den supranationalen Gemeinschaftsorganen das Recht ein, die in der Gemeinschaft anzustrebenden Ziele verbindlich festzulegen, überlässt jedoch den Mitgliedstaaten die Wahl der Form und der Mittel zur Erreichung dieser Ziele. Wo diese föderalistische Integrationsmethode sich als zu schwach erweist, um genügend Einheitlichkeit herzustellen, wie zum Beispiel bei der Einführung eines gemeinsamen Wettbewerbsrechts, beschränken sich die Verträge auf die zentrale Einführung einheitlicher Regelungen nur für jene wettbewerbsschädigenden Verhaltensweisen, «welche *den Handel zwischen Mitgliedstaaten* zu beeinträchtigen geeignet sind und eine Verhinderung, Einschränkung oder Verfälschung des Wettbewerbs innerhalb des Gemeinsamen Marktes bezwecken oder bewirken» (Art. 85). Wettbewerbsbeschränkungen, die nicht den Handel zwischen Mitgliedstaaten beeinträchtigen, also – vom Standpunkt der Gemeinschaft aus – keine überregionalen Auswirkungen haben, unterliegen dagegen nach wie vor den unterschiedlichen Kartellgesetzen der Mitgliedstaaten. Damit wurde selbst dieser Bereich soweit wie möglich nach föderalistischen Grundsätzen geregelt.
Über das primäre Integrationsziel der Errichtung eines Gemeinsamen Marktes hinaus sehen die Gemeinschaftsverträge für einzelne Wirtschaftszweige die Bildung von unitaristisch strukturierten sektoralen Wirtschaftsunionen vor[43]. Für diese Wirtschaftssektoren begnügen sich die Gemeinschaftsverträge also nicht nur mit der Errichtung und nachhaltigen (Ab-)Sicherung eines Gemeinsamen Marktes für die Güter und Produktionsfaktoren der betreffenden Wirtschaftszweige, sondern sehen darüber hinaus eine gemeinsame (sektorale) Wirtschaftspolitik direkt durch die Gemeinschaft vor. Die Organe der Gemeinschaft,

[43] H. Bachmann würde hier von partiellen Wirtschaftsunionen sprechen. Vgl. H. Bachmann, a.a.O., S. 237

die aufgrund der Übertragung der entsprechenden Hoheitsrechte von den Mitgliedstaaten auf die Gemeinschaft bezüglich dieser Politiken allein über die entsprechenden Hoheitsrechte verfügen, nehmen ihre Aufgabe für den gesamten Wirtschaftsraum der EG unmittelbar verbindlich wahr und betreiben eine für den gesamten Wirtschaftsraum der EG verbindliche einheitliche Politik entsprechend den von ihnen formulierten Zielen. Diese streng unitaristische Form der (sektoralen) Wirtschaftsunion sehen die Gemeinschaftsverträge für die Wirtschaftssektoren Kohle und Stahl («Montanunion»), Landwirtschaft («Agrarunion») und Verkehr («Verkehrsunion») sowie für die Versorgung der Gemeinschaft mit Kernbrennstoffen («Euratom») vor[44].

Soweit die Prozesspolitik nicht vergemeinschaftet wurde, verpflichteten sich die Mitgliedstaaten zu einer Koordinierung der Ablaufspolitik, «in enger Zusammenarbeit mit den Organen der Gemeinschaft..., soweit dies zur Erreichung der Ziele dieses Vertrages erforderlich ist». Bezüglich des wichtigsten Teils der Prozesspolitik, nämlich der globalen Prozesspolitik, sind die Koordinierungsbestimmungen jedoch auffallend unverbindlich und unbestimmt. Legt man die Bestimmungen über die globale Prozesspolitik eng aus – was bei völkerrechtlichen Verträgen geboten erscheint[45] –, so gelangt man zu dem Ergebnis, dass die Vertragsstaaten – abgesehen von der oben angeführten engeren Verbindung von einzelnen Wirtschaftssektoren – in erster Linie einen Gemeinsamen Markt mit einer weitgehend einheitlichen rechtlichen Rahmenordnung errichten wollten[46].

Nicht einigen konnten sich die Vertragsstaaten dagegen auf die Gründung einer Wirtschaftsunion sui generis, d.h. zur Gründung einer globalen Wirtschaftsunion, in der die Zuständigkeit für die Wirtschaftspolitik im weitesten Sinne des Wortes *grundsätzlich* der Gemeinschaft übertragen worden wäre und den Mitgliedstaaten allenfalls noch ein begrenzter Aktivitätsraum verblieben wäre. Soweit die Europäische Wirtschaftsgemeinschaft Züge einer Wirtschaftsgemeinschaft trägt – und dass die EWG eine Wirtschaftsgemeinschaft ist, steht zweifelsfrei fest – findet die Koordinierung der Wirtschaftspolitik, wiederum von den erwähnten speziellen sektoralen Unionen abgesehen, als flankierende Massnahme zur Sicherung und Vervollkommnung des Gemeinsamen Marktes statt.

Um dieses Ziel zu realisieren, waren die Vertragsstaaten zwar einerseits bereit, eine supranationale Gemeinschaft mit eigenen Hoheitsrechten ins Leben zu rufen und das Verhältnis zwischen den Mitgliedstaaten und der Gemeinschaft in

[44] Dass die «Europäische Verkehrsunion» bisher weitgehend nur auf dem Papier existiert, ändert nichts an der hier dargestellten Grundkonzeption der Gemeinschaftsverträge

[45] Vgl. C.-M. Klisch, Die Konjunkturpolitik..., a.a.O., S. 21 f.: «Im Völkerrecht gilt der Grundsatz ‹in dubio mitius›, der im Zweifel eine enge Auslegung der Bestimmungen fordert, die zu Souveränitätsbeschränkungen der Vertragsstaaten führen»

[46] Dieser Schluss wird durch den sog. Spaak-Bericht bestätigt, in dem als Ziele der europäischen Einigungsbemühungen auf wirtschaftlichem Gebiet genannt werden: «den gemeinsamen Ausbau der Atomindustrie und die Errichtung eines allgemeinen gemeinsamen Marktes.» Vgl. Regierungsausschuss, eingesetzt von der Konferenz von Messina, Bericht der Delegationsleiter an die Aussenminister, Brüssel, den 21. April 1956, S. 10. Bezüglich der Errichtung des gemeinsamen Marktes sollte dabei «als erster leitender Grundsatz... gelten, dass bis zur Erreichung einer weitergehenden Vereinheitlichung in der Währungs-, Budget- und Sozialpolitik zwischen den allgemein-wirtschaftspolitischen Fragen, die der Zuständigkeit der Regierungen vorbehalten bleiben, einerseits und den Problemen in Verbindung mit dem Funktionieren des gemeinsamen Marktes andererseits unterschieden werden muss». Vgl. Spaak-Bericht, a.a.O., S. 26

Teilbereichen bundesstaatähnlich zu gestalten, auf der anderen Seite aber nicht bereit, ihre nationale Identität im Bereich der Wirtschaft völlig oder auch nur weitgehend aufzugeben. Vielmehr sollte die Kompetenz zur Steuerung des Wirtschaftsablaufs grundsätzlich bei den Mitgliedstaaten verbleiben.
Soweit sich die Vertragsparteien für eine Koordinierung der globalen Prozesspolitik entschlossen haben – wie im Bereich der mittelfristigen Wirtschaftspolitik und zum Teil im Bereich der Währungspolitik – hat diese keinen bindenden Charakter. Vielmehr bleibt den gemeinsamen Koordinierungsgremien nur die Möglichkeit, (unverbindliche) Empfehlungen an die Mitgliedstaaten zu richten. In (zentralen) Teilbereichen der globalen Prozesspolitik, nämlich im Bereich der Konjunkturpolitik und der Wechselkurspolitik, konnten sich die Vertragsparteien jedoch noch nicht einmal zu einer Verpflichtung zur Koordinierung durchringen, sondern nur zur Betrachtung der betreffenden Politiken als einer Angelegenheit von gemeinsamem Interesse. Diese schwächste Form der Gemeinsamkeit wurde im Falle der Konjunkturpolitik immerhin um eine Vereinbarung über gegenseitige Konsultationen ergänzt.
Diese Bestimmungen entsprechen etwa den in internationalen Organisationen üblichen Verfahren zwischenstaatlicher Zusammenarbeit[47]. Dennoch kann man sie kaum in dem Sinne interpretieren, bzw. kann daraus kaum den Schluss ziehen, als hätte den Vertragsstaaten bei Abschluss der Verträge das politische Verbindungskonzept einer Konföderation vorgeschwebt. Besonders deutlich wird dies daran, dass der EWG-Vertrag – sofern überhaupt eine engere wirtschaftliche Zusammenarbeit im Bereich der globalen Prozesspolitik beabsichtigt wird – bezüglich der Konjunkturpolitik die Möglichkeit der Einführung einer *gemeinsamen* Konjunkturpolitik ausdrücklich vorsieht, also klar eine Weiterentwicklung der Wirtschaftsunion in einem bundesstaatlichen Rahmen vorzeichnet.
Es ist zweifellos richtig, dass die Vertragsbestimmungen über die globale Prozesspolitik einen Kompromiss darstellen[48]. Bei dem betreffenden Fragenkomplex ging es bei den Vertragsverhandlungen aber nicht um die Frage, ob die zunächst wirtschaftliche Verbindung der europäischen Staaten Grundlage eines europäischen Bundesstaates oder einer europäischen Konföderation sein sollte, sondern allein um die Frage, welches Integrationsniveau in der geplanten Wirtschaftsunion angestrebt werden sollte. Dass die (engere) föderalistische Lösung allgemein akzeptiert war, zeigt sich daraus, dass man sich schon 1951 für eine supranationale Gemeinschaft für Kohle und Stahl entschieden hatte und dass die Organisationsstruktur dieser supranationalen Gemeinschaft im wesentlichen unverändert für die EWG übernommen wurde – selbst für eine eventuelle gemeinsame Konjunkturpolitik. Die Bestrebungen, die Europäischen Gemeinschaften in Richtung einer Europäischen Konföderation weiterzuentwickeln und die bestehenden Gemeinschaften (tendenziell) in diesem Sinne umzugestalten, begannen

[47] So ist etwa ein Vergleich mit der Zusammenarbeit in der OEEC/OECD durchaus nicht abwegig. Zur Regelung der Zusammenarbeit in der OEEC/OECD vergleiche Alfred Müller-Armack, Rolf Hasse, Volker Merx, Joachim Starbatty, Stabilität in Europa – Strategien und Institutionen für eine europäische Stabilitätsgemeinschaft –, Düsseldorf – Wien 1971, S. 75 ff.

[48] Vgl. ebenda, S. 63 ff., sowie Hermann Burgard, Einige Bemerkungen zu Art. 103 des EWG-Vertrages, in: Zeitschrift für die gesamte Staatswissenschaft, 122. Bd., 1966, S. 291–327, insbesondere S. 292 f.

erst unter dem französischen Staatspräsidenten Charles de Gaulle zu Beginn der sechziger Jahre[49].

Das «konjunkturpolitische Dilemma»[50], vor dem die Väter der Römischen Verträge standen, bestand vielmehr darin, dass die Errichtung eines Gemeinsamen Marktes einen engeren Zusammenhang der Volkswirtschaften der einzelnen Mitgliedstaaten und somit eine schnellere und intensivere Übertragung von gesamtwirtschaftlichen Ungleichgewichten von einem Mitgliedstaat auf die Partnerländer mit sich bringt. Die Schaffung einer Zollunion erfordert daher notwendigerweise eine enge Koordinierung der Wirtschafts- und Währungspolitik der Mitgliedstaaten.

Der Notwendigkeit einer Koordination der entsprechenden globalen Prozesspolitik, insbesondere der Konjunkturpolitik, waren sich die Väter der Römischen Verträge denn auch durchaus bewusst. «Dagegen standen aber das Misstrauen der einzelnen Nationalstaaten in die Funktionsfähigkeit supranationaler Institutionen zur Steuerung der Konjunktur und mangelnde Bereitwilligkeit einzelner Mitgliedstaaten, sich ihre wirtschaftspolitische Souveränität über Beschäftigung, Wachstum und Geldwertstabilität beschneiden zu lassen.»[51] Angesichts dieses Dilemmas einigte man sich schliesslich schon im Spaak-Bericht auf den Grundsatz, «dass die allgemein-wirtschaftspolitischen Massnahmen, für die die Regierungen zuständig sind, sich so entscheidend auf das Funktionieren des Gemeinsamen Marktes auswirken, dass es der gemeinsamen Institution möglich sein muss, auf diesem Gebiet Vorschläge zu machen, um eine Einigung zu erleichtern und eine bessere Koordinierung zu gewährleisten».[52] In der EWG haben diese Aufgabe schliesslich die verschiedenen Ausschüsse übernommen, die zur Erleichterung der Koordinierung der globalen Prozesspolitik zwischen den Mitgliedstaaten gegründet wurden.

Man gelangt also zu dem Ergebnis, dass die Vertragsstaaten bei Abschluss der Römischen Verträge aus den genannten Gründen nicht bereit waren, ihre nationale Zuständigkeit für den Einsatz der makroökonomischen Instrumente Geld-, Fiskal- und Währungspolitik zur Beeinflussung von Beschäftigung, Wachstum, Geldwertstabilität und Zahlungsbilanz auf eine supranationale Institution zu übertragen. Ein Grund dafür war sicherlich die mangelnde Bereitschaft der Mitgliedstaaten, in derart essentiellen Bereichen auf entsprechende nationale Souveränitätsrechte zugunsten der Gemeinschaft zu verzichten. Belässt man es aber bei dieser Feststellung, so entsteht leicht der Eindruck, als hätten die Sechs schon damals die europäische Integration nur mit halbem Herzen, d.h. nur widerwillig betrieben. Davon kann jedoch keine Rede sein. Es soll hier vielmehr die Meinung vertreten und begründet werden, dass es durchaus gute Gründe gab, sich zunächst auf die Errichtung eines Gemeinsamen Marktes zu beschränken und nicht gleich eine vollständige Wirtschaftsunion mit einer weitgehend gemeinsamen

[49] Hingewiesen sei hier auf die französischen Bemühungen um die Gründung einer Europäischen Politischen Union und das französische Veto gegen Mehrheitsbeschlüsse im Rat. Vgl. dazu W. Harbrecht, Die Europäische Gemeinschaft, a.a.O., S. 91 ff. und S. 202 ff., und die dort angegebene Literatur

[50] A. Müller-Armack u.a., Stabilität..., a.a.O., S. 63

[51] Vgl. ebenda, S. 64
Müller-Armack war als deutsches Delegationsmitglied bei den Vertragsverhandlungen beteiligt. Nachdem die Unterlagen über die Vertragsverhandlungen bisher nicht öffentlich zugänglich sind (vgl. C.-M. Klisch, Die Konjunkturpolitik..., a.a.O., S. 27), kann man die Verhandlungssituation bisher nur aufgrund von Äusserungen der Beteiligten ermessen

[52] Vgl. Spaak-Bericht, a.a.O., S. 27

Geld-, Fiskal- und Währungspolitik oder gar sofort eine Wirtschafts- und Währungsunion ins Auge zu fassen.

2.5 Gründe für die Beschränkung des Vertragszieles der Europäischen Wirtschaftsgemeinschaft auf die Errichtung eines Gemeinsamen Marktes und die schrittweise Annäherung der Wirtschaftspolitik der Mitgliedstaaten

Sucht man nach möglichen Gründen, warum sich die Väter des EWG-Vertrages zunächst auf die Errichtung eines Gemeinsamen Marktes konzentrierten und nicht gleich eine umfassende Wirtschaftsunion mit einer weitgehend gemeinsamen Geld-, Fiskal- und Währungspolitik anstrebten, so ist natürlich als erstes die Ausgangssituation zu berücksichtigen, in der die sechs in der Montanunion zusammengeschlossenen Gründerstaaten der Europäischen Wirtschaftsgemeinschaft 1955 standen, als sie auf der Konferenz von Messina am 1./2. Juni 1955 die Gründung einer europäischen Wirtschaftsgemeinschaft und einer europäischen Atomgemeinschaft sowie den gemeinsamen Bau eines grossen Fernstrassennetzes beschlossen[53]. Es war noch kaum ein Jahr seit dem Scheitern der Gründung einer Europäischen Verteidigungsgemeinschaft am Veto der französischen Nationalversammlung am 30. August 1954 vergangen[54]. Sollte sich nicht der nach dem Zweiten Weltkrieg begonnene Versuch, Europa zu einigen, insgesamt als Fehlschlag und als undurchführbar erweisen, so durfte nach dem Scheitern der Europäischen Verteidigungsgemeinschaft und der Pläne zur Gründung einer Europäischen Politischen Gemeinschaft ein weiterer Schritt auf dem Wege zur Einigung Europas auf keinen Fall fehlschlagen. Die Väter der europäischen Einigungsidee standen somit bei Gründung der Europäischen Wirtschaftsgemeinschaft unter einem nicht unbeträchtlichen Erfolgszwang. Erforderlich war daher, dass bei der Gründung neuer europäischer Gemeinschaften realistische Ziele ins Auge gefasst wurden, die einen raschen Vertragsabschluss ermöglichten und eine Ratifizierung durch die nationalen Parlamente der Gründerstaaten wahrscheinlich erscheinen liessen sowie nach der Gründung der Gemeinschaft dieser rasch einen gewissen Erfolg bescheren würden. Nachdem sich mit dem Scheitern der Europäischen Verteidigungsgemeinschaft und der Pläne zur Gründung einer Europäischen Politischen Gemeinschaft der direkte Weg zur politischen Einigung Europas als nicht gangbar erwiesen hatte, blieb den Vätern der europäischen Einigungsidee nur noch der von Robert Schuman schon 1950 vorgezeichnete indirekte Weg offen, die politische Einigung Europas schrittweise auf dem Umweg über eine wirtschaftliche Integration zu erreichen, wobei die wirtschaftliche Integration Schritt für Schritt die Grundlagen für eine politische Einigung Europas schaffen sollte[55].

Durch die wirtschaftliche Integration sollte zunächst eine faktische Verflechtung der (wirtschaftlichen) Interessen der Mitgliedstaaten und damit eine faktische

[53] Der Wortlaut der am 2. Juni 1955 gefassten Resolution ist abgedruckt in: H. v. Siegler, Dokumentation..., a.a.O., S. 90f.

[54] Zu dem Versuch der Gründung einer Europäischen Verteidigungsgemeinschaft sowie einer Europäischen Politischen Gemeinschaft durch die Mitgliedstaaten der Montanunion vergleiche W. Harbrecht, Die Europäische Gemeinschaft, a.a.O., S. 14ff.

[55] Diesen Weg hatte der französische Aussenminister Robert Schuman in seinem berühmten Schuman-Plan vom 9. Mai 1950, der zur Gründung der Montanunion führte, vorgeschlagen. Vgl. die Erklärung der französischen Regierung vom 9. Mai 1950, a.a.O., S. 3091f.

gegenseitige Abhängigkeit geschaffen werden, die später weitere gemeinsame Schritte – auch im politischen Bereich – erzwingen würde[56]. Dazu erschien die Errichtung eines (durch eine schrittweise Annäherung der Wirtschaftspolitik in einem für das Funktionieren des Gemeinsamen Marktes erforderlichen Umfang) institutionell genügend abgesicherten Gemeinsamen Marktes zunächst völlig ausreichend und am erfolgversprechendsten, zumal von den im ersten Kapitel behandelten verschiedenen Integrationsformen gerade diese Integrationsform durch die ihr innewohnende Dynamik schon bald weitere gemeinsame Schritte zu einer weitergehenden Integration erzwingen musste[57].
Ein weiterer Grund, der damals der Gründung einer umfassenden Wirtschaftsunion entgegenstand, war das stark unterschiedliche Interesse der verschiedenen Mitgliedstaaten der Montanunion an der Gründung einer Europäischen Wirtschaftsgemeinschaft[58]. Während die junge, wirtschaftlich steil aufwärtsstrebende Bundesrepublik ein sehr starkes Interesse an der Gründung einer Europäischen Wirtschaftsgemeinschaft erkennen liess, war das Interesse der anderen Mitgliedstaaten der Montanunion an einer solchen Wirtschaftsgemeinschaft weit weniger stark. Das Interesse der anderen Mitgliedstaaten konzentrierte sich vielmehr auf die Gründung einer Europäischen Atomgemeinschaft.
Deutschland hatte nämlich mit dem Inkrafttreten der Pariser Verträge vom Oktober 1954 nicht nur seine volle Souveränität zurückerlangt[59], sondern auch das Recht erhalten, zivile Atomforschung zu betreiben und die Atomenergie für friedliche Zwecke, d. h. zur Energieerzeugung, zu nutzen[60]. Da damals für das relativ rohstoffarme Europa (ähnlich wie heute) eine Energieverknappung drohte, war

[56] In seiner Erklärung vom 9. Mai 1950 formulierte Robert Schumann diesen Gedanken folgendermassen: «Europa lässt sich nicht mit einem Schlage herstellen und auch nicht durch eine einfache Zusammenfassung: es wird durch konkrete Tatsachen entstehen, die zunächst eine Solidarität der Tat schaffen.« Vgl. ebenda

[57] Diese Meinung teilen z. B. auch H. M. Mayrzedt und M. Dubois. Auch sie führen das Fehlen präziser Bestimmungen über eine gemeinsame Wirtschafts- und Währungspolitik im EWG-Vertrag darauf zurück, dass zu der Zeit, als der Vertrag entstand, die Verwirklichung der Zollunion das vordringliche Problem darstellte. Vgl. Hans Manfred Mayrzedt, Die wirtschafts- und währungspolitische Zusammenarbeit in der EWG, in: Franz E. Aschinger u. a., Der europäische Währungsblock, Bern–Stuttgart 1973, S. 19–43, hier S. 19, und Monique Dubois, Die Währungspolitik in der EWG und der Barre-Plan, in: Aussenwirtschaft, 25. Jhrg. (1970), S. 88–100, hier S. 91

[58] Vergleiche hierzu auch W. Harbrecht, Die Europäische Gemeinschaft, a.a.O., S. 33ff.

[59] Die sog. Pariser Verträge sind im BGBl. 1955 II, S. 213ff., veröffentlicht. Die Wiedererlangung der vollen Souveränität der Bundesrepublik Deutschland ist im sog. Deutschlandvertrag geregelt, der zwischen der Regierung der Bundesrepublik und den drei westlichen Alliierten zwar schon 1951/52 ausgehandelt und am 26. Mai 1952 in Bonn unterzeichnet worden war, der aber wegen der Koppelung seines Inkrafttretens an das Inkrafttreten des EVG-Vertrags nach dessen Scheitern zunächst nicht in Kraft treten konnte. Erst nachdem im Oktober 1954 in Paris als Ersatz für die gescheiterte Europäische Verteidigungsgemeinschaft die Westeuropäische Union gegründet und die Aufnahme der Bundesrepublik in die NATO vereinbart worden war, war der Weg für ein Inkrafttreten des Deutschlandvertrags frei. Der Vertrag trat nach Ratifizierung durch alle Vertragsstaaten am 5. Mai 1955 in Kraft

[60] Das Recht Deutschlands zur zivilen Atomforschung folgte daraus, dass sich die Bundesrepublik in der Schlussakte der Londoner Konferenz am 3. Oktober 1954 «nur» zu einem Verzicht auf die Herstellung von sog. ABC-Waffen «in ihrem Gebiet» verpflichten musste. Vgl. die Erklärung des Bundeskanzlers der Bundesrepublik Deutschland vom 3. Oktober 1954, veröffentlicht im BGBl. 1955 II, S. 269. Im übrigen stellte das Recht zur zivilen Atomforschung und -nutzung für Deutschland einen wesentlichen Vorteil gegenüber der im EVG-Vertrag getroffenen Regelung dar. Vgl. Konrad Adenauer, Erinnerungen 1953–1955, Stuttgart 1966, S. 347 und S. 363

abzusehen, dass die europäischen Staaten einschliesslich Deutschland, die bis dahin – abgesehen von England und, in den ersten Anfängen, Frankreich – keine Atomforschung betrieben hatten, schon bald entsprechende Programme durchführen würden. In dieser Situation fehlte den europäischen Staaten aber ein wirksames System der Sicherheitsüberwachung, das sie gegenseitig vor einem Missbrauch des spaltbaren Materials schützen konnte.
Ausserdem überstiegen die Kosten der Kernforschung und der Entwicklung von Atomreaktoren damals eindeutig die finanzielle Leistungskraft der nationalen Volkswirtschaften der europäischen Länder. Eine international wettbewerbsfähige Atomindustrie konnte nach dem schon bestehenden Rückstand Europas auf diesem Gebiet nur noch mit vereinten Kräften geschaffen werden, indem Doppel- bzw. Parallelentwicklungen möglichst vermieden wurden. Dazu war ein Organisationssystem erforderlich, das gewährleistete, dass alle Mitgliedstaaten zu dem in der Gemeinschaft entwickelten Know-how durch einen Austausch der wissenschaftlichen Kenntnisse gleichen Zugang hatten.
Da Deutschland unmittelbar nach Wiedererlangung seiner vollen Souveränität und seines Rechts, zivile Atomforschung zu betreiben, zu amerikanischen Firmen bilaterale Kontakte aufnahm, um durch eine Beteiligung an der amerikanischen Kernforschung möglichst rasch Zugang zum aktuellen Stand der Kerntechnologie zu erlangen[61], war das starke Interesse der anderen europäischen Staaten an der Gründung einer Europäischen Atomgemeinschaft offenkundig und nur zu verständlich, während ihr Interesse an der Gründung einer Europäischen Wirtschaftsgemeinschaft weit weniger entwickelt war.
Für die Gründung der Europäischen Wirtschaftsgemeinschaft hatte diese Sachlage zur Folge, dass ihre Ziele nicht zu hoch angesetzt werden durften, um die Aussicht auf Realisierung nicht schon im Verhandlungsstadium zu verwirken. Wie relativ gering das Interesse einiger anderer Länder an der Gründung einer Europäischen Wirtschaftsgemeinschaft tatsächlich war, kann man heute, wo die Verhandlungsakten und Positionspapiere der verschiedenen Regierungen noch unter Verschluss gehalten werden und daher dem Historiker noch nicht zugänglich sind, nur daran ermessen, dass die Europäische Wirtschaftsgemeinschaft ihre Gründung nicht zuletzt dem starken Einsatz der deutschen Regierung für diese Gemeinschaft verdankt. Die deutsche Regierung hatte nämlich den Euratom-Vertrag und den EWG-Vertrag zu einem Verhandlungs- und Vertragspaket verknüpft, das nur zusammen unterzeichnet und ratifiziert werden sollte. Dieses Junktim zwischen den beiden Verträgen hat die Bundesrepublik schliesslich auch durchgesetzt. Allerdings zeigte sich Frankreich erst unter dem Eindruck der im Oktober 1956 plötzlich ausgebrochenen Suezkrise gegenüber dem deutschen Junktim zwischen EWG und Euratom kompromissbereit und erklärte sich damit einverstanden, beide Verträge gleichzeitig der französischen Nationalversammlung zur Ratifizierung vorzulegen.
Unabhängig von diesen politischen Rahmenbedingungen bei Gründung der Europäischen Wirtschaftsgemeinschaft waren sich die Experten des Spaak-Ausschusses darüber im klaren, dass die Vorteile eines Gemeinsamen Marktes auf Dauer unter anderem nur erzielt und gesichert werden konnten, wenn sich zwischen den Staaten «eine Zusammenarbeit zur Sicherung der Währungsstabilität,

[61] Vgl. Wolfgang Harbrecht, Diskussionsbericht zu Hans Michaelis, Europapolitik und Energiepolitik, in: Die Kernenergie als Problem europäischer Politik, Schriftenreihe des Arbeitskreises Europäische Integration e.V. Nr. 5, Baden-Baden 1980, S. 34

der wirtschaftlichen Expansion und des sozialen Fortschritts»[62] entwickelt, die «eine schrittweise Angleichung der Währungs- und Sozialpolitik» ermöglicht[63]. Andererseits waren sich die Experten ebenfalls darüber einig, «dass bis zur Erreichung einer weitergehenden Vereinheitlichung in der Währungs-, Budget- und Sozialpolitik zwischen den allgemein-wirtschaftspolitischen Fragen, die der Zuständigkeit der Regierungen vorbehalten bleiben sollten, einerseits und den Problemen in Verbindung mit dem Funktionieren des gemeinsamen Marktes andererseits unterschieden werden muss».[64] Zwar setzen die Errichtung und das Funktionieren eines gemeinsamen Marktes voraus, «dass in einem von den einzelnen Ländern abhängenden Umfang geeignete Massnahmen ergriffen werden, um Störungen des Gleichgewichts der Zahlungsbilanzen zu verhüten und gleichzeitig einen hohen Beschäftigungsstand zu wahren»[65], doch hielt die Expertengruppe die Einhaltung dieser Verpflichtungen durch die bestehenden internationalen Organisationen zunächst für ausreichend gewährleistet, denn diese Notwendigkeit ergab sich auch aufgrund der Ziele des Internationalen Währungsfonds, des GATT und der OEEC.
Tatsächlich bestand durch die Existenz dieser internationalen Organisationen von der Sache her Mitte der fünfziger Jahre nicht die Notwendigkeit, im EWG-Vertrag eine umfassende monetäre Kooperation, sofern sie nicht – was von vornherein nicht beabsichtigt war – den supranationalen Gemeinschaftsorganen übertragen werden und vergemeinschaftet werden sollte, vertraglich zu regeln, da auf internationaler Ebene ein umfassendes, gut funktionierendes Währungssystem einschliesslich einer voll befriedigenden internationalen währungspolitischen Zusammenarbeit existierte.
Alle Mitgliedstaaten der Montanunion waren gleichzeitig auch Mitglied der OEEC, des GATT und des Internationalen Währungsfonds. Insofern waren die Statuten dieser drei internationalen Organisationen für jeden Mitgliedstaat der Montanunion verbindlich. Ausserdem schien es angesichts der Tatsache, dass die Errichtung einer Europäischen Wirtschaftsgemeinschaft nicht im Widerspruch zu den internationalen vertraglichen Bindungen der Mitgliedstaaten erfolgen durfte, politisch angezeigt, neben die umfassenden internationalen Regelungen auf währungspolitischem Gebiet nicht noch detaillierte eigene Regelungen im Rahmen der EWG zu stellen, da dies leicht von den übrigen Partnerstaaten als wirtschaftspolitischer Separatismus hätte empfunden werden können und damit den Widerstand verschiedener westlicher Partnerstaaten gegen die Errichtung einer Zollunion im Herzen Europas noch verstärkt hätte.
Hält man sich diese Gründe in ihrer Gesamtheit vor Augen, so muss man zu dem Schluss gelangen, dass die Errichtung einer umfassenden Wirtschaftsunion oder gar gleich einer Wirtschafts- und Währungsunion Mitte der fünfziger Jahre einerseits politisch inopportun war, andererseits von der Sache her auch gar nicht unbedingt notwendig war. Vor allem die Konzipierung der Europäischen Wirtschaftsgemeinschaft als Wirtschafts- und Währungsunion erschien damals als im Prinzip überflüssig, da die währungspolitische Integration in der westlichen Welt der handelspolitischen Integration damals weit voraus war. Darüber hinaus hatte – wie wir im nächsten Kapitel noch eingehend begründen werden – das Währungssystem von Bretton Woods auf die Volkswirtschaften der EWG-Staaten ma-

[62] Vgl. Spaak-Bericht, a.a.O., S. 16
[63] Vgl. ebenda, S. 21
[64] Ebenda, S. 26
[65] Ebenda, S. 75

teriell durchaus vergleichbare Auswirkungen wie eine gemeinsame Geldpolitik innerhalb einer Wirtschafts- und Währungsunion.
Dagegen lässt sich aus der Tatsache, dass der EWG-Vertrag nicht die Errichtung einer umfassenden Wirtschaftsunion oder Wirtschafts- und Währungsunion zum Inhalt hat, nach unserer Meinung nicht schliessen, dass die wirtschaftliche Integration Europas nur mit halbem Herzen betrieben worden wäre und dass sich die Mitgliedstaaten schon damals prinzipiell gegen supranationale Lösungen bei der Integration Europas gesträubt hätten. Die Doppelgleisigkeit des EWG-Vertrages bei der Annäherung der Wirtschaftspolitik der Mitgliedstaaten in der Form, dass Teile der Wirtschaftspolitik vergemeinschaftet wurden, während andere nur koordiniert werden sollen, lässt nach unserer Meinung auch nicht darauf schliessen, dass die Gründer der Europäischen Gemeinschaften sich nicht entscheiden konnten, ob die angestrebte politische Vereinigung Europas im Rahmen einer europäischen Föderation oder einer europäischen Konföderation erfolgen sollte, sondern lässt nur erkennen, wie weit die Volkswirtschaften nach dem Willen der Schöpfer des EWG-Vertrages wirklich integriert werden sollten. Die Koordination der globalen Prozesspolitik sollte dieses Integrationsziel – nämlich die Errichtung eines Gemeinsamen Marktes – nur sichern helfen, nicht dagegen Ausdruck eines widerstrebenden Integrationswillens sein. Was die für später ins Auge gefasste Staatsform eines politisch vereinten Europa anbelangt, so bestand bei Gründung von EWG und Euratom Einigkeit darüber, dass die europäischen Staaten in einer *europäischen Föderation* vereinigt werden sollten. Das lässt sich daran erkennen, dass alle Integrationsziele, die im EWG-Vertrag und Euratom-Vertrag angestrebt wurden, in einem eindeutig föderalistischen institutionellen Rahmen angestrebt wurden, nämlich mit Hilfe des in den Gemeinschaftsverträgen geschaffenen supranationalen Gemeinschaftssystems. Den Gemeinschaftsorganen wurden soviel Hoheitsrechte übertragen, dass sie sowohl für die Mitgliedstaaten als auch für deren Staatsbürger unmittelbar rechtlich bindende Entscheidungen treffen können. Da aber für einen grossen Teil der rechtlich verbindlichen Entscheidungen der Gemeinschaftsorgane die Rechtsform der Richtlinie festgelegt ist, bleibt den Mitgliedstaaten genügend Spielraum, um das Gemeinschaftsrecht mit den gewachsenen Strukturen der nationalen Rechtsordnung und anderen nationalen Eigenheiten abzustimmen, so dass sich die rechtliche Struktur der Europäischen Gemeinschaften als eine ausgesprochen föderative Struktur erweist.
Wie aus diesen Ausführungen deutlich wird, ist es eine zentrale These dieser Arbeit, dass sich die Gründer der Europäischen Wirtschaftsgemeinschaft im EWG-Vertrag – abgesehen von den angeführten politischen Gründen – auch deshalb auf die Errichtung eines Gemeinsamen Marktes konzentrieren und beschränken konnten, weil die währungspolitische Integration in der westlichen Welt der handelspolitischen Integration damals weit voraus vor. Auch die bemerkenswerten Erfolge der Europäischen Wirtschaftsgemeinschaft sind nicht zuletzt auf das damals erfolgreiche Funktionieren des Weltwährungssystems von Bretton Woods zurückzuführen, denn die Funktionsmechanismen des Bretton Woods-Systems hatten für die Mitgliedstaaten der Europäischen Wirtschaftsgemeinschaft (wie auch für die anderen Nicht-Leitwährungsländer) unfreiwillig die ökonomischen Effekte einer einheitlichen bzw. gemeinsamen Geldpolitik zur Folge, die – wie wir noch sehen werden – eine notwendige Voraussetzung für eine auch langfristige Funktionsfähigkeit eines Gemeinsamen Marktes ist. Diese für den weiteren Gang der Arbeit zentrale These soll im folgenden Kapitel ausführlich begründet werden.

3 Die Bedeutung des Weltwährungssystems von Bretton Woods für die europäische Integration

3.1 Die Ordnungsprinzipien des Bretton Woods-Systems

Die internationale Währungsordnung, die die weltwirtschaftliche Entwicklung nach dem Zweiten Weltkrieg in entscheidendem Masse mitgeprägt hat, wurde im Jahre 1944 in Bretton Woods in New Hampshire, USA, auf einer Regierungskonferenz nach eingehenden Vorarbeiten durch Experten von den Regierungsvertretern von 44 Staaten ausgehandelt und durch Verabschiedung einer Konvention beschlossen. Diese sog. Konvention von Bretton Woods besteht aus zwei Abkommen und einer Schlussakte, dem sog. «Final Act». Mit dem einen Abkommen wurde der Internationale Währungsfonds (IWF) ins Leben gerufen, mit dem anderen Abkommen wurde die Weltbank gegründet[1]. Die Abkommen über die Gründung des IWF und der Weltbank traten nach Ratifizierung durch 35 Staaten, darunter allen wichtigen westlichen Industrieländern (mit Ausnahme der Schweiz), im Dezember 1945 in Kraft.

Das Bretton Woods-System ist kein «natürliches» Währungssystem wie der klassische Goldstandard, dessen Funktionsfähigkeit durch Einhaltung ungeschriebener Spielregeln gewährleistet wurde, der aber nie durch internationale vertragliche Regelungen eine Institutionalisierung erfahren hat, sondern eine durch internationale Vereinbarung künstlich geschaffene Währungsordnung, deren Grundregeln in den IWF-Statuten festgeschrieben sind. Entsprechend beruhen die Ordnungsprinzipien des Bretton Woods-Systems auf den in den IWF-Statuten kodifizierten vertraglichen Vereinbarungen, zu deren Einhaltung sich die Mitgliedstaaten des IWF bei ihrem Beitritt verpflichtet haben.

Das Bretton Woods-System ist durch folgende konstitutiven Elemente gekennzeichnet:

1. feste Wechselkurse
2. strenge Regeln für fallweise Wechselkursänderungen
3. ein finanzielles Beistandssystem für Defizitländer
4. Konvertibilität der Währungen

3.1.1 Feste Wechselkurse

Nach Art. IV, 1 der IWF-Statuten ist jeder Mitgliedstaat des IWF verpflichtet, für seine Währung im Einvernehmen mit dem Fonds eine feste Parität in Gold oder in US-Dollar zum Goldgewicht und zur Feinheit vom 1. Juli 1944 festzusetzen[2].

[1] Das Abkommen über den Internationalen Währungsfonds und das Abkommen über die Internationale Bank für Wiederaufbau und Entwicklung (Weltbank) sind in ihrer ursprünglichen Fassung im BGBl. 1952 II, S. 638 ff., veröffentlicht. Die IWF-Statuten wurden später mehrfach geändert, und zwar 1969 im Zusammenhang mit der Einführung der Sonderziehungsrechte (vgl. BGBl. 1968 II, S. 1227 ff.) und 1978 zur formalen Abschaffung des Leitwährungssystems von Bretton Woods und «Legalisierung» der flexiblen Wechselkurse (vgl. BGBl. 1978 II, S. 15ff.). Ausserdem wurden die Quoten des IWF mehrfach erhöht.
Für uns sind im Rahmen dieses Kapitels die IWF-Statuten in ihrer ursprünglichen Fassung relevant, da sie die Grundlage für das Währungssystem von Bretton Woods bilden, wie es bis Ende der sechziger Jahre gültig war

[2] Der Goldpreis betrug am 1. Juli 1944 35 US-Dollar je Feinunze. Daraus ergab sich die Goldparität des Dollars, nämlich 1 $ = 0,888671 g Feingold, und daraus auch bei einer Festlegung der Parität in Dollar eine rechnerische Goldparität

Durch diese direkte oder (über den Dollar) indirekte Fixierung der Währungsparitäten in Gold ergeben sich auch für die Währungen untereinander feste Austauschverhältnisse, d. h. feste Wechselkurse. Nach Art. IV, 3 sind die Mitgliedstaaten darüber hinaus verpflichtet, dafür zu sorgen, dass die Höchst- und Mindestkurse für Devisengeschäfte zwischen Mitgliedern im Fall von Kassageschäften nicht um mehr als 1 % von der festgesetzten Parität abweichen. Da die überwiegende Zahl der Mitgliedstaaten ihre Parität in US-Dollar festsetzte, waren sie verpflichtet, ihre Währung durch Interventionen ihrer Notenbanken am (heimischen) Devisenmarkt innerhalb einer Bandbreite von ± 1 % ihrer Dollarparität zu halten[3].

Die Fixierung fester Wechselkurse gegenüber dem Dollar und die Einhaltung einer Bandbreite von ± 1 % gegenüber der Dollarparität hatte zur Folge, dass die Kursspannen (cross-rates) zweier Nicht-Dollar-Währungen in einem bestimmten Zeitpunkt um bis zu 2 % von ihren rechnerischen Paritäten abweichen konnten und im Zeitablauf sogar maximale Schwankungen bis zu 4 % erreichen konnten[4].

Für den Dollar hatte dies zur Folge, dass ihm im Währungssystem von Bretton Woods im Laufe der Zeit die Funktion einer Leitwährung im internationalen Währungssystem zuwuchs. Diese Leitwährungsfunktion des US-Dollars folgte keineswegs zwingend aus den Abkommen von Bretton Woods, sondern entwickelte sich erst im Laufe der Zeit aus der praktischen Anwendung der IWF-Statuten. Sie war in den IWF-Statuten allenfalls im Ansatz angelegt, und zwar durch die Bestimmung, dass die Mitgliedstaaten die Parität ihrer Währungen in Gold *oder* in Dollar festsetzen konnten. Erst die Praxis der überwiegenden Zahl der Mitgliedstaaten, die Parität ihrer Währung in Dollar festzusetzen, räumte dem Dollar die Sonderrolle im Bretton Woods-System ein.

Die Festsetzung und Einhaltung der Dollarparität zwang nämlich die Mitgliedstaaten dazu, in Dollar zu intervenieren. Dies wiederum zwang die Zentralbanken dieser Mitgliedstaaten dazu, jederzeit verfügbare Dollarreserven zu halten. Es bot sich für diese Länder daher an, als nationale Währungsreserven neben dem Gold auch einen Bestand an Devisenreserven in Dollar zu halten. Aus der Pflicht der Mitgliedstaaten mit Ausnahme der USA, in Dollar zu intervenieren, erwuchs so dem Dollar die Funktion einer internationalen Interventions- und Reservewährung.

Dieser Prozess wurde noch dadurch begünstigt, dass der Dollar als Leitwährung gegenüber den anderen Währungen weder auf- noch abwerten konnte. Es bestand allenfalls die Möglichkeit, die Goldparität des Dollars zu ändern; jedoch stand diese Möglichkeit in der Praxis ausserhalb jeder Diskussion, zumal eine solche Paritätsänderung im Verhältnis der Währungen untereinander und gegenüber dem Dollar überhaupt keine Aufwertungs- oder Abwertungseffekte gehabt hätte, wenn nicht die anderen Länder ihre Dollarparität entsprechend verändert hätten. Darüber hinaus war eine derartige generelle Goldpreisänderung nach Art. IV, 7 der IWF-Statuten nur durch Beschluss des Internationalen Währungsfonds möglich, wobei für eine Änderung eine Mehrheit der Gesamtstimmenzahl des

[3] Die nach den IWF-Regeln zulässige Bandbreite von ± 1 % gegenüber der Dollarparität wurde von den Mitgliedstaaten des Europäischen Währungsabkommens, dem u. a. alle EWG-Staaten angehörten, nicht voll ausgenutzt. Sie legten für ihre Währungen gegenüber der Dollarparität eine maximale Bandbreite von ± $^3/_4$ % fest. Vgl. Franz E. Aschinger, Das Währungssystem des Westens, 2. Auflage, Frankfurt 1973, S. 32

[4] Diesem Sachverhalt hat der Exekutivrat des IWF 1959 formell Rechnung getragen. Vergleiche den Beschluss des Exekutivrates des IWF vom 24. Juli 1959, Jahresbericht des IWF 1960, S. 31

Fonds notwendig war und kein Veto eines Mitglieds mit 10 % oder mehr aller Quoten vorliegen durfte[5].
Die Tatsache, dass der Dollar aufgrund dieser Bestimmung als Leitwährung weder auf- noch abwerten konnte, hatte für die Nichtleitwährungsländer die angenehme Folge, dass die nationalen Währungsreserven keinem exogenen Kursrisiko unterlagen (mit Ausnahme des unwahrscheinlichen Falles von Änderungen der Goldparität des Dollars). Die Währungsreserven konnten ihren Wert in nationaler Währung nämlich nur durch eigene Auf- und Abwertungen verändern. Damit waren Wertänderungen der nationalen Währungsreserven voll dem eigenen Entscheidungsbereich unterworfen. Die praktische Anwendung der IWF-Statuten führte auf diese Weise dazu, dass dem Dollar sowohl die Funktion des faktischen internationalen numéraire und damit der faktischen internationalen Recheneinheit als auch die Funktion eines internationalen Wertaufbewahrungsmittels zufiel, obwohl diese Funktionen eigentlich dem Gold zugedacht waren.
Die Funktion des US-Dollars als internationale Recheneinheit, aber auch als internationales Zahlungsmittel, wurde durch die faktische Verwendung des US-Dollars als Recheneinheit und seine Stellung als «gesetzliches» Zahlungsmittel in der Europäischen Zahlungsunion zusätzlich unterstützt und gefördert. Die «Europäische Zahlungsunion» (EZU) wurde im September 1950 von 14 europäischen Staaten gegründet, um einen multilateralen Zahlungsverkehr innerhalb Europas zu ermöglichen[6]. Da die europäischen Staaten nach dem Zweiten Weltkrieg über keine nennenswerten Gold- und Devisenreserven mehr verfügten, hatten sie die Konvertibilität ihrer Währungen aufgehoben bzw. bei Abschluss des IWF-Abkommens nicht eingeführt und waren dazu übergegangen, ihren Waren- und Zahlungsverkehr untereinander auf bilateraler Basis abzuwickeln. Die EZU sollte hier nicht nur zu einer Multilateralisierung des Zahlungsverkehrs innerhalb Europas führen, sondern war auch ausdrücklich als Übergangsorganisation konzipiert mit dem Fernziel, den Zahlungsverkehr Schritt für Schritt dem Zustand der Konvertibilität näherzubringen[7].
Um diese Ziele zu erreichen, verpflichteten sich die Mitgliedstaaten der EZU, die sich zwischen ihnen ergebenden Zahlungsspitzen monatlich vollständig gegeneinander aufzurechnen. Gleichzeitig räumten sie sich gegenseitig automatische Kreditlinien bis zu einer bestimmten Höhe ein. Der multilaterale Saldenausgleich erfolgte innerhalb der Quoten der einzelnen Länder in Gold und Krediten, wobei der Kreditanteil mit zunehmender Beanspruchung der Quoten ständig abnahm. Überschritt ein (kumulatives) Defizit die Quote des Schuldnerlandes, so musste dieses – sofern es nicht auf bilateraler Ebene zusätzliche Kredite erhielt – den Fehlbetrag vollständig in Gold finanzieren[8].
Als gemeinsame Recheneinheit wurde in Art. 26 des EZU-Abkommens eine Rech-

[5] Quoten von 10 % und mehr waren im ursprünglichen Abkommen nur für die USA, Grossbritannien und die Sowjetunion, die dem Abkommen aber nie beigetreten ist, vorgesehen. Zuletzt besassen nur noch die Vereinigten Staaten eine Quote von mehr als 10 %. Vgl. Anhang A des IWF-Abkommens im BGBl. 1952 II, S. 659, und F. E. Aschinger, a.a.O., S. 211 f.

[6] Vgl. das «Abkommen über die Gründung einer Europäischen Zahlungsunion», BGBl. 1951 Teil II, S. 31 ff.

[7] Vgl. Präambel des EZU-Abkommens, a.a.O., S. 32

[8] Ausführlicher sind die Aufgaben und die Funktionsweise der Europäischen Zahlungsunion beschrieben bei Jean Perrenoud, L'Union Europêene des Paiements – Ses aspects essenciels – Ses problèmes généraux, in: Aussenwirtschaft, 5. Jhrg. 1950, S. 156–176. Vgl. auch F. E. Aschinger, a.a.O., S. 74 ff.

nungseinheit definiert, deren Wert auf 0,88867088 Gramm Feingold festgelegt wurde, was genau dem Feingoldwert eines US-Dollars entsprach. In dieser Rechnungseinheit wurden sowohl die Konten der Union geführt als auch die Berechnungen für den Saldenausgleich vorgenommen und die Kreditgewährungen ausgedrückt. Die Festlegung der EZU-Rechnungseinheit auf den Wert eines US-Dollars bewirkte, dass in der EZU de facto mit US-Dollar gerechnet wurde und damit dem US-Dollar in der EZU wie im IWF eine Sonderstellung eingeräumt wurde. Dem US-Dollar wurde im EZU-Abkommen jedoch nicht nur durch die Definition der EZU-Rechnungseinheit auf den Wert eines US-Dollars eine Sonderstellung eingeräumt, sondern auch durch die Bestimmung des Art. 14, nach dem es allen Schuldnern freigestellt war, ihre Zahlungsverpflichtungen in Gold auch in US-Dollar zu begleichen[9]. Eine Zustimmung des Gläubigers war dazu nicht erforderlich. Damit war dem US-Dollar in der Europäischen Zahlungsunion de facto nicht nur die Funktion einer gemeinsamen Recheneinheit, sondern auch die Stellung eines «gesetzlichen» Zahlungsmittels eingeräumt worden, das «an Goldes statt» verwendet werden konnte und akzeptiert werden musste.

Aber auch die praktische Anwendung der Bestimmungen des IWF förderte die Funktion des Dollars als internationales Zahlungsmittel im internationalen Handels- und Zahlungsverkehr. In die Funktion eines internationalen Zahlungsmittels geriet der Dollar natürlich zunächst einmal schon dadurch, dass die USA nach dem Kriege über ein Sechstel des gesamten Welthandels bestritten[10]. Für die Exporteure und Importeure der USA bestand damals angesichts dieser Marktposition kein Grund, in anderen Währungen als dem Dollar zu fakturieren. Aber auch für die anderen Länder bot sich nach dem Kriege zunächst nur der Dollar als freie Transaktionswährung an, da die meisten europäischen Währungen einschliesslich des Pfund Sterling erst nach Inkrafttreten des Europäischen Währungsabkommens im Jahre 1958 den Schritt zur Konvertibilität wagten[11].

Doch auch danach hatte der Dollar aufgrund seiner Leitwährungsfunktion noch natürliche Vorteile, um sich als internationales Zahlungsmittel im internationalen

[9] Vgl. auch Johann Ernst Reichert, Die Rückkehr zur Konvertibilität der Währungen, Baseler Dissertation 1961, Lörrach 1962, S. 73

[10] 1949 hatten die Vereinigten Staaten am Welthandel (Exporte + Importe) einen Anteil von 16,2 % und am Weltexport von über 20 %. Demgegenüber hatte die Bundesrepublik Deutschland 1949 am Welthandel einen Anteil von 2,5 % und am Weltexport sogar nur von 1,7 %. Die Veränderung der Bedeutung dieser Länder im internationalen Handel wird durch folgende Tabelle eindrucksvoll verdeutlicht:

Anteil am Welthandel

Jahr	USA	Bundesrepublik Deutschland	Großbritannien
1949	16,2%	2,5%	13,1%
1954	16,8%	6,3%	10,7%
1976	11,9%	9,7%	5,1%

Anteil am Weltexport

Jahr	USA	Bundesrepublik Deutschland	Großbritannien
1949	20,9%	1,7%	11,8%
1954	19,6%	6,9%	9,8%
1976	11,8%	10,5%	4,7%

Quelle: Eigene Berechnungen aus Daten des Statistischen Jahrbuchs für die Bundesrepublik Deutschland, 1952 (S. 59* f.), 1957 (S. 82* f.) und 1977 (S. 630)

[11] Das Europäische Währungsabkommen trat Ende 1958 in Kraft. Es wurde 1955 von den Mitgliedstaaten der Europäischen Zahlungsunion vorsorglich abgeschlossen, um den Übergang zur Konvertibilität zu erleichtern. Vgl. dazu F. E. Aschinger, a.a.O., S. 76 ff.

Handel weiter zu halten bzw. noch weiter durchzusetzen. Wie oben erwähnt wurde, konnte der Dollarkurs jeder nationalen Währung nur um maximal zwei Prozent schwanken. Daraus ergab sich, dass der Kurs zweier Nicht-Dollar-Währungen um bis zu 4 % schwanken konnte. Eine Fakturierung in Dollar auch bei Geschäften zwischen zwei Nicht-Dollar-Ländern hatte daher für beide Geschäftspartner eine Verringerung des Kursrisikos zur Folge. Hätte man in einer der beiden nationalen Nicht-Dollar-Währungen fakturiert, so hätte entweder der Exporteur oder der Importeur ein Kursrisiko von bis zu 4 % tragen müssen, wozu noch das Risiko eventueller Paritätsänderungen hinzugekommen wäre. Eine Fakturierung in Dollar stellte dagegen eine Verringerung und gleichmässigere Verteilung der Kursrisiken auf beide Parteien dar.

Als internationales Zahlungsmittel im Zahlungsverkehr zwischen den Zentralbanken baute der US-Dollar seine Position ebenfalls sukzessive aus. Zum ersten war er bei Gründung des IWF von den wichtigen Währungen der IWF-Mitgliedstaaten als einzige konvertibel[12]. Damit war der Dollar lange Zeit praktisch die einzige Währung, die ausser dem Gold zum Rückkauf eigener Währung aus den Beständen des Fonds durch ein Mitglied verwendet werden konnte[13]. Zum zweiten wurde dem US-Dollar, wie schon erwähnt, im EZU-Abkommen neben dem Gold die Stellung eines «gesetzlichen Zahlungsmittels» eingeräumt. Entscheidend für eine zunehmende Verwendung des US-Dollars als internationales Zahlungsmittel im Zahlungsverkehr zwischen den Zentralbanken dürfte aber gewesen sein, dass die Zentralbanken der Mitgliedstaaten des IWF die Wechselkurse ihrer Währung durch Dollarinterventionen innerhalb der vertraglich fixierten Bandbreite hielten[14]. Da bei Konvertibilität der Währungen – wie sie für die Währungen der wichtigsten Welthandelsländer ab 1958 gegeben war – durch Interventionen an den Devisenmärkten und die dadurch verursachten Devisenbewegungen automatisch die Zahlungssalden zwischen den Zentralbanken durch Devisen ausgeglichen werden, erfolgte ab dieser Zeit praktisch der gesamte internationale Saldenausgleich zwischen den Zentralbanken in US-Dollar. Erst in einem zweiten Schritt hatten die Zentralbanken, denen auf diese Weise Dollarreserven zugeflossen waren, zu entscheiden, in welchem Ausmass sie gegenüber den Vereinigten Staaten von ihrem Umtauschrecht in Gold Gebrauch machen wollten.

Von diesem Konvertibilitätsrecht in Gold wurde aber aus zwei Gründen nur mässig Gebrauch gemacht. Zum ersten konnten die Dollar-Reserven im Gegensatz zum Gold in den USA zinsbringend angelegt werden. Da an der Goldkonvertibilität des Dollars in den ganzen fünfziger und zumindest bis zu Beginn der sechziger Jahre kaum Zweifel bestanden, galt der Dollar lange Jahre als dem Gold mindestens ebenbürtig. Erst als das Zahlungsbilanzdefizit der Vereinigten Staaten und die kurzfristige Verschuldung des Landes gegenüber dem Ausland immer grösser wurden und auch der Goldbestand der USA zunehmend schrumpfte, begann das Vertrauen in den Dollar zu schwanken. Doch zu dieser Zeit verstanden es die

[12] Die Schweiz, deren Währung ebenfalls stets konvertibel war, war nicht Mitglied des IWF (und ist es bis heute nicht). Ansonsten waren nur noch der kanadische Dollar und einige lateinamerikanische Währungen von Anfang an konvertibel. Der kanadische Dollar besass jedoch bis 1949 die gleiche Goldparität wie der US-Dollar. Von 1950–1962 schließlich war der Wechselkurs des kanadischen Dollar flexibel

[13] Eine derartige Rückkaufspflicht bestand für die Mitgliedstaaten gemäss Artikel V Abschnitt 7 (b) des IWF-Abkommens in Verbindung mit Abs. 1 des Anhangs B des Abkommens

[14] Vgl. auch F. E. Aschinger, a.a.O., S. 107 f.

Vereinigten Staaten, durch politischen Druck andere Länder (zum Teil) zu einem Verzicht eines Umtauschs ihrer Dollarreserven in Gold zu bewegen. Dies führte dazu, dass in der Periode 1955–1970 nur knapp 30 % aller erworbenen Dollarreserven in den USA in Gold umgetauscht wurden[15]. Die restlichen 70 % verblieben bei den Zentralbanken als Devisenreserven.

Diese Ausführungen machen deutlich, dass der US-Dollar durch die Paritätsregeln des IWF-Abkommens – ob beabsichtigt oder unbeabsichtigt sei hier dahingestellt – in die Rolle eines internationalen Geldes hineinwuchs. Wie gezeigt wurde, fielen ihm im internationalen Währungssystem von Bretton Woods auf internationaler Ebene alle Funktionen zu, die ein funktionsfähiges Geld erfüllen muss, nämlich die Zahlungsmittelfunktion, die Recheneinheitsfunktion und die Wertaufbewahrungsfunktion[16].

3.1.2 Strenge Regeln für fallweise Wechselkursänderungen

Obwohl die Währungsordnung von Bretton Woods auf einem festen Wechselkurssystem basierte, waren die Paritäten doch nicht unumstösslich, wie es aufgrund der durch den Münzgehalt bestimmten Paritäten zwischen den verschiedenen Währungen im Goldstandard der Fall war. Vielmehr waren nach den IWF-Statuten Paritätsänderungen unter bestimmten Umständen möglich. Generell verboten waren Abwertungen, die ausschliesslich auf die Erlangung eines ungerechtfertigten Wettbewerbsvorteils abzielten[17]. Art. IV, 5 des IWF-Abkommens erlaubte nur Paritätsänderungen, «um eine grundlegende Störung des Gleichgewichts zu beheben», d. h. zur Behebung sog. fundamentaler Zahlungsbilanzungleichgewichte[18]. Eine Paritätsänderung durfte ausserdem «nur auf Vorschlag

[15] Dies ergibt sich aus folgender Berechnung:
Von 1955–1970 stiegen die Dollarreserven in der Welt um ca. 26 Mrd. $ an. In der gleichen Zeit verringerte sich der Goldbestand der Vereinigten Staaten um ca. 11 Mrd. $. Einem Zahlungsbilanzdefizit von 38,6 Mrd. $, das die USA zwischen 1956 und 1970 zu verzeichnen hatten, standen somit Goldverluste in Höhe von nur ca. 11 Mrd. $ gegenüber. Der Rest schlug sich im wesentlichen in einer Erhöhung der Dollarreserven in der Welt nieder. (Eigene Berechnung aufgrund von Zahlenangaben in F. E. Aschinger, Das Währungssystem des Westens, a.a.O., S. 97, 139, 164 und 198.)

[16] In der deutschen Literatur wird eine Währung, die internationale Geldfunktionen erfüllt, also als Recheneinheit, Zahlungsmittel und Reservemedium dient, üblicherweise als Leitwährung bezeichnet. Vgl. z. B. Otmar Issing, Leitwährung und internationale Währungsordnung, Berlin 1965, S. 171 und S.187 ff.
Die Verwendung des Begriffs Leitwährung war speziell auf die Funktion des US-Dollar im Bretton Woods-System zugeschnitten. Nach dieser Definition besass zeitweise auch das Pfund Sterling partiell, d. h. in einem bestimmten, begrenzten Währungsraum, eine Leitwährungsfunktion.
Der Fall, daß eine Währung gleichzeitig alle drei Geldfunktionen international erfüllt, ist jedoch keineswegs zwingend. Vielmehr beobachtet man heute, dass der Dollar zwar nach wie vor das wichtigste internationale Zahlungsmittel ist, daß aber in die Recheneinheitsfunktion bzw. Leitkursfunktion und die Wertaufbewahrungsfunktion heute auch andere Währungen hineinwachsen bzw. schon hineingewachsen sind. Der Verfasser ist daher der Auffassung, daß man heute zwischen Reservewährungen – das sind solche Währungen, in denen offizielle Währungsreserven gehalten werden –, Leitwährungen – das sind solche Währungen, die international eine Leitkursfunktion besitzen – und internationalen Zahlungsmitteln – das sind solche Währungen, in denen üblicherweise der internationale Handel abgewickelt wird – unterscheiden muss. Internationales Geld stellt eine Währung schließlich dann dar, wenn sie alle drei Funktionen gleichzeitig erfüllt, also gleichzeitig Leitwährung, Reservewährung und internationales Zahlungsmittel ist

[17] Vgl. Art. I der IWF-Statuten

[18] Zur Interpretation des Begriffs der «grundlegenden Störung des Gleichgewichts» durch den IWF vgl. F. E. Aschinger, a.a.O., S. 34 f., und die dort angegebene Literatur

des Mitglieds und nur nach Beratung mit dem Fonds vorgenommen werden»[19]. Der IWF konnte also von sich aus kein Land zu einer Wechselkursänderung anhalten oder gar dazu zwingen. Umgekehrt durfte aber auch ein Mitgliedstaat nicht ohne Rücksprache mit dem Internationalen Währungsfonds seine Paritäten verändern. Plante ein Mitgliedstaat eine Paritätsänderung von weniger als 10 % der ursprünglichen Parität unter Einrechnung aller vorangegangenen, sowohl erhöhenden als auch vermindernden Paritätsänderungen, so konnte der Fonds dagegen keine Einwendungen erheben, d. h. es genügte bei einer solchen Paritätsänderung eine Vorab-Konsultation des Währungsfonds. Eine Paritätsänderung von mehr als 10 % der ursprünglichen Parität unter Berücksichtigung aller früheren Auf- und Abwertungen war dagegen von der formellen Zustimmung des Fonds abhängig. Betrug die beantragte Änderung weniger als 20 %, so musste der Fonds innerhalb von 72 Stunden Stellung nehmen, bei Änderungen über 20 % konnte der Fonds für seine Entscheidung über eine Zustimmung oder einen Einspruch auch eine längere Frist in Anspruch nehmen (Art. IV, 5 [c]).
Ohne Zustimmung des Fonds durfte ein Mitglied die Parität seiner Währung nur ändern, «wenn die Änderung die internationalen Geschäfte von Fondsmitgliedern nicht beeinträchtigt» (Art. IV, 5 [e]). Damit wurde das Einspruchsrecht des Währungsfonds weiterhin auf Paritätsänderungen solcher Währungen eingeschränkt, die für den Welthandel von Bedeutung sind; Länder, deren Währungen für den Welthandel unbedeutend sind, brauchten dagegen nicht die Zustimmung des IWF für Paritätsänderungen einzuholen.
Die Sanktionen, die dem Fonds zur Verfügung standen, wenn ein Land, bei dessen Wechselkursänderung der Fonds einspruchsberechtigt war, sich nicht entsprechend den Vorstellungen des Fonds verhielt, waren jedoch relativ schwach. So konnte der Fonds nur mit dem Entzug des Rechts auf Inanspruchnahme der Mittel des Fonds und mit dem Ausschluss drohen: «Ändert ein Mitglied in Fällen, in denen der Fonds einspruchsberechtigt ist, trotz des Einspruchs des Fonds die Parität einer Währung, so verliert das Mitglied sein Recht auf Inanspruchnahme der Mittel des Fonds, es sei denn, dass der Fonds etwas anderes bestimmt.» Unter Umständen war in einem solchen Fall sogar ein Ausschluss des Mitglieds möglich. Trotz ihrer materiellen Schwäche war die Möglichkeit, bei Nichtbeachtung der zentralen Fonds-Statuten Sanktionen vornehmen zu können, dennoch von nicht zu unterschätzender psychologischer Wirkung.
Diese strengen Anpassungsgrundsätze dürften ein wesentlicher Grund dafür gewesen sein, dass im Bretton Woods-System trotz der formellen Möglichkeit, Paritätsänderungen durchzuführen, die Wechselkurse der grossen westlichen Industrieländer fast zwei Jahrzehnte lang so gut wie unverändert blieben[20]. Sie bedeuteten letztlich für die Mitgliedstaaten des IWF nichts weniger, als dass sie in ihrer Wechselkurspolitik nicht mehr völlig autonom entscheiden konnten. Denn eine Paritätsänderung durfte erst vorgenommen werden, wenn sich eindeutig ein fundamentales Zahlungsbilanzungleichgewicht herausgebildet hatte. Dies war

[19] Vgl. Art. IV, 5 (b) der IWF-Statuten

[20] Nach der Abwertung des Pfund Sterling um 30,5 % und in deren Gefolge von 26 weiteren Währungen, darunter aller wichtigen Währungen mit Ausnahme des Dollars und des Schweizerfranken, im September 1949, waren die Paritäten der wichtigsten westlichen Währungen bis 1967 im wesentlichen unverändert. Ausnahmen bildeten der kanadische Dollar, der von 1950 bis 1962 frei floatete, und der französische Franc, der 1958 abgewertet wurde. 1961 kam es ferner zu einer geringfügigen Aufwertung der D-Mark und des holländischen Gulden um 5 %. Vgl. F. E. Aschinger, a.a.O., S. 37

dann aber in der Regel so ausgeprägt, dass Wechselkursänderungen unter 10 %, die ohne Zustimmung des IWF hätten vorgenommen werden dürfen, für eine nachhaltige Verbesserung der Zahlungsbilanz nicht mehr ausreichten. Stärkere Paritätsänderungen aber waren zustimmungspflichtig.
Möglicherweise lag in diesen strengen Anpassungsregeln des IWF auch der tiefere Grund, weshalb sich Wechselkurs*änderungen* (nicht etwa nur die Abwertung) immer mehr zu einer negativen Prestigeangelegenheit für die betreffenden Regierungen und Länder entwickelten. Die fehlende Bereitschaft der Mitgliedstaaten, auch bei einem fundamentalen Zahlungsbilanzungleichgewicht keine Paritätsänderungen vorzunehmen, lässt sich nämlich nicht zuletzt auch dadurch erklären, dass einem fundamentalen Zahlungsbilanzdefizit eines Landes, sofern dieses nicht auf ein Defizit ausschliesslich gegenüber dem Leitwährungsland zurückzuführen war, in aller Regel ein fundamentaler Zahlungsbilanzüberschuss in einem anderen Nichtleitwährungsland gegenüberstand, so dass es zur Prestigefrage wurde, welches Land zuerst zur Paritätsänderung gezwungen war.

3.1.3 Das finanzielle Beistandssystem für Defizitländer

Ist es einem Land in einer bestimmten Währungsordnung nicht ohne weiteres erlaubt, im Falle eines Zahlungsbilanzdefizits seine Währung abzuwerten, so muss natürlich ein Beistandssystem vorhanden sein, auf das dieses Land im Falle eines Zahlungsbilanzdefizits zurückgreifen kann. Im Währungssystem von Bretton Woods existierte ein solches finanzielles Beistandssystem, das einem Mitglied des IWF ein *Recht* auf Währungskredite einräumte. Ein Hauptziel des Internationalen Währungsfonds bestand nämlich darin,

«das Vertrauen der Mitglieder dadurch zu stärken, dass ihnen unter angemessenen Sicherungen Mittel des Fonds zur Verfügung gestellt werden und ihnen so die Gelegenheit gegeben wird, Unausgeglichenheiten in ihren Zahlungsbilanzen zu bereinigen, ohne zu Massnahmen Zuflucht nehmen zu müssen, die dem nationalen und internationalen Wohlstand abträglich sind».[21]

Dieses Ziel wurde im Bretton Woods-System dadurch erreicht, dass jedem Mitgliedstaat des IWF mit seiner Mitgliedschaft automatisch Kreditfazilitäten eingeräumt wurden. Diese setzten sich zusammen aus den unbedingten Forderungen gegenüber dem IWF bzw. den sogenannten Reservepositionen beim Fonds und aus den verschiedenen Kredittranchen. An diesem System hat sich bis heute nichts Wesentliches geändert[22].
Die Reservepositionen beim IWF geben Anspruch auf automatischen Zugang zu den Mitteln des Fonds. Sie setzen sich zusammen aus der sog. Goldtranche, das ist der Gegenwert der Quoteneinzahlung eines Mitgliedstaats in Gold, und der sog. Supergoldtranche, das ist der Gegenwert einer Gläubigerposition gegenüber dem IWF infolge von Ziehungen anderer Länder. Ziehungen im Rahmen dieser beiden Goldtranchen sind mit keinen wirtschaftspolitischen Auflagen verbunden.
Die Ziehungsrechte der Mitgliedstaaten beschränken sich aber nicht nur auf die Ziehungsrechte im Rahmen der Goldtranche und Supergoldtranche, sondern betragen insgesamt bis zu 200 % ihrer Quote. Die Inanspruchnahme der die Reser-

[21] Vgl. Art. I der IWF-Statuen

[22] Vgl. dazu Otmar Issing, Der Internationale Währungsfonds (The International Monetary Fund), in: WiSt, 5. Jhrg. 1976, S. 29–31, und Hermann Brehm, Die Witteveen-Fazilität, in: WiSt, 7. Jahrg. 1978, S. 332–333

vepositionen beim IWF übersteigenden Ziehungsrechte im Rahmen der Kredittranchen sind allerdings mit wirtschaftlichen Auflagen des IWF verbunden, die mit steigender Quotenausnutzung immer schärfer werden und damit die wirtschaftspolitische Souveränität des Kreditnehmers immer mehr einschränken.

Das Beistandssystem des IWF wurde im Laufe der Zeit durch zusätzliche internationale Kreditvereinbarungen ergänzt. Zu ihnen zählen die «Allgemeinen Kreditvereinbarungen» zwischen den zehn wichtigsten westlichen Industrienationen (der sog. Zehnergruppe) sowie ein umfangreicher kurzfristiger Kreditapparat, der in Form von einer Vielzahl von bilateralen und multilateralen Swapabkommen zwischen den Notenbanken der bedeutendsten Welthandelsländer geschaffen wurde[23].

Insgesamt gesehen stellt das finanzielle Beistandssystem, das nach dem Zweiten Weltkrieg zur flankierenden Absicherung des Systems fester Wechselkurse errichtet wurde, ein bis dahin unbekanntes System internationaler Solidarität dar, das aus den negativen Vorkriegserfahrungen heraus geschaffen wurde, um geordnete Währungsverhältnisse als monetäre Rahmenbedingung für einen geordneten, fairen Welthandel zu schaffen[24]. Es erforderte eine umfassende internationale Kooperation auf währungspolitischem Gebiet und hatte auf diese Weise eine nicht zu unterschätzende integrierende Wirkung auf die Volkswirtschaften der westlichen Industrieländer.

3.1.4 Konvertibilität der Währungen

Eine internationale Währungsordnung wäre schliesslich unvollständig und unfähig, «die Ausweitung und das in sich ausgeglichene Wachsen des Welthandels zu erleichtern und dadurch zur Förderung und Aufrechterhaltung eines hohen Beschäftigungsgrades und Realeinkommens sowie zur Entwicklung der Produktionskraft aller Mitglieder als oberste Ziele aller Wirtschaftspolitik beizutragen»[25], wenn sie nicht auch den internationalen Zahlungsverkehr regelt. Tatsächlich war und ist es ein Ziel des IWF,

«bei der Einrichtung eines multilateralen Zahlungssystems für die laufenden Geschäftsbeziehungen zwischen den Mitgliedern und bei der Beseitigung von Devisenverkehrsbeschränkungen, die das Wachstum des Welthandels hemmen, mitzuwirken».[26]

Im Bretton Woods-System wurde die Errichtung eines multilateralen Zahlungssystems durch Einführung der Konvertibilität der Währungen angestrebt.

Unter Konvertibilität versteht man die Möglichkeit, eine Währung in eine andere umtauschen und über diese frei verfügen zu können[27]. Vor Einführung des Bretton Woods-Systems wurde eine Währung als konvertibel angesehen, wenn sie jederzeit (zu einem bestimmten, festgelegten Kurs) in Gold eintauschbar war. Durch diese Goldkonvertibilität einer Währung war indirekt auch ein freier Umtausch einer Währung in eine andere Währung gewährleistet[28].

[23] Da es hier nicht auf die Einzelheiten der verschiedenen Kreditvereinbarungen ankommt, wird an dieser Stelle auf eine genauere Beschreibung der verschiedenen Beistandsmechanismen verzichtet. Zur konkreten Ausgestaltung des Kreditsystems im Bretton Woods-System vgl. F. E. Aschinger, a.a.O., S. 89 ff.

[24] Eben diesem Ziel sollte die Gründung des IWF dienen. Vgl. Art. I der IWF-Statuten

[25] Vgl. Art. I (ii) der IWF-Statuten

[26] Vgl. Art. I (iv) der IWF-Statuten

[27] Vgl. den Artikel «Konvertibilität», in: Staatslexikon, Bd. 5, 6. Auflage, Freiburg 1960, Spalte 11–15

[28] Vgl. Egon Sohmen, Wechselkurs und Währungsordnung, Tübingen 1973, S. 2

Das Abkommen von Bretton Woods strebte die Konvertibilität der Währungen jedoch nicht über eine Rückkehr zur uneingeschränkten Goldkonvertibilität an, sondern direkt durch eine vertragliche Verpflichtung der Mitgliedstaaten des IWF zur Einlösung ihrer Währung in Gold oder Devisen unter bestimmten Bedingungen. Die Konvertibilitätspflicht umfasst nach Art. VIII der IWF-Statuten

1. den Verzicht auf Restriktionen bei Zahlungen und Überweisungen für laufende internationale Geschäfte, es sei denn, der Fonds erteilt seine Zustimmung zu einer Abweichung von dieser Pflicht (Art. VIII, 2),
2. den Verzicht auf diskriminierende Währungspraktiken und multiple Wechselkurse, es sei denn, dass sie nach dem Abkommen zulässig sind oder dass sie vom Fonds ausdrücklich genehmigt werden (Art. VIII, 3),
3. die Pflicht, Guthaben von Mitgliedsländern in nationaler Währung entweder in die Währung des betreffenden Landes oder in Gold umzutauschen, soweit die Guthaben aus laufenden Transaktionen stammen oder ihre Konversion für laufende Zahlungen nötig ist (Art. VIII, 4).

Die Konvertibilitätspflicht des Art. VIII führt demnach nicht zur Vollkonvertibilität der Währungen, sondern nur zu einer Teilkonvertibilität, und zwar in doppeltem Sinne. Erstens bezieht sich die vorgeschriebene Konvertierbarkeit nur auf die Ausländerguthaben, nicht hingegen auf die Inländerguthaben in eigener Währung. Insofern handelt es sich nur um eine Ausländerkonvertibilität. Zweitens umfasst die Konvertibilitätsverpflichtung nur Guthaben aus laufenden Transaktionen, d. h. aus Transaktionen aufgrund des Exports und Imports von Gütern und Dienstleistungen[29]. Ausländerguthaben in eigener Währung, die aus Kapitaltransaktionen stammen, brauchen nicht konvertiert zu werden.

Die Konvertibilitätspflicht nach Art. VIII gilt ausserdem nicht unmittelbar. Sie gilt vielmehr nur für solche Mitgliedstaaten, die ihre Währung formell als konvertibel im Sinne des Art. VIII erklärt haben. Mitgliedstaaten, die sich nicht in der Lage sehen, die Pflichten des Art. VIII zu übernehmen, können während einer Übergangszeit von der Ausnahmeregelung des Art. XIV Gebrauch machen und «ungeachtet der Bestimmungen anderer Artikel dieses Abkommens Zahlungs- und Überweisungsbeschränkungen für laufende internationale Transaktionen aufrechterhalten und den wechselnden Umständen anpassen... Die Mitglieder haben jedoch in ihrer Devisenpolitik beständig die Ziele des Fonds im Auge zu behalten und, sobald es die Umstände erlauben, alle ihnen möglichen Massnahmen zu treffen, um mit anderen Mitgliedern zu Handels- und Finanzabmachungen zur Erleichterung des internationalen Zahlungsverkehrs und der Erhaltung der Währungsstabilität zu gelangen» (Art. XIV).

Die Einführung der Konvertibilität erwies sich als schwieriger als zunächst erwartet. Von Anfang an konvertibel waren nur der US-Dollar, der kanadische Dollar und verschiedene zentralamerikanische Währungen[30]. Alle anderen Mitgliedstaaten beantragten für sich die Ausnahmegenehmigung nach Art. XIV. Selbst Grossbritannien musste für sich die Übergangsbestimmungen des Art. XIV in Anspruch nehmen, nachdem im Sommer 1947 ein Versuch zur Einführung der Konvertibilität des Pfund Sterling gescheitert war.

Der Übergang der europäischen Staaten zur Konvertibilität wurde nach dem britischen Fehlschlag gründlich vorbereitet. Zunächst wurde im Rahmen der Europäischen Zahlungsunion der Zahlungsverkehr zwischen 14 europäischen Ländern

[29] Zur genauen Definition vgl. Art. XIX (i) des IWF-Abkommens
[30] Vgl. F. E. Aschinger, a.a.O., S. 73

multilateralisiert und stufenweise eine Teilkonvertibilität in Gold oder Devisen hergestellt. Zur vollen Konvertibilität nach Art. VIII der IWF-Statuten gingen diese Staaten erst Ende 1958 nach Inkrafttreten des Europäischen Währungsabkommens über. Unter ihnen befanden sich alle sechs EWG-Staaten[31].

3.2 Die ökonomische Interdependenz in einem Leitwährungssystem – Eine wirtschaftstheoretische Analyse –

Obwohl das im vorigen Abschnitt dargestellte Leitwährungssystem von Bretton Woods über ein Vierteljahrhundert lang die Entwicklung der Weltwirtschaft nach dem Zweiten Weltkrieg entscheidend mitgeprägt hat, hat das Leitwährungssystem in der wirtschaftstheoretischen Literatur nur eine verhältnismässig geringe Beachtung gefunden. Es existiert zwar eine Fülle wirtschaftstheoretischer Beiträge zu der Frage des internationalen Konjunktur- und Preiszusammenhangs bei festen Wechselkursen, doch beziehen sich diese Erörterungen durchweg auf ein System fester Wechselkurse, dessen Ordnungsprinzipien dem des Goldstandards entsprechen.
Der Goldstandard unterscheidet sich jedoch in einigen wesentlichen Punkten von einem Leitwährungssystem, wie es das Bretton Woods-System darstellte. Während im Leitwährungssystem die internationale Liquidität durch ein Land – das Leitwährungsland – geschaffen wird, indem dieses Land ein Zahlungsbilanzdefizit hinnimmt, ist im Goldstandard die Höhe und das Wachstum der internationalen Liquidität durch den vorhandenen Bestand an Weltgoldreserven und die laufende Produktion von Währungsgold für alle Länder exogen gegeben. Entsprechend führen Zahlungsbilanzdefizite irgendeines Landes im Goldstandard zu einem Liquiditätsentzug in diesem Lande und in den anderen Ländern, in denen entsprechende Zahlungsbilanzüberschüsse auftreten, zu einer entsprechenden Liquiditätsausweitung. Aufgrund dieser Symmetrie sind auch die ökonomischen Anpassungsprozesse im Goldstandard «gleichverteilt». Das heisst, sowohl im Defizitland wird durch den Liquiditätsentzug ein ökonomischer Anpassungsprozess in Richtung eines Zahlungsbilanzausgleichs ausgelöst als auch im Überschussland, in dem der Liquiditätszufluss einen Expansionsprozess in Gang setzt, der zu einem tendenziellen Abbau des Zahlungsbilanzüberschusses führt. Auf diese Weise tragen alle Länder, in denen ein Zahlungsbilanz*ungleichgewicht* besteht, in denen also entweder ein positiver oder ein negativer Zahlungsbilanzsaldo auftritt, in gleichem Masse zur Rückgewinnung des aussenwirtschaftlichen Gleichgewichts bei. Daher stellt der Goldstandard ein Währungssystem dar, in dem alle Länder sowohl formell als auch ökonomisch-faktisch «gleichberechtigt» sind, das heisst in dem kein Land bzw. keine Ländergruppe privilegiert ist.
Demgegenüber ist das Leitwährungssystem – wie wir im folgenden ausführlich zeigen werden – weder ein symmetrisches Währungssystem noch ein Währungssystem, in dem «Gleichberechtigung» herrscht. Vielmehr ist der wirtschaftspolitische Handlungsspielraum der Länder in diesem System unterschiedlich, je nachdem, ob es sich um ein Leitwährungsland oder ein Nichtleitwährungsland handelt. Diese währungsordnungsbedingte *Asymmetrie* wurde aber nur von wenigen Autoren in ihren theoretischen Überlegungen zur Frage des internationalen Kon-

[31] Der stufenweise Übergang der wichtigsten europäischen Staaten zur Konvertibilität ist ausführlich bei F. E. Aschinger, a.a.O., S. 73 ff., dargestellt

junktur- und Preiszusammenhangs bei festen Wechselkursen berücksichtigt[32]. Eine grundlegende, sorgfältige Analyse des Leitwährungssystems wurde 1965 von O. Issing veröffentlicht[33]. In ihr wurden alle wesentlichen Eigenschaften des Leitwährungssystems – wie die Asymmetrie dieses Währungssystems und die Folgen der Existenz von Leitwährungen und Nichtleitwährungen – herausgearbeitet und die wesentlichen Unterschiede zum Goldstandard systematisch dargestellt. In dieser Arbeit kommt Issing aufgrund theoretischer Überlegungen auch zu dem Ergebnis, dass das Leitwährungsland aufgrund seiner privilegierten Stellung, nämlich aufgrund der Tatsache, dass es selbst keine Währungsreserven hält, sondern auch im internationalen Handel (selbst im Falle eines Zahlungsbilanzdefizits) mit eigener Währung bezahlen kann, durch seine Währungspolitik letztlich die Einkommens- und Preisentwicklung aller Länder, die diesem Leitwährungssystem angehören, bestimmt. Auf Dauer kann kein Nichtleitwährungsland eine Geldpolitik betreiben, die von der Geldpolitik des Leitwährungslandes wesentlich abweicht[34]. Selbst wenn ein Nichtleitwährungsland eine abweichende nationale Geldpolitik betreiben wollte, so ist es dazu gar nicht in der Lage, denn im Leitwährungssystem ist bei fixen Wechselkursen, d.h. ohne flankierende Wechselkursänderung, eine von der Geldpolitik des Leitwährungslandes abweichende nationale Geldpolitik eines Nichtleitwährungslandes unwirksam[35]. Issing kommt damit zu dem Schluss, «dass die Länder mit abhängigen Währun-

[32] Gesehen wurde die Asymmetrie im Bretton Woods-System von Benjamin Klein, der den Dollar in diesem System als «dominante» Währung sah, nach der sich die anderen Währungen ausrichteten. Doch liefert er in seinen Beiträgen zu einer Theorie der «competing monies» nur ansatzweise eine explizite «internationale Interdependenztheorie». Vgl. Benjamin Klein, Competing Monies, European Monetary Union and the Dollar, in: Michele Fratianni und Theo Peeters (Eds.), One Money for Europe, London 1978, S. 69–94, sowie seine dort aufgeführten Beiträge. Darüber hinaus existiert zwar in der neueren Literatur eine ausführliche Diskussion über die aussenwirtschaftliche Dependenz sog. kleiner Länder, doch zielt diese sog. «theory of small countries» nicht darauf ab, die ökonomischen Folgen der institutionell bedingten Abhängigkeit der sog. kleinen Länder in ihrer Eigenschaft als Nichtleitwährungsländer für deren wirtschaftspolitischen Handlungsspielraum zu untersuchen, sondern darauf, inwieweit der wirtschaftspolitische Handlungsspielraum dieser Länder durch die Tatsache eingeschränkt wird, dass sie einerseits eine starke aussenwirtschaftliche Verflechtung aufweisen, andererseits aber so klein sind, dass das Weltmarktpreisniveau durch ihre Reaktionen nicht (spürbar) beeinflusst wird und durch ihre Geldpolitik der Weltzinssatz und die Weltgeldmenge nicht (spürbar) verändert werden. Vgl. dazu «Inflation in Small Countries», Proceedings of an International Conference Held at the Institute for Advanced Studies Vienna, November 1974, edited by Helmut Frisch, Berlin–Heidelberg–New York 1976; Helmut Frisch, Inflation Theory 1963–1975, A «Second Generation» Survey, in: Journal of Economic Literature, Vol. 15 (1977), S. 1289–1317, insbes. S. 1305ff.; Emil M. Claassen, Weltinflation, München 1978, insbes. S. 36 und S. 79f. Die sog. «small country-assumption» besagt, «dass ein kleines Land ein reiner Mengenanpasser ist und mit seinem Exportangebot und seiner Importnachfrage das internationale Preisniveau nicht beeinflussen kann» (siehe Helmut Frisch, Eine Verallgemeinerung des skandinavischen Modells der Inflation – Mit einer empirischen Analyse für Österreich, in: Empirica (Zeitschrift des Österreichischen Instituts für Wirtschaftsforschung) 1976, Heft 2, S. 197–218, hier S. 197) bzw. dass «Preis- und Zinsniveau als Daten anzusehen [sind], die in der Weltwirtschaft bestimmt werden» (siehe E. M. Claassen, a.a.O., S. 36). E. M. Claassen geht zwar in seiner neuesten Veröffentlichung (Weltinflation, a.a.O., S. 81) auch kurz auf das Leitwährungsland als dem Land, dessen nationales Geld gleichzeitig das internationale Geld der Weltwirtschaft darstellt, ein, hat aber die theoretischen Implikationen, die sich speziell aus diesem Tatbestand ergeben, nicht ausführlicher untersucht

[33] Vgl. O. Issing, Leitwährung..., a.a.O.

[34] Vgl. ebenda, S. 130ff., insbesondere S. 136

[35] Vgl. ebenda, S. 130ff. und S. 307

gen im währungspolitischen Gleichschritt mit dem Leitwährungsland bleiben müssen. Dabei kann dieser Gleichschritt – zumindest theoretisch – auf einer gemeinsamen Vereinbarung aller Länder beruhen oder – direkt oder indirekt – vom Leitwährungsland diktiert werden».[36]
Dieses von Issing aufgrund von Plausibilitätsüberlegungen abgeleitete Ergebnis wurde von Neumann 1973 im Rahmen einer modelltheoretischen Analyse des Leitwährungssystems voll bestätigt[37]. Da dieses Ergebnis für den weiteren Gang der Argumentation in der vorliegenden Arbeit von entscheidender Bedeutung ist, soll im folgenden das von Neumann entwickelte Leitwährungsmodell explizit dargestellt und ausgewertet werden.
Wegen der Asymmetrie des Leitwährungssystems werden wir dabei wie folgt vorgehen: Zunächst werden wir untersuchen, welche wirtschaftspolitischen Instrumente ein Leitwährungsland zur Erreichung seiner wirtschaftspolitischen Ziele einsetzen kann. In einem zweiten Schritt werden wir dann untersuchen, welche wirtschaftspolitischen Instrumente ein Nichtleitwährungsland besitzt, um seine wirtschaftspolitischen Ziele zu erreichen, und in einem dritten Schritt schliesslich überprüfen, ob die in den ersten beiden Schritten im Rahmen von Ein-Land-Modellen gefundenen Ergebnisse auch im Zwei-Länder-Modell erhalten bleiben.

3.2.1 Der wirtschaftspolitische Handlungsspielraum eines Leitwährungslandes bei Unterbeschäftigung

Will man den wirtschaftspolitischen Handlungsspielraum eines Landes, das durch Aussenbeziehungen mit anderen Ländern wirtschaftlich verknüpft ist, untersuchen, so muss man ermitteln, mit welchen Mitteln das betreffende Land seine wirtschaftspolitischen Ziele erreichen kann. Als wirtschaftspolitische Ziele, die durch den Einsatz der verschiedenen wirtschaftspolitischen Instrumente angestrebt werden, werden im allgemeinen die Ziele Preisstabilität, Vollbeschäftigung und eine ausgeglichene Zahlungsbilanz angeführt. Zur Erreichung dieser Ziele stehen im allgemeinen die folgenden drei wirtschaftspolitischen Instrumente zur Verfügung: die Geldpolitik, die Fiskalpolitik und die Währungspolitik mit der Wechselkurspolitik als wichtigstem Instrument. Um nun den wirtschaftspolitischen Handlungsspielraum eines Landes zu ermitteln, muss man daher untersuchen, ob in einem Land die Geld-, Fiskal- und Wechselkurspolitik wirksam eingesetzt werden kann.
Da eine Volkswirtschaft wegen der Verbundenheit der Märkte ein interdependentes System darstellt, das nur mit Hilfe eines simultanen Gleichungssystems adäquat beschrieben werden kann, ist eine derartige Analyse nur im Rahmen eines simultanen Differentialgleichungssystems möglich.
Im folgenden soll zunächst untersucht werden, welche Instrumente das Leitwährungsland im Falle einer Unterbeschäftigung als konjunkturpolitische Instrumente einsetzen kann. Dabei nehmen wir wie Keynes an, dass die Löhne und die Preise gegeben und konstant sind. In diesem Falle kann die gesamte Volkswirtschaft durch insgesamt drei Differentialgleichungen vollständig beschrieben werden, und zwar durch je eine Gleichung für den Gütermarkt, den Geldmarkt und die Zahlungsbilanz.

[36] Vgl. O. Issing, Leitwährung..., a.a.O., S. 136
[37] Vgl. Manfred Neumann, Theoretische Volkswirtschaftslehre 1: Einführung und Theorie des Volkseinkommens, Heidelberg 1973, S. 291 ff., sowie derselbe, Internationaler Preiszusammenhang bei festen und flexiblen Wechselkursen, in: Zeitschrift für Wirtschafts- und Sozialwissenschaften 1974, S. 105–122

Der Gütermarkt ist im Gleichgewicht, wenn die geplante Gesamtnachfrage gleich der geplanten Produktion ist bzw. wenn gilt:

$$I + A + X = S + E \qquad (1)^{38}$$

wobei I die (zinsabhängigen) privaten Investitionen, A die autonomen Ausgaben des Staates, X die Exporte, S das Sparen und E die Höhe der Importe angibt. Dabei ist die Höhe der einzelnen Grössen von folgenden Variablen abhängig: die privaten Investitionen I werden von der Zinshöhe r bestimmt, wobei $I_r < 0$ ist[39]. Das Sparen ist entsprechend der Keynesschen Hypothese vom Volkseinkommen Y abhängig, wobei $S_Y > 0$ ist. Der Leistungsbilanzsaldo $B = X - E$ ist von der Höhe des Volkseinkommens und vom Wechselkurs w abhängig. Dabei gilt $B_Y < 0$. Ausserdem sei angenommen, dass die Leistungsbilanz auf Wechselkursänderungen normal reagiert, dass also $B_w > 0$ ist. Die autonomen Ausgaben des Staates A schliesslich sind von keiner der genannten Variablen abhängig, sondern werden vom Staat im Zuge seiner Fiskalpolitik nach Zweckmässigkeitsgesichtspunkten festgesetzt, also als Instrument der Wirtschafts-, insbesondere der Beschäftigungspolitik, betrachtet.

Ist der Gütermarkt nicht im Gleichgewicht, so verändert sich das reale Volkseinkommen Y entsprechend der Differentialgleichung[40]

$$\dot{Y} = \psi_1[I(r) + A + B(Y, w) - S(Y)] \qquad (2)$$

wobei ψ_1 die Anpassungsgeschwindigkeit bezeichnet, mit der das Gleichgewicht wieder erreicht wird.

Der Geldmarkt ist im Gleichgewicht, wenn das Geldangebot gleich der Geldnachfrage ist. Da für ein Leitwährungsland weder eine Pflicht zur Einlösung seiner Währung in Gold oder andere Währungen besteht noch eine Bindung der Geldschöpfung im Leitwährungsland an den Besitz von Gold oder irgendeiner anderen Fremdwährung geknüpft ist, ist die Geldschöpfung und damit das gesamte Geldangebot M in einem Leitwährungsland völlig autonom. Demgegenüber ist die Geldnachfrage L vom Einkommen und vom Zins abhängig, wobei unterstellt wird, dass $L_Y > 0$ und $L_r < 0$ ist. Ist der Geldmarkt nicht im Gleichgewicht, so verändert sich der Zinssatz r entsprechend der Differentialgleichung

$$\dot{r} = \psi_2[L(Y, r) - M] \qquad (3)$$

wobei ψ_2 wiederum die Anpassungsgeschwindigkeit bezeichnet.

Die Zahlungsbilanz schliesslich ist im Gleichgewicht, wenn der Saldo aus Leistungsbilanz B und Kapitalverkehrsbilanz K gleich Null ist[41]. Ist die Zahlungsbilanz eines Leitwährungslandes nicht ausgeglichen, so verändern sich die Devisenreserven R bei den Nichtleitwährungsländern wie folgt[42]:

[38] Die Gleichungen werden kapitelweise durchnummeriert. Befinden sich im Text Gleichungsnummern, so beziehen sich diese, sofern nicht ausdrücklich auf ein anderes Kapitel Bezug genommen ist, auf die entsprechenden Gleichungen des betreffenden Kapitels

[39] Ein Subskript bezeichnet die Ableitung der betreffenden Grösse nach der durch das Subskript bezeichneten Variablen, also hier $I_r = dI/dr$

[40] Mit einem Punkt über einer Variablen wird die Veränderung dieser Variablen in der Zeit bezeichnet. Es ist also hier $\dot{Y} = dY/dt$

[41] Von internationalen Übertragungen wird aus Vereinfachungsgründen abgesehen

[42] Ist die Zahlungsbilanz des Leitwährungslandes negativ, so bewirkt der «Devisen»abfluss zunächst eigentlich eine Geldmengenverringerung im Leitwährungsland. Da die Nichtleitwährungsländer ihre Devisenreserven aber im Normalfall als Guthaben im Bankensystem des Leitwährungslandes halten, wird dieses Geld dem Kreislauf des Leitwährungslandes wieder zur Verfügung gestellt bzw. gar nicht erst entzogen. In diesem Fall ändern sich nur die Namen der Geldhalter.

$$\dot{R} = B + K \qquad (4)$$

Ist K positiv, so liegt ein Nettokapitalimport vor, ist K negativ, so findet ein Nettokapitalexport statt.

Ein Kapitalverkehr kann bei festen Wechselkursen aus zwei Gründen stattfinden: erstens aus Gründen der Zinsarbitrage und zweitens aufgrund von Portfolioerwägungen. Aufgrund von Zinsüberlegungen kann es allerdings nur zu einem vorübergehenden Kapitalexport oder -import kommen, der versiegt, sobald die Zinsen im Inland und Ausland sich einander angeglichen haben. Jedoch kann auch nach Angleichung der Zinssätze noch ein Kapitalverkehr stattfinden, nämlich dann, wenn das Gleichgewicht zwischen Wertpapierbesitz und Kassenhaltung, d. h. das Gleichgewicht des Portfolios der Finanzanlagen, gestört ist und eine daraus resultierende Überschussnachfrage nach Wertpapieren nicht nur im Inland, sondern auch durch Käufe ausländischer Wertpapiere gedeckt wird[43]. Aufgrund dieser letzteren Überlegungen kommt es gewöhnlich zu einem längeranhaltenden Kapitalverkehr, da ein solches Portfoliogleichgewicht im allgemeinen nur längerfristig realisierbar ist, oder gar zu einem andauernden Kapitalverkehr, nämlich dann, wenn die Wachstumsraten im Inland und Ausland unterschiedlich sind.

Nimmt man den Zins im Ausland als gegeben an, so hängt die Höhe und Richtung des Kapitalverkehrs von der Zinshöhe im Inland ab. Es ist also $K = K(r)$. Der Nettokapitalimport nimmt zu, wenn der heimische Zins steigt, und vice versa. Im folgenden sei daher angenommen, dass $K_r > 0$ ist. Unter Berücksichtigung der Abhängigkeit von B und K vom Volkseinkommen Y, dem Wechselkurs w und dem heimischen Zinssatz r sowie der Anpassungsgeschwindigkeit ψ_3 ergibt sich als Veränderung der Devisenreserven der Nichtleitwährungsländer:

$$\dot{R} = \psi_3[B(Y, w) + K(r)] \qquad (4a)$$

Zusammengefasst bilden die drei Gleichungen für den Gütermarkt (2), den Geldmarkt (3) und den Devisenmarkt (4a) ein simultanes Gleichungssystem, das die gegenseitige Interdependenz der drei Märkte formal beschreibt. Es lautet

$$\begin{aligned} \dot{Y} &= \psi_1[I(r) + A - S(Y) + B(Y, w)] \\ \dot{r} &= \psi_2[L(Y, r) - M] \\ \dot{R} &= \psi_3[B(Y, w) + K(r)] \qquad (5) \end{aligned}$$

Von den in diesem System enthaltenen Variablen sind A, M und w als exogen aufzufassen, während Y, r und R modellendogen determiniert sind. Da jedoch der Wechselkurs w vom Leitwährungsland nicht verändert werden kann, weil die Parität zwischen Leitwährung und Nichtleitwährung vom Nichtleitwährungsland

Anders verhält es sich freilich, wenn die Nichtleitwährungsländer ihre Devisenguthaben ausserhalb des Leitwährungslandes, etwa auf dem Eurodollarmarkt, anlegen. In diesem Fall wird dem Leitwährungsland Geld entzogen und als Basis für eine off-shore-Geldschöpfung zur Verfügung gestellt. Im letzteren Falle müsste das Leitwährungsland eine «kompensatorische» Geldmengenexpansion im eigenen Land durchführen, damit M unverändert bleibt. Dies erklärt auch, warum bei Währungen, die in eine Reservewährungsfunktion hineinwachsen und in denen sich off-shore-Märkte bilden, wie etwa gegenwärtig für die DM, eine Abnahme der Geldumlaufsgeschwindigkeit beobachtet wird.
Obwohl der letztere Fall zugegebenermassen eine grosse Bedeutung in der Realität besitzt, soll in der folgenden Modellanalyse von der Existenz solcher off-shore-Märkte abstrahiert werden

[43] Vgl. dazu M. Neumann, Theoretische..., a.a.O., S. 288 ff.

festgesetzt wird, kann das Leitwährungsland seine wirtschaftspolitischen Ziele, insbesondere die Erreichung von Vollbeschäftigung und Zahlungsbilanzausgleich, nur mit Hilfe der Geldpolitik, also der Variation von M, und der Fiskalpolitik, d. h. durch Variation von A, erreichen. Da das Leitwährungsland jedoch alle internationalen Zahlungen in eigener Währung begleichen kann, ist eine Liquiditätskrise des Leitwährungslandes gegenüber den übrigen Ländern ausgeschlossen und damit eine auf Zahlungsbilanzausgleich gerichtete Politik nicht erforderlich. Ein internes Gleichgewicht (Y^*, r^*) kann das Leitwährungsland auch erreichen, wenn seine Zahlungsbilanz nicht ausgeglichen ist, da ein «Devisen» zu- oder -abfluss $\dot{R}$ die nationalen Märkte des Leitwährungslandes nicht stört.
Soll allerdings ein Vollbeschäftigungsgleichgewicht $Y^* = Y^0$ bei ausgeglichener Zahlungsbilanz erreicht werden, so müssen alle Märkte im Gleichgewicht sein und ausserdem $Y = Y^0$ sein. Ein gesamtwirtschaftliches Gleichgewicht liegt also nur vor, wenn $\dot{Y} = 0$, $\dot{r} = 0$, $\dot{R} = 0$ und $Y = Y^0$ ist, bzw. wenn gilt[44]:

$$\begin{aligned} &I(r) + A - S(Y) + B(Y, w) = 0 \\ &L(Y, r) - M = 0 \\ &B(Y, w) + K(r) = 0 \\ &Y - Y^0 = 0 \end{aligned} \qquad (6)$$

In diesem System sind aber, sofern es lösbar sein soll, nicht nur Y und r, sondern auch A und M als endogene Variablen aufzufassen. Ökonomisch bedeutet das, dass das Leitwährungsland bei der Zielsetzung, Vollbeschäftigung und Zahlungsbilanzausgleich gleichzeitig zu erreichen, seine wirtschaftspolitischen Instrumentvariablen A und M entsprechend (endogen) anpassen muss.
Während das Leitwährungsland, sofern es auf die Zahlungsbilanz keine Rücksicht nimmt, als wirtschaftspolitisches Mittel zur Erreichung der Vollbeschäftigung wie ein Land bei geschlossener Volkswirtschaft entweder die Geldpolitik oder die Fiskalpolitik einsetzen kann und dabei in der Wahl des Mittels völlig frei ist, führt die Rücksichtnahme auf die Zahlungsbilanz dazu, dass nur eine ganz bestimmte Höhe von M und A zum gesamtwirtschaftlichen Gleichgewicht führt, so dass das Leitwährungsland bezüglich der Wahl von Geld- oder Fiskalpolitik keinerlei wirtschaftspolitischen Entscheidungsspielraum mehr besässe[45].
Eine derartige Einengung seiner wirtschaftspolitischen Handlungsfreiheit wird ein Leitwährungsland jedoch kaum hinnehmen, zumal ein verbleibendes Zahlungsbilanzungleichgewicht das interne Gleichgewicht des Leitwährungslandes, also Gütermarkt und Geldmarkt, nicht stört. Es ist daher damit zu rechnen – und diese Erwartung wurde durch das Verhalten der Vereinigten Staaten in der Vergangenheit bestätigt –, dass ein Leitwährungsland nur eine binnenwirtschaftlich orientierte Wirtschaftspolitik betreibt, beim Einsatz seiner wirtschaftspolitischen Mittel dagegen kaum auf die aussenwirtschaftliche Seite Rücksicht nimmt.

[44] Da alle Anpassungsgeschwindigkeiten strikt positiv sind, kann $\dot{Y} = \dot{r} = \dot{R} = 0$ nur dann erfüllt sein, wenn die Ausdrücke in den Klammern gleich Null sind. Aus diesem Grunde können bei der Analyse des Gleichgewichts die Anpassungsgeschwindigkeiten ausser acht gelassen werden

[45] Eine graphische Analyse der Wirksamkeit von Geld- und Fiskalpolitik im Leitwährungsland findet sich bei D. Wrightsman, IS, LM and External Equilibrium: A Graphical Analysis, in: The American Economic Review, Vol. 60 (1970), S. 203–208. Wrightsman bezieht sich allerdings nicht explizit auf das Leitwährungsland, sondern nur implizit durch die Art seiner Annahmen über den Geldmarkt

3.2.2 Der wirtschaftspolitische Handlungsspielraum eines Nichtleitwährungslandes bei Unterbeschäftigung

Während in einem Leitwährungsland die Geld- und Fiskalpolitik wirksame Instrumente der Konjunkturpolitik sind, nicht dagegen die Wechselkurspolitik, da die Wechselkurse nicht vom Leitwährungsland verändert werden können, kann das Nichtleitwährungsland auch die Wechselkurse als wirtschaftspolitisches Instrument einsetzen. Dagegen ist, wie wir sehen werden, die Geldpolitik im Nichtleitwährungsland wirkungslos.

Das Geldangebot eines Nichtleitwährungslandes ist nämlich nicht nur von der autonomen nationalen Komponente des Angebotes an Zentralbankgeld μ_z abhängig, sondern auch von der Höhe des Zentralbankgeldes, das durch den (aufgrund vertraglicher Verpflichtungen im System fester Wechselkurse erforderlichen) Ankauf von Devisenreserven (R) entsteht[46]. Die gesamte Geldmenge im Nichtleitwährungsland beträgt daher $M = a(\mu_z + R)$, wobei a der Geldschöpfungsmultiplikator ist. Setzt man für die autonome Komponente der Gesamtgeldmenge μ, so ist im Nichtleitwährungsland

$$M = \mu + a \cdot R \qquad (7)$$

Man erhält demnach für ein Nichtleitwährungsland folgendes Differentialgleichungssystem[47]:

$$\begin{aligned} \dot{Y} &= \psi_1[I(r) + A - S(Y) + B(Y, w)] \\ \dot{r} &= \psi_2[L(Y, r) - \mu - a \cdot R] \\ \dot{R} &= \psi_3[B(Y, w) + K(r)] \end{aligned} \qquad (8)$$

Dieses System setzt sich zusammen aus der Gleichung für den Gütermarkt (2), den Geldmarkt (3) unter Berücksichtigung von (7) und den Devisenmarkt (4a). Gleichgewicht herrscht, wenn $\dot{Y} = \dot{r} = \dot{R} = 0$ ist, bzw. wenn

$$\begin{aligned} &I(r) + A - S(Y) + B(Y, w) = 0 \\ &L(Y, r) - \mu - a \cdot R = 0 \\ &B(Y, w) + K(r) = 0 \end{aligned} \qquad (9)$$

ist.

In diesem Gleichungssystem sind Y, r und R endogen bestimmt und A, μ und w die Instrumentalvariablen für die Fiskal-, Geld- und Währungspolitik, die man als Steuervariablen einsetzen kann.

Die Wirksamkeit der Geld-, Fiskal- und Währungspolitik lässt sich in diesem Modell dadurch analysieren, dass man die Auswirkungen von Veränderungen der exogenen Grössen μ, A und w auf die endogenen Variablen Y, r und R überprüft. Zu diesem Zweck bildet man von (9) das totale Differential und bringt die Ableitungen nach den endogenen Variablen auf die linke und die nach den exogenen Variablen auf die rechte Seite. Man erhält:

[46] Die Tatsache, dass in einem System fester Wechselkurse die Geldmenge eines Landes auch von Devisenzu- bzw. -abflüssen beeinflusst wird, hat als erster R. Mundell in seinen Modellen berücksichtigt. Vgl. Robert A. Mundell, International Economics, New York–London 1968, S. 263 ff.

[47] Vgl. M. Neumann, Theoretische..., a.a.O., S. 296

$$\begin{pmatrix} B_y - S_y & I_r & 0 \\ L_y & L_r & -a \\ B_y & K_r & 0 \end{pmatrix} \cdot \begin{pmatrix} dY^* \\ dr^* \\ dR^* \end{pmatrix} = \begin{pmatrix} -dA - B_w dw \\ d\mu \\ -B_w dw \end{pmatrix} \qquad (10)$$

Überprüft man nun die Auswirkungen einer Erhöhung der autonomen Ausgaben etwa durch den Staat im Rahmen einer expansiven Fiskalpolitik auf das Gleichgewichtseinkommen Y*, den Gleichgewichtszins r* und den Devisenbestand R* im Gleichgewicht, so erhält man:

$$\frac{dY^*}{dA} = \frac{-a \cdot K_r}{D} > 0$$
$$\frac{dr^*}{dA} = \frac{a \cdot B_y}{D} > 0$$
$$\frac{dR^*}{dA} = \frac{B_y L_r - L_y K_r}{D} < 0 \qquad (11)$$

da $D = a[(B_y - S_y)K_r - B_y I_r] < 0$ ist.
Die Fiskalpolitik ist demnach im Nichtleitwährungsland wirksam. Eine expansive Fiskalpolitik erhöht das Volkseinkommen und den Zins im betreffenden Land, führt andererseits aber zu einem Verlust an Devisenreserven[48]. Da sich dadurch aber die Geldmenge im Nichtleitwährungsland verringert, ist die Wirksamkeit der Fiskalpolitik insgesamt nur recht gering[49].
Überprüft man die Wirksamkeit einer autonomen Geldpolitik im Nichtleitwährungsland, indem man mit Hilfe des Gleichungssystems (10) die Auswirkung einer Veränderung von μ auf das Gleichgewichtseinkommen, den Gleichgewichtszins und den Devisenbestand untersucht, so gelangt man zu dem Ergebnis, dass die Geldpolitik in einem Nichtleitwährungsland völlig unwirksam ist. Man erhält nämlich

$$\frac{dY^*}{d\mu} = 0$$
$$\frac{dr^*}{d\mu} = 0$$
$$\frac{dR^*}{d\mu} = -\frac{1}{a}$$

[48] Wie eine Überprüfung der (lokalen) Stabilität mit Hilfe des Routh-Hurwitz-Kriteriums zeigt, ist das Gleichungssystem (8) (lokal) stabil, wenn
$(S_y - B_y)[(B_y - S_y + L_r)L_r - I_r L_y] - L_r(a \cdot K_r - I_r L_y) > -a \cdot I_r B_y$
ist. Da dies der Fall sein dürfte, kann man davon ausgehen, dass das neue Gleichgewicht auch tatsächlich erreicht wird. Vgl. auch M. Neumann, Theoretische..., a.a.O., S. 308 ff.

[49] Das ist deutlich erkennbar, wenn man den Multiplikator der autonomen Ausgaben in diesem Modell berechnet. Formt man die erste Gleichung von (11) um, so erhält man den Multiplikator

$$dY = \frac{1}{(S_y - B_y) + B_y I_r / K_r} \cdot dA$$

Wie man leicht erkennen kann, ist dieser Multiplikator um so kleiner, je kleiner K_r ist. Er kann durchaus Werte unter Eins annehmen

Eine Erhöhung der autonomen Komponente der Geldmenge führt also weder zu einer Zinssenkung noch zu einer Einkommenserhöhung. «Der Grund hierfür liegt darin, dass die Erhöhung des autonomen Teils des Geldangebots eine kompensierende Veränderung der Devisenreserven hervorruft, so dass das gesamte Geldangebot unverändert bleibt. Formal kommt das dadurch zum Ausdruck, dass $dR/d\mu = -1/a$ oder $d\mu = -a \cdot dR$ ist, so dass $dM = 0$ ist.»[50]
Dieses Ergebnis kommt aufgrund folgender ökonomischer Abläufe zustande: Die Geldmengenerhöhung führt zunächst zu einer Zinssenkung. Aufgrund des gesunkenen Zinses wird mehr investiert, wodurch das Volkseinkommen ansteigt. Die Erhöhung des Volkseinkommens hat aber höhere Importe zur Folge, so dass sich die Leistungsbilanz verschlechtert. Gleichzeitig hat der gesunkene Zins zur Folge, dass weniger Kapital importiert und mehr Kapital exportiert wird, so dass der Nettokapitalimport abnimmt. Auch dies führt zu einer Zahlungsbilanzverschlechterung. Beide Effekte führen zu einer Verringerung der Devisenreserven, wodurch das Geldangebot wieder sinkt, bis die ursprüngliche Geldmenge wieder erreicht ist.
Bemerkenswert ist, dass für die Unwirksamkeit der Geldpolitik im Nichtleitwährungsland nicht der internationale Kapitalverkehr verantwortlich ist. Die Geldpolitik ist auch dann unwirksam, wenn kein Kapitalverkehr existiert. Das kann man leicht mit Hilfe des Gleichungssystems (9) überprüfen, wenn man $K(r) = 0$ setzt.
Da durch eine Veränderung der autonomen Komponente der Geldmenge ein Devisenfluss induziert wird, könnte man zu dem Schluss gelangen, die Geldpolitik könnte als wirtschaftspolitisches Instrument zur Erreichung einer ausgeglichenen Zahlungsbilanz eingesetzt werden. Tatsächlich führt, da $dR/d\mu = -1/a < 0$ ist, jede Erhöhung der Geldmenge zu einer vorübergehenden Passivierung der Zahlungsbilanz und umgekehrt. Wenn sich deshalb die Zahlungsbilanz exogen verschlechtert, kann eine restriktive Geldpolitik die Passivierung der Zahlungsbilanz vorübergehend abbremsen oder gar kompensieren. Entsprechend kann bei einer aktiven Zahlungsbilanz eine expansive Geldpolitik den Überschuss der Zahlungsbilanz vorübergehend abbauen helfen. Da jedoch durch eine Veränderung von μ weder der Gleichgewichtszins r^* noch das Gleichgewichtseinkommen Y^* verändert wird, kann die Zahlungsbilanz $B(Y, w) + K(r)$ durch Veränderungen von μ strukturell nicht ausgeglichen werden. Die Geldpolitik kann nur die Anpassungsprozesse verzögern!
Ein Nichtleitwährungsland kann mit Hilfe seiner Geldpolitik allerdings den gewünschten Devisenbestand bestimmen, ohne dass sein internes Gleichgewicht (oder Ungleichgewicht) dadurch berührt wird. Damit bestimmt das *Nichtleitwährungsland* durch seine Geldpolitik die Höhe der internationalen Liquidität!
Obwohl ein Nichtleitwährungssystem nicht in der Lage ist, durch Einsatz seiner Geldpolitik ein internes und/oder externes Gleichgewicht zu erreichen, besitzt das Nichtleitwährungsland dennoch genügend wirtschaftspolitische Instrumente, um ein internes und externes Gleichgewicht realisieren zu können. Neben der Fiskalpolitik verbleibt dem Nichtleitwährungsland nämlich das Instrument der Wechselkursänderung. Eine Wechselkursänderung ist nämlich nicht nur das adäquate Mittel, um eine ausgeglichene Zahlungsbilanz zu erreichen, sondern hat auch Auswirkungen auf das Beschäftigungsniveau[51].

[50] Vgl. M. Neumann, Theoretische..., a.a.O., S. 297f.
[51] Vgl. ebenda, S. 299, wo die Beschäftigungswirkung einer Wechselkursänderung berechnet ist

Dass durch den kombinierten Einsatz von Fiskalpolitik und Wahl des «richtigen» Wechselkurses ein gesamtwirtschaftliches Gleichgewicht realisiert werden kann, wird deutlich, wenn man (9) um die Vollbeschäftigungsbedingung $Y = Y^0$ erweitert. Man erhält dann folgendes Gleichungssystem:

$$
\begin{aligned}
&I(r) + A - S(Y) + B(Y, w) = 0\\
&L(Y, r) - \mu - a \cdot R = 0\\
&B(Y, w) + K(r) = 0\\
&Y - Y^0 = 0
\end{aligned}
\qquad (9a)
$$

aus dem man unmittelbar erkennen kann, dass es bei exogen gegebenem μ und w für Y, r, R und A die Lösungswerte Y^0, r^*, R^* und A^* liefert. Das heisst, bei gegebenem Wechselkurs führt also nur eine ganz bestimmte Fiskalpolitik (A^*) zu einem Vollbeschäftigungsgleichgewicht. Ist ein Nichtleitwährungsland allerdings zu Wechselkursänderungen bereit, so erlangt es durch Einsatz dieses Instruments einen zusätzlichen Freiheitsgrad bei der Verfolgung seiner wirtschaftspolitischen Ziele. Ausserdem ist R^* unabhängig vom Einsatz der Fiskal- und Wechselkurspolitik durch die Variation von μ frei bestimmbar. Allerdings – und darauf sei an dieser Stelle schon deutlich hingewiesen – kann das Nichtleitwährungsland nicht sein Preisniveau autonom bestimmen!
Bevor diese Aussage bewiesen wird, soll allerdings zunächst noch gezeigt werden, dass die in den beiden vorangegangenen Abschnitten für das Leitwährungsland und Nichtleitwährungsland mit Hilfe von Ein-Land-Modellen isoliert abgeleiteten Ergebnisse auch im Zwei-Länder-Modell – bestehend aus einem Leitwährungsland und einem Nichtleitwährungsland – ihre Gültigkeit behalten. Auch dieses Modell geht auf M. Neumann zurück[52].

3.2.3 Internationale Übertragungen zwischen Leitwährungsland und Nichtleitwährungsland bei Unterbeschäftigung

In einem Zwei-Länder-Modell nimmt Neumann an, dass Ungleichgewichte auf den nationalen Gütermärkten durch Änderungen des Volkseinkommens des betreffenden Landes beseitigt werden. Um die längerfristig relevanten Zusammenhänge zu erhalten, abstrahiert er von einem durch Zinsdifferenzen induzierten Kapitalverkehr und nimmt an, dass es einen einheitlichen Wertpapiermarkt gibt. Dieser wird aus dem Überschussangebot an Geld in den beiden Ländern gespeist. Daher fällt der Zins, wenn das Geldangebot in beiden Ländern zusammengenommen grösser ist als die aggregierte Geldnachfrage in beiden Ländern, und steigt, wenn die Gesamtnachfrage nach Geld grösser ist als das gesamte Geldangebot.
Die Devisenbilanz des Nichtleitwährungslandes verändert sich, wenn der Leistungsbilanzsaldo des Nichtleitwährungslandes nicht durch Nettokapitalimporte bzw. -exporte dieses Landes ausgeglichen wird. Es ist also

$$\dot{R} = B + K$$

Ein Kapitalimport findet nun statt, wenn das inländische Wertpapierangebot grösser ist als die inländische Wertpapiernachfrage. Nimmt man an, dass alle Investitionen und autonomen Staatsausgaben eines Landes über den Wertpapier-

[52] Vgl. ebenda, S. 299 ff. Während Neumann in seinem Modell aus Vereinfachungsgründen von $w = 1$ ausgeht, wird in der folgenden Darstellung $w \neq 1$ explizit im Modell berücksichtigt

markt finanziert werden und die gesamten Ersparnisse eines Landes in heimischen Wertpapieren angelegt werden, so verbleibt in diesem Lande eine Nettoemission von Wertpapieren in Höhe von $I + A - S$. Diesem Überschussangebot an Wertpapieren steht eine das gesamtwirtschaftliche Sparen übersteigende Zusatznachfrage gegenüber, sofern $M > L$ ist. Zu einem Kapitalverkehr kommt es nun dann, wenn nicht $I + A - S = M - L$ ist. Ist $I + A - S - M + L > 0$, d. h. verbleibt immer noch ein Überschussangebot an Wertpapieren in diesem Lande, so müssen diese ins Ausland verkauft werden, d. h. es muss Kapital importiert werden. Der Nettokapitalimport K beträgt daher[53]

$$K = (I + A - S) - (M - L) \tag{12}$$

Umgekehrt kommt es zu einem Kapitalexport, wenn $I + A - S - M + L < 0$ ist. Kennzeichnet man alle ökonomischen Grössen des Nichtleitwährungslandes mit dem Subskript N und alle Grössen des Leitwährungslandes mit dem Subskript L, so können die Beziehungen zwischen einem Leitwährungsland und einem Nichtleitwährungsland durch das folgende Differentialgleichungssystem beschrieben werden:

$$\begin{aligned}
\dot{Y}_L &= I_L(r) + A_L + B_L(Y_L, Y_N, w) - S_L(Y_L)\\
\dot{Y}_N &= I_N(r) + A_N - B_N(Y_L, Y_N, w) - S_N(Y_N)\\
\dot{r} &= L_L(Y_L, r) + L_N(Y_N, r) - M_L - M_N\\
\dot{R} &= B_N(Y_L, Y_N, w) + L_N(Y_N, r) - M_N + I_N(r) + A_N - S_N(Y_N)
\end{aligned} \tag{13}$$

Berücksichtigt man in diesem System, dass das Leitwährungsland seine Geldmenge $M_L = M$ autonom bestimmen kann, während im Nichtleitwährungsland $M_N = \mu + a \cdot R$ ist, wobei hier vereinfachend angenommen werden soll, dass $a = 1$ ist, sowie dass $B_L = - B_N$ ist, so besteht in beiden Ländern internes und externes Gleichgewicht, wenn

$$\begin{aligned}
&I_L(r) + A_L - B_N(Y_L, Y_N, w) - S_L(Y_L) = 0\\
&I_N(r) + A_N + B_N(Y_L, Y_N, w) - S_N(Y_N) = 0\\
&L_L(Y_L, r) + L_N(Y_N, r) - M - \mu - R = 0\\
&B_N(Y_L, Y_N, w) + L_N(Y_N, r) - \mu - R + I_N(r) + A_N - S_N(Y_N) = 0
\end{aligned} \tag{14}$$

ist. Die Gleichgewichtswerte für die endogenen Variablen dieses Systems seien Y_L^*, Y_N^*, r^* und R^*. Zur Durchführung der komparativ-statischen Analyse bilden wir das vollständige Differential der Gleichgewichtsbedingungen. Man erhält:

$$\begin{pmatrix} -B_{NL} - S_{LL} & -B_{NN} & I_{Lr} & 0\\ B_{NL} & B_{NN} - S_{NN} & I_{Nr} & 0\\ L_{LL} & L_{NN} & L_{Lr} + L_{Nr} & -1\\ B_{NL} & B_{NN} + L_{NN} - S_{NN} & L_{Nr} + I_{Nr} & -1 \end{pmatrix} \cdot \begin{pmatrix} dY_L^*\\ dY_N^*\\ dr^*\\ dR^* \end{pmatrix}$$

$$= \begin{pmatrix} -dA_L + B_{Nw}dw\\ -dA_N - B_{Nw}dw\\ dM + d\mu\\ -dA_N + d\mu - B_{Nw}dw \end{pmatrix} \tag{15}$$

[53] Diese Erklärung des Kapitalimports geht auf Aghevli und Borts zurück. Vgl. B. Aghevli und G. H. Borts, The Stability and Equilibrium of the Balance of Payments under a Fixed Ex-

In diesem System bezeichnet das zweite Subskript L die Ableitung der jeweiligen Grösse nach Y_L, N die Ableitung der jeweiligen Grösse nach Y_N, r die Ableitung nach dem Zins und w die Ableitung nach dem Wechselkurs. Von den in (15) auftauchenden Ableitungen sind

$$I_{Lr}, I_{Nr}, L_{Lr}, L_{Nr}, B_{NN} < 0$$

und

$$S_{LL}, S_{NN}, L_{LL}, L_{NN}, B_{NL}, B_{Nw} > 0.$$

Da die Spur der links stehenden Matrix J

$$\text{sp } J = -B_{NL} - S_{LL} + B_{NN} - S_{NN} + L_{Lr} + L_{Nr} - 1 < 0$$

und die Determinante der Matrix J

$$\det J = D = L_{LL}[I_{Lr}(B_{NN} - S_{NN}) + B_{NN}I_{Nr}] - L_{Lr}[S_{LL}(S_{NN} - B_{NN}) + S_{NN}S_{LL}] > 0$$

ist, kann man annehmen, dass das Gleichungssystem (13) (lokal) stabil ist[54]. Damit kann aber davon ausgegangen werden, dass, wenn das Gleichgewicht (Y_L^*, Y_N^*, r^*, R^*) wegen Änderungen einer oder mehrerer exogener Variablen gestört wird, sich die beiden Länder auf ein neues Gleichgewicht (Y_L^{**}, Y_N^{**}, r^{**}, R^{**}) zubewegen.
Wie die Ableitungen

$$\frac{dY_L^*}{dA_L} = \frac{B_{NN}L_{Lr} + I_{Nr}(L_{Nr} - L_{NN})}{D} > 0$$

und

$$\frac{dY_L^*}{dM} = \frac{B_{NN}I_{Nr} + I_{Lr}(B_{NN} - S_{NN})}{D} > 0$$

zeigen, sind im Leitwährungsland auch unter Berücksichtigung der internationalen Rückwirkungen sowohl die Geldpolitik als auch die Fiskalpolitik wirksam. Dagegen ist, wie die Ableitungen

$$\frac{dY_N^*}{dA_N} = \frac{-[L_{Lr}(B_{NL} + S_{LL}) + I_{Lr}L_{LL}]}{D} > 0$$

und

$$\frac{dY_N^*}{d\mu} = 0$$

zeigen, im Nichtleitwährungsland auch unter Berücksichtigung internationaler Rückwirkungen zwar die Fiskalpolitik wirksam, nicht aber die Geldpolitik. Wie die

change Rate, in: Journal of International Economics, Vol. 3 (1973), S. 1–20, insbesondere S. 5 ff.

[54] Die Bedingungen sp J < 0 und det J > 0 sind zwei notwendige Bedingungen für die Stabilität, sie sind jedoch nicht hinreichend. Notwendig und hinreichend für die Stabilität wäre, dass das Routh-Hurwitz-Kriterium erfüllt ist. Vgl. M. Neumann, Theoretische ..., a.a.O., S. 308 ff.

Ableitung $dY_L^*/d\mu = 0$ beweist, beeinflusst eine Erhöhung der autonomen Komponente der Geldmenge im Nichtleitwährungsland auch nicht das interne Gleichgewicht im Leitwährungsland. Das lässt sich dadurch erklären, dass durch die Erhöhung von μ zwar das Geldangebot im Nichtleitwährungsland zunächst ansteigt, dann aber durch den Abfluss von Devisen und die dadurch verursachte Geldmengenverringerung im Nichtleitwährungsland wieder auf das ursprüngliche Niveau zurückgeht. Letzteres folgt aus der Ableitung $dR^*/d\mu = -1$.
Das interne und externe Gleichgewicht beider Länder kann das Nichtleitwährungsland jedoch durch Änderungen des Wechselkurses beeinflussen. Das folgt aus den Ableitungen

$$\frac{dY_N^*}{dw} = \frac{-B_{Nw}}{D}\left[L_{LL}\left(I_{Nr} + I_{Lr}\right) + L_{Lr}S_{LL}\right] > 0$$

und

$$\frac{dY_L^*}{dw} = \frac{B_{Nw}S_{NN}L_{Lr}}{D} < 0$$

Während eine Abwertung des Nichtleitwährungslandes danach zu einer Erhöhung des Gleichgewichtseinkommens im Nichtleitwährungsland führt, hat sie auf das Gleichgewichtseinkommen des Leitwährungslandes einen dämpfenden Effekt. Damit erweist sich eine Abwertung eines Nichtleitwährungslandes als eine beggar-my-neighbour-policy.
Bemerkenswert ist, dass ein Leitwährungsland *keine* beggar-my-neighbour-policy betreiben kann, denn alle expansiven Massnahmen, die ein Leitwährungsland ergreifen kann, haben auch auf das Nichtleitwährungsland einen expansiven Effekt. Man kann sich das durch Berechnung der Ableitungen dY_N^*/dA_L und dY_N^*/dM, die beide positiv sind, leicht klarmachen. Damit besteht zwischen Leitwährungsland und Nichtleitwährungsland aber ein enger Konjunkturzusammenhang. Besonders hervorzuheben ist dabei, dass sich das Nichtleitwährungsland gegen die Übertragung von derartigen expansiven (wie auch umgekehrt restriktiven) Effekten aus dem Leitwährungsland durch geldpolitische Massnahmen nicht abschirmen kann.
Die Ergebnisse der eingangs behandelten Ein-Land-Modelle werden damit voll bestätigt. Darüber hinaus macht das hier analysierte Zwei-Länder-Modell von Neumann deutlich, dass sich ein Land, das sich verpflichtet, seine Währung gegenüber der Währung eines anderen Landes durch eigene Interventionen am Devisenmarkt stabil zu halten, als Nichtleitwährungsland in eine beträchtliche wirtschaftliche und politische Abhängigkeit vom Leitwährungsland begibt. Es verzichtet praktisch auf eine eigene autonome Konjunkturpolitik, sofern es nicht das Instrument der Wechselkursänderung als konjunktur- und beschäftigungspolitisches Instrumentarium einsetzt. Zwar bleibt dem Nichtleitwährungsland die Möglichkeit, seine Beschäftigung mit fiskalpolitischen Mitteln zu beeinflussen, doch ergaben sich an der Wirksamkeit dieses Instruments in jüngerer Zeit zunehmend Zweifel[55]. Ausserdem kann der Staat seine Ausgaben nicht

[55] Vergleiche etwa Alan S. Blinder und Robert M. Solow, Does Fiscal Policy Matter?, in: Journal of Public Economics, Vol. 2 (1973), S. 319–337, oder Manfred Neumann, Privates Sparen und die Wirksamkeit der Fiskalpolitik in der Bundesrepublik Deutschland, in: Finanzarchiv, N. F., Bd. 36 (1977), S. 249–265, und dort angegebene Literatur

nur unter konjunktur- und beschäftigungspolitischen Gesichtspunkten planen[56].

Gerät ein Land in die Funktion eines Leitwährungslandes, so kann es nach den oben abgeleiteten Ergebnissen seine binnenwirtschaftlichen Ziele ohne Rücksicht auf die Zahlungsbilanz verfolgen. Dem steht jedoch der Nachteil gegenüber, dass es einem möglichen Währungsdumping von seiten der Nichtleitwährungsländer weitgehend hilflos ausgesetzt ist bzw. sich nur durch protektionistische Massnahmen davor schützen kann. Da ein Nichtleitwährungsland internationale Liquidität, d. h. jederzeit verfügbare Guthaben in der Währung des Leitwährungslandes benötigt, ist es sogar darauf angewiesen, (zumindest vorübergehend) gegenüber dem Leitwährungsland Zahlungsbilanzüberschüsse zu erwirtschaften. Dadurch entsteht für das Leitwährungsland die permanente Gefahr einer tendenziellen Überbewertung seiner Währung, gegen die es (wirtschafts-)politisch machtlos ist. Die Devisenreserven der Nichtleitwährungsländer stellen darüber hinaus einen Anspruch auf das Sozialprodukt des Leitwährungslandes dar, den dieses jederzeit auf Verlangen einlösen (können) muss. Die internationale Stellung eines Landes als Leitwährungsland ist danach durchaus nicht nur mit Vorteilen verbunden.

Im folgenden soll allerdings gezeigt werden, dass das Leitwährungsland gegenüber dem Nichtleitwährungsland ein entscheidendes Privileg besitzt: Das Leitwährungsland bestimmt das internationale Preisniveau. Das heisst, es ist nicht nur in der Lage, durch seine Geldpolitik sein eigenes Preisniveau zu bestimmen, sondern auch das Preisniveau im Nichtleitwährungsland. Demgegenüber kann das Nichtleitwährungsland bei stabilem Wechselkurs zur Leitwährung, d. h. sofern es auf Wechselkursänderungen verzichtet, *sein* Preisniveau *nicht* autonom bestimmen, das heisst, es kann sich auch nicht vom internationalen Inflationszug abhängen.

3.2.4 Der internationale Preiszusammenhang im Leitwährungssystem

Auch der internationale Preiszusammenhang im Leitwährungssystem wurde von M. Neumann modelltheoretisch analysiert. Er verwendete dazu ein Zwei-Länder-Vollbeschäftigungsmodell, bestehend aus einem Leitwährungsland und einem Nichtleitwährungsland[57].

In seinem Vollbeschäftigungsmodell wird angenommen, dass in beiden Ländern das gleiche Gut erzeugt wird, das zum Teil im Inland verbraucht wird und zum Teil exportiert wird. Diese Annahme ist gerechtfertigt, wenn man das gesamte Sozialprodukt der beiden Länder als ein Gut bzw. einen Warenkorb betrachtet und unterstellt, dass die relativen Preise zwischen den in beiden Ländern produzierten Waren bei Preisniveauvariationen unverändert bleiben[58]. Weiter wird angenommen, dass es für dieses eine Gut nur einen einzigen Preis (bzw. Preisindex) gibt, der praktisch das Weltmarktpreisniveau repräsentiert.

Obgleich es nur einen Weltmarkt für Güter gibt, wird innerhalb der nationalen

[56] Es sei nur daran erinnert, dass der öffentliche Haushalt nach Musgrave insgesamt drei Funktionen zu erfüllen hat: 1. die Allokationsfunktion, 2. die Distributionsfunktion und 3. die Stabilisierungsfunktion. Letztere stellt also nur eine Aufgabe des Staates unter mehreren dar. Vgl. Richard A. Musgrave u. a., Die öffentlichen Finanzen in Theorie und Praxis, Bd. 1, Tübingen 1975, S. 5 ff.

[57] Vgl. Manfred Neumann, Internationaler Preiszusammenhang, a.a.O.

[58] Tatsächlich wird mit dieser Annahme nur ein Zentralergebnis der klassischen Preistheorie in das Modell übernommen

Grenzen ein nationales Geld verwendet. Das Preisniveau des Weltmarktes kann daher entweder in Währungseinheiten des Leitwährungslandes P oder in Währungseinheiten des Nichtleitwährungslandes π ausgedrückt werden. Das Preisniveau selbst bildet sich aufgrund der Gesamtnachfrage und des Gesamtangebots beider Länder, d. h. am Weltmarkt; es steigt bei einer Überschussnachfrage und sinkt bei einem Überschussangebot am Weltmarkt[59]. Da in beiden Ländern Vollbeschäftigung unterstellt wird, können Ungleichgewichte am (Welt-)Gütermarkt allein durch Preisveränderungen beseitigt werden. Dies kann durch die Differentialgleichung

$$\dot{P} = \psi_1[I_L + I_N + A_L + A_N - S_L - S_N] \tag{16}$$

beschrieben werden, in der $\psi_1 > 0$ die Anpassungsgeschwindigkeit ist. Preisveränderungen des Weltmarktes schlagen sich in den Preisniveaus beider Länder direkt nieder. Da in dem hier beschriebenen Modell die Weltmarktpreise in Währungseinheiten des Leitwährungslandes ausgedrückt sind, ist dies unmittelbar einsichtig. Aber auch auf das Nichtleitwährungsland schlagen Änderungen der Weltmarktpreise unmittelbar durch. Dies folgt daraus, dass die Waren in Währung des Nichtleitwährungslandes $\pi = P/w$ kosten. Wenn sich demnach P verändert, ändert sich bei festem Wechselkurs w das Preisniveau des Nichtleitwährungslandes π entsprechend.
Diesen Zusammenhang beschreibt Neumann durch die Differentialgleichung

$$\dot{\pi} = \psi_2[P - w\pi] \tag{17}$$

in der $\psi_2 > 0$ die Anpassungsgeschwindigkeit darstellt, mit der Preisveränderungen am Weltmarkt auf das Preisniveau des Nichtleitwährungslandes durchschlagen.
Ist $\dot{P} = \dot{\pi} = 0$, so liegt ein internationales Preisgleichgewicht vor, in dem sich weder das Preisniveau des Leitwährungslandes noch das Preisniveau des Nichtleitwährungslandes mehr verändert. Ökonomische Voraussetzung dafür ist, dass sowohl ein Gleichgewicht auf dem Weltgütermarkt vorherrscht als auch, dass alle Arbitragevorgänge zwischen beiden Ländern infolge unterschiedlicher Preise in den beiden Ländern für gleiche Güter beendet sind. Ist letzteres der Fall, so gilt Jevons «Law of one price» und damit auch die Kaufkraftparitätentheorie in ihrer absoluten Version[60]. Ist letzteres noch nicht der Fall, so bewirkt die Güterarbitrage in beiden Ländern Veränderungen des Preisniveaus, bis die Gleichgewichtsbedingung $P^* = w\pi^*$ erreicht ist. Neumann nimmt in seinem Modell demnach einen direkten internationalen Preiszusammenhang an.
Obwohl durch die beiden Differentialgleichungen (16) und (17) das internationale Preisgleichgewicht eindeutig determiniert wird, beschreiben die beiden Gleichungen den Anpassungsprozess an dieses Gleichgewicht nur in unvollkommener Form. Sie würden nämlich implizieren, dass ein Land eine Art internationale Preisführerschaft besitzt, während sich das Preisniveau des anderen Landes jeweils an dieses «Weltmarktpreisniveau» anpasst[61]. In Wirklichkeit stellt die Preis-

[59] Die Annahme, dass sich das Preisniveau am Weltmarkt bildet, wird auch von den Anhängern der monetären Zahlungsbilanztheorie gemacht. Vgl. etwa E. M. Claassen, Weltinflation, a.a.O., S. 47 ff.

[60] Zu den verschiedenen Versionen der Kaufkraftparitätentheorie vgl. Lawrence H. Officer, The Purchasing-Power-Parity Theory of Exchange Rates: A Review Article, in: International Monetary Fund Staff Papers, Vol. 23 (1976), S. 1–60, hier S. 1 ff.

[61] In einem Comment zu Neumanns Beitrag hat denn auch Herberg kritisiert, dass es nicht

bildung am Weltmarkt und die Preisanpassung entsprechend der Kaufkraftparitätentheorie jedoch einen sich gegenseitig beeinflussenden, simultanen Prozess dar, in dessen Verlauf einerseits die Veränderung des Preisniveaus des einen Landes $\dot{\pi}$ von der Veränderung des Preisniveaus des anderen Landes $\dot{P}$ beeinflusst wird, gleichzeitig aber auch $\dot{P}$ von $\dot{\pi}$ nicht unabhängig ist. Um diesen Interaktionsprozess zu berücksichtigen (und damit der Kritik Herbergs zu begegnen), hat Neumann für die Veränderung der in nationalen Währungen ausgedrückten Preise im Ungleichgewicht daher folgende Anpassungsgleichungen gewählt[62]:

$$\dot{P} = \psi_{11}[I_L + I_N + A_L + A_N - S_L - S_N] + \psi_{12}[w\pi - P] \qquad (16a)$$

und

$$(\dot{\pi} = \psi_{21}[I_L + I_N + A_L + A_N - S_L - S_N] + \psi_{22}[P - w\pi] \qquad (17a)$$

Darin stellen $\psi_{ij} > 0$ Anpassungsgeschwindigkeiten dar, die von Land zu Land verschieden hoch sein können. Im Gleichgewicht $\dot{P} = \dot{\pi} = 0$ muss dann sowohl die Überschussnachfrage am Weltmarkt Null sein als auch gleichzeitig die Bedingung $P = w\pi$ erfüllt sein[63]. Für die Analyse des *Gleichgewichts* und dessen Veränderungen kann man daher auch direkt die Beziehungen (16) und (17) verwenden.

Bezüglich der monetären Seite nimmt Neumann in seinem Zwei-Länder-Unterbeschäftigungsmodell an, dass es nur einen einzigen Wertpapiermarkt und damit einen einheitlichen Zinssatz in beiden Ländern gibt[64]. Eine Überschussnachfrage am Wertpapiermarkt entsteht, wenn in mindestens einem Land am Geldmarkt ein

einzusehen sei, warum das Preisniveau des einen Landes von der Überschussnachfrage nach Gütern auf dem Weltmarkt abhängt, während die Änderung des Preisniveaus des anderen Landes von der internationalen Preisdifferenz bestimmt wird.
Vgl. Horst Herberg, Internationaler Preiszusammenhang bei festen und flexiblen Wechselkursen – Bemerkungen zu einem Aufsatz von Manfred Neumann –, in: Zeitschrift für Wirtschafts- und Sozialwissenschaften, 1976, S. 161–175, insbes. S. 162

62 Vgl. Manfred Neumann, Internationaler Preiszusammenhang bei festen und flexiblen Wechselkursen: Eine Erwiderung, in: Zeitschrift für Wirtschafts- und Sozialwissenschaften, 1976, S. 177–181

63 Das ist ökonomisch zwingend. Es folgt auch formal aus (16a) und (17a):
$\dot{P} = \psi_{11} \cdot a + \psi_{12} \cdot b = 0$
und
$\dot{\pi} = \psi_{21} \cdot a - \psi_{22} \cdot b = 0$
wobei a die Überschussnachfrage am Weltmarkt und b die Abweichung von der Kaufkraftparität der beiden Währungen bezeichnet. Für $\psi_{ij} > 0$ ist $\dot{P}$ und $\dot{\pi}$ nämlich nur dann Null, wenn sowohl $a = 0$ als auch $b = 0$ ist

64 Auch die Annahme eines einheitlichen Weltmarktzinses wird ebenfalls in der monetären Theorie der Zahlungsbilanz gemacht. Dennoch bewegt sich Neumann mit seinem Modell nicht im Bereich des monetären Zahlungsbilanzansatzes. Während die Anhänger der monetären Zahlungsbilanztheorie annehmen, dass ein Zahlungsbilanzungleichgewicht die direkte Folge eines Geldmarktungleichgewichtes in dem betreffenden Land ist, dass also $\dot{R} = L_N - M_N/\pi$ ist, nimmt Neumann an, dass ein Zahlungsbilanzüberschuss des Nichtleitwährungslandes $\dot{R}$ gleich der Summe der Überschussnachfragen am Geldmarkt $(L_N - M_N/\pi)$ und Gütermarkt $(I_N + A_N + B_N - S_N)$ ist (vergleiche Gleichung [19] unten). Da Neumann (Internationaler Preiszusammenhang..., a.a.O., S. 111) jedoch darüber hinaus annimmt, dass im Gleichgewicht sowohl der Geldmarkt als auch der Gütermarkt im Gleichgewicht ist, ergeben sich bei einer *komparativ-statischen* Analyse in beiden Fällen allerdings die gleichen Ergebnisse. Unterschiede zwischen beiden Ansätzen bestehen nur bezüglich des Anpassungsprozesses im Ungleichgewicht. Zum Transmissionsmechanismus in der monetären Theorie der Zahlungsbilanz vgl. E. M. Claassen, Weltinflation, a.a.O., S. 55 ff.

Überschussangebot an Geld besteht. Daher kommt es am Wertpapiermarkt zu Zinssenkungen, wenn am Geldmarkt das gesamte reale Geldangebot beider Länder zusammen grösser ist als die reale Gesamtnachfrage nach Geld in beiden Ländern, und zu Zinssteigerungen, wenn die reale Geldnachfrage in beiden Ländern zusammengenommen grösser ist als das gesamte reale Geldangebot dieser Länder. Der Zinssatz verändert sich demnach wie folgt:

$$\dot{r} = \psi_3[L_L - M_L/P + L_N - M_N/\pi] \tag{18}$$

wobei $\psi_3 > 0$ die Anpassungsgeschwindigkeit ist.
Die Devisenbilanz des Nichtleitwährungslandes verändert sich schliesslich annahmegemäss wie im Falle von Unterbeschäftigung, wenn $B_N + K_N \neq 0$ ist. Da unter expliziter Berücksichtigung des Preisniveaus der reale Netto-Kapitalimport des Nichtleitwährungslandes $K_N = I_N + A_N - S_N - M_N/\pi + L_N$ ist, ist

$$\dot{R} = \pi[B_N + I_N + A_N - S_N - M_N/\pi + L_N] \tag{19}$$

Berücksichtigt man schliesslich, dass $I_L = I_L(r)$ mit $I_{Lr} = dI_L/dr < 0$, $I_N = I_N(r)$ mit $I_{Nr} < 0$, $L_L = L_L(Y_L, r)$ mit $L_{Lr} < 0$, $L_N = L_N(Y_N, r)$ mit $L_{Nr} < 0$, $S_L = S_L(Y_L)$, $S_N = S_N(Y_N)$, wobei Y_L und Y_N hier das jeweilige Vollbeschäftigungseinkommen des Leitwährungslandes und Nichtleitwährungslandes sind, und nimmt man an, dass die Leistungsbilanz von den Terms of Trade $T = w\pi/P$ abhängt, dass also $B_N = B_T(w\pi/P)$ ist, wobei $B_T > 0$, sowie dass $M_L = M$ und $M_N = \mu + R$, dass also die Geldmenge des Leitwährungslandes autonom bestimmbar ist, während sich die Geldmenge im Nichtleitwährungsland aus einer autonomen Komponente μ und einer Komponente, die von den Devisenreserven des Nichtleitwährungslandes R abhängig ist, zusammensetzt, so besteht in beiden Ländern internes und externes Gleichgewicht, wenn in Gleichung (16) bis (19) $\dot{P} = \dot{\pi} = \dot{r} = \dot{R} = 0$ ist, bzw. wenn

$$\begin{aligned}
&I_L(r) + I_N(r) + A_L + A_N - S_L(Y_L) - S_N(Y_N) = 0\\
&P - w\pi = 0\\
&L_L(Y_L, r) + L_N(Y_N, r) - M/P - (\mu + R)/\pi = 0\\
&B_N(w\pi/P) + I_N(r) + A_N - S_N(Y_N) - (\mu + R)/\pi + L_N(Y_N, r) = 0
\end{aligned} \tag{20}$$

ist. In diesem System werden P, π, r und R als endogene Grössen aufgefasst, die von den exogenen Grössen Y_L, Y_N, A_L, A_N, M und μ bestimmt werden.
Da wir uns im Rahmen unserer Fragestellung nur für die Auswirkungen der Geldpolitik der beiden Länder sowie von Wechselkursänderungen des Nichtleitwährungslandes auf das nationale und internationale Preisniveau interessieren, brauchen wir im folgenden nur Variationen von M, μ und w auf die Gleichgewichtswerte der durch (20) bestimmten Grössen P, π, r und R zu ermitteln. Dies ist nach Bildung des totalen Differentials von (20) möglich. (20) total differenziert ergibt (unter der Annahme, dass M, μ und w als die einzigen veränderlichen Variablen aufgefasst werden, und unter Berücksichtigung, dass im Gleichgewicht $P^* = w\pi^*$ ist):

$$\begin{pmatrix} 0 & 0 & I_{Lr} + I_{Nr} & 0 \\ 1 & -w & 0 & 0 \\ M/P^2 & (\mu + R)/\pi^2 & L_{Lr} + L_{Nr} & -1/\pi \\ -\dfrac{B_T}{P} & \dfrac{B_T \cdot w}{P} + \dfrac{\mu + R}{\pi^2} & I_{Nr} + L_{Nr} & -1/\pi \end{pmatrix} \cdot \begin{pmatrix} dP^* \\ d\pi^* \\ dr^* \\ dR^* \end{pmatrix}$$

$$
= \begin{pmatrix} 0 \\ \pi \cdot dw \\ \frac{1}{P} dM + \frac{1}{\pi} d\mu \\ \frac{1}{\pi} d\mu - \frac{B_T \pi}{P} \cdot dw \end{pmatrix}
$$

Daraus erhält man für die relevanten Ableitungen folgende Werte[65]:

$$\frac{dP^*}{dM} = \frac{P^*}{M} \quad \text{bzw.} \quad \frac{dP^*/P^*}{dM/M} = 1$$

$$\frac{d\pi^*}{dM} = \frac{\pi^*}{M} \quad \text{bzw.} \quad \frac{d\pi^*/\pi^*}{dM/M} = 1$$

$$\frac{dP^*}{d\mu} = 0$$

$$\frac{d\pi^*}{d\mu} = 0$$

$$\frac{dR^*}{d\mu} = -1$$

Danach bewirkt eine Geldmengenerhöhung des Leitwährungslandes eine proportionale Erhöhung des Preisniveaus im Leitwährungsland *und* Nichtleitwährungsland, während eine Erhöhung der autonomen Geldkomponente im Nichtleitwährungsland weder das Weltmarktpreisniveau noch das Preisniveau im eigenen Lande beeinflusst. Geldpolitische Massnahmen eines Nichtleitwährungslandes haben somit nicht nur keine beschäftigungspolitische Wirkung, sondern auch keine Auswirkungen auf das inländische und ausländische Preisniveau. Die Geldpolitik des Nichtleitwährungslandes ist völlig wirkungslos. Das nominelle Preisniveau im Leitwährungsland und Nichtleitwährungsland wird bei festen Wechselkursen vielmehr ausschliesslich durch die Geldpolitik des Leitwährungslandes bestimmt. Damit ist aber das Leitwährungsland für die Höhe und die Entwicklung des internationalen Preisniveaus, d. h. auch für die Entwicklung des Preisniveaus in den Nichtleitwährungsländern, verantwortlich.
Die einzige Möglichkeit, sich von der vom Leitwährungsland verursachten internationalen Preisentwicklung abzuhängen, besteht für das Nichtleitwährungsland darin, dass es seinen Wechselkurs gegenüber der Leitwährung ändert. Wie die Ableitungen

[65] Die Determinante der linksstehenden Koeffizientenmatrix hat den Wert

$$D = - \frac{M \cdot w}{P^2 \pi} (I_{Lr} + I_{Nr}) > 0$$

Da ausserdem die Spur der Koeffizientenmatrix negativ ist, sind zwei notwendige Bedingungen für die Stabilität erfüllt. Es soll vorausgesetzt werden, dass auch die übrigen Stabilitätsbedingungen erfüllt sind, d. h. dass das System (lokal) stabil ist. Vgl. M. Neumann, Internationaler..., a.a.O., S. 111

$$\frac{d\pi^*}{dw} = -\frac{\pi^*}{w} \quad \text{bzw.} \quad \frac{d\pi^*/\pi^*}{dw/w} = -1$$

und

$$\frac{dP^*}{dw} = 0$$

zeigen, hat eine Abwertung des Nichtleitwährungslandes eine proportionale Erhöhung des Preisniveaus im Nichtleitwährungsland zur Folge und eine Aufwertung des Nichtleitwährungslandes einen entsprechenden dämpfenden Effekt auf das nationale Preisniveau[66]. Das Preisniveau des Leitwährungslandes bleibt bei einer derartigen Wechselkursänderung des Nichtleitwährungslandes dagegen unverändert.

Gegen das Zwei-Länder-Vollbeschäftigungsmodell von Neumann könnte eingewendet werden, dass es sich bei diesem Modell um ein recht spezielles Modell handelt, das ausserdem nicht unbedingt realitätsnah ist. Insbesondere könnte dagegen eingewendet werden, dass die Annahme eines einzigen Weltmarktes sowie die Annahme eines direkten internationalen Preiszusammenhangs zwischen den nationalen Gütermärkten, d. h. die Annahme der Gültigkeit der naiven Kaufkraftparitätentheorie, gar kein anderes Ergebnis zulassen würden. Es kann jedoch gezeigt werden, dass die oben abgeleiteten Ergebnisse sowohl von der Annahme der Bildung der Preise am Weltmarkt als auch von der Annahme eines direkten internationalen Preiszusammenhangs zwischen den nationalen Gütermärkten unabhängig sind.

Im folgenden stellt der Verfasser ein Zwei-Länder-Vollbeschäftigungsmodell vor, in dem die oben erwähnten Annahmen nicht gemacht werden. Statt dessen wird angenommen, dass sowohl im Leitwährungsland als auch im Nichtleitwährungsland das Preisniveau ansteigt, wenn im Inland die monetäre Gesamtnachfrage bei gegebenen Preisen grösser ist als das monetäre Gesamtangebot zu diesen Preisen. Das monetäre Gesamtangebot eines Landes ist gleich dem realen Nettosozialprodukt (zu Faktorkosten) des betreffenden Landes bei Vollbeschäftigung multipliziert mit seinem Preisniveau. Entsteht aus irgendeinem Grund eine Überschussnachfrage am Gütermarkt, d. h. eine inflatorische Lücke, so beginnt das Preisniveau in diesem Lande zu steigen. Aufgrund des gestiegenen inländischen Preisniveaus wird nunmehr weniger exportiert und mehr importiert. Dadurch entsteht im anderen Land eine Güterlücke, und die Preise beginnen dort ebenfalls zu steigen. Die Preissteigerung wird also von einem Land auf das andere nicht direkt (d. h. über die Devisenumrechnungsformel $\pi = w \cdot P$) übertragen, sondern über Angebots- und Nachfrageänderungen in beiden Ländern.

Im Gegensatz zu der Annahme von zwei – wenn auch über Aussenhandel miteinander verbundenen – aber dennoch prinzipiell voneinander unabhängigen nationalen Gütermärkten wird auch in dem hier vorgestellten Modell von einem einzigen Wertpapiermarkt ausgegangen, an dem sich ein einheitlicher Zins bildet. Die Gleichungen für den Zins und die Veränderung der Devisenbilanz bleiben daher gegenüber den Zwei-Länder-Modellen von Neumann unverändert.

Formal kann das hier beschriebene Modell ohne Berücksichtigung von Anpas-

[66] Es ist zu beachten, dass der Wechselkurs w in diesem Modell aus der Sicht des Leitwährungslandes definiert wurde. Vgl. M. Neumann, Internationaler..., a.a.O., S. 108 f.

sungsgeschwindigkeiten durch folgendes Differentialgleichungssystem beschrieben werden:

$$
\begin{aligned}
\dot{P} &= P\,[C_L(Y_L^\circ) + I_L(r) + A_L + B_L(Y_L^\circ, Y_N^\circ, \frac{w \cdot \pi}{P}) - Y_L^\circ] \\
\dot{\pi} &= \pi\,[C_N(Y_N^\circ) + I_N(r) + A_N + B_N(Y_L^\circ, Y_N^\circ, \frac{w \cdot \pi}{P}) - Y_N^\circ] \\
\dot{r} &= [L_L(Y_L^\circ, r) - M_L/P + L_N(Y_N^\circ, r) - M_N/w\pi] \\
\dot{R} &= \pi\,[B_N(Y_L^\circ, Y_N^\circ, \frac{w \cdot \pi}{P}) + I_N(r) + A_N - S_N(Y_N^\circ) + L_N(Y_N^\circ, r) - M_N/\pi]
\end{aligned}
$$

Berücksichtigt man in diesem Gleichungssystem wiederum, dass im Zwei-Länder-Modell $B_N = -B_L$ ist, sowie dass im Leitwährungssystem $M_L = M$ vom Leitwährungsland autonom festgelegt werden kann, während im Nichtleitwährungsland $M_N = \mu + R$ ist, so werden die endogenen Grössen im Gleichgewicht P^*, π^*, r^* und R^* durch folgendes Gleichungssystem bestimmt:

$$
\begin{aligned}
&C_L(Y_L^\circ) + I_L(r) + A_L + B_L(Y_L^\circ, Y_N^\circ, \frac{w \cdot \pi}{P}) - Y_L^\circ &&= 0 \\
&C_N(Y_N^\circ) + I_N(r) + A_N - B_L(Y_L^\circ, Y_N^\circ, \frac{w \cdot \pi}{P}) - Y_N^\circ &&= 0 \\
&L_L(Y_L^\circ, r) - M/P + L_N(Y_N^\circ, r) - (\mu + R)/w\pi &&= 0 \\
&-B_L(Y_L^\circ, Y_N^\circ, \frac{w \cdot \pi}{P}) + I_N(r) + A_N - S_N(Y_N^\circ) + L_N(Y_N^\circ, r) - (\mu + R)/\pi &&= 0 \qquad (21)
\end{aligned}
$$

Die Abhängigkeit der Gleichgewichtswerte P^*, π^*, r^* und R^* ergibt sich wiederum aus dem totalen Differential von (21)

$$
\begin{pmatrix}
-\frac{B_T w\pi}{P^2} & \frac{B_T w}{P} & I_{Lr} & 0 \\
\frac{B_T w\pi}{P^2} & -\frac{B_T w}{P} & I_{Nr} & 0 \\
\frac{M}{P^2} & \frac{\mu + R}{\pi^2} & L_{Lr} + L_{Nr} & -\frac{1}{w\pi} \\
\frac{B_T w\pi}{P^2} & -\frac{B_T w}{P} + \frac{\mu + R}{\pi^2} & I_{Nr} + L_{Nr} & -\frac{1}{\pi}
\end{pmatrix}
\cdot
\begin{pmatrix}
dP^* \\ d\pi^* \\ dr^* \\ dR^*
\end{pmatrix}
$$

$$
=
\begin{pmatrix}
-\frac{B_T \pi}{P} \cdot dw \\
\frac{B_T \pi}{P} \cdot dw \\
-\frac{\mu + R}{w^2 \pi} \cdot dw + \frac{1}{w\pi} \cdot d\mu + \frac{1}{P} \cdot dM \\
\frac{B_T \pi}{P} \cdot dw + \frac{1}{\mu} \cdot d\mu
\end{pmatrix}
$$

von den angenommen werden soll, dass es ökonomisch stabil ist[67]. Man erhält daraus für die relevanten Ableitungen folgende Werte:

$$\frac{dP^*}{dM} = \frac{P^*}{M} \quad \text{bzw.} \quad \frac{dP^*/P^*}{dM/M} = 1$$

$$\frac{d\pi^*}{dM} = \frac{\pi^*}{M} \quad \text{bzw.} \quad \frac{d\pi^*/\pi^*}{dM/M} = 1$$

$$\frac{dP^*}{d\mu} = 0 \qquad \frac{d\pi^*}{d\mu} = 0$$

$$\frac{dP^*}{dw} = 0 \qquad \frac{d\pi^*/\pi^*}{dw/w} = -1$$

$$\frac{dR^*}{d\mu} = -1$$

Ein Vergleich dieser Ergebnisse mit den Ergebnissen von Neumanns Vollbeschäftigungsmodell zeigt, dass die Unwirksamkeit der Geldpolitik des Nichtleitwährungslandes nicht auf die Annahme eines direkten internationalen Preiszusammenhangs zurückzuführen ist, sondern auf die Unmöglichkeit des Nichtleitwährungslandes, die wirksame Geldmenge in seinem Land effektiv zu steuern. Vielmehr zeigen beide Modelle, dass Veränderungen von μ durch das Nichtleitwährungsland durch entsprechende Veränderungen des Devisenreservenbestandes R^* vollständig kompensiert werden. Das Ergebnis, dass allein das Leitwährungsland für das internationale Preisniveau und damit für das nationale Preisniveau sowohl im eigenen Lande als auch im Nichtleitwährungsland verantwortlich ist, wird durch das durch das Gleichungssystem (21) beschriebene Modell ebenfalls bestätigt.

Selbstverständlich sollte man die in diesem Abschnitt aufgezeigten ökonomischen Zusammenhänge zwischen Leitwährungsland und Nichtleitwährungsland sowie die aus den Modellen abgeleiteten Ergebnisse nicht zu wörtlich nehmen und nicht einfach unbesehen auf die Wirklichkeit übertragen bzw. mit den wirtschaftshistorischen Fakten der fünfziger und sechziger Jahre vergleichen.

Erstens handelt es sich hierbei um Zusammenhänge und Ergebnisse, die aus einem Leitwährungs*modell* abgeleitet wurden, das in dieser reinen Form nie existiert hat. Schliesslich wuchs der Dollar nicht zuletzt deshalb in seine Leitwährungsfunktion, weil er – zumindest formell – jederzeit in Gold umgetauscht werden konnte, d. h. weil die amerikanische Regierung die Goldkonvertibilität des Dollars gegenüber ausländischen Notenbanken garantiert hatte. Die Höhe der internationalen Goldreserven war aber auch für das Leitwährungsland, die Vereinigten Staaten, eine exogene Grösse, die diese in ihr Kalkül miteinbeziehen mussten. Die im Modell beschriebene Leitwährungsfunktion erhielt der Dollar erst dann und nur in dem Masse, wie ausländische Notenbanken (im Vertrauen auf das Wort der amerikanischen Regierung) auf einen Umtausch ihrer Dollarbestände in Gold verzichteten und statt dessen ihre Währungsreserven in Dollars hielten.

[67] Tatsächlich sind mit sp $J < 0$ und det $J = D = -\frac{B_T w \cdot M}{\pi \cdot P^3}(I_{Nr} + I_{Lr}) > 0$ zwei notwendige Bedingungen für die Stabilität erfüllt

Man kann (und muss wahrscheinlich sogar) noch einen Schritt weitergehen und sagen, dass sich das Bretton Woods-System nur deshalb zu einem Leitwährungssystem in dem oben beschriebenen Sinne entwickelt hat und entwickeln konnte, weil während seiner Existenz niemand die ökonomischen Zusammenhänge in einem solchen System voll durchschaute, sondern alle der Auffassung waren, dass es sich bei dem Bretton Woods-System um ein modifiziertes Goldwährungssystem handle, und dementsprechend auch ihre Wirtschaftspolitik ausrichteten.
Zweitens handelt es sich bei den abgeleiteten Zusammenhängen und Ergebnissen um komparativ-statische Ergebnisse, d. h. um Ergebnisse, die zutreffend sind, wenn sich die betrachteten Volkswirtschaften von einem *Gleichgewicht* zu einem anderen bewegt haben. Wenn bei einem Vergleich zweier Gleichgewichtszustände aber bestimmte Ergebnisse Gültigkeit besitzen, heisst das noch lange nicht, dass diese Ergebnisse auch während der Anpassungszeit von einem Gleichgewicht zum anderen gelten. Vielmehr besteht die begründete Vermutung, dass z. B. die Geldpolitik des Nichtleitwährungslandes während des Anpassungsprozesses durchaus wirksam ist und je nachdem, wie sie eingesetzt wird, den Anpassungsprozess von einem Gleichgewicht zum anderen beschleunigen oder verzögern kann[68]. Wenn aber ein Nichtleitwährungsland einen Anpassungsprozess lange genug verzögert, so kann es durchaus sein, dass dadurch neue *reale* Fakten geschaffen werden, die die Bedingungen für ein anderes Gleichgewicht schaffen, das ohne Eingriffe möglicherweise nie entstanden wäre. Nur können wir darüber im Rahmen der obigen Modelle keine Aussagen machen.
Die dargestellten Zusammenhänge und Ergebnisse sind daher als Ergebnisse aufzufassen, die *tendenziell* richtig sind. Und zwar sind sie in doppelter Weise nur tendenziell richtig: einmal nur in dem Masse, wie die dargestellten Modelle die Wirklichkeit im wesentlichen adäquat beschreiben, und zum anderen nur in dem Masse, als wir uns in der Wirklichkeit zwar immer auf einem Weg zu einem Gleichgewicht befinden, das Gleichgewicht selbst aber wohl nie erreichen, weil einerseits die Anpassung eine nicht genau bekannte Zeit in Anspruch nimmt, andererseits aber praktisch ständig «exogene» Störungen auftreten, die das anzusteuernde Gleichgewicht selbst verändern.
Diese Einschränkungen sollten bei der Interpretation der in diesem Abschnitt abgeleiteten Ergebnisse (wie auch späterer Modellergebnisse) bedacht werden.

3.3 Die ökonomischen Integrationswirkungen des Bretton Woods-Systems

Wenn die im vorigen Abschnitt aus einem Leitwährungsmodell abgeleiteten Ergebnisse auch nicht zu wörtlich genommen werden sollten, sondern im Zweifel nur tendenziell richtig sind, so sind sie dennoch für die europäische Integration von grösster Bedeutung. Schliesslich bedeuten die Modellergebnisse in ihrer Konsequenz nichts weniger, als dass die Einbindung der sechs EWG-Staaten als Nichtleitwährungsländer in die westliche Weltwährungsordnung von Bretton

[68] Neumann meint deshalb, dass ein Nichtleitwährungsland mit Hilfe seiner Geldpolitik seine Zahlungsbilanz steuern könnte. Vgl. M. Neumann, Theoretische..., a.a.O., S. 298

Woods in den ersten zehn Jahren des Bestehens der EWG das Fehlen einer gemeinsamen Geld- und Währungspolitik in der EWG materiell ersetzt hat!
Alle sechs EWG-Staaten hatten gegenüber dem US-Dollar feste Paritäten fixiert und sich damit gegenüber den Vereinigten Staaten in die Position eines Nichtleitwährungslandes begeben. Alle sechs EWG-Staaten betrachteten ihre Wechselkurse als unveränderlich, d. h. für alle EWG-Staaten waren Wechselkursänderungen tabu[69].
Die Tatsache, dass alle EWG-Staaten sich gegenüber den Vereinigten Staaten in der Position eines Nichtleitwährungslandes befanden, hatte die ökonomische Konsequenz, dass kein EWG-Land (längerfristig) eine autonome Geldpolitik betreiben konnte. Geldpolitische Massnahmen der einzelnen Mitgliedstaaten der EWG hatten allenfalls nur vorübergehende Wirkungen (deren Ausmass allerdings beträchtlich sein konnte und hier deshalb keineswegs heruntergespielt werden soll). In ihren Grundzügen und Langfristwirkungen wurde der Umfang der monetären Expansion in allen EWG-Staaten jedoch von den Vereinigten Staaten bestimmt. Damit befanden sich die sechs EWG-Staaten in den ersten zehn Jahren des Bestehens der EWG in einer Situation, in der die Vereinigten Staaten «für» die sechs EWG-Staaten eine «gemeinsame europäische Geldpolitik» durchführten.
Diese These wird durch die Preisentwicklung in den sechs EWG-Staaten und in den Vereinigten Staaten denn auch weitgehend bestätigt, zumindest aber nicht widerlegt[70]. Nach dem im vorigen Abschnitt dieses Kapitels dargestellten Leitwährungsmodell bestimmt das Leitwährungsland mit seiner Geldpolitik nicht nur das Preisniveau und die Inflationsrate im eigenen Land, sondern auch in den Ländern, die sich gegenüber dem Leitwährungsland in die Position eines Nichtleitwährungslandes begeben. Da in den fünfziger und sechziger Jahren praktisch alle bedeutenden Welthandelsländer der freien Welt den US-Dollar als Leitwährung anerkannten (die einzige bedeutendere Ausnahme bildete Kanada, das seine Währung gegenüber dem US-Dollar vom 30. 9. 1950 bis zum 1. 5. 1962 frei schwanken liess), hätten die Vereinigten Staaten mit ihrer Geldpolitik nach diesem Modell in dieser Zeit nicht nur die Entwicklung des Preisniveaus bzw. der Inflationsrate in den sechs EWG-Ländern entscheidend mitbestimmt, sondern praktisch sogar das gesamte Weltmarktpreisniveau bestimmt.
Tatsächlich waren in der Zeit von 1958 bis 1968 die Inflationsunterschiede zwischen den einzelnen EWG-Staaten und zwischen den EWG-Staaten und den Vereinigten Staaten – zumindest aus heutiger Sicht – erstaunlich gering und nach unserer Auffassung keineswegs signifikant. Die durchschnittlichen Inflationsraten des genannten Zeitraums sind, einmal von Wechselkursänderungen bereinigt, in Tabelle 1 zusammengefasst.

[69] Wie sehr damals Wechselkursänderungen verpönt waren, wird an dem politischen Wirbel deutlich, den die «kleine» Aufwertung der DM und des holländischen Gulden um 5 % im März 1961 verursachte. 1969 wurde die Diskussion um eine Aufwertung der DM sogar eines der zentralen Wahlkampfthemen zwischen CDU/CSU (bzw. F. J. Strauss) und SPD (bzw. dem ehemaligen Bundeswirtschaftsminister Karl Schiller). In anderen Ländern war das ähnlich. So weigerte sich der damalige französische Staatspräsident Charles de Gaulle nach den Mai-Unruhen in Frankreich im Jahre 1968 hartnäckig gegen eine erforderliche Abwertung des französischen Franc. Sie konnte erst am 8. August 1969 durchgeführt werden, nachdem der General zurückgetreten war

[70] Vgl. auch den empirischen Befund von Klaus J. Keller, Die internationale Konjunktursynchronisation – Empirischer Befund, Ursachen, Auswirkungen. Nürnberger Dissertation 1981

Tab. 1: Durchschnittliche Inflationsraten von 1958–1968 in den verschiedenen EWG-Staaten und in den Vereinigten Staaten in Prozent

Land	Großhandels-preisindex	Lebenshaltungs-kostenindex	Deflator des BSP	nationale Dispersion
USA	0,8	1,8	2,0	1,2
Belgien	1,0	2,4	2,6	1,6
Deutschland	0,2	2,2	2,8	2,6
bereinigt[1]	(0,7)	(2,7)	(3,3)	
Frankreich	2,1	4,0	4,0	1,9
bereinigt[2]	(0,7)	(2,5)	(2,5)	
Italien	1,2	3,4	3,6	2,4
Niederlande	1,7	3,5	4,3	2,6
bereinigt[3]	(2,2)	(4,0)	(4,8)	
zwischenstaatl. Dispersion zwischen den bereinigten Werten				
alle EWG-Staaten	1,5	1,6	2,3	
ohne Niederlande	0,4	1,0	1,3	

Quelle: Eigene Berechnungen aus Daten des Statistischen Jahrbuchs für die Bundesrepublik Deutschland 1969 (S. 98* f., 106* f., 129* f.) und 1972 (S. 127* f.)

[1] bereinigt um die DM-Aufwertung am 6. 3. 1961 um 5,0%
[2] bereinigt um die Franc-Abwertung am 29. 12. 1958 um 14,9%
[3] bereinigt um die Gulden-Aufwertung am 7. 3. 1961 um 5,0%

Aus dieser Tabelle ist zunächst zu erkennen, dass die Inflationsrate eines Landes unterschiedlich hoch ausfällt, je nachdem, mit welchem Preisindex sie ermittelt wird. Da es in der Literatur umstritten ist, anhand welchen Preisindexes die Kaufkraftparität zwischen zwei Währungen zu ermitteln ist und damit welcher Preisindex bei internationalen Inflationsvergleichen zugrunde zu legen ist, wurden in der Tabelle die Ergebnisse aus den drei am häufigsten vorgeschlagenen Preisindices einander gegenübergestellt. Sie zeigen gleichzeitig an, dass «die» Inflationsrate eines Landes nur innerhalb gewisser Grenzen ermittelt werden kann, d. h. dass bei der Messung der Inflationsrate ein Unschärfebereich verbleibt. Dieser Unschärfebereich wurde in Tabelle 1 durch die Berechnung der nationalen Dispersion, d. h. durch die Spannweite zwischen der höchsten ermittelten Inflationsrate in einem Land und der niedrigsten eingegrenzt. Die nationale Dispersion ist bei verschiedenen Ländern unterschiedlich hoch, wobei jedoch auffällt, dass sie bei Ländern, die ein hohes reales Wirtschaftswachstum aufweisen, tendenziell grösser ist als bei Ländern mit nur geringem wirtschaftlichen Wachstum.

Die Tabelle zeigt, dass die zwischenstaatlichen Inflationsunterschiede – gemessen an einem Index – im betrachteten Zeitraum niedriger waren als der Unschärfebereich, der bei der Inflationsmessung in einem Lande verbleibt. Bedenkt man ausserdem, dass es auch in echten Währungsunionen zwischen souveränen Staaten zu nicht nur vorübergehenden Inflationsunterschieden kommt, so werden die innerhalb der EWG zu verzeichnenden Inflationsunterschiede weiter relativiert.

Um dies zu zeigen, wurden in Tabelle 2 die Inflationsunterschiede anhand der verfügbaren Indices für die britisch-irische Währungsunion und die belgisch-luxemburgische Währungsunion ermittelt. Es ergaben sich folgende Werte:

Tab. 2: Durchschnittl. Inflationsraten von 1958–1968 in der britisch-irischen Währungsunion und in der belgisch-luxemburgischen Währungsunion in Prozent

Land	Großhandelspreisindex	Lebenshaltungskostenindex	Deflator des BSP	nationale Dispersion
Großbritannien	2,3	3,0	3,0	0,7
Irland	2,5	3,2	3,7	1,2
zwischenstaatl. Dispersion	0,2	0,2	0,7	
Belgien		2,4		
Luxemburg		2,0		
zwischenstaatl. Dispersion		0,4		

Quelle: Eigene Berechnungen aus Daten des Statistischen Jahrbuchs für die Bundesrepublik Deutschland 1969, a. a. O.

Aus dieser Tabelle ist ersichtlich, dass es auch bei echten Währungsunionen mit einer de facto einheitlichen Währung zu längerfristigen Inflationsunterschieden kommen kann, obwohl dort die Anpassungsprozesse wesentlich schneller und reibungsloser verlaufen als in einer «Quasi-Währungsunion», wie sie durch das Bretton Woods-System zwischen den EWG-Staaten und den Vereinigten Staaten entstanden war. Die Inflationsunterschiede sind in diesem Falle auf unterschiedliche Warenkörbe und auf realwirtschaftliche Faktoren zurückzuführen, die sicherlich auch bei den sechs EWG-Ländern einen Teil der Inflationsunterschiede erklären[71].

Dass die Inflationsunterschiede zwischen den EWG-Ländern in dem betrachteten Zeitraum höchstwahrscheinlich innerhalb der statistischen Fehlergrenze lagen, wird am deutlichsten, wenn man für die international handelbaren Güter der Welt, die von den verfügbaren Indices noch am genauesten vom Warenkorb des Grosshandelspreisindexes erfasst werden, ein Weltmarktpreisniveau und eine Weltinflationsrate errechnet. Diese Güter sind nämlich dem direkten internationalen Preiszusammenhang am stärksten unterworfen und sind daher am ersten geeignet, unsere Hypothese zu überprüfen.

Bildet man aus den nationalen Warenkörben der nationalen Grosshandelspreisindices durch Summation einen internationalen Warenkorb und einen Weltmarktpreisindex, dann erhält man bei Einbeziehung der Warenkörbe von Belgien, Deutschland, Frankreich, Grossbritannien, Italien, den Niederlanden und den Vereinigten Staaten und bei Gewichtung der einzelnen nationalen Indices mit ihrem Bruttosozialproduktanteil folgende Inflationsrate für den so konstruierten Weltmarktgrosshandelspreisindex:

	Veränderungsrate des GPI 1958–1968 in Prozent	Gewicht	Abweichung von der «Welt»-Inflationsrate
Belgien	1,0	0,014	+ 0,1
Deutschland	0,7	0,11	− 0,2
Frankreich	0,7	0,09	− 0,1
Italien	1,2	0,05	+ 0,3
Niederlande	2,2	0,016	+ 1,3
USA	0,8	0,64	− 0,1
Großbritannien[1]	1,7	0,08	+ 0,8
«Welt»	0,9	1,000	

[1] bereinigt um die Abwertung des Pfund Sterling am 18. 11. 1967 um 14,3%

[71] Das wird am deutlichsten bei den Niederlanden. Obwohl die Niederlande mit die höchsten Inflationsraten innerhalb der EWG zu verzeichnen hatten, sah sich das Land 1961 zu einer

Aus den Abweichungen der nationalen Inflationsraten – gemessen am Grosshandelspreisindex – von der «Welt»-Inflationsrate wird am deutlichsten, dass die tatsächliche Preisentwicklung in den sechs EWG-Staaten und in den Vereinigten Staaten die aus unserem Leitwährungsmodell deduzierten Ergebnisse weitgehend bestätigen.
Das Bretton Woods-System hatte für die europäische Integration demnach zwei entscheidende Auswirkungen: Erstens hatte es aufgrund der in einem Leitwährungssystem geltenden ökonomischen Zusammenhänge für die EWG die integrierende Wirkung einer «gemeinsamen europäischen Geldpolitik». Zweitens hatte es zur Folge, dass diese «gemeinsame europäische Geldpolitik» nicht von den EWG-Staaten selbst gemacht wurde, sondern diesen von aussen, nämlich von den Vereinigten Staaten, aufgezwungen wurde. Während die Integrationswirkung des Bretton Woods-Systems auf die EWG uneingeschränkt positiv zu bewerten ist, ist die Tatsache, dass die «gemeinsame europäische Geldpolitik» nicht von den Mitgliedstaaten der EWG selbst bestimmt werden konnte, sondern diesen – sogar gegen ihren eigenen Willen – von einem «Drittland» aufgezwungen wurde, negativ zu bewerten.
Trotz dieses entscheidenden Nachteils der Weltwährungsordnung von Bretton Woods sollte die positiv zu bewertende Integrationswirkung des Bretton Woods-Systems nicht unterbewertet werden. Vergleicht man die Integrationsbedingungen, die 1957 mit dem Abschluss des EWG-Vertrages geschaffen wurden, unter Berücksichtigung der ökonomischen Effekte der damals funktionierenden Weltwährungsordnung von Bretton Woods, mit den heutigen Integrationsbedingungen in der EG, so muss man feststellen, dass die EWG damals in eine wirtschaftliche Umwelt hineingegründet wurde, in der sie ökonomisch-faktisch ein Integrationspotential besass, wie es später nach dem Zusammenbruch des Bretton Woods-Systems 1971 im Rahmen der *zweiten Stufe* der Wirtschafts- und Währungsunion nach dem Werner-Plan wieder angestrebt wurde, bis heute (das EWS eingeschlossen) aber nicht wieder erreicht worden ist. Die Europäische Gemeinschaft war demnach vor 1968 ökonomisch-faktisch dem Ziel einer Währungsunion im Grunde näher als heute, ohne dass sich die Verantwortlichen in den sechs EWG-Staaten dessen damals recht bewusst waren[72].
Von der durch die Geldpolitik der Vereinigten Staaten verursachten internationalen Preisentwicklung konnte sich ein Nichtleitwährungsland nur dadurch lösen,

*Auf*wertung gezwungen. Bei diesem Land waren offenbar sehr starke realwirtschaftliche Änderungen zu verzeichnen

[72] Das Jahr 1968 stellt für die monetäre Integration der EG insofern ein Schlüsseljahr dar, weil in diesem Jahr – mit dem eigentlich die Übergangszeit der EWG beendet werden sollte – zum ersten Mal von einigen Mitgliedstaaten der EG in grösserem Umfang nationale Schutzmassnahmen ergriffen wurden, die dem Geist der Gemeinschaftsverträge widersprachen. Im November 1968 führten Deutschland und Frankreich jeweils isoliert und ohne vorherige Koordinierung auf Gemeinschaftsebene nationale Abwehrmassnahmen gegen die Währungsspekulation ein: Die Bundesrepublik führte durch eine Änderung ihrer Mehrwertsteuerregelung bei Export- und Importgütern praktisch eine Exportsteuer und eine Importentlastung um jeweils 4 % ein und verfügte Beschränkungen für Ausländerkonten in Deutschland; Frankreich führte Handelskontrollen ein, indem es Importquoten und Exporthilfen einführte. Es machte dazu sogar von den sog. Schutzklauseln des EWG-Vertrages Gebrauch, die eigentlich als «Notstandsklauseln» gedacht waren. Vgl. Zweiter Gesamtbericht der EG, 1968, Ziff. 114 ff., S. 114 ff.; vgl. auch Bela Balassa, Monetary Integration in the European Common Market, in: A. K. Swoboda (Ed.), Europe and the Evolution of the International Monetary System, Genf 1973, S. 93–128, insbes. S. 96 ff.

dass es entweder seinen Wechselkurs änderte oder aber ein *permanentes* Zahlungsbilanzungleichgewicht in Kauf nahm. So konnte ein Nichtleitwährungsland eine stärkere nationale Inflationspolitik als das Leitwährungsland auf Dauer nur betreiben, wenn es entweder zu einer wiederkehrenden Abwertung bereit war oder aber bereit war, ein progressiv ansteigendes Zahlungsbilanzdefizit in Kauf zu nehmen. Umgekehrt konnte ein Nichtleitwährungsland eine geringere Preissteigerungsrate als das Leitwährungsland nur durch immer wiederkehrende Aufwertungen oder durch Inkaufnahme eines progressiv ansteigenden Zahlungsbilanzüberschusses realisieren. Da Wechselkursänderungen im Bretton Woods-System tabu waren, blieb den Nichtleitwährungsländern, die eine eigene Geldpolitik realisieren wollten, nur dieser Weg der «Ungleichgewichtspolitik», mit langfristig entsprechend geringen Erfolgen und grossen negativen Nebenwirkungen.
Tatsächlich funktionierte das Bretton Woods-System so lange, als die Vorstellungen über die Geldentwertungsrate im Leitwährungsland und in den Nichtleitwährungsländern nicht allzusehr divergierten. Das heisst aus deutscher Sicht, als *alle* Länder einen hohen Grad an Preisstabilität als wirtschaftspolitisches Ziel anstrebten. Da das Ziel der Preisstabilität jedoch nie voll erreicht wurde – vielleicht weil es nie ernsthaft genug angestrebt wurde –, kann man auch sagen, das Bretton Woods-System funktionierte so lange, als die Nichtleitwährungsländer bereit waren, sich die Inflationsvorstellungen des Leitwährungslandes anzueignen bzw. sich dessen Vorstellungen über «Preisstabilität» zu unterwerfen. Solange dies der Fall war, hatte das Währungssystem von Bretton Woods zusammen mit der Politik einer zunehmenden Handelsliberalisierung nicht nur auf die EWG, sondern auf die gesamte westliche Welt einen kaum zu überschätzenden Integrationseffekt.
Das Bretton Woods-System ist Anfang der siebziger Jahre zusammengebrochen. Es ist zusammengebrochen, weil die Vorstellungen über die wünschenswerte Inflationsrate in den westlichen Industrieländern – nicht zuletzt aufgrund der «Erkenntnisse» aus der sog. Phillips-Kurve – immer mehr divergierten. Es ist zusammengebrochen, weil das Leitwährungsland, d. h. die Vereinigten Staaten, nicht bereit war, eine stabilitätsorientierte Geldpolitik zu betreiben, um den Dollar als internationalen Wertmassstab und wertbeständiges internationales Reservemedium zu erhalten; es ist aber auch zusammengebrochen, weil die Nichtleitwährungsländer, die nicht (mehr) bereit waren, sich der amerikanischen Geldpolitik zu unterwerfen, sondern ihr Preisniveau selbst bestimmen wollten (wobei einige Länder höhere und andere niedrigere Inflationsraten als die Vereinigten Staaten anstrebten), nicht bereit waren, ihre abweichende nationale Geldpolitik durch entsprechende Wechselkurskorrekturen zu «legalisieren», d. h. eine ökonomisch konsistente «Gleichgewichtspolitik» zu betreiben, sondern statt dessen versuchten, eine ökonomisch inkonsistente «Ungleichgewichtspolitik» durchzusetzen, was auf Dauer aus ökonomischen Gründen unmöglich ist.
Für die Europäische Gemeinschaft brachte der Zusammenbruch des Bretton Woods-Systems zwar einerseits einen «Souveränitätsgewinn», andererseits aber auch einen beträchtlichen Integrationsverlust. Seit dem Zusammenbruch des Bretton Woods-Systems besteht für die Mitgliedstaaten der EG die Möglichkeit, ihre Geldpolitik selbst zu bestimmen. Andererseits ist es den EG-Staaten seither nicht gelungen, ihre neugewonnene Souveränität dazu zu nutzen, für die Europäische Gemeinschaft eine ähnliche gemeinsame Geldpolitik zu formulieren, wie sie während der ersten zehn Jahre des Bestehens der EWG aufgrund der ökono-

mischen Interdependenz im funktionierenden Bretton Woods-System – wenn auch von aussen betrieben – faktisch bestanden hat.
In den nächsten Kapiteln soll dargestellt werden, inwieweit es den Mitgliedstaaten der EG gelungen ist, dem 1969 selbst gesteckten Ziel der stufenweisen Errichtung einer Wirtschafts- und Währungsunion näherzukommen und damit den Ende der sechziger Jahre erlittenen Integrationsverlust wieder auszugleichen oder gar überzukompensieren. Zuvor soll aber noch kurz auf die politischen Probleme einer Koordinierung der Wirtschafts- und Währungspolitik, wie sie in der Europäischen Gemeinschaft beschlossen wurde und praktiziert wird, eingegangen werden.

3.4 Das politische Problem der Koordinierung der Wirtschafts- und Währungspolitik in der EG vor dem Zusammenbruch des Bretton Woods-Systems

Wie in den vorangegangenen Abschnitten ausführlich dargelegt und begründet wurde, besass die Europäische Wirtschaftsgemeinschaft in den ersten zehn Jahren ihres Bestehens trotz des Fehlens einer gemeinsamen Wirtschafts- und Währungspolitik aufgrund der Einbindung aller (damals) sechs EWG-Staaten in das westliche Weltwährungssystem von Bretton Woods wegen dessen starker ökonomischer Integrationswirkungen einen hohen Grad an monetärer Integration.
Dass eine enge Zusammenarbeit im Bereich der allgemeinen Wirtschaftspolitik und Währungspolitik von den Mitgliedstaaten auch erwünscht war, ist daran zu erkennen, dass sie auch im Bereich der Wirtschafts- und Währungspolitik schon frühzeitig die institutionellen Grundlagen schufen, um die im Vertrag vorgesehene Koordinierung der Wirtschafts- und Währungspolitik durchführen zu können. Obwohl nach dem EWG-Vertrag eine Koordinierung der Wirtschaftspolitik auf bilateraler Ebene nicht ausgeschlossen ist[73], wurden mehrere – auch im EWG-Vertrag nicht vorgesehene – Gemeinschaftsorgane ins Leben gerufen, die die Koordinierung der Wirtschafts- und Währungspolitik erleichtern sollten.
Der Weg, die Koordinierung der Wirtschafts- und Währungspolitik *auf Gemeinschaftsebene* vorzunehmen, wurde nicht nur gewählt, weil Art. 6 EWGV ohnedies eine Koordinierung «in enger Zusammenarbeit mit den Organen der Gemeinschaft» verlangt, sondern auch, weil ein bilaterales Vorgehen auf zahlreiche praktische Schwierigkeiten gestossen wäre («jeder muss mit jedem koordinieren») und darüber hinaus die Gefahr bestanden hätte, dass bilaterale Interessen in den Vordergrund gerückt wären und das Gemeinschaftsinteresse zu wenig berücksichtigt worden wäre.
Zur Koordinierung der Wirtschafts- und Währungspolitik auf Gemeinschaftsebene wurden vor dem drohenden Zerfall des Bretton Woods-Systems folgende Ausschüsse gegründet[74]:

1. der Beratende Währungsausschuss (1958)
2. der Ausschuss für Konjunkturpolitik (1960)
3. der Ausschuss für mittelfristige Wirtschaftspolitik (1964)

[73] Vgl. H. v. d. Groeben u. a., Kommentar..., Bd. 1, a.a.O., S. 1316
[74] Die entsprechenden Ratsentscheidungen sind bei H. v. d. Groeben u. a., Kommentar..., Bd. 1, a.a.O., S. 1317 f., aufgeführt. Die Aufgaben der genannten Ausschüsse sind z. B. bei Hans Willgerodt u. a., Wege und Irrwege..., a.a.O., S. 45 ff., beschrieben. Vgl. auch A. Müller-Armack u. a., Stabilität..., a.a.O., S. 66 ff.

4. der Ausschuss für Haushaltspolitik (1964)
5. der Ausschuss der Präsidenten der Zentralbanken der Mitgliedstaaten der Europäischen Wirtschaftsgemeinschaft (1964)

Obwohl damit auf Gemeinschaftsebene für alle Teilbereiche der Wirtschafts- und Währungspolitik Koordinierungsinstanzen vorhanden waren, erwiesen sich die Versuche zur Koordinierung der Wirtschafts- und Währungspolitik – soweit sie nicht durch die ökonomischen Funktionsmechanismen des Bretton Woods-Systems erzwungen wurden – dennoch immer wieder als Misserfolg[75].

Wie stark jedoch das Fehlen einer gemeinsamen Wirtschafts- und Währungspolitik und die mangelnde Koordinierung der Mitgliedstaaten auf dem Gebiet der Geld- und Währungspolitik auch den Gemeinsamen Markt – d. h. die Freiheit des Güter-, Dienstleistungs- und Kapitalverkehrs – selbst gefährdete, wurde den Verantwortlichen der EG-Mitgliedstaaten erst bewusst, als einzelne Mitgliedstaaten nicht mehr bereit waren, sich den ökonomischen Funktionsmechanismen des Bretton Woods-Systems zu unterwerfen, und zur Durchsetzung ihrer eigenen Vorstellungen auch vor systemwidrigen, selbst dirigistischen Massnahmen nicht mehr zurückschreckten.

Die neue Phase begann, als die Bundesrepublik ab 1967 nicht mehr bereit war, die zunehmende Inflationspolitik des Auslandes, insbesondere der Vereinigten Staaten, mitzumachen und sich daher infolge der Stabilitätspolitik der deutschen Regierung und der Deutschen Bundesbank der Leistungsbilanzüberschuss der Bundesrepublik rapide vergrösserte und einen bis dahin (international) nicht üblichen Umfang erreichte. Im Zuge dieser zunehmenden Divergenz bezüglich der Verfolgung des wirtschaftspolitischen Zieles der Preisstabilität zwischen den grossen westlichen Industriestaaten (USA, Deutschland, Grossbritannien, Frankreich und Japan) entstanden Zahlungsbilanzungleichgewichte in einem bis dahin nicht gekannten Umfang.

Für die Europäische Gemeinschaft wurde diese Situation jedoch erst bedrohlich, als sich nach den Mai-Unruhen in Frankreich im Jahre 1968 auch zwischen Deutschland und Frankreich ein fundamentales Zahlungsbilanzungleichgewicht herausgebildet hatte. Obwohl in den folgenden Monaten viel über eine Beseitigung dieser Ungleichgewichtssituation durch eine gleichzeitige Aufwertung der DM einerseits und Abwertung des französischen Franc andererseits diskutiert wurde, kam es nicht zu einer derartigen «konzertierten Aktion». Statt dessen führten Frankreich und Deutschland im November 1968 unabhängig voneinander eine Reihe von Massnahmen ein, um ihre Zahlungsbilanz *ohne* Wechselkursänderung wieder ins Gleichgewicht zu bringen. Deutschland führte durch eine Änderung seiner Mehrwertsteuerregelung für Exporte und Importe praktisch eine «Exportsteuer» und eine «Importsubvention» von je 4 Prozent ein und begrenzte den internationalen Kapitalverkehr durch eine Genehmigungspflicht für bestimmte Kapitaltransaktionen sowie durch Einführung einer Mindestreservepflicht von 100 % für Einlagen von Devisenausländern[76]. Frankreich führte am 24. November 1968 die erst kurz zuvor aufgehobenen Devisenkontrollen erneut ein,

[75] Die «Geschichte» der Koordinierungsversuche der Wirtschafts- und Währungspolitik in der EG bis 1971 wurde von Bela Balassa eindrucksvoll beschrieben und interpretiert. Vgl. B. Balassa, Monetary Integration..., a.a.O., S. 93 ff.
Zu diesem Ergebnis kommen auch Müller-Armack und Willgerodt. Vgl. A. Müller-Armack u. a., Stabilität..., a.a.O., S. 70 ff., und H. Willgerodt u. a., Wege und Irrwege..., a.a.O., S. 49 ff.

[76] Vgl. Zweiter Gesamtbericht der EG, 1968, Ziff. 122, S. 118 f.

führte Exporthilfen ein und machte ab Sommer 1968 von der Möglichkeit einer Importkontingentierung bei bestimmten Gütern Gebrauch, die ungefähr ein Fünftel seiner Importe von den EWG-Partnern betrugen[77].

Obwohl diese Massnahmen nur relativ kurze Zeit angewandt wurden[78], machten sie doch deutlich, dass ohne eine *im Ergebnis gemeinsame* Wirtschafts- und Währungspolitik (komme sie nun aufgrund einer erfolgreichen Koordinierung der nationalen Politiken zustande oder aber gleich durch Einführung einer gemeinsamen Wirtschafts- und Währungspolitik) das primäre Ziel des EWG-Vertrags und das bis dahin erzielte wichtigste Ergebnis der Integrationsbemühungen der EG-Staaten, nämlich der Gemeinsame Markt, permanent latent gefährdet ist. Dabei zeigte sich schon bald, nämlich nach Durchführung der Abwertung des französischen Franc und der Aufwertung der DM im Jahre 1969, dass der Gemeinsame Markt auch bei Wechselkursänderungen, d. h. bei an sich marktkonformen Massnahmen zum Ausgleich der Zahlungsbilanz, bedroht ist[79]. Diese Erfahrung und die Tatsache, dass freiwillige Koordinierungsbemühungen im Bereich der Währungspolitik nicht zum Erfolg führen, sondern unter Konfliktsituationen immer wieder versagt haben, beeinflusste massgeblich die Entstehung des politischen Wunsches, die Europäische Gemeinschaft zu einer Wirtschafts- und Währungsunion weiterzuentwickeln.

Der *politische Wille*, die wirtschaftliche Integration in Europa durch die Errichtung einer Wirtschafts- und Währungsunion weiterzuführen und zu vollenden, entstand also just in dem Augenblick, als den politisch Verantwortlichen in den Mitgliedstaaten der EG bewusst wurde, dass die de-facto-Währungsunion, die durch das funktionierende Bretton Woods-System in Europa zehn Jahre lang bestanden hatte, bedroht bzw. schon zerbrochen war. Im Gegensatz zu vorher, wo mangelnder politischer Wille zur Koordinierung der Währungspolitik und mangelnde politische Aktivität durch die Funktionsmechanismen des Bretton Woods-

[77] Vgl. B. Balassa, Monetary Integration..., a.a.O., S. 97, sowie Zweiter Gesamtbericht der EG, 1968, Ziff. 18 ff., S. 39 ff., und Ziff. 123, S. 119 ff.

[78] Nach Abwertung des französischen Franc am 10. August 1969 und der Aufwertung der DM am 27. Oktober 1969 wurden sie grösstenteils wieder aufgehoben, teilweise auch schon früher

[79] Die Währungsausgleichsbeträge im Agrarbereich wurden 1969, nur knapp ein Jahr, nachdem der gemeinsame Agrarmarkt voll verwirklicht worden war, eingeführt, um die Folgen aus den Wechselkursänderungen von Franc und DM für die Bauern dieser Länder zu «neutralisieren». Es ist bis heute nicht gelungen, diese Ausgleichsbeträge wieder abzuschaffen. Sie wirken bis heute wie Zölle an den innergemeinschaftlichen Grenzen und verhindern bis heute, dass das Ziel der gemeinsamen Agrarpolitik, ein in der gesamten EG (auch in nationalen Währungen gerechnet) einheitliches Agrarpreisniveau zu verwirklichen, erreicht werden konnte. Die Bedrohung des Gemeinsamen Marktes und die Notwendigkeit einer verstärkten Integration wurde von der Kommission damals klar erkannt. In ihrem Memorandum vom 12. Februar 1969 («Barre-Plan») stellt sie fest:
«Die Gemeinschaft kann daher nicht auf dem heute erreichten Stand verharren. Entweder lässt sie unter dem Druck auseinanderstrebender Kräfte, die sich bereits bemerkbar machen, zu, dass paradoxerweise ihre Einheit gerade zu dem Zeitpunkt aufgeweicht wird, in dem die Zollunion unter grossen Anstrengungen verwirklicht wurde, und der rasche technologische Fortschritt die Vorteile eines grossen einheitlichen Marktes ständig wachsen lässt, oder es gelingt ihr, im Rahmen der bestehenden Institutionen die nationalen Wirtschaftspolitiken in befriedigender Weise aufeinander abzustimmen, und dadurch zum Vorteil aller Mitgliedstaaten die bereits erzielten Ergebnisse zu konsolidieren und zu verbessern, mit dem Ziel, das vorhandene Wirtschaftspotential rascher zu entwickeln und effizienter zu nutzen.»
Vgl. Memorandum der Kommission an den Rat über die Koordinierung der Wirtschaftspolitik und die Zusammenarbeit in Währungsfragen innerhalb der Gemeinschaft vom 12. Februar 1969, Sonderbeilage zum Bull.EG 3–1969, S. 6

Systems ersetzt wurden, befanden sich die Verantwortlichen der EG-Mitgliedstaaten nach Gewinnung ihrer währungspolitischen Autonomie nunmehr vor der neuen Situation, dass jede nationale geld- und währungspolitische Aktion nachhaltige (d. h. gleichgewichtsbeeinflussende) Wirkungen hatte. Damit erzielte aber jede währungspolitische Massnahme eines Mitgliedstaates der EG, die nicht mit den übrigen EG-Partnern koordiniert war, im Prinzip eine desintegrierende Wirkung, nämlich immer dann, wenn sie nicht gerade zufällig zu den Massnahmen der übrigen EG-Staaten passte. Die währungspolitische Integration wurde durch diese neue Situation für die Verantwortlichen in der EG zu einer politischen Aufgabe[80]. Die durch den Zusammenbruch des Bretton Woods-Systems verlorengegangenen ökonomischen monetären Integrationseffekte müssen nunmehr durch eine politisch gewollte und angestrebte monetäre Integration ersetzt werden. Diese Aufgabe wurde bis heute nicht gelöst.

[80] Die Situation ist vergleichbar mit der Wirtschaftspolitik im Goldwährungssystem. Das Goldwährungssystem konnte nur so lange funktionieren, als jedes Land sich seinen Funktionsmechanismen unterwarf. Dies geschah so lange, als die beteiligten Länder daran glaubten, dass die «unsichtbare Hand» der ökonomischen Mechanismen die Wirtschaft schon «richtig» lenken würde, bzw. so lange, als man nicht wusste, wie man eine aktive Vollbeschäftigungs-, Preis- und Zahlungsbilanzpolitik durchführt. Als man gelernt hatte, wie man die wirtschaftspolitischen Ziele aktiv ansteuert, war die Zeit der passiven Verhaltensweise und damit die Zeit der Funktionsfähigkeit des Goldwährungssystems vorbei

4 Der erste Versuch zur Errichtung einer Wirtschafts- und Währungsunion[1]

4.1 Der Beschluss zur Errichtung einer Wirtschafts- und Währungsunion

Am 1. und 2. Dezember 1969 beschlossen die Staats- und Regierungschefs der damals noch sechs EG-Staaten angesichts ihrer währungspolitischen Erfahrungen in der Gemeinschaft in den Jahren 1968 und 1969 auf der Gipfelkonferenz in Den Haag die stufenweise Errichtung einer Wirtschafts- und Währungsunion. Im Schlusskommuniqué, das im Anschluss an diese Konferenz veröffentlicht wurde[2], wurde unter Punkt 8 des Kommuniqués festgehalten:

«Sie (die Staats- bzw. Regierungschefs, der Verf.) bekräftigen ihren Willen, den für die Stärkung der Gemeinschaften und für ihre Entwicklung zur Wirtschaftsunion erforderlichen weiteren Ausbau beschleunigt voranzutreiben. Sie sind der Auffassung, dass der Prozess der Integration zu einer Gemeinschaft der Stabilität und des Wachstums führen muss. Zu diesem Zweck sind sie übereingekommen, dass im Rat, ausgehend vom Memorandum der Kommission vom 12. Februar 1969 und in enger Zusammenarbeit mit dieser, im Laufe des Jahres 1970 ein Stufenplan für die Errichtung einer Wirtschafts- und Währungsunion ausgearbeitet wird.

Die Entwicklung der Zusammenarbeit in Währungsfragen sollte sich auf die Harmonisierung der Wirtschaftspolitik stützen.

Sie sind übereingekommen, die Möglichkeit der Errichtung eines europäischen Reservefonds prüfen zu lassen, zu dem eine gemeinsame Wirtschafts- und Währungspolitik hinführen müsste.»[3]

In ihrem Memorandum vom 12. Februar 1969, das auf den damaligen Vizepräsidenten der Kommission und jetzigen französischen Ministerpräsidenten Raymond Barre zurückging und dessen Vorschläge später als «Barre-Plan» in die Währungsgeschichte der Europäischen Gemeinschaft eingegangen sind, hatte die Kommission dem Rat eine Konzertierung der mittelfristigen Wirtschaftspolitik und eine bessere Koordinierung der kurzfristigen Wirtschaftspolitik sowie die Schaffung eines kurzfristigen und eines mittelfristigen Währungsbeistands als Kern eines Gemeinschaftsmechanismus zur währungspolitischen Zusammenarbeit vorgeschlagen[4].

Der Beschluss der Staats- bzw. Regierungschefs, die Europäische Gemeinschaft zu einer Wirtschafts- und Währungsunion weiterzuentwickeln, und der Auftrag, im Laufe des Jahres 1970 einen Stufenplan ausarbeiten zu lassen, setzte eine Diskussion über den «richtigen» Weg zur Errichtung einer Wirtschafts- und Währungsunion in Gang. Dabei kristallisierten sich zwei gegensätzliche Positionen heraus, die auch heute noch Aktualität besitzen,

- die der sog. «Monetaristen» und
- die der sog. «Ökonomisten» bzw. «Strukturalisten»[5].

[1] Der erste Versuch zur Errichtung einer Wirtschafts- und Währungsunion wurde vom Verfasser auch in seinem Buch «Die Europäische Gemeinschaft» (a.a.O., S. 48 ff.) ausführlich dargestellt. Das folgende Kapitel lehnt sich teilweise eng an jene Ausführungen an

[2] Der Wortlaut des Schlusskommuniqués der Konferenz der Staats- und Regierungschefs vom 1. und 2. Dezember 1969 in Den Haag ist im Anhang des Dritten Gesamtberichts der EG, 1969, S. 527 ff., abgedruckt

[3] Siehe ebenda, S. 529

[4] Vgl. Memorandum der Kommission an den Rat über die Koordinierung der Wirtschaftspolitik und die Zusammenarbeit in Währungsfragen innerhalb der Gemeinschaft vom 12. Februar 1969, a.a.O.

[5] Die Begriffe «Monetaristen» und «Ökonomisten» sind offenbar von der Presse geprägt

Die sog. «Monetaristen» sind der Auffassung, dass eine Wirtschafts- und Währungsunion am einfachsten dadurch erreicht werden könne, dass man die Wechselkurse zwischen den verschiedenen Gemeinschaftswährungen unwiderruflich fixiert und die Bandbreiten zwischen den Wechselkursen vollständig beseitigt. Diese währungspolitische Einigung sollte als Motor für die übrige Integration dienen. Insbesondere würde eine derartige unwiderrufliche Fixierung der Wechselkurse nach dieser sog. «Motortheorie» eine stärkere Koordinierung der Wirtschaftspolitik, insbesondere der Geld- und Währungspolitik (letztere gegenüber Drittländern) erzwingen. Die Monetaristen sehen also in der Fixierung der Wechselkurse und einer auf diese Weise geschaffenen Währungsunion ein Vehikel zur Vollendung der wirtschaftlichen Integration in der EG.
Die sog. «Ökonomisten» bzw. «Strukturalisten» vertreten dagegen die Meinung, dass man eine Wirtschafts- und Währungsunion nur am Ende eines wirtschaftlichen Integrationsprozesses erreichen könne, nachdem vorher nicht nur die volle Mobilität aller Güter und Produktionsfaktoren, d.h. insbesondere auch ein freier Kapitalverkehr, erreicht worden ist, sondern auch vorher eine gemeinsame Wirtschaftspolitik, insbesondere eine gemeinsame Geld- und Währungspolitik, eingeführt wurde. Dann könne man – sozusagen als «Krönung» dieses Integrationsprozesses – am Ende die Wechselkurse zwischen den Gemeinschaftswährungen unwiderruflich fixieren und schliesslich durch eine einzige Gemeinschaftswährung ersetzen. Nach Meinung der Ökonomisten führt also der Weg zu einer Wirtschafts- und Währungsunion über eine enge bindende Koordinierung der Wirtschafts- und Währungspolitik der Mitgliedstaaten und die Einführung einer gemeinsamen Wirtschafts- und Währungspolitik zu der Möglichkeit einer unwiderruflichen Fixierung der Wechselkurse und der Einführung einer einzigen Gemeinschaftswährung[6].
Der Beschluss der Staats- und Regierungschefs der Mitgliedstaaten der EG auf der Haager Gipfelkonferenz, die Europäische Gemeinschaft nach einem Stufenplan zu einer Wirtschafts- und Währungsunion weiterzuentwickeln, führte ausserdem zu einer Reihe von Vorschlägen bzw. Stufenplänen von den verschiedensten Stellen, die alle als Endziel eine gemeinsame Währung und die Errichtung eines europäischen «Federal-Reserve-Systems» zum Inhalt hatten, dem die währungspolitischen Kompetenzen der EG-Mitgliedstaaten übertragen werden sollten. Die stufenweise Entwicklung bis zu dieser Endphase wurde jedoch in unterschiedlicher Weise konzipiert, wobei jeder Stufenplan in unterschiedlichem Ausmass Elemente des von den «Monetaristen» und «Ökonomisten» vorgeschlagenen Weges enthielt und miteinander verband[7].

worden. In die wissenschaftliche Literatur hat sie wohl als erster H. R. Krämer eingeführt. Vgl. Hans R. Krämer, Die Bemühungen der EWG um die Errichtung einer Währungsunion, in: Herbert Giersch (Hrsg.), Integration durch Währungsunion?, Tübingen 1971, S. 78–105, hier S. 104

[6] Eine detaillierte Erörterung dieser beiden Positionen befindet sich bei Otmar Emminger, Die Rolle der Währungspolitik in der europäischen Integration, in: H. Giersch (Hrsg.), Integration..., a.a.O., S. 67–77

[7] Eine Darstellung der verschiedenen, damals diskutierten Pläne findet sich bei Hans R. Krämer, Die Bemühungen der EWG um die Errichtung einer Währungsunion. Kieler Diskussionsbeiträge Nr. 6, Kiel 1970, insbesondere S. 10–23; derselbe, Die Bemühungen der EWG um die Errichtung einer Währungsunion, in: H. Giersch (Hrsg.), Integration..., a.a.O., S. 89ff., sowie bei D. Gehrmann und S. Harmsen, Monetäre Integration in der EWG, Hamburg 1972. Hier finden sich die Pläne zum Teil wiederabgedruckt. Auch bei H. Willge-

Auch auf Gemeinschaftsebene wurde in den folgenden Monaten eine ganze Anzahl von Aktionen unternommen, um die Beschlüsse der Haager Gipfelkonferenz zu verwirklichen[8]. Bereits am 26. Januar 1970 legte der Ministerrat ein Konsultationsverfahren für die Koordinierung der kurzfristigen Wirtschaftspolitik fest und einigte sich auf ein System eines kurzfristigen Währungsbeistands in der Gemeinschaft. Im Gefolge dieser Einigung wurde am 9. Februar 1970 zwischen den Zentralbanken der Mitgliedstaaten der Europäischen Wirtschaftsgemeinschaft ein Abkommen über den kurzfristigen Währungsbeistand geschlossen[9]. Am 6. März schliesslich beauftragte der Rat eine Kommission unter Leitung des damaligen luxemburgischen Premierministers Pierre Werner, einen Stufenplan für die Errichtung einer Wirtschafts- und Währungsunion in Europa auszuarbeiten. Der Werner-Ausschuss legte im Mai einen vorläufigen und am 8. Oktober 1970 seinen endgültigen Bericht vor[10]. Dieser Bericht hat als sog. «Werner-Bericht» Berühmtheit erlangt und ist unter dieser Bezeichnung in die Geschichte der Europäischen Gemeinschaft eingegangen.

4.2 Der Werner-Plan zur Errichtung einer Wirtschafts- und Währungsunion

4.2.1 Das Konzept der Wirtschafts- und Währungsunion im Werner-Bericht[11]

Nach dem «Werner-Bericht» soll die Europäische Gemeinschaft nach Überführung der Gemeinschaft in eine Wirtschafts- und Währungsunion eine Zone bilden, in der sich der Personen-, Güter-, Dienstleistungs- und Kapitalverkehr frei und ohne Wettbewerbsverzerrungen vollzieht. Ausserdem soll sie einen eigenständigen Währungsraum bilden, der durch die volle und irreversible Konvertierbarkeit der Währungen, die Beseitigung der Bandbreiten der Wechselkurse und die unwiderrufliche Festsetzung der Paritäten gekennzeichnet ist und ein gemeinschaftliches Zentralbanksystem besitzt.
Die Schaffung eines solchen Währungsraums ist nach Meinung der Werner-Gruppe technisch gesehen unter Beibehaltung verschiedener nationaler Geldzeichen möglich, doch sprechen psychologische und politische Gründe dafür, dass die Schaffung einer europäischen Wirtschafts- und Währungsunion durch die Einführung einer Gemeinschaftswährung gekrönt wird, um die Irreversibilität des Integrationsprozesses zu demonstrieren.
Um den Zusammenhalt der Wirtschafts- und Währungsunion zu sichern, müssen nach Meinung des Werner-Ausschusses Zuständigkeiten von nationaler Ebene

rodt u. a., Wege und Irrwege..., a.a.O., S. 79 ff., werden einige der Pläne erörtert und analysiert

8 Eine übersichtliche Chronik über den Weg der Europäischen Gemeinschaft zur Wirtschafts- und Währungsunion bis 1971 ist im Bull. EG 4-1971, Erster Teil, I. Kap., S. 11 ff., enthalten

9 Inhalt und Umfang des damals beschlossenen kurzfristigen Währungsbeistands und der Koordinierungsmassnahmen sind bei Hans M. Mayrzedt, Die wirtschafts- und währungspolitische Zusammenarbeit..., a.a.O., S. 24 ff., dargestellt

10 Der vorläufige Bericht wurde veröffentlicht als: Zwischenbericht über die stufenweise Verwirklichung der Wirtschafts- und Währungsunion, «Werner-Bericht», Beilage zum Bull. EG 7-1970; der endgültige Bericht als: Bericht an Rat und Kommission über die stufenweise Verwirklichung der Wirtschafts- und Währungsunion in der Gemeinschaft, «Werner-Bericht» (endgültiger Text), Sonderbeilage zum Bull. EG 11-1970

11 Vgl. «Werner-Bericht» (endgültiger Text), a.a.O., S. 9 ff.

auf Gemeinschaftsebene übertragen werden. So wird es nach Meinung dieses Ausschusses unerlässlich sein, dass die wichtigsten Entscheidungen auf dem Gebiet der Geld- und Währungspolitik zentralisiert werden. Darüber hinaus wird über die Leitlinien der Konjunkturpolitik auf Gemeinschaftsebene beschlossen werden müssen. Dagegen ist nach Meinung der Werner-Gruppe trotz der grossen Bedeutung der Haushaltspolitik für die Steuerung der gesamtwirtschaftlichen Entwicklung bei der Haushaltspolitik jeder übermässige Zentralismus zu vermeiden. Vielmehr sollte die Haushaltspolitik auch in einer vollendeten Wirtschafts- und Währungsunion mit Hilfe von haushalts- und steuerpolitischen Instrumenten auf nationaler Ebene, allerdings nach gemeinschaftlichen Richtlinien, erfolgen. Eine grosse Bedeutung misst der Werner-Ausschuss in einer Wirtschafts- und Währungsunion schliesslich einer gemeinsamen Struktur- und Regionalpolitik bei. Da die Verwirklichung des gesamtwirtschaftlichen Gleichgewichts durch zu grosse strukturelle Unterschiede ernsthaft gefährdet werden kann, wird es erforderlich sein, durch finanzielle Ausgleichsmassnahmen, d.h. durch einen horizontalen Finanzausgleich im Rahmen einer gemeinschaftlichen Struktur- und Regionalpolitik, die strukturellen Unterschiede in den verschiedenen Regionen der Europäischen Gemeinschaft zu verringern.
Die Wirtschafts- und Währungsunion ist somit nach dem «Werner-Bericht» vor allem mit folgenden Konsequenzen verbunden:

- Zwischen den Gemeinschaftswährungen muss die vollständige und irreversible Konvertibilität ohne Kursschwankungen und zu unveränderlichen Paritätsverhältnissen gesichert sein oder sie werden – was besser wäre – durch eine einzige Gemeinschaftswährung ersetzt.
- Die Liquiditätsschöpfung im gesamten Währungsraum und die Geld- und Kreditpolitik müssen zentral gesteuert werden.
- Die Währungspolitik gegenüber der Aussenwelt ist Sache der Gemeinschaft.
- Die Kapitalmarktpolitik der Mitgliedstaaten muss vereinheitlicht sein.
- Die Eckwerte der öffentlichen Gesamthaushalte, insbesondere die Änderung ihres Volumens, die Grösse der Salden sowie die Art ihrer Finanzierung oder Verwendung müssen auf Gemeinschaftsebene festgelegt werden.
- Die Regional- und Strukturpolitik kann nicht mehr ausschliesslich Aufgabe der Mitgliedsländer sein.
- Es muss auf Gemeinschaftsebene eine systematische und regelmässige Konsultation der Sozialpartner sichergestellt werden.

Die Verwirklichung einer solchen Wirtschafts- und Währungsunion erfordert nach Meinung des «Werner-Berichts» auch institutionelle Reformen in der Europäischen Gemeinschaft. So erscheinen der Werner-Gruppe in der Endphase zwei weitere Gemeinschaftsorgane erforderlich: ein wirtschaftspolitisches Entscheidungsgremium und ein gemeinschaftliches Zentralbanksystem. Beide Institutionen müssen mit effektiver Entscheidungsgewalt ausgestattet sein, um ihre Aufgaben voll erfüllen zu können. Dabei muss das wirtschaftspolitische Entscheidungsgremium dem Europäischen Parlament gegenüber politisch verantwortlich sein.

4.2.2 Der Stufenplan

Eine solche Wirtschafts- und Währungsunion ist natürlich nicht ohne Übergang zu verwirklichen. Sie muss vielmehr schrittweise entwickelt werden. Dies war auch der Grund, weshalb die Staats- und Regierungschefs in Den Haag beschlossen, einen Stufenplan ausarbeiten zu lassen.

Der «Werner-Bericht» schlägt die Errichtung einer Wirtschafts- und Währungsunion in zwei Stufen vor[12]. Die erste Stufe sollte am 1. Januar 1971 beginnen und drei Jahre dauern. In dieser ersten Stufe sollte insbesondere eine Verstärkung der Koordination der Wirtschaftspolitik und eine engere Zusammenarbeit auf währungspolitischem Gebiet erfolgen. Im einzelnen schlug der Bericht im wesentlichen folgende Massnahmen vor:

1. Es sollen Vorab-Konsultationen auf dem Gebiet der mittelfristigen Wirtschaftspolitik, der Konjunkturpolitik, der Haushaltspolitik und der Währungspolitik zwingend vorgeschrieben werden.
2. Der Rat sollte mindestens dreimal jährlich zusammentreten, um auf Vorschlag der Kommission die grossen Linien der Wirtschaftspolitik auf Gemeinschaftsebene zu erarbeiten.
3. Es muss eine Möglichkeit geschaffen werden, hochgestellte Vertreter der Regierungen und der Zentralbanken rasch einzuberufen. Unter den Zentralbanken sollten ausserdem ebenfalls Vorab-Konsultationen eingeführt werden.
4. Zur Verstärkung der Solidarität innerhalb der Gemeinschaft im Devisenbereich sollten die Zentralbanken versuchen, mit Beginn der ersten Stufe die Kursschwankungen zwischen den Gemeinschaftswährungen in engeren Margen zu halten, als es nach den international geltenden Regeln notwendig wäre. Dieses Ziel sollte durch ein konzertiertes Vorgehen gegenüber dem Dollar erreicht werden.

Das Ziel dieses letzten Punktes sollte durch die Einführung eines eigenständigen Wechselkurssystems innerhalb der Gemeinschaft erreicht werden. In diesem System sollten die Bandbreiten, zwischen denen die Kurse der Gemeinschaftswährungen frei schwanken können, durch abgestimmte Interventionen in Dollar und Gemeinschaftswährungen an den Devisenbörsen verringert werden. Die Verringerung der Bandbreiten sollte der erste Schritt zu unveränderlichen festen Wechselkursen zwischen den Gemeinschaftswährungen sein.

In der anschliessenden zweiten Stufe sollten dann auf einer ganzen Reihe von Gebieten und in zunehmend verbindlicheren Formen die in der ersten Stufe in Angriff genommenen Aktionen fortgeführt werden. Ausserdem sollte spätestens in der zweiten Stufe zur Verstärkung der innergemeinschaftlichen Bindungen auf währungspolitischem Gebiet unter der Verantwortung der Zentralbanken ein Europäischer Fonds für währungspolitische Zusammenarbeit als Vorläufer des gemeinschaftlichen Zentralbanksystems der Endstufe geschaffen werden. Die einzelnen Massnahmen sollten auf einer Regierungskonferenz vor Ende der ersten Stufe beschlossen werden. Auf dieser Konferenz sollten auch die erforderlichen institutionellen Änderungen beschlossen werden. Für die Verwirklichung des Zieles der Errichtung einer Wirtschafts- und Währungsunion wurde von der Werner-Gruppe der Zeitraum bis 1980 als realistisch bezeichnet, «sofern der auf der Haager Konferenz feierlich verkündete politische Wille der Mitgliedstaaten, dieses Ziel zu verwirklichen, vorhanden ist.»[13]

[12] Vgl. «Werner-Bericht» (endgültiger Text), a.a.O., S. 29ff.
[13] Vgl. «Werner-Bericht» (endgültiger Text), a.a.O., S. 15

4.3 Die Ratsbeschlüsse zur stufenweisen Verwirklichung der Wirtschafts- und Währungsunion

Die Vorschläge des Werner-Berichts wurden sowohl von der Kommission als auch von den meisten Mitgliedstaaten überwiegend positiv aufgenommen. Lediglich in Frankreich wurde der Bericht betont reserviert aufgenommen. Der Werner-Bericht hatte nämlich deutlich gemacht, dass die Wirtschafts- und Währungsunion ohne eine wesentliche Kompetenzerweiterung der bestehenden Gemeinschaftsorgane sowie ohne Einführung neuer, mit supranationalen Kompetenzen ausgestatteter Gemeinschaftsorgane nicht zu verwirklichen ist[14]. Zu derart weitgehenden Bindungen war aber insbesondere Frankreich bis dahin nicht bereit gewesen[15].

Inhaltlich stellten die Vorschläge des Werner-Berichts einen Kompromiss zwischen der Position der «Monetaristen» und der Position der «Ökonomisten» dar[16]. Von den insgesamt 11 Punkten, die nach Meinung des Werner-Berichts innerhalb der ersten Stufe durchgeführt werden sollten, betrafen 7 Punkte Massnahmen, durch die eine bessere Koordinierung der Wirtschafts- und Währungspolitik bewirkt werden sollte, zwei Punkte die Einführung eines eigenständigen Wechselkurssystems und zwei Punkte die erforderlichen Massnahmen, um den Übergang zur zweiten Stufe einzuleiten. Insbesondere sollte die Errichtung eines «Europäischen Fonds für währungspolitische Zusammenarbeit» als «Vorläufer des gemeinschaftlichen Zentralbanksystems der Endstufe»[17] erst in der zweiten Stufe ins Leben gerufen werden. Eine möglicherweise frühere Errichtung machte der Werner-Bericht ausdrücklich von «der Erfahrung mit der Bandbreitenverringerung und den Fortschritten bei der Konvergenz der Wirtschaftspolitik» abhängig[18].

Trotz der französischen Bedenken gegen die institutionellen Konsequenzen einer Wirtschafts- und Währungsunion wurde aber sowohl das im Werner-Bericht anvisierte Ziel als auch der darin vorgeschlagene Stufenplan vom Rat im Grundsatz voll akzeptiert. Auf seiner Tagung am 8. und 9. Februar 1971 einigte sich der Rat auf die Annahme einer Entschliessung über die stufenweise Verwirklichung der Wirtschafts- und Währungsunion in der Gemeinschaft[19]. Darin bekundeten der Rat und die Vertreter der Regierungen der Mitgliedstaaten ihren

[14] So steht im Werner-Bericht ganz klar: «Um den Zusammenhalt der Wirtschafts- und Währungsunion zu sichern, werden Zuständigkeiten von nationaler Ebene auf Gemeinschaftsebene übertragen werden müssen. Diese Übertragungen werden sich in dem für die Wirksamkeit der Gemeinschaftsaktion erforderlichen Rahmen halten und sämtliche Politiken betreffen müssen, die für die Verwirklichung des gesamtwirtschaftlichen Gleichgewichts entscheidend sind. Ausserdem werden die wirtschaftspolitischen Instrumentarien auf den verschiedenen Gebieten harmonisiert werden müssen.»
Vgl. «Werner-Bericht» (endgültiger Text), a.a.O., S. 10

[15] Vgl. Hans M. Mayrzedt, Die wirtschafts- und währungspolitische Zusammenarbeit..., a.a.O., S. 40f., und B. Balassa, Monetary Integration..., a.a.O., S. 99

[16] Als Anhänger der «monetaristischen» Position – wenn auch in unterschiedlichem Masse und in keinem Fall in ihrer strikten Form – galten die Franzosen, Belgier, Luxemburger und die Kommission; dagegen vertraten die Deutschen und die Niederländer im wesentlichen die Position der «Ökonomisten»

[17] Vgl. «Werner-Bericht» (endgültiger Text), a.a.O., S. 31

[18] Vgl. ebenda, S. 31

[19] Der Wortlaut der Entschliessung des Rates und der Vertreter der Regierungen der Mitgliedstaaten vom 9. Februar 1971 über die stufenweise Verwirklichung der Wirtschafts- und Währungsunion in der Gemeinschaft ist im Bull.EG 4-1971, S. 20ff., veröffentlicht

politischen Willen, «im Laufe der nächsten zehn Jahre nach einem am 1. Januar 1971 beginnenden Stufenplan eine Wirtschafts- und Währungsunion zu schaffen»[20].
In einer ersten Stufe von drei Jahren sollte dabei im wesentlichen eine umfassende Koordinierung der Wirtschaftspolitik, eine stärkere Koordinierung der Geld- und Kreditpolitik sowie eine weitgehende Harmonisierung der Steuern, insbesondere der Mehrwertsteuer, der wichtigsten Verbrauchssteuern, der Quellensteuern auf Zinsen und Dividenden und der Struktur der Körperschaftssteuern, erreicht werden. Ausserdem sollten die Zentralbanken der Mitgliedstaaten ersucht werden, «durch eine abgestimmte Aktion gegenüber dem Dollar die Wechselkursschwankungen zwischen Währungen der Mitgliedstaaten schon zu Beginn der ersten Stufe versuchsweise innerhalb engerer Bandbreiten zu halten als sie sich aus der Anwendung der für den US-Dollar geltenden Bandbreiten ergeben»[21]. Schliesslich beauftragte der Rat den Währungsausschuss und den Ausschuss der Zentralbankpräsidenten, bis spätestens 30. Juni 1972 einen Bericht über Errichtung, Aufgaben und Satzung eines «Europäischen Fonds für währungspolitische Zusammenarbeit» zu erstellen. Über Massnahmen, die zur vollständigen Verwirklichung der Wirtschafts- und Währungsunion noch erforderlich waren und die in späteren Stufen verwirklicht werden sollten, wollte man sich später einigen.
Neben der Übereinkunft über die allgemeine Entschliessung, die vom Rat und den Vertretern der Mitgliedstaaten endgültig am 22. März 1971 verabschiedet wurde[22], beschloss der Rat auf der Tagung vom 8. und 9. Februar darüber hinaus die Schaffung eines mittelfristigen finanziellen Beistands sowie eine verstärkte Abstimmung der kurzfristigen Politiken der Mitgliedstaaten und eine verstärkte Zusammenarbeit der Zentralbanken[23].

4.4 Das Scheitern des ersten Versuchs zur Errichtung einer Wirtschafts- und Währungsunion

Nahziel der Ratsentschliessung vom 9. Februar 1971 war eine verstärkte Koordinierung der Wirtschafts- und Währungspolitik zwischen den Mitgliedstaaten der Gemeinschaft und die Verengung der Bandbreiten zwischen den Gemeinschaftswährungen durch Einführung eines europäischen Währungsverbunds. Diese Beschlüsse zur stufenweisen Verwirklichung der Wirtschafts- und Währungsunion erwiesen sich in der Folgezeit allerdings wegen der internationalen Währungskrise im Jahre 1971 entweder als nicht durchführbar oder als Fehlschlag.
Die Erschütterung des Weltwährungssystems kündigte sich schon seit geraumer Zeit an und war sicherlich auch mit ein Grund für den Beschluss der sechs Staats-und Regierungschefs auf der Haager Gipfelkonferenz gewesen, den in der Gemeinschaft erreichten Integrationsstand durch Errichtung einer Wirtschafts- und Währungsunion zu bewahren und weiter zu vertiefen. Die Zeichen krisenhafter Zuspitzung mehrten sich, als in den ersten Monaten des Jahres 1971 den Zentralbanken der meisten westeuropäischen Industriestaaten grosse Mengen von Auslandsgeldern zuflossen. Besonders betroffen wurde die Deutsche Bundesbank, die für mehr als 18 Mrd. DM US-Dollar aufnehmen musste, davon allein für 8 Mrd. DM in den beiden letzten Tagen vor Schliessung der Devisenbörse am

[20] Siehe ebenda, S. 22
[21] Vgl. Bull.EG 4-1971, S. 25
[22] Vgl. Bull.EG 5-1971, Ziff. 13
[23] Vgl. Bull.EG 4-1971, Erster Teil, I. Kap. S. 27ff.

5. Mai 1971. Am 9. Mai 1971 gab daraufhin die Bundesregierung den Wechselkurs der DM vorläufig frei. Die Niederlande folgten dem deutschen Beispiel und gaben ebenfalls ihren Wechselkurs frei. Frankreich und Italien hielten zwar feste Paritäten zum Dollar aufrecht, entschlossen sich aber, ihre Devisenkontrollen zu verschärfen. Belgien schliesslich griff zu dem Mittel eines gespaltenen Devisenmarktes für Handels- und Finanztransaktionen. Diesen Massnahmen waren zwar Konsultationen und Beratungen auf einer Sondersitzung des Ministerrats am 8. und 9. Mai vorausgegangen, doch konnte dort über eine Gemeinschaftslösung keine Einigung erzielt werden[24]. Daraufhin versuchten die Regierungen der Mitgliedstaaten, durch nationale Massnahmen der Krise Herr zu werden. Damit musste aber auch der Plan, ab 15. Juni 1971 eine erste Bandbreitenverengung zwischen den Gemeinschaftswährungen vorzunehmen, zunächst einmal auf unbestimmte Zeit verschoben werden.
Die Spannungen auf den internationalen Devisenmärkten verschärften sich noch mehr, als der amerikanische Präsident Richard Nixon am 15. August 1971 die Umtauschpflicht des Dollars in Gold aufhob. Die Aufhebung der Konvertierbarkeit des Dollars führte zu einer Flucht aus dem Dollar. Daraufhin wurden die meisten europäischen Devisenbörsen geschlossen. Nachdem sich der Rat am 19. August 1971 wiederum nicht in der Lage sah, eine Einigung über ein gemeinsames Wechselkurssystem zu erzielen, ergriffen die Mitgliedstaaten abermals nationale Massnahmen, um der Währungskrise Herr zu werden[25]. Bis auf Frankreich gingen alle Gemeinschaftsländer zu flexiblen Wechselkursen über. Dabei gelang es aber nicht, sich auf ein gemeinsames Floating zu einigen. Vielmehr suchte jedes Land durch eigene Interventionen, die mit den EG-Partnern nicht abgestimmt waren, die Kursentwicklung seiner Währung unter Kontrolle zu behalten.
Eine Einigung über ein neues Wechselkursgefüge zwischen den Währungen der wichtigsten Industrieländer der westlichen Welt wurde erst auf einer Tagung der Minister und Zentralbankpräsidenten der Zehnergruppe am 17. und 18. Dezember 1971 in Washington erzielt[26]. Auf dieser Tagung einigte man sich im sog. Smithsonian-Abkommen vom 18. Dezember 1971 auf eine Rückkehr zu festen Wechselkursen und auf eine allgemeine Neufestsetzung der Paritäten. Ausserdem wurde vereinbart, die Bandbreite, innerhalb derer die Wechselkurse um die neuen Leitkurse (wie die Paritäten nunmehr genannt wurden) frei schwanken konnten, auf 4,5 % zu erweitern. Das bedeutete, dass die Währungen nunmehr bis zu 2,25 % gegenüber bisher 0,75 % nach beiden Seiten vom Leitkurs gegenüber dem Dollar abweichen konnten.
Für die europäischen Länder hatte diese Bandbreitenerweiterung den Nachteil, dass die sog. cross-rates, also die Kurse zwischen zwei Nicht-Dollar-Währungen, etwa EWG-Währungen, im Extremfall im Laufe der Zeit um bis zu 9 % schwanken konnten. Um solche erheblichen Schwankungen zwischen den Gemeinschafts-

[24] Die alternativen Gemeinschaftslösungen, die die Kommission im Laufe der Verhandlungen zur Diskussion stellte, wurden vom Vizepräsidenten der Kommission, Raymond Barre, in einer Rede vor dem Europäischen Parlament ausführlich dargestellt. Vgl. die Rede von Raymond Barre vor dem Europäischen Parlament am 18. Mai 1971, abgedruckt in: Bull.EG 6-1971, Erster Teil, I. Kap., S. 15ff.

[25] Vgl. das Kommuniqué des Rates vom 19. August 1971, abgedruckt in: Bull.EG 9/10-1971, Erster Teil, I. Kap., S. 41

[26] Die «Zehnergruppe» besteht aus den an den international bestehenden «Allgemeinen Kreditvereinbarungen» beteiligten Ländern, nämlich Belgien, der Bundesrepublik Deutschland, Frankreich, Grossbritannien, Italien, Japan, Kanada, den Niederlanden, Schweden und den Vereinigten Staaten

währungen zu vermeiden, beschloss daher der Ministerrat am 21. März 1972 erneut, die Bandbreiten zwischen den Gemeinschaftswährungen zu verringern[27]. Nach diesem Beschluss sollten die Zentralbanken der Mitgliedstaaten auf den jeweiligen Devisenmärkten so intervenieren, dass spätestens ab 1. Juli 1972 der Abstand zwischen den Währungen von zwei Mitgliedstaaten 2,25 % nicht mehr übersteigt. Ferner forderte der Rat den Währungsausschuss und den Ausschuss der Zentralbankpräsidenten auf, den in der Entschliessung vom 22. März 1971 angeforderten Bericht über Errichtung, Aufgaben und Satzung eines Europäischen Fonds für währungspolitische Zusammenarbeit bis zum 30. Juni 1972 vorzulegen, um vor Ende 1972 über die Schlussfolgerungen des Berichts beschliessen zu können.

Die Verengung der Bandbreiten zwischen den Währungen der Mitgliedstaaten wurde am 24. April 1972 in die Tat umgesetzt. Durch diese Bandbreitenverengung bildete sich ein europäischer Währungsverbund, dem nicht nur die Währungen der sechs EWG-Staaten angehörten, sondern dem sich auch die drei Beitrittsländer Grossbritannien, Irland und Dänemark mit ihren Währungen angeschlossen hatten. Sichtbares Ergebnis dieses Währungsverbunds war, dass sich nunmehr die Kurse aller Währungen der erweiterten Europäischen Gemeinschaft wie eine Schlange im Tunnel weitgehend parallel (als Schlange) gegenüber dem Dollar im Rahmen der im Smithsonian-Abkommen beschlossenen Bandbreite von 4,5 %(im Tunnel) bewegten[28].

Der «Schlange im Tunnel» war jedoch nur ein kurzes Leben beschieden. Bereits Mitte Juni 1972 setzte eine intensive Spekulation gegen das britische Pfund ein. Die Notenbanken der EWG-Länder intervenierten an den Devisenmärkten wie vereinbart. Trotzdem beschloss die britische Regierung am 23. Juni 1972, den Kurs ihrer Währung freizugeben. Mit Grossbritannien schied auch Irland, das mit Grossbritannien durch einen Währungsverbund verbunden war, aus der europäischen Währungsschlange aus. Ausserdem schied Dänemark vorübergehend aus der Schlange aus[29].

Eine neue Spekulationswelle gegen den Dollar entstand im Frühjahr 1973. Sie führte am 12. Februar 1973 zu einer Abwertung des Dollars um 10 %, aber auch zum Austritt Italiens aus der europäischen Währungsschlange am 13. Februar 1973. Die Abwertung des Dollars brachte jedoch nur eine vorübergehende Beruhigung. Bereits am 2. März mussten die Devisenbörsen wegen des massiven Devisenzustroms – vor allem wieder in die Bundesrepublik – wieder geschlossen werden. Nach intensiven Beratungen auf Gemeinschaftsebene und internationaler Ebene gingen am 19. März 1973 fast alle wichtigen Handelsstaaten der westlichen Welt zu flexiblen Wechselkursen über. Von den Mitgliedstaaten der Gemeinschaft

[27] Vgl. die Entschliessung des Rates und der Vertreter der Regierungen der Mitgliedstaaten vom 21. März 1972, abgedruckt in: Bull.EG 4-1972, S. 44ff.

[28] Zur Funktionsweise des Europäischen Wechselkursverbunds vgl. «Werner-Bericht» (endgültiger Text), a.a.O., S. 42ff.; den Artikel «Der Europäische Wechselkursverbund» in: Monatsberichte der Deutschen Bundesbank, Januar 1976, S. 23–30; Hans Christoph Binswanger, Das Deviseninterventionssystem der EWG und Kooperationsperspektiven für die Schweiz, in: F. E. Aschinger u.a., Der Europäische Währungsblock, a.a.O., S.45–59; sowie Christian Lutz, Die europäische Währungsschlange, in: Aussenwirtschaft, 29. Jahrg. 1974, S. 175–183
Eine kritische Beurteilung des Wechselkursverbunds enthält der Artikel «Die Lenkung der europäischen Währungsschlange» vom Département Central d'Economie et Statistique, Kredietbank SA, Brüssel, in: Aussenwirtschaft, 31. Jhrg. 1976, S. 184–194

[29] Am 10. Oktober 1972 kehrte Dänemark in den Währungsverbund zurück

begannen Deutschland, Frankreich, Dänemark und die Beneluxländer ein gemeinsames Blockfloating nach aussen. Die Gemeinschaftsländer Grossbritannien, Irland und Italien gingen zu einem isolierten Floating über. Dagegen schlossen sich die Nicht-EG-Länder Schweden und Norwegen dem europäischen Floatingblock als assoziierte Mitglieder an. Darüber hinaus ging Österreich dazu über, den Kurs seiner Währung durch eigene Devisenmarktinterventionen autonom an den Kursen des Floatingblocks auszurichten[30].

Mit dem endgültigen Zusammenbruch des Währungssystems von Bretton Woods und dem weltweiten Übergang zu flexiblen Wechselkursen hatte sich aber nicht nur das internationale Währungssystem grundlegend gewandelt, sondern hatte sich auch der europäische Währungsverbund erheblich verändert. Nachdem sich die Gemeinschaftsländer Grossbritannien, Italien und Irland nach dem weltweiten Übergang zu flexiblen Wechselkursen dem europäischen Wechselkursverbund gar nicht erst wieder angeschlossen hatten, ist danach auch Frankreich insgesamt zweimal aus dem Verbund ausgeschieden[31]. Schliesslich traten auch Schweden und Norwegen aus dem Verbund aus[32].

Wegen des Fehlens wichtiger Gemeinschaftsländer und andererseits der Mitgliedschaft auch von Nicht-EG-Staaten konnte man den europäischen Wechselkursverbund nach 1973 und die nach dem Ausscheiden Frankreichs übriggebliebene sog. «kleine europäische Währungsschlange» erst recht nicht mehr als Grundstein oder als ersten Schritt zu einer Wirtschafts- und Währungsunion bezeichnen. Vielmehr galt die «europäische Währungsschlange» wegen der Dominanz der DM in diesem Verbund zuletzt allgemein als ein neu entstandener DM-Block, in dem die DM in zunehmendem Masse eine Art Leitwährungsfunktion (nicht Reservewährungsfunktion) einnahm.

Daran hat auch die Errichtung des Europäischen Fonds für währungspolitische Zusammenarbeit, der am 1. Juni 1973 seine Tätigkeit aufnahm, nichts geändert. Vielmehr war der Europäische Fonds für währungspolitische Zusammenarbeit von Anfang an zu einem Schattendasein verurteilt, dessen Funktion sich tatsächlich weitgehend darauf beschränkte, «die Salden der auf den Märkten der Mitgliedsländer der Gemeinschaft durchgeführten Transaktionen zu erfassen, jede Zentralbank regelmässig darüber zu unterrichten und gegebenenfalls Transfer-und Kompensationsmöglichkeiten in Gemeinschaftswährungen und in Dollar anzuregen.»[33]

Der 1969 eingeleitete Versuch zur Errichtung einer Wirtschafts- und Währungs-

[30] Vgl. Geschäftsbericht der Deutschen Bundesbank für das Jahr 1972, S. 30

[31] Frankreich ist zum ersten Mal am 21. Januar 1974 aus dem europäischen Währungsverbund ausgeschieden und nach seinem Wiedereintritt am 10. Juli 1975 erneut am 15. März 1976

[32] Schweden verliess den Wechselkursverbund am 29. August 1977 und Norwegen am 12. Dezember 1978, d. h. zu dem Zeitpunkt, als das neue Europäische Währungssystem EWS zur Ablösung der europäischen Währungsschlange beschlossen worden war

[33] Vgl. «Werner-Bericht» (endgültiger Text), a.a.O., S. 25.
Tatsächlich fällt dem Fonds nach der vom Rat auf seiner Sitzung am 2. und 3. April 1973 verabschiedeten Verordnung zur Errichtung eines Europäischen Fonds für währungspolitische Zusammenarbeit nur die Aufgabe zu, «im Rahmen seiner Zuständigkeit
a) das Funktionieren des Systems der schrittweisen Verringerung der Bandbreiten zwischen den Gemeinschaftswährungen
b) die Interventionen in Gemeinschaftswährungen auf den Devisenmärkten
c) einen Saldenausgleich zwischen Zentralbanken im Hinblick auf eine konzertierte Reservenpolitik» zu fördern. Vgl. ABl. L 89 vom 5. 4. 1973, S. 2, wiederabgedruckt in: Europa-Archiv, 8/1973, S. D 181 ff.

union in Europa musste jedenfalls im Jahre 1974, als nach der im Oktober 1973 ausgebrochenen Ölkrise die Hoffnung auf baldige Fortschritte auf dem Gebiet der Währungspolitik vollends begraben werden musste, zunächst einmal als gescheitert angesehen werden. Mit der Feststellung einer von der Kommission eingesetzten Studiengruppe in ihrem Bericht «Wirtschafts- und Währungsunion 1980» im März 1975, dass sie das Ergebnis der seit 1969 unternommenen Bemühungen zur Errichtung einer Wirtschafts- und Währungsunion trotz gewisser Fortschritte technischer Art als einen Misserfolg ansieht[34], galten diese Bemühungen auch mehr oder weniger offiziell als gescheitert. Die Marjolin-Gruppe fasste in ihrem Bericht ihr Urteil wie folgt zusammen:

«Europa ist (Ende 1974, der Verf.) auf dem Wege zur Wirtschafts- und Währungsunion über den bereits 1969 erreichten Stand nicht hinausgekommen. Wenn überhaupt eine Entwicklung festgestellt werden kann, dann eine rückläufige. Das Europa der 60er Jahre stellte ein verhältnismässig ausgewogenes wirtschaftliches und monetäres Gefüge dar, das in den letzten Jahren auseinandergefallen ist. Die Wirtschafts- und Währungspolitik der einzelnen Mitgliedstaaten ist seit 25 Jahren nie so uneinheitlich, ja so gegensätzlich gewesen wie heute.

Die Wirklichkeit sieht heute so aus, dass jeder Mitgliedstaat auf eigene Faust die in seinem Lande auftretenden Probleme und Schwierigkeiten zu lösen bzw. zu überwinden versucht, ohne sich dabei um die Belange Europas als Gesamtheit zu kümmern. Die Diagnose erfolgt auf nationaler Ebene, die Massnahmen werden auf nationaler Ebene getroffen. Die Koordinierung der einzelstaatlichen Politik der Mitgliedstaaten ist ein frommer Wunsch, dem praktisch niemals Taten folgen.»[35]

4.5 Ursachen für das Scheitern des «Werner-Konzepts» zur Errichtung einer Wirtschafts- und Währungsunion

Im 2. Abschnitt dieses Kapitels wurde herausgearbeitet, dass der Werner-Plan einen Mittelweg zwischen dem von den sog. «Monetaristen» vorgeschlagenen Weg zur Errichtung einer Wirtschafts- und Währungsunion und dem der sog. «Ökonomisten» vorschlug. Auch die im Rat vereinigten Vertreter der Mitgliedstaaten einigten sich am 8. und 9. Februar 1971 auf diesen Mittelweg. Dieser Weg setzte sich aus zwei wesentlichen Elementen zusammen:

1. einer ausreichenden Koordinierung der Wirtschaftspolitik einschliesslich der Geld- und Währungspolitik der EG-Mitgliedstaaten und
2. der Errichtung eines «Europäischen Wechselkurssystems» mit festen Wechselkursen und nur engen Bandbreiten zwischen den Währungen der Mitgliedstaaten, das die Koordinierung der Wirtschafts- und Währungspolitik der Mitgliedstaaten der EG erleichtern, ergänzen und – soweit erforderlich – erzwingen sollte.

Diesem «Werner-Konzept» blieb im wesentlichen aus drei Gründen der Erfolg versagt[36]:

1. wegen der unerwarteten, widrigen Ereignisse Anfang der siebziger Jahre
2. wegen des mangelnden politischen Willens
3. wegen konzeptioneller Mängel im «Werner-Konzept».

Die widrigen Ereignisse gingen auf zwei Ursachen zurück. Zum einen entluden sich die gegen Ende der sechziger Jahre durch eine massive und fortgesetzte

[34] Vgl. Bericht der Studiengruppe «Wirtschafts- und Währungsunion 1980» («Marjolin-Bericht»), Brüssel, März 1975, S. 1
[35] Siehe «Marjolin-Bericht», a.a.O., S. 1f.
[36] Vgl. «Marjolin-Bericht», a.a.O., S. 3ff.

Ungleichgewichtspolitik der meisten grossen Industrieländer (die Bundesrepublik Deutschland eingeschlossen) im Bretton Woods-System aufgestauten Spannungen schneller und stärker als erwartet und verursachten eine internationale Währungskrise stärksten Ausmasses, in deren Verlauf sich die Wechselkursrelationen zwischen den Währungen der grossen westlichen Handelsnationen um bis zu 100% veränderten. Zum anderen wurde dieses internationale Ungleichgewicht und der gerade begonnene Suchprozess nach einem neuen internationalen Gleichgewicht von den internationalen Auswirkungen der im Herbst 1973 plötzlich eingetretenen Ölkrise überlagert, die eine plötzliche, radikale internationale Einkommensumverteilung und die grösste Rezession der Nachkriegsgeschichte zur Folge hatte.

Wie jede Krise hätten auch diese Krisen durch Kristallisation des latent vorhandenen Willens zu einem Fortschritt führen können. Grosse Dinge sind fast stets in Krisenzeiten geschehen. Somit hätten auch diese Krisen einen guten Anlass geboten, einen Sprung nach vorn zu tun[37].

Tatsächlich haben sie jedoch zu einem Rückschritt in der europäischen Integration geführt, weil «die Regierungen zu keinem Zeitpunkt wirklich versucht haben, diesen schwierigen Ereignissen gemeinsam zu begegnen. Ihr Wille kam nicht als ein europäischer Wille zum Ausdruck, sondern als eine Reihe von unzusammenhängenden einzelstaatlichen Willensäusserungen, wobei ein jeder trachtete, sich selbst, so gut er konnte, in Sicherheit zu bringen. Versuche, die verschiedenen Krisen durch eine gemeinsame Aktion zu bewältigen, waren zu zaghaft und blieben ohne Wirkung.»[38] Die Koordinierung der einzelstaatlichen Politik der Mitgliedstaaten blieb ein frommer Wunsch, dem praktisch niemals Taten folgten.

An konzeptionellen Mängeln enthielt der «Werner-Plan» im wesentlichen zwei entscheidende Widersprüche:

1. Der «Werner-Plan» berücksichtigte nicht genügend die ökonomische Tatsache, dass (externe) Wechselkurspolitik und (interne) Geld- und Kreditpolitik starke wechselseitige Auswirkungen haben. Statt dessen wurden die Geldpolitik und die Wechselkurspolitik (fälschlicherweise) als zwei voneinander unabhängige Instrumente der Währungspolitik angesehen. Nur so ist es erklärbar, dass der für die Annäherung der Bandbreiten der Wechselkurse innerhalb der Gemeinschaft gewählte Mechanismus – der europäische Wechselkursverbund (bzw. die «Schlange») – in Gang gesetzt wurde, ohne dass dafür eine tragfähige Grundlage in Form eines Netzes minimaler Vereinbarungen über die Steuerung der Geldmenge und die Handhabung anderer inländischer Politiken geschaffen worden war[39].

Tatsächlich erfolgt jedoch bei jeder Intervention der Zentralbank eines Landes am Devisenmarkt, in der Absicht, ein bestimmtes Wechselkursniveau zu halten, eine Geldschöpfung oder Geldvernichtung, je nachdem, ob ausländische Währungen gegen heimische Währung angekauft oder verkauft werden. Umgekehrt hat jede

[37] Vgl. «Marjolin-Bericht», a.a.O., S. 4

[38] Siehe ebenda, S. 4

[39] Vgl. «Marjolin-Bericht», a.a.O., S. 17. Die Meinung, dass die im europäischen Wechselkursverbund erfolgte währungspolitische Integration nicht ausreichend durch gemeinsame Aktionen im Bereich der internen Währungspolitik, d. h. der Geldpolitik, unterstützt wurde, wurde vorher auch schon von der Sachverständigengruppe «Wirtschafts- und Währungsunion» vertreten. Das Gutachten dieser von der EG-Kommission eingesetzten Sachverständigengruppe ist veröffentlicht als Teil I in: Europäische Wirtschaftsintegration und Währungsvereinigung, herausgegeben von der EG-Kommission, Brüssel, Oktober 1973. Vgl. hier: ebenda, S. 5

interne Geldschöpfung oder Geldvernichtung auch unmittelbare Auswirkungen auf das externe Gleichgewicht und damit auf die Wechselkurspolitik[40].
«Dieser einfache Tatbestand darf in keinem Vorschlag vernachlässigt werden, der auf stabilere Wechselkursbeziehungen innerhalb der Gemeinschaft abzielt. Eine innergemeinschaftliche Zusammenarbeit im Bereich der Wechselkurse muss mit einem Programm der Zusammenarbeit auf dem Gebiet der inländischen Geld- und Kreditpolitik einhergehen.»[41]
Eine *kohärente* einzelstaatliche Währungspolitik erfordert daher, dass die internen monetären Transaktionen wie Offenmarktgeschäfte, Rediskontierungen oder Änderungen der Mindestreservevorschriften und die externen monetären Massnahmen wie z. B. Kassatransaktionen auf den Devisenmärkten oder Interventionen auf den Terminmärkten zur Beeinflussung der privaten Kapitalströme sich in ihren Wirkungen auf die inländische Geldbasis gegenseitig *ergänzen* statt einander zu *widersprechen*[42].
Das alles war jedoch im Werner-Plan nicht oder zumindest nicht genügend berücksichtigt.
2. Der zweite konzeptionelle Mangel des «Werner-Konzepts» bestand darin, dass die Werner-Gruppe wider eigenes besseres Wissen[43] die in einer Wirtschafts- und Währungsunion erforderliche *einheitliche* Wirtschafts- und Währungspolitik[44] durch *Koordinierung* der nationalen Politiken der Mitgliedstaaten erreichen wollte anstatt durch Einführung einer *gemeinsamen* Geld- und Währungspolitik, die von einem eigenen gemeinschaftlichen Zentralbanksystem beschlossen und durchgeführt wird.
Wie die Erfahrungen in der EG – wie auch sonst – schon früher deutlich gemacht haben, ist das Instrument der Koordinierung kein ausreichendes Integrationsinstrument, um nicht nur eine einheitliche Linie zu erzielen, sondern auch eine einheitliche Durchführung zu gewährleisten. Letzteres ist nur gewährleistet, wenn ein *Gemeinschaftsorgan* die nötigen rechtlichen und faktischen Kompetenzen besitzt, um eine einheitliche Durchführung notfalls mit hoheitsrechtlichen Mitteln durchzusetzen.
Selbst wenn aber der politische Wille zu einer wirksamen Koordinierung einer Politik, z. B. der Geldpolitik, vorhanden wäre, ist eine einheitliche Politik noch

[40] Dieser Sachverhalt wird besonders von den Anhängern der monetären Zahlungsbilanztheorie unterstrichen, die jedes Zahlungsbilanzungleichgewicht direkt als Spiegelbild eines Ungleichgewichts am nationalen Geldmarkt ansieht. Nach dieser Theorie kommt es zu einem Zahlungsbilanzdefizit, wenn am nationalen Geldmarkt ein Angebotsüberschuss an Geld vorhanden ist, und zu einem Zahlungsbilanzüberschuss, wenn ein Nachfrageüberschuss nach Geld besteht. Vgl. dazu Harry G. Johnson, Towards a General Theory of the Balance of Payments, in: International Trade and Economic Growth, London 1958, S. 153–168; wiederabgedruckt in: J. A. Frenkel und H. G. Johnson (Hrsg.), The Monetary Approach to the Balance of Payments Theory, London 1976, S. 46–63; Robert A. Mundell, International Economics, a.a.O., insbesondere Part II; Emil M. Claassen, Der monetäre Ansatz der Zahlungsbilanztheorie, in: Weltwirtschaftliches Archiv, Band 111 (1975), S. 1–23; Alexander K. Swoboda, Monetary Approaches to Balance of Payments Theory, in: E. M. Claassen und P. Salin (Hrsg.), Recent Issues in International Monetary Economics, Amsterdam 1976, S. 3–23; deutsche Übersetzung: Monetäre Ansätze des internen und externen Gleichgewichts, in: E. M. Claassen (Hrsg.), Kompendium der Währungstheorie, München 1977, S. 107–126
[41] Siehe «Marjolin-Bericht», a.a.O., S. 17f.
[42] Vgl. ebenda, S. 18
[43] Vgl. S. 99f. dieser Arbeit
[44] Vgl. I. Kapitel dieser Arbeit

lange nicht gesichert. Denn selbst wenn sich z. B. die Zentralbankgouverneure aller neun Mitgliedstaaten der EG auf ein gemeinsames Geldmengenziel einigen könnten und auch den festen Willen hätten, dieses gemeinsam festgelegte Geldmengenziel in ihrem Mitgliedstaat zu realisieren, ist ein Erfolg noch nicht gewiss. Die Erfahrung in verschiedenen Ländern hat nämlich gezeigt, dass in der Praxis nicht unerhebliche Abweichungen vom selbstgesteckten Ziel nicht zu vermeiden sind. Kumulieren sich nun in zwei Mitgliedstaaten diese Abweichungen, so nehmen diese Ausmasse an, die in ihrer Auswirkung mit einer «gemeinsamen» bzw. «einheitlichen» Geldpolitik nicht mehr vereinbar sind. Dieses wirtschaftspolitische Problem ergibt sich auch in anderen Bereichen der globalen Prozesspolitik, weshalb auch dort eine Koordinierung faktisch nicht zum gewünschten Erfolg führen *kann*.

Aus diesen beiden Gründen ist es – obwohl theoretisch denkbar – praktisch nicht möglich, eine Wirtschafts- und Währungsunion auf konföderalistischer Basis mit Erfolg zu errichten! Solange daher in den Staaten der Europäischen Gemeinschaft nicht die politische Bereitschaft besteht, sich in einem zumindest föderativen Staatenverbund zusammenzuschliessen, kann eine Wirtschafts- und Währungsunion in Europa nicht verwirklicht werden. Die Entwicklung der Europäischen Gemeinschaft zu einer Wirtschafts- und Währungsunion erfordert vom heutigen «Bewusstseinsstand» in den EG-Staaten aus gesehen einen qualitativen Sprung nach vorne, d. h. eine klare politische Entscheidung zugunsten eines engeren *politischen* Zusammenschlusses.

Damit müssen wir bei der Frage der Errichtung einer Wirtschafts- und Währungsunion aber auch die von Robert Schuman erstmals vertretene Vorstellung in Frage stellen, die danach zwanzig Jahre lang den Integrationsüberlegungen zahlreicher Europäer zugrunde lag, dass nämlich eine politische Einigung der europäischen Staaten und insbesondere eine Weiterentwicklung der Europäischen Gemeinschaften und der Europäischen Gemeinschaft zu einer Wirtschafts- und Währungsunion durch eine «Politik der kleinen Schritte» fast unmerklich herbeigeführt werden könnte[45].

Die Anfang der siebziger Jahre gewonnene Erfahrung bestätigt die Richtigkeit dieser Vorstellung in keiner Weise. Vielmehr hat sie deutlich gemacht, dass die

[45] In seiner berühmten Pressekonferenz am 9. Mai 1950 vertrat der damalige französische Aussenminister Robert Schuman bei Verkündung seines sog. «Schuman-Plans», in dem er die Gründung einer Europäischen Gemeinschaft für Kohle und Stahl vorschlug, die Meinung:
«Durch die Zusammenlegung der Grundindustrien und die Errichtung einer neuen Obersten Behörde, deren Entscheidungen für Frankreich, Deutschland und die anderen teilnehmenden Länder bindend sein werden, wird dieser Vorschlag den ersten Grundstein einer europäischen Föderation bilden, die zur Bewahrung des Friedens unerlässlich ist...» «So wird einfach und rasch die Zusammenfassung der Interessen verwirklicht, die für die Schaffung einer Wirtschaftsgemeinschaft unerlässlich ist, und das Ferment einer weiteren und tieferen Gemeinschaft den Ländern eingeflösst, die lange Zeit durch blutige Fehden getrennt waren.» Denn «Europa lässt sich nicht mit einem Schlage herstellen und auch nicht durch eine einfache Zusammenfassung: es wird durch konkrete Tatsachen entstehen, die zunächst eine Solidarität der Tat schaffen.»
Die Erklärung der französischen Regierung vom 9. Mai 1950, die den Schuman-Plan beinhaltet, ist in deutscher Sprache abgedruckt in: Europa-Archiv, 5. Jhrg. 1950, S. 3091 f. Die Richtigkeit der aus diesem Einigungskonzept von Schuman abgeleiteten Vorstellung, dass eine politische Einigung durch eine wirtschaftliche Integration quasi automatisch herbeigeführt werden könnte, wird zunehmend angezweifelt. Vgl. etwa Hans R. Krämer, Experience with Historical Monetary Unions (Kieler Diskussionsbeitrag zu aktuellen wirtschaftspolitischen Fragen Nr. 5), Kiel, Juni 1970, oder «Marjolin-Bericht», a.a.O., S. 5

Weiterentwicklung der EG zu einer Wirtschafts- und Währungsunion eine Weiterentwicklung der EG in Richtung auf einen europäischen Bundesstaat (nicht Staatenbund) *voraussetzt*. In einer Wirtschafts- und Währungsunion müssen nämlich die nationalen Regierungen den gemeinsamen Institutionen den Einsatz aller währungs- und wirtschaftspolitischen Instrumente, deren Einsatz nur in der gesamten Gemeinschaft wirksam ist, überlassen. Ausserdem müssen diese Institutionen, um unvorhergesehenen Ereignissen begegnen zu können, über einen Ermessensspielraum verfügen, wie ihn zur Zeit die einzelstaatlichen Regierungen besitzen[46]. Da es sich dabei aber um essentielle Souveränitätsrechte der Mitgliedstaaten handelt, bedeutet ihre Vergemeinschaftung praktisch die Begründung eines Bundesstaates.

[46] Vgl. auch «Marjolin-Bericht», a.a.O., S. 5

5 Neue Strategien zur Errichtung einer Wirtschafts- und Währungsunion

Nachdem klar geworden war, dass der erste Anlauf zur Errichtung einer Wirtschafts- und Währungsunion fehlgeschlagen war, entwickelte sich eine Diskussion über alternative Strategien zur Errichtung einer Wirtschafts- und Währungsunion. Denn während es inzwischen eine Fülle von Literatur über die ökonomischen Bedingungen gab, die bei der Errichtung einer Wirtschafts- und Währungsunion erfüllt sein müssten, und auch eine ausgedehnte Literatur zur Theorie optimaler Währungsräume vorhanden war, existierte bis dahin so gut wie keine wissenschaftliche Literatur über die möglichen Wege bzw. Übergangsprozesse zur Erreichung dieses Zieles und über die Auswahlkriterien, nach denen ein bestimmter Weg ausgewählt werden sollte[1]. Die Suche nach alternativen Strategien entsprang der Erkenntnis, dass erneute Bemühungen um eine Wirtschafts- und Währungsunion angesichts der inzwischen eingetretenen veränderten Ausgangssituation – das Bretton Woods-System war inzwischen endgültig zusammengebrochen und durch ein System flexibler Wechselkurse ersetzt worden – nicht einfach dort anknüpfen konnten, wo man 1973 stehen- bzw. steckengeblieben war, sondern dass der Weg zu einer Wirtschafts- und Währungsunion den veränderten Ausgangsbedingungen angepasst werden müsste.

Wir können an dieser Stelle nicht alle Vorschläge und Pläne, die im Zuge dieser Neubesinnung zur Diskussion gestellt wurden, im einzelnen darstellen und erläutern[2], sondern wollen uns hier darauf beschränken, die im Laufe der Diskussion erörterten *Strategien,* die sich sowohl sachlich als gewisse Marksteine in der Diskussion erwiesen haben als auch politisch eine gewisse Bedeutung erlangt haben, in ihren Grundzügen darzustellen und sowohl unter wirtschaftstheoretischen als auch unter integrationstheoretischen Gesichtspunkten kritisch zu überprüfen. Unter diesen Gesichtspunkten werden im folgenden erörtert

- die Strategie der «abgestuften Integration»
- die Strategie des «MacDougall-Berichts»
- die Strategie des «OPTICA-Reports»
- der Parallelwährungsansatz

5.1 Die Strategie der «abgestuften Integration»

Die Strategie der «abgestuften Integration» als ein möglicher Weg, um Fortschritte bei der Errichtung einer Wirtschafts- und Währungsunion zu erzielen, wurde zum ersten Mal prononciert im sog. «Tindemans-Bericht» vertreten[3]. Die

[1] Vgl. Roland Vaubel, Strategies for Currency Unification. – The Economics of Currency Competition and the Case for a European Parallel Currency –, Kieler Studie 156, Tübingen 1978, S. 6. Vgl. auch Robert Mundell, der 1973 in seinem Vorwort zu Harry G. Johnson und Alexander K. Swoboda (Eds.), The Economics of Common Currencies (London 1973, S. 11–12), feststellte: «The dynamics of the theory of optimum currency areas is still unwritten»

[2] Wie fragwürdig ein solches Unterfangen wäre, mag man daran erkennen, dass Ernst-Moritz Lipp allein zu der Gruppe der Parallelwährungs-Vorschläge 22 Vorschläge und Varianten zusammengetragen hat und versucht hat, diese systematisch zu ordnen und abzuhandeln. Vgl. Ernst-Moritz Lipp, Parallelwährung für Europa, Baden-Baden 1979, insbes. S. 27

[3] Vgl. «Die Europäische Union», Bericht von Leo Tindemans an den Europäischen Rat,

Vorschläge dieses Berichts, der von den Staats- und Regierungschefs der neun EG-Mitgliedstaaten auf ihrer Gipfelkonferenz am 10. und 11. Dezember 1974 in Paris in Auftrag gegeben worden war und Ende 1975 fertiggestellt war[4], resultierten aus der Einsicht, dass die Regierungschefs der neun Mitgliedstaaten der EG zwar immer noch den Willen haben, die Europäische Gemeinschaft zu einer Wirtschafts- und Währungsunion weiterzuentwickeln und damit auch eine gemeinsame Wirtschafts- und Währungspolitik zu verwirklichen, andererseits aber keine echte politische Übereinstimmung besteht, um diese gemeinsame Wirtschafts- und Währungspolitik zustande zu bringen. Als Grund dafür verweist Tindemans auf einen Mangel an gegenseitigem Vertrauen, das vorhanden sein müsste, um den gemeinsamen Verwaltungsorganen die Befugnisse zu übertragen, die ihnen bei der Errichtung einer Wirtschafts- und Währungsunion notwendigerweise verliehen werden müssen. Darüber hinaus besteht nach Tindemans auch keine echte technische Übereinstimmung über die Art der Verwirklichung einer gemeinsamen Wirtschafts- und Währungspolitik[5].

Da andererseits die europäische Währungsschlange ihre Lebensfähigkeit bewiesen hat, schlägt Tindemans, ausgehend vom europäischen Wechselkursverbund, die Errichtung einer Wirtschafts- und Währungsunion nach einem neuen Lösungsansatz, nämlich nach dem «Konzept der abgestuften Integration» vor[6]. Danach sollen die Länder, die dazu in der Lage sind, weitere (von allen Mitgliedstaaten beschlossene) Schritte auf dem Weg zu einer Wirtschafts- und Währungsunion unternehmen und die übrigen Länder auf diesem Weg nachfolgen, sobald sie dazu in der Lage sind.

Grundlage der Währungsintegration soll nach dem Tindemans-Bericht die Währungsschlange sein, «die ihre Brauchbarkeit für die Aufrechterhaltung stabiler Wechselkurse bewiesen hat»[7]. Sie «muss dazu genutzt werden, um eine Konvergenz der Wirtschafts- und Währungspolitik unter den Ländern, die dazu in der Lage sind, anzustreben.»[8] Zu diesem Zweck muss die Währungsschlange konsolidiert und verbessert werden. Die Länder des europäischen Wechselkursverbunds sollen sich dazu bereit erklären, zu den bestehenden währungspolitischen Verpflichtungen (im wesentlichen die Pflicht zu Interventionen an den Interventionspunkten und die Verpflichtung, keine autonomen Wechselkursänderungen ohne Vorab-Konsultationen der Partner vorzunehmen) ähnliche Verpflichtungen in anderen Bereichen der Wirtschaftspolitik, insbesondere in der Geld- und Kreditpolitik und in der Haushaltspolitik, zum Zwecke der Konjunktursteuerung einschliesslich der Inflationsbekämpfung zu übernehmen. Schliesslich sollen die

Beilage 1/76 zum Bull.EG. Vor Tindemans hatte sich schon der SPD-Vorsitzende Willy Brandt in einer Rede vor der Europabewegung am 19. November 1974 in Paris (Willy Brandt war zu dieser Zeit nicht mehr deutscher Bundeskanzler) für das Konzept der abgestuften Integration eingesetzt. Vgl. Rede des SPD-Vorsitzenden Willy Brandt vor der Europabewegung am 19. November 1974 in Paris, abgedruckt in: Informationsdienst, Deutscher Rat der Europäischen Bewegung, 26. Jhrg. (1975); Nr. 2 (Beilage der Europa-Union)

[4] Vgl. Punkt 13 des Kommuniqués der Pariser Gipfelkonferenz vom 9. und 10. Dezember 1974, abgedruckt im Bull.EG 12-1974, Ziff. 1104, S. 7ff.

[5] Vgl. «Tindemans-Bericht», a.a.O., S. 21f.

[6] Zum «Konzept der abgestuften Integration» vgl. «Tindemans-Bericht», a.a.O., S. 22. Vgl. dazu auch Jacques Vandamme, Die abgestufte Integration im Tindemans-Bericht, in: Integration 3/78, S. 83–89, und W. Harbrecht, Die Europäische Gemeinschaft, a.a.O., S. 197ff.

[7] Siehe «Tindemans-Bericht», a.a.O., S. 23

[8] Siehe ebenda

noch bestehenden Kapitalverkehrsbeschränkungen, darunter vorrangig jene, die nach 1970 eingeführt wurden, vollends aufgehoben werden.
Die Wechselkurspolitik soll nach den Vorschlägen Tindemans' insofern verbessert werden, als Änderungen der Leitkurse nur noch nach gemeinsamer Entscheidungsfindung im Rahmen der Gemeinschaftsorgane vorgenommen werden sollen. Ausserdem sollen sich die Teilnehmerländer der Währungsschlange dazu verpflichten, nur noch dann auszutreten, wenn durch gemeinsamen Beschluss der offene Krisenfall festgestellt wird. Als Gegenleistung für diese Verpflichtungen muss der kurz- und mittelfristige Beistand unter den Teilnehmerländern automatisch und in wesentlich grösserem Umfang gewährt werden. Voraussetzung dafür ist eine Stärkung und Verbesserung des Europäischen Fonds für währungspolitische Zusammenarbeit, «der zum Ansatzpunkt für eine europäische Zentralbank, z. B. durch Vergemeinschaftung eines Teils der Währungsreserven, werden muss»[9] und schrittweise mit der Interventionspolitik der «Schlange» gegenüber dem Dollar betraut werden sollte.
Die Verwirklichung der Vorschläge des Tindemans-Berichts führt nach Tindemans allein noch nicht zu einer gemeinsamen Wirtschafts- und Währungspolitik. Doch stellen sie einen Ausgangspunkt dar, der gewisse Fortschritte ermöglicht und somit als Einleitung für einen grossen Schritt nach vorne dienen kann. Jedenfalls kann die europäische Währungsschlange nach Tindemans durchaus als Ferment einer stufenweisen Währungsintegration dienen, sofern nur jede Etappe ein ausgewogenes Ganzes wirtschafts- wie währungspolitischer Massnahmen umfasst[10].
Obwohl Tindemans das Konzept der abgestuften Integration primär zur Verbesserung der europäischen Währungsschlange verwenden wollte, um auf dem Wege zu einer Wirtschafts- und Währungsunion gewisse Fortschritte zu erzielen, die als Einleitung für einen grossen Schritt nach vorne gedacht sind, könnte dieses Integrationskonzept für die Errichtung einer Wirtschafts- und Währungsunion wie überhaupt für die europäische Integration wesentlich stärker und umfassender verwandt werden. Man kann es sogar ganz generell als eine Alternative zu dem bisher praktizierten Integrationskonzept des «Alle oder keiner» ansehen.
In einem Stadium, in dem wesentliche Fortschritte in der Integration nicht mehr im Rahmen bestehender Verträge möglich sind, da deren Integrationspotential weitgehend ausgeschöpft ist, sondern nur durch Vertragsänderungen oder durch den Abschluss neuer Verträge erreicht werden können, ist natürlich klar, dass jedes Land durch sein Veto den Fortschritt der Integration hemmen kann und damit auch die Integration in der Europäischen Gemeinschaft zum Stillstand bringen bzw. den Integrationsfortschritt blockieren kann. Das hat zur Folge, dass Fortschritte in der europäischen Integration nur noch auf der Basis des kleinsten gemeinsamen Nenners möglich sind, oder mit anderen Worten, dass das Integrationstempo der ganzen Gemeinschaft vom schwächsten Glied bestimmt wird.
Da ein Integrationsstillstand angesichts einer sich verändernden Umwelt, die eine laufende Anpassung erforderlich macht, aber praktisch Rückschritt bedeutet, kann der Bestand der Europäischen Gemeinschaft gefährdet sein, wenn wirtschaftliche und politische Änderungen, wie z. B. der Zusammenbruch des Bretton Woods-Systems oder die Ölkrise, nicht adäquate Anpassungen auf Gemeinschaftsebene hervorrufen, d. h. wenn die neun EG-Staaten von aussen kommenden Herausforderungen nicht gemeinsam begegnen.

[9] Siehe «Tindemans-Bericht», a.a.O., S. 23
[10] Siehe ebenda, S. 24

Nach Tindemans Meinung könnte hier das Konzept der abgestuften Integration unter den gegebenen Umständen grosse Dienste leisten, weil es die Europäische Gemeinschaft in den Stand setzen würde, ihre Dynamik zurückzugewinnen, wenn auch nur in unvollkommener Weise. «Die Gemeinschaft sollte sich deshalb die Einsicht zu eigen machen», so Willy Brandt, der sich in einer Rede am 19. November 1974 in Paris schon vor Tindemans für das Konzept der abgestuften Integration eingesetzt hatte, «dass sie nicht geschwächt, sondern gestärkt wird, wenn die ihrer Wirtschaftslage nach objektiv stärkeren Länder aufgrund ihrer objektiv abweichenden Lage hieran zunächst in Abstufungen teilnehmen. Hierbei kann es sich keineswegs um eine Abkoppelung handeln, sondern es muss darum gehen, den gemeinsamen Rahmen zu erhalten und das gemeinsame Dach zu stärken.»[11]
«Es geht hier nicht um ein Europa ‹à la carte› – der Akkord aller über das gemeinschaftlich zu erreichende Endziel bindet ja jeden einzelnen –, nur die Durchführung ist zeitlich auseinandergezogen.»[12]
Dass auf diese Weise nicht ein Integrationschaos entstehen kann, bei dem jeder mit jedem gerade das integriert, was beiden Vorteile bringt, wird auch an dem von Leo Tindemans vorgeschlagenen Verfahren deutlich. Danach können Fortschritte auf dem Wege der Integration dann, aber auch nur dann realisiert werden, wenn sich die Mitgliedstaaten dazu bereitfinden können

«– dass im Gemeinschaftsrahmen einer Gesamtvorstellung von der Europäischen Union, wie sie in diesem Bericht definiert wird, und nachdem ihr die Neun zugestimmt haben,
– und auf der Grundlage eines Aktionsprogramms, das für ein bestimmtes Gebiet von den Gemeinschaftsorganen aufgestellt worden ist und dem grundsätzlich alle zugestimmt haben,
1. die Staaten, welche die Möglichkeit haben, Fortschritte zu machen, auch die Pflicht haben, dies zu tun,
2. die Staaten, welche vom Rat auf Vorschlag der Kommission als objektiv anerkannte Gründe haben, nicht weiter vorzurücken, dies nicht tun,
– wobei sie von den anderen Staaten Hilfe und Beistand erhalten, soweit diese dazu in der Lage sind, damit sie die anderen einholen können,
– und wobei sie in den Gemeinschaftsorganen an der Beurteilung der auf dem betreffenden Gebiet erzielten Ergebnisse teilnehmen.»[13]

Der Vorschlag Tindemans' ist leider auf fast einhellige Ablehnung gestossen. Ausser dem früheren Bundeskanzler Willy Brandt, der wohl als der eigentliche geistige Vater dieses Vorschlags bezeichnet werden kann, und Leo Tindemans selbst hat nur noch der langjährige Präsident der EWG-Kommission, Walter Hallstein, eine vorsichtig positive Haltung dazu eingenommen[14]. Erst in jüngster Zeit wird er auch in politischen Kreisen etwas positiver beurteilt[15].
Diejenigen, die das Konzept der abgestuften Integration ablehnen, können sicherlich schwerwiegende Gründe für ihre ablehnende Haltung ins Feld führen[16].

[11] Rede des SPD-Vorsitzenden Willy Brandt..., a.a.O.
[12] Vgl. «Tindemans-Bericht», a.a.O., S. 22
[13] Siehe ebenda
[14] Vgl. «Die Forderungen verdienen Unterstützung» – Interview mit Prof. Dr. Hallstein, in: Wirtschaftsdienst, 56. Jhrg. (1976), Heft 3, S. 122
[15] Zur folgenden Abwägung der Vor- und Nachteile des Konzepts der abgestuften Integration vergleiche auch Hans-Eckart Scharrer, «Differenzierte Integration im Zeichen der Schlange – Utopie und Dogma in Tindemans' Vorschlägen zur Wirtschafts- und Währungspolitik», in: H. Schneider und W. Wessels (Hrsg.), Auf dem Wege zur Europäischen Union – Diskussionsbeiträge zum Tindemans-Bericht, Bonn 1977, S. 143ff.
[16] Vgl. Manfred Lahnstein (Staatssekretär im Bundesministerium der Finanzen, Bonn), Über die Währungsunion zur Wirtschaftsunion?, in: Europa-Archiv 9/1978, S. 263–270, insbes. S. 270

So wird beispielsweise – und das wahrscheinlich mit Recht – bezweifelt, dass ein «schwaches» Land der Postulierung ambitiöser Gemeinschaftsziele oder der Einführung neuer Gemeinschaftsmechanismen zustimmen wird, wenn es von vorneherein weiss, dass es bei der Verwirklichung der Beschlüsse nicht mithalten kann und daher um eine (deklassierende) Ausnahmeregelung nachsuchen muss. Dieses Argument wäre allerdings in dem Moment nicht mehr stichhaltig, wo es sich um Integrationsfortschritte im Rahmen der bestehenden Verträge handelt, die mit Mehrheit beschlossen werden können.

Weiterhin wird gegen das Konzept der abgestuften Integration eingewendet, dass der Zwang zur Erarbeitung gemeinschaftlicher Lösungen gelockert würde, wenn einerseits die Mehrheit in der Lage wäre, eine Politik auch ohne die Minderheit durchzusetzen, und wenn andererseits die einzelnen Mitgliedstaaten legal die Möglichkeit hätten, sich von Projekten, die sie selbst belasten, durch sog. «Opting out» fernzuhalten. Dadurch könnte nur allzuleicht die Idee der Gemeinschaft als Solidargemeinschaft mit Rechten und Pflichten zerstört werden.

Schliesslich kann ein solches Integrationsverfahren leicht zu einer Aufspaltung der Mitgliedstaaten innerhalb der Gemeinschaft führen in Mitgliedstaaten erster Klasse, die sich als Motor der Integration verstehen würden, und in Mitglieder zweiter Klasse, die sich als deklassiert und mit der Zeit nur noch als mehr oder weniger geduldet betrachten müssten. Eine solche Zweiteilung der Mitglieder würde auf die Dauer sicher zu ernsthaften Spannungen innerhalb der Gemeinschaft führen und wäre deshalb allenfalls vorübergehend tragbar.

Die genannten Gefahren sind allen bewusst – auch den Befürwortern des Konzepts der abgestuften Integration. Auch sie sind sich darüber im klaren, dass es sich bei diesem Konzept nur um eine Second-best-Lösung handelt. Dennoch scheint die abgestufte Integration gegenwärtig der einzig gangbare Weg zu sein, um die gegenwärtige Stagnation des Integrationsprozesses zu überwinden. In einer Situation, in der ein einziger Mitgliedstaat die gesamte Gemeinschaft lähmen kann, und in der zumindest die Drohung einer Lähmung der Gemeinschaft mehr oder weniger offen praktiziertes Mittel der nationalen Politik einzelner Mitgliedstaaten ist, ist das Konzept der abgestuften Integration das einzige Mittel, um einer potentiellen Politik der Destruktion eines einzelnen Mitgliedstaates nicht hilflos ausgeliefert zu sein. Durch eine abgestufte Integration wäre es nämlich möglich – und dies wäre heute zweifellos ein Fortschritt –, wenigstens partielle, d. h. regional begrenzte Integrationsfortschritte auf vielen Gebieten möglich zu machen, und zwar gerade auf solchen Gebieten, wo nicht bzw. noch nicht alle Mitgliedstaaten bereit sind, die damit verbundenen Konsequenzen zu akzeptieren.

Würde man das Konzept der abgestuften Integration bei der Errichtung einer Wirtschafts- und Währungsunion einsetzen, so hätte dies nicht nur den Vorteil, dass die Mitgliedstaaten, denen die Vorteile eines einheitlichen Währungsraumes (oder doch zumindest fester Wechselkurse zu ihren wichtigsten EG-Partnern) besonders gross erscheinen und die daher im Prinzip auch bereit sind, aktiv an der Errichtung eines solchen einheitlichen Währungsraumes mitzuwirken, etwa durch Übertragung ihrer nationalen wirtschafts- und währungspolitischen Kompetenzen auf eine gemeinsame Institution, ihr Ziel in einem Gemeinschaftsrahmen verwirklichen könnten, sondern dass auch ökonomische Fakten und Sachzwänge geschaffen werden, die es den übrigen Mitgliedstaaten erleichtern könnten, sich ebenfalls dem dynamischen Integrationskern anzuschliessen. Die europäische Währungsschlange ist dafür ein gutes Beispiel.

Es ist bekannt, dass gerade im Bereich der wirtschaftlichen Integration ökonomische Sachzwänge häufig politischen Willen ersetzen können oder ihm zumindest etwas nachhelfen können. So ist z. B. bekannt, dass für Länder mit hoher aussenwirtschaftlicher Verflechtung eine einheitliche Währung oft von existentieller Bedeutung ist. Handelt es sich bei zwei derartigen Ländern um ein grosses und ein kleines Land, so zwingen die ökonomischen Sachzwänge in der Regel das kleine Land, durch eigenen autonomen Entschluss in eine Währungsunion mit dem grossen Land einzutreten. Beispiele hierfür sind in der EG die belgisch-luxemburgische Währungsunion und (vor Gründung des EWS) die britisch-irische Währungsunion[17]. Die wirtschaftshistorische Erfahrung hat gezeigt, dass die Übernahme einer fremden Währung für ein kleines Land sinnvoll zu sein scheint, wenn dieses Land eine in hohem Grade offene Volkswirtschaft aufweist und mit dem grossen Nachbarland (nach grober Faustregel) mehr als 50 % seines Aussenhandels abwickelt. Steigt der Anteil eines grossen Landes am Aussenhandel eines kleinen Landes über etwa 25 % an, so zeigt die Erfahrung, dass das kleine Land von sich aus versucht, zwischen seiner Währung und der Währung des grossen Landes feste Wechselkurse einzuhalten[18].

Durch die Errichtung der EWG ist der innergemeinschaftliche Handel so stark ausgeweitet worden, dass sich nunmehr auch Länder wie Belgien, Dänemark oder die Niederlande gegenüber der Bundesrepublik in einer ähnlichen Situation der ökonomischen Verflechtung befinden. Das war auch der Grund, weshalb diese Länder beim Übergang zu flexiblen Wechselkursen an der Währungsschlange festgehalten haben. Sie haben sich damit zumindest gegenüber der Bundesrepublik feste Wechselkurse gesichert.

Dass derartige Entscheidungen nicht allein auf den Wunsch dieser Länder nach Integrationsfortschritten zurückzuführen sind, wird daran deutlich, dass sich auch Nicht-EG-Staaten, die sich mit dem Integrationsziel der EG nicht identifizieren, dem europäischen Wechselkursverbund als assoziierte Mitglieder (Schweden und Norwegen vor Errichtung des EWS) oder als «stille Gesellschafter» (Österreich und neuerdings die Schweiz) angeschlossen haben bzw. hatten. Wäre es möglich, diesen ökonomischen Sachzwang durch institutionelle Integrationsfortschritte zunächst zwischen diesen Ländern zu fördern, so könnte ein *stabiler* (im Sinne von nicht-zerfallsbedroht) währungspolitischer Integrationskern entstehen, der seinerseits als Währungsblock auch für andere EG-Länder, die zwar vorher mit keinem dieser Block-Länder so stark verflochten waren, dass sich die Teilnahme an der währungspolitischen Integration zwangsläufig ergab, sich nunmehr aber gegenüber dem Block in einer ökonomischen Situation befinden, dass sich die Teilnahme an einer währungspolitischen Integration anbietet,

[17] Zur Entstehung der britisch-irischen Währungsunion vgl. Frank W. Fetter, The Irish Pound, London 1955

[18] Diese Aussage wird durch folgende Daten bestätigt: Im Jahre 1977 exportierte Österreich 42,2 % seiner Ausfuhr in die Bundesrepublik Deutschland und bezog 26,6 % seiner Importe aus der BRD. Die Niederlande exportierten 1977 24,6 % ihrer Ausfuhr in die BRD und bezogen 30,9 % ihrer Einfuhr von dort und Belgien-Luxemburg exportierte 22,3 % seiner Ausfuhr nach Deutschland und bezog von dort 22,4 % seiner Importe. Der Anteil der BRD an den Exporten Dänemarks betrug im gleichen Jahr 19,6 % und an dessen Einfuhr 15,2 %. Die Schweiz exportierte 28,2 % ihrer Gesamtausfuhr in die BRD und bezog von dort 16,5 %ihrer Importe. Vgl. Statistisches Jahrbuch 1979 für die Bundesrepublik Deutschland, S. 647 ff. Diese Daten erklären die ökonomische Stabilität der sog. «kleinen europäischen Währungsschlange» bzw. das Entstehen eines sog. «DM-Blocks»

attraktiv ist. Diese Dynamik der abgestuften Integration gilt es zu nutzen, um Europa dem gemeinsamen Ziel näherzubringen[19].
Der entscheidende Vorzug des Konzepts der abgestuften Integration würde allerdings erst dann zum Tragen kommen, wenn man dieses Prinzip auf Vertragsänderungen bestehender Verträge oder gar beim Abschluss neuer Verträge anwenden würde, die von allen Mitgliedstaaten ratifiziert werden müssen. Alle bisher abgeschlossenen Gemeinschaftsverträge und -vertragsänderungen sind immer erst in Kraft getreten, nachdem sie von den Parlamenten aller Mitgliedstaaten ratifiziert worden waren. An diesem Prinzip «Alle oder keiner» ist die Gründung der Europäischen Verteidigungsgemeinschaft im Jahre 1954 gescheitert. Wegen dieses Prinzips haben sich auch die Direktwahlen zum Europäischen Parlament unnötig verzögert.
Es wäre aber doch durchaus denkbar, dass gewisse Gemeinschaftsverträge oder -vertragsänderungen schon dann in Kraft treten können, wenn z.B. sechs von neun Mitgliedstaaten oder in Zukunft neun von zwölf Mitgliedstaaten ihre Ratifikationsurkunden hinterlegt haben, wie das heute schon beim Inkrafttreten internationaler Konventionen der Fall ist. In diesem Fall würden die Verträge natürlich nur für die Mitgliedstaaten verbindlich sein, die sie auch ratifiziert haben. Für die anderen würde durch dieses Verfahren allerdings der moralische und politische Druck erheblich verstärkt, die Verträge ebenfalls zu ratifizieren, weil sie durch dieses Verfahren den Integrationsfortschritt durch Nichtratifikation nicht mehr hemmen könnten, sondern, sofern sie öfters abseits stehenbleiben, sich nur selbst langsam aus der Gemeinschaft ausschliessen würden.
Auf diese Weise würde die Europäische Gemeinschaft eine offene Gemeinschaft werden, in der die verschiedenen Mitglieder in unterschiedlichem Masse integriert sind, je nachdem, ob sie alle Verträge ratifiziert haben oder nicht. Das gesamte Ausmass der europäischen Integration würde sich in diesem Fall aus einem Netz gemeinschaftlicher Regelungen und von Gemeinschaftsverträgen auf den verschiedensten Gebieten und unter Beteiligung aller Länder – möglicherweise auch in wechselnden Gruppierungen – ergeben. Trotz der Tatsache, dass die Europäische Gemeinschaft dann voraussichtlich keine homogene Gemeinschaft mehr darstellen würde, würde das gesamte Ausmass an Integration sicherlich erheblich grösser sein als heute, denn das Ausmass an Integration in der Europäi-

[19] Dass von einer solchen inneren Dynamik im Laufe der Zeit alle EG-Staaten ergriffen werden müssten, wenn nur erst einmal ein Anfang gemacht worden ist, wird deutlich, wenn man den hohen Grad der wirtschaftlichen Verflechtung innerhalb der EG berücksichtigt. Der Grad der wirtschaftlichen Verflechtung innerhalb der EG wird aus folgenden Zahlen ersichtlich.

Übersicht über den innergemeinschaftlichen Handel 1978

Land	Gesamtausfuhr in % des BSP	Aufteilung der Gesamtausfuhr in die EG in %	in die übrige Welt in %
Bundesrepublik Deutschland	26,1	45,5	54,5
Frankreich	15,6	52,5	47,5
Großbritannien	22,6	37,6	62,4
Italien	20,8	48,8	51,2
Niederlande	37,1	71,1	28,9
Belgien/Luxemburg	31,4	71,4	28,6
Dänemark	20,1	53,6	46,4
Irland	43,0	76,9	23,1

Quelle: Europäische Wirtschaft, herausgegeben vonder GD II der Kommission der Europäischen Gemeinschaften, Nummer 3, Juli 1979, S. 87

schen Gemeinschaft würde dann nicht mehr vom schwächsten Glied bestimmt, sondern vom politischen Willen eines integrationswilligen Kerns.
Dass das Konzept der abgestuften Integration funktionsfähig ist, hat die Entstehung der Europäischen Gemeinschaft in ihrer heutigen Form selbst bewiesen. Es sei daran erinnert, dass die drei Europäischen Gemeinschaften ursprünglich nur von sechs Mitgliedstaaten gegründet wurden. Eine breitere Basis für diese supranationale Form der europäischen Integration war damals nicht zu erreichen. Hätte man damals eine breitere Basis angestrebt, so hätte man sich auf einen kleineren gemeinsamen Nenner einigen müssen, nämlich auf die Errichtung einer europäischen Freihandelszone für Industriegüter unter Ausschluss des Agrarsektors ohne supranationale Institutionen. Dies war den sechs EWG-Kernstaaten zu wenig. Sie führten ihr weiterführendes Konzept in geographisch kleinerem Rahmen durch und bildeten auf diese Weise einen Integrationskern in Europa. Dieser Kern hat seine Dynamik und seine Ausstrahlungskraft bewiesen und neue Mitglieder angezogen. Nach einer Süderweiterung wird er fast das ganze freie Europa umfassen. Damit ist es aber den sechs Kernstaaten der Europäischen Gemeinschaften im Laufe der Zeit doch gelungen, fast das gesamte freie Europa für ihr Integrationskonzept zu gewinnen. Warum sollte ein ähnlicher Erfolg weiteren Europäischen Gemeinschaften, wie zum Beispiel einer supranationalen Politischen Gemeinschaft, über die es heute innerhalb der EG noch keine Einstimmigkeit gibt, nicht ebenfalls beschieden sein?

5.2 Über eine Finanzunion zur Wirtschafts- und Währungsunion? Die Strategie des «MacDougall-Berichts»

Der «Bericht der Sachverständigengruppe zur Untersuchung der Rolle der öffentlichen Finanzen bei der Europäischen Integration» (der sog. «MacDougall-Bericht»), der Ende 1974 von der Kommission in Auftrag gegeben wurde und der im April 1977 vorgelegt wurde[20], untersucht einen wesentlichen Aspekt der wirtschaftlichen Integration, der bislang – auch in der Diskussion um die Errichtung einer Wirtschafts- und Währungsunion – weitgehend vernachlässigt wurde, nämlich die Rolle der öffentlichen Finanzen.
Nach Ansicht dieser Sachverständigengruppe[21] entsteht eine wirtschaftliche Totalintegration durch das Zusammentreffen von *drei* wesentlichen Elementen:

1. der Verwirklichung eines Gemeinsamen Marktes für Güter und Faktoren
2. der monetären Integration und
3. einem umfangreichen Finanzausgleichssystem im Rahmen eines institutionell entwickelten «Finanzföderalismus» («fiscal federalism»)

Zu dieser Ansicht gelangt die MacDougall-Gruppe aus ihrer Beobachtung, dass existierende nationale Wirtschafts- und Währungsunionen wie die USA, die Bun-

[20] Vgl. «Bericht der Sachverständigengruppe zur Untersuchung der Rolle der öffentlichen Finanzen bei der Europäischen Integration», Brüssel, April 1977. Der Bericht besteht aus zwei Bänden, und zwar aus:
Band I: Generalbericht, und Band II: Einzelbeiträge und Arbeitsunterlagen.
Beide Bände wurden zwar gleichzeitig, aber getrennt veröffentlicht

[21] Der Sachverständigengruppe gehörten an: Donald MacDougall (London, als Vorsitzender), Dieter Biehl (Berlin), Arthur Brown (Leeds), Francesco Forte (Turin), Yves Fréville (Rennes), Martin O'Donoghue (Dublin), Theo Peeters (Leuven), sowie Russel Mathews (Canberra) und Wallace Oates (Princeton)

desrepublik Deutschland, Kanada, Australien oder die Schweiz nicht nur wirtschaftlich voll integriert sind, sondern gleichzeitig auch in mehr oder weniger engen Föderationen politisch integriert sind und durchweg ein umfangreiches Finanzausgleichssystem besitzen. Die MacDougall-Gruppe leitet daraus den Schluss ab, dass die Errichtung einer Wirtschafts- und Währungsunion in Europa nicht ohne die (mindestens) gleichzeitige Errichtung einer «europäischen Finanzunion» mit einem umfangreichen Finanzausgleichssystem zwischen den Gliedstaaten der EG möglich ist. Mit der Einführung eines ausreichenden Finanzausgleichssystems in der EG würde Europa nicht nur dem Ziel der Wirtschafts- und Währungsunion erheblich näherkommen, sondern gleichzeitig auch einen entscheidenden Schritt in Richtung auf eine europäische Föderation hin gehen.

Dass die Errichtung einer Währungsunion ein umfangreiches Finanzausgleichssystem voraussetzt, folgt nach Meinung der MacDougall-Gruppe aus zwei Gründen:

1. Die Errichtung einer Wirtschafts- und Währungsunion führt zu Strukturänderungen der Wirtschaft zu Lasten der Peripherie und damit zu regionalpolitischen Problemen.
2. Die öffentlichen Finanzen stellen einen bedeutenden automatischen regionalen Leistungsbilanzstabilisator im Konjunkturablauf dar, ohne den eine Währungsunion nicht zu verwirklichen ist.

Die erste These lässt sich ökonomisch folgendermassen begründen: Die Errichtung eines gemeinsamen Marktes (für Produktionsfaktoren) führt zu einer Angleichung der Faktorproduktivitäten, insbesondere der Arbeitsproduktivität. War diese vorher in einer Region hoch und in einer anderen niedrig, so beginnt durch die Wanderung der Arbeitskräfte in der einen Region mit hohem Lohn ceteris paribus der Lohn zu sinken und in der anderen Region mit geringem Lohn wegen der Verminderung des Arbeitsangebots der Lohnsatz zu steigen. Da bei gegebener Produktivität des vorhandenen Kapitalstocks in beiden Regionen durch diese Lohnangleichung die Kapitalrendite in der reichen Region ansteigt und in der armen Region abnimmt, werden die Neuinvestitionen in der armen Region zurückgehen und in der reichen Region noch verstärkt zunehmen. Auf diese Weise erhält die reiche Region sowohl von der Investitionsseite als auch von der Arbeitskräftewanderungsseite her durch die Errichtung eines gemeinsamen Marktes zusätzliche Wachstumsimpulse auf Kosten der Peripherie. Wird nun eine einheitliche Währung eingeführt, so kann sich ein armes Land gegen dieses Wachstums-und Produktivitätsgefälle, d.h. gegen die steigende Arbeitslosigkeit, Abwanderung und niedrigen Einkommen nicht mehr durch Abwertung seiner Währung schützen, durch die es sonst einen derartigen Wettbewerbsnachteil kompensieren könnte, sondern wird sich zunehmenden politischen Problemen gegenübersehen[22].

[22] Dass solche Umstrukturierungen im allgemeinen zu Lasten der Peripherie gehen, lässt sich gut mit dem sog. Potentialfaktoransatz von D. Biehl begründen. Vgl. hierzu Dieter Biehl u.a., Bestimmungsgründe des regionalen Entwicklungspotentials, Kieler Studie 133, Tübingen 1975, sowie Dieter Biehl, Ursachen interregionaler Einkommensunterschiede und Ansatzpunkte für eine potentialorientierte Regionalpolitik in der Europäischen Gemeinschaft, in: Hans von der Groeben und Hans Möller, Möglichkeiten und Grenzen einer Europäischen Integration, Bd. 2: Verteilung der wirtschaftlichen Kräfte im Raum, Baden-Baden 1977, S. 71–99. Empirisch bestätigt wird dieser Nachteil der Bildung einer Währungsunion für die Peripherie durch die Entwicklung der irischen Wirtschaft nach der Bildung der britisch-irischen Währungsunion im Jahre 1826. Vgl. Patrick Lynch, Monetary Integration – A Note on the Irish Experience, in: Bericht der Studiengruppe

Obwohl es sich hier um eine Ungleichgewichtsanalyse, d. h. um die Analyse einer Situation handelt, die nur von vorübergehender Dauer sein kann, sind die faktischen Veränderungen während des Anpassungsprozesses an ein neues Gleichgewicht, nämlich die Begünstigung von Agglomerationen, regionalpolitisch doch so gravierend, dass sie nicht einfach hingenommen werden können bzw. von den (negativ) betroffenen Regionen nicht akzeptiert werden. Aus diesem Grunde werden wirtschaftlich schwache Regionen der Errichtung einer Wirtschafts- und Währungsunion nur zustimmen, wenn die (relativen) Nachteile der schwachen Region beim Integrationsprozess durch Einkommenstransfers aus den wirtschaftlich starken Regionen (mindestens) kompensiert werden.

Tatsächlich sind nach den Untersuchungen der MacDougall-Gruppe die Pro-Kopf-Einkommen im allgemeinen zwischen den neun Mitgliedsländern der EG mindestens genauso ungleich wie im Durchschnitt zwischen den verschiedenen Regionen der von dieser Gruppe untersuchten fünf Föderationen (die Bundesrepublik Deutschland, die USA, Kanada, die Schweiz und Australien) und drei zentralisierten Staaten (Frankreich, Italien, Grossbritannien), bevor öffentliche Ausgaben und Besteuerung ihre ausgleichende Wirkung getan haben. In den untersuchten Staaten werden diese regionalen Ungleichheiten der Pro-Kopf-Einkommen jedoch durch die Umverteilungswirkung der öffentlichen Finanzen durchschnittlich um etwa 40% verringert[23]. Dabei ergeben sich (dauerhafte) Nettoströme der öffentlichen Finanzen von den reicheren Regionen in die ärmeren Regionen in der Spanne von 3–10% des Regionalprodukts, und zwar sowohl in relativ reichen wie in relativ armen Ländern.

Nach der zweiten These wirken die öffentlichen Finanzen in bestehenden Wirtschaftsunionen nicht nur kontinuierlich interregional einkommensumverteilend, sondern spielen auch eine grosse Rolle beim Dämpfen kurzfristiger und konjunktureller Schwankungen. So kann nach den Untersuchungen der MacDougall-Gruppe bei einem normalen Finanzföderalismus in einer Region eine kurzfristige Einkommenseinbusse aufgrund eines «Ausfuhr»-Rückgangs aus der Region zur Hälfte bis zu zwei Dritteln automatisch durch niedrigere Steuerzahlungen und Versicherungsbeiträge an den Zentralstaat und höhere Leistungen der Arbeitslosenversicherung und sonstige Leistungen kompensiert werden. Da ohne einen derartigen regionalen Leistungsbilanzstabilisator die regionalen Leistungsbilanzungleichgewichte viel zu grosse, den gesamten gemeinsamen Markt störende Ausmasse annehmen, hält die MacDougall-Gruppe einen derartigen automatischen Ausgleichsmechanismus in einer Währungsunion für unbedingt erforderlich.

Als Endziel der Integration der öffentlichen Finanzen stellt sich die MacDougall-Gruppe eine europäische Föderation vor, deren öffentliche Ausgaben sich auf föderativer Ebene wie in den Vereinigten Staaten und in der Bundesrepublik Deutschland um 20 bis 25% des Bruttosozialprodukts bewegen.

Als ausreichend für die Errichtung einer Währungsunion werden dagegen schon öffentliche Ausgaben der Gemeinschaft in Höhe von 5 bis 7% des Bruttosozialprodukts bzw. unter Einschluss der Verteidigung rund $7^1/_2$ bis 10% des Brutto-

«Wirtschafts- und Währungsunion 1980», Anlage II: Individuelle Beiträge, Brüssel, März 1975, S. 87–94.

[23] Unter «öffentlichen Finanzen» versteht die MacDougall-Gruppe nicht nur Steuern und öffentliche Ausgaben, «sondern auch die zahlreichen regulierenden, koordinierenden und nichtbudgetären Aktivitäten auf wirtschaftlichem Gebiet, die in tatsächlichen Wirtschaftsunionen anzutreffen sind.» (Siehe «MacDougall-Bericht», Bd. I, a.a.O., S. 11)

sozialprodukts angesehen. In diesem Fall müsste die Bereitstellung von Dienstleistungen im Bereich der sozialen Sicherheit und Wohlfahrt allerdings noch nahezu vollständig durch die Mitgliedstaaten (anstatt durch die Gemeinschaft) erfolgen. «Diese Regelung könnte die geographische Angleichung der Produktivität und des Lebensstandards sowie die Dämpfung temporärer Fluktuationen in einem für eine Währungsunion ausreichenden Masse sicherstellen.»[24]
Als nicht ausreichend wird dagegen das gegenwärtige Finanzausgleichssystem der Europäischen Gemeinschaft angesehen. Es umfasst einen Gemeinschaftshaushalt in Höhe von nur 0,7 % des Bruttosozialprodukts der EG und bewirkt insgesamt (d. h. nicht nur über den Gemeinschaftshaushalt) einen interregionalen Umverteilungseffekt von 1 %. Selbst eine erste «präföderale» Phase wäre nach Meinung des «MacDougall-Berichts» erst erreicht, wenn das EG-Budget einen Anteil von etwa 2–2,5 % des Gemeinschaftsbruttosozialprodukts erreicht hätte.
Eine Finanzunion der aufgezeigten Grössenordnung wird allerdings kaum als «isoliertes Versatzstück» (D. Biehl) aufgebaut werden können. Denn hinter derartigen Haushaltsgrössen, wie sie in existierenden nationalen Wirtschafts- und Währungsunionen bzw. Föderationen anzutreffen sind, steht in allen Staaten eine hoch entwickelte politische Organisationsstruktur, die ihrerseits von einem weitgehenden Konsens über gemeinsame Wertvorstellungen getragen wird. Deshalb wird auch innerhalb der Europäischen Gemeinschaft ein umfangreicheres Finanzsystem nur bei gleichzeitiger Weiterentwicklung des politischen Entscheidungssystems in Richtung auf eine Politische Union mit einem direkt gewählten und souveränen EG-Parlament und einer von ihm getragenen EG-Regierung geschaffen werden können. Denn nur dann wird soviel politische Solidarität und soviel an gemeinsamen Wertvorstellungen über das Gesamtgebiet der Gemeinschaft geschaffen werden können, dass sowohl eine solche Finanzunion als auch die von ihr zu stützende Wirtschafts- und Währungsunion realisierbar erscheinen[25]. Die Zusammenhänge verdeutlichen jedoch, «dass die Wirtschafts- und Währungsunion wie die Finanzunion als *langfristig* anzustrebende Ziele gesehen werden müssen und dass die Konsequenzen für die Politische Union und ihre Rückwirkungen auf den Integrationsprozess nicht vernachlässigt werden dürfen.»[26] Jedenfalls wird die erfolgreiche Errichtung einer Wirtschafts- und Währungsunion «voraussichtlich von entscheidenden Fortschritten auf politischem, monetärem und fiskalischem Gebiet abhängen.»[27]

5.3 Die Fixierung realer Wechselkurse als Strategie zur Erreichung einer monetären Integration? – Die Vorschläge des OPTICA-Reports

Als A. W. Phillips 1958 glaubte, mit seiner «Phillips-Kurve» einen Zusammenhang zwischen Nominallohnerhöhung und Arbeitslosigkeit gefunden zu haben[28], ent-

[24] Siehe «MacDougall-Bericht», Bd. I, a.a.O., S. 14
[25] Vgl. Dieter Biehl, Zur Rolle der öffentlichen Finanzen in der Europäischen Integration, in: Integration 2/78, S. 35–44, hier S. 42
[26] Ebenda, S. 42
[27] Siehe «MacDougall-Bericht», Bd. I, a.a.O., S. 11
Zur kritischen Beurteilung des MacDougall-Berichts vergleiche auch Geoffrey Denton, Finanzföderalismus und der Haushalt der Europäischen Gemeinschaft, in: Integration 1/79, S. 10–18
[28] Vgl. A. W. Phillips, The Relationship Between Unemployment and the Rate of Change of Money Wage Rates in the United Kingdom, 1861–1957, in: Economica, Vol. 25 (1958), S. 283–299

wickelte sich schon bald darauf aufbauend die Vorstellung, dass die Wirtschaftspolitiker eines Landes die Wahlmöglichkeit bzw. die Qual der Wahl zwischen mehr Inflation und mehr Arbeitslosigkeit hätten. Die Phillips-Kurve wurde nämlich lange Zeit als eine «trade-off-Beziehung» zwischen Inflation und Arbeitslosigkeit betrachtet, die verhindert, dass man Preisstabilität und Vollbeschäftigung gleichzeitig erreichen kann. So entwickelte sich die Vorstellung, dass jedes Land sich wirtschaftspolitisch für eine eigene, «optimale» Inflationsrate entscheiden könne und müsse, die höher oder niedriger sein konnte, je nachdem, welche Priorität man der Verwirklichung des Vollbeschäftigungsziels in diesem Lande einräumte. Man erkannte auch an, dass verschiedene Länder unterschiedliche «Inflationsneigungen» besitzen können, und sah ein, dass die Wechselkurse dieser Tatsache Rechnung tragen müssten, indem sie mehr oder weniger kontinuierlich der unterschiedlichen Entwicklung der Kaufkraft des Geldes in den einzelnen Ländern angepasst werden.

Obwohl die theoretischen Grundlagen der Phillips-Kurve inzwischen von der «neoquantitätstheoretischen» oder «monetaristischen» Schule frontal mit dem Argument angegriffen wurden und widerlegt worden ist, dass der Prozess der Lohnbestimmung auf beiden Seiten der Tarifpartner von der *erwarteten* Inflationsrate beeinflusst werde, so dass die Phillips-Kurve nur für einen gegebenen Stand der Inflationserwartungen gezeichnet werden kann und in dem Augenblick instabil wird, in dem sie dazu benützt wird, eine andere Kombination von Inflation und Arbeitslosenquote zu erreichen als die allgemein erwartete Inflationsrate[29], besitzt sie noch immer eine grosse politische Bedeutung im wirtschaftspolitischen Alltag.

Es ist daher verständlich, dass eine Reihe von Anhängern der monetaristischen Schule in einem Sachverständigengutachten für die Kommission den Vorschlag gemacht hat, dass man angesichts des politischen Faktums von unterschiedlichen Inflationsneigungen in den verschiedenen Mitgliedstaaten der Europäischen Gemeinschaft derzeit eine Wirtschafts- und Währungsunion nur über die Fixierung der *realen Wechselkurse* zwischen den Gemeinschaftswährungen erreichen könne[30 31].

[29] Zur Kritik des Konzepts der Phillips-Kurve vgl. Helmut Frisch, Inflation Theory..., a.a.O.

[30] Vgl.: Commission of the European Communities, OPTICA-Report 1976 – Inflation and Exchange Rates: Evidence and Policy Guidelines for the European Community, II/855/76-E Final, Brussels, 10. February 1977. (Im folgenden zitiert als OPTICA-Report '76. Das Wort OPTICA ist die Abkürzung von Optimal Currency Area.) Der Report wurde von einer Gruppe unabhängiger Sachverständiger im Auftrag der Kommission ausgearbeitet. Der Gruppe gehörten an:
Giorgio Basevi (Bologna), Pascal Salin (Paris), Hans-Eckart Scharrer (Hamburg) und Niels Thygesen (Kopenhagen). D. K. Sheppard (nun Westindien) gehörte der Gruppe zu Beginn ebenfalls an, musste aber seine Mitarbeit vor Abschluss der Arbeiten aus persönlichen Gründen einstellen. Paul de Grauwe (Leuven) war der Gruppe assoziiert. Unterstützt wurde die Expertengruppe von Michele Fratianni und Horst Schulmann von der Generaldirektion II, Wirtschaft und Finanzen, der EG-Kommission.
Dem OPTICA-Report '76 ging der sog. OPTICA-Report '75 (im folgenden zitiert als OPTICA-Report '75) voraus, der von Giorgio Basevi (Bologna), Emil Maria Claassen (Giessen), Pascal Salin (Paris) und Niels Thygesen (Kopenhagen) unter Assistenz von Hermann Burgard und Francis Woehrling von der Generaldirektion II, Wirtschaft und Finanzen, der EG-Kommission ausgearbeitet wurde. Dieser Report wurde von der EG-Kommission veröffentlicht unter dem Titel: OPTICA-Report '75 – Towards Economic Equilibrium and Monetary Unification in Europe, II/909/75-E final, Brussels, 16. January 1976.

Für die Allokation der Produktionsfaktoren sowie für die internationale Wettbewerbsfähigkeit eines Landes sind nämlich nicht die nominellen Wechselkurse von Bedeutung, sondern die realen Wechselkurse. Demgegenüber sind nach Meinung dieser Monetaristen die nominellen Wechselkurse in erster Linie ein monetäres Phänomen. Daher könnten bei einer Fixierung der realen Wechselkurse die Mitgliedstaaten der Gemeinschaft vorläufig ihre unterschiedlichen nationalen Inflationsneigungen beibehalten, ohne dass dadurch die Wirtschaftsstruktur und die Allokation in der Gemeinschaft beeinträchtigt werde. Würde sich später eine Annäherung der nationalen Inflationsneigungen ergeben, so könnte man zu diesem späteren Zeitpunkt von der Fixierung der realen Wechselkurse bei unterschiedlichen Inflationsneigungen zusätzlich zu einer Fixierung der nominellen Wechselkurse bei gleicher Inflationsneigung und schliesslich zu einer einheitlichen Gemeinschaftswährung übergehen.
Als Mittel zur Fixierung der realen Wechselkurse schlägt diese Sachverständigengruppe in ihrem OPTICA-Report einen strengen Anpassungsmechanismus für die nominellen Wechselkurse auf Grundlage der Kaufkraftparitätentheorie vor. Der Grundgedanke der in diesem Gutachten ausgesprochenen Empfehlung ist, «...that a country should manage its exchange rate so as to stabilize the path of price inflation along the trend implied by its monetary policy, possible aided by an incomes policy.»[32] Im einzelnen schlägt die OPTICA-Gruppe als ersten Schritt zu einer währungspolitischen (Re-)Integration folgendes Währungsarrangement vor[33]:

a) Der Referenzkurs der Währung jedes Landes, das an der Vereinbarung teilnimmt, wird als Effektivkurs definiert. Im Interesse der Vergleichbarkeit wird der Referenzkurs in Europäischen Währungseinheiten ausgedrückt.
b) Für jedes Land wird ein Index der «effektiven» Kaufkraftparität errechnet: sein Grosshandelspreisindex wird durch den gewogenen Durchschnitt der ausländischen Grosshandelspreisindizes dividiert, wobei dieselben Gewichte wie bei der Ermittlung des Effektivkurses verwendet werden.
c) Der Referenzkurs jedes Landes wird regelmässig (mindestens vierteljährlich) der Veränderung des gleitenden Durchschnitts der effektiven Kaufkraftparität angepasst. Die der Durchschnittsberechnung zugrunde liegende Periodenlänge und die Gewichte, mit denen die einzelnen Zeitelemente in die Kalkulation eingehen, sind für alle teilnehmenden Länder gleich.
d) Die Währungsbehörden setzen Bandbreiten um den Referenzkurs fest.
e) Zu Beginn jeder Periode (z.B. Monat, Quartal) prüfen die Währungsbehörden auf der Grundlage der unter (b) und (c) erläuterten Berechnungen, ob der Referenzkurs ihrer Währung im Vergleich zum Vorjahr aufgewertet oder abgewertet wurde. Im Falle einer Aufwertung interveniert die betreffende Wäh-

Beide Berichte sind gewissermassen als Einheit zu betrachten. Wenn im folgenden von «der OPTICA-Gruppe» die Rede ist, so meinen wir damit die Expertengruppe in ihrer letzten Zusammensetzung, d.h. jene Gruppe von Sachverständigen, die für den OPTICA-Report '76 verantwortlich zeichnet

31 Auf die Bedeutung der realen Wechselkurse hat erstmals Bela Balassa hingewiesen. Vgl. Bela Balassa, Comment: Regional Monetary Integration of the Developing Countries, in: Robert A. Mundell und Alexander K. Swoboda (Eds.), Monetary Problems of the International Economy, Chicago–London 1969, S. 151–156, hier S. 153

32 Siehe OPTICA-Report '76, S. 81

33 Vgl. OPTICA-Report '76, S. 83f.; in deutscher Übersetzung bei Hans Eckart Scharrer, Währungsintegration und Wechselkurssteuerung in der Gemeinschaft, in: Integration 4/78, S. 158f.

rungsbehörde nur durch Verkäufe ihrer eigenen Währung, und zwar dann, wenn der Marktkurs die Untergrenze des Bandes zu unterschreiten droht. Bei einer Abwertung (des Referenzkurses) finden Interventionen nur durch Ankäufe der eigenen Währung statt, und zwar dann, wenn der Marktkurs die Obergrenze des Bandes erreicht.

f) Die Währungsbehörden verzichten darauf, den Gegenwert ihrer Interventionen zu sterilisieren, d.h. die Geldbasis expandiert bzw. schrumpft im vollen Ausmass der Interventionen.

g) Zur Unterstützung dieser Vereinbarungen wird der Interventions- und Kreditmechanismus des Europäischen Fonds für währungspolitische Zusammenarbeit wie folgt geändert: Schuldnerländer haben die in Anspruch genommenen Kredite mit einem positiven Realzins zu verzinsen. Das Recht zur Inanspruchnahme von Währungskrediten wird eingeschränkt oder erlischt, wenn ein Land gegen die Regeln e) und f) verstösst.

h) Schlange-Länder können ihre gegenwärtig praktizierte Form der Zusammenarbeit fortsetzen, müssten dabei allerdings ihre Wirtschaftspolitik mit dem Ziel koordinieren, ihre Wechselkurse den Kaufkraftparitäten schrittweise anzunähern.

Mit diesem Vorschlag wollte die OPTICA-Gruppe Regeln für eine gemeinschaftliche Wechselkurspolitik entwerfen, die geeignet sein sollen, «die Erwartungen der Akteure auf den Devisenmärkten zu stabilisieren, den Circulus vitiosus («vitious circle») von Währungsabwertungen und Inflationsbeschleunigung zu durchbrechen sowie die interne Geldpolitik in ihren Bemühungen um eine Dämpfung des Preisauftriebs zu unterstützen, und die von allen Mitgliedstaaten ungeachtet ihrer derzeitigen Inflationsrate akzeptiert werden können.»[34] Sie glaubt, in der «effektiven» Kaufkraftparität einen objektiven Indikator gefunden zu haben, der zu einer unvoreingenommenen Diagnose eines Wechselkursanpassungsbedarfs zwischen den Gemeinschaftswährungen geeignet erscheint[35].

Ausgangspunkt der Überlegungen der OPTICA-Gruppe ist die im OPTICA-Report '75 begründete und heute wohl vorherrschende Vorstellung, dass die Geldillusion langfristig verschwindet und dass deshalb auch Wechselkursänderungen kein wirtschaftspolitisches Instrument darstellen, mit dem eine Volkswirtschaft dauerhaft real beeinflusst werden kann. Vielmehr entspricht es nach der in diesem Report vertretenen Auffassung der gewandelten Einschätzung der Rolle der Geldpolitik, dass auch Wechselkursänderungen heute – jedenfalls in mittel- und langfristiger Sicht – prinzipiell als nominales Phänomen begriffen werden und dass ihnen anhaltende Wirkungen im realen Bereich abgesprochen werden.

Der wesentliche Meinungsunterschied zwischen den verschiedenen ökonomischen Lehrmeinungen konzentriert sich danach heute darauf, dass die Monetaristen auf der einen Seite glauben, dass die kurzfristige Sicht, innerhalb derer sich

[34] Vgl. H.-E. Scharrer, Währungsintegration..., a.a.O., S. 157

[35] Der Index der «effektiven» Kaufkraftparität zwischen zwei Währungen ist dabei definiert als Relation zwischen dem «effektiven» Wechselkurs und dem am Grosshandelspreisindex gemessenen Preisverhältnis zwischen den betreffenden Ländern. Dabei ist der «effektive» Wechselkurs ein nach Aussenhandelsanteilen gewichteter Wechselkurs, dessen Entwicklung im allgemeinen nicht mit der Entwicklung des bilateralen Wechselkurses übereinstimmt. Der Index der effektiven Kaufkraftparität bleibt (der Aussage der Kaufkraftparitätentheorie entsprechend) konstant, wenn die Veränderung des effektiven Wechselkurses der relativen Preisentwicklung, gemessen am Grosshandelspreisindex, gerade entspricht

Anpassungen vollziehen, sehr kurz ist, während die anderen, auf der Keynesschen Lehre aufbauenden, strukturalistischen Schulen diese Meinung nicht teilen. Sie glauben vielmehr, dass langfristige Gleichgewichtssituationen de facto eine Fiktion sind, weil sich das tatsächliche Geschehen in Wirklichkeit aus einer endlosen Serie kurzfristiger Ungleichgewichte zusammensetzt, die alle auch bedeutende dauerhafte Auswirkungen auf die Struktur und das Wachstum einer Volkswirtschaft haben[36].

Die für die Auswahl der richtigen Wirtschaftspolitik entscheidende Frage «How short is the short run» versuchte die OPTICA-Gruppe für Wechselkursanpassungen innerhalb der Europäischen Gemeinschaft durch theoretische Überlegungen und empirische Untersuchungen zu beantworten[37]. Sie kam dabei zu dem Ergebnis, «that a country's exchange rate is very largely a nominal phenomenon. On the one hand its movements in a system of floating exchange rates tend to offset the differential between the domestic and the international inflation rates, when appropriately measured... While the impact on real variables may not be negligible over short periods – and may be enlarged somewhat by government action on prices and incomes – the usefulness of exchange-rate changes in effecting macro-economic adjustments seems more limited than is generally believed.»[38]

In der Tat scheinen alle Untersuchungsergebnisse der OPTICA-Gruppe dafür zu sprechen, dass der Wechselkurs eines Landes tatsächlich in allererster Linie ein nominelles Phänomen ist, dessen nominelle Veränderungen zu einem hohen Masse mit der Kaufkraftparitätentheorie erklärt werden können. Dennoch scheint uns das von der OPTICA-Gruppe aufgrund dieses Ergebnisses vorgeschlagene Währungsarrangement, das eine permanente (oder doch eine in ziemlich kurzen Zeitabständen stattfindende) quasi automatische Anpassung der nominellen Wechselkurse zwischen den Gemeinschaftswährungen entsprechend der Entwicklung der effektiven Kaufkraftparität vorsieht, um auf diese Weise die realen Wechselkurse in der Europäischen Gemeinschaft konstant zu halten, sehr problematisch zu sein. Denn das Ergebnis der OPTICA-Gruppe, dass der Wechselkurs eines Landes in allererster Linie ein nominelles Phänomen sei, ist in der Wissenschaft bis heute – auch empirisch – umstritten.

Wie die Definition der «effektiven» Kaufkraftparität der OPTICA-Gruppe zeigt, stützt die OPTICA-Gruppe ihre Argumentation und ihren Wechselkursanpassungsmechanismus entsprechend der Kaufkraftparitätentheorie auf die relative Preisentwicklung in den verschiedenen EG-Ländern gemessen am Grosshandelspreisindex[39]. Tatsächlich erweist sich nicht nur in der empirischen Untersuchung der OPTICA-Gruppe, sondern auch in vielen anderen empirischen Unter-

[36] Vgl. OPTICA-Report '75, S. 15f.
[37] Vgl. OPTICA-Report '76, S. 4ff.
Die wesentlichen Argumente der OPTICA-Gruppe sind auch bei Wolfgang Harbrecht, Zur Problematik der Kaufkraftparitätentheorie als Grundlage für Wechselkursanpassungen in einem europäischen Währungssystem, in: Internationale Anpassungsprozesse, Schriften des Vereins für Sozialpolitik, N. F. 114, hrsg. von Artur Woll, Berlin 1981, S. 127ff., zusammengefasst
[38] Vgl. OPTICA-Report '76, S. 42
[39] Vgl. OPTICA-Report '76, S. 10, und Tabelle 1, S. 13, sowie Niels Thygesen, Inflation and Exchange Rates – Evidence and Policy Guidelines for the European Community, in: Journal of International Economics, Vol. 8 (1978), S. 307

suchungen der Grosshandelspreisindex als der beste Index[40]. Dem steht aber die – gerade in jüngster Zeit zunehmend erhobene – Forderung entgegen, dass vom theoretischen Standpunkt aus gesehen der verwendete Preisindex so umfassend wie möglich sein sollte und dass deshalb der Konsumgüterpreisindex bzw. Lebenshaltungskostenindex oder der Deflator des Bruttosozialprodukts von der Sache her die adäquateren Indizes zur Überprüfung der Kaufkraftparitätentheorie wären[41]. Bei Verwendung des Konsumgüterpreisindexes kam die OPTICA-Gruppe in ihrer empirischen Untersuchung aber zu dem Ergebnis, dass nur 35 anstatt – wie bei Zugrundelegung des Grosshandelspreisindexes – 80 Prozent der Änderung des effektiven Wechselkurses durch die relativen Preisänderungen «erklärt» werden. Würde man von diesem Ergebnis ausgehen, so könnte man die monetären Phänomene, die die unterschiedliche Preisentwicklung in den verschiedenen Ländern determinieren, aber allenfalls noch als einen von mehreren den Wechselkurs beeinflussenden Faktoren ansehen.

Die Abhängigkeit der Ergebnisse von der konkreten Fragestellung und der methodischen Vorgehensweise wird offenkundig, wenn man verschiedene empirische Untersuchungen, die sich alle im wesentlichen auf die gleichen Länder und den gleichen Zeitraum erstrecken, miteinander vergleicht. Hier ist festzustellen, dass die Ergebnisse keineswegs eindeutig sind. Bestätigt wird die Kaufkraftparitätentheorie ausser von der OPTICA-Gruppe im Prinzip auch durch die Ergebnisse von Genberg[42] und (in ihrer relativen Version) von Officer[43]. Allerdings sind nach Genberg die durchschnittlichen Abweichungen von der Kaufkraftparität in den drei untersuchten Zeiträumen 1957–1966 (fixe Wechselkurse), 1967–1972 (feste Wechselkurse mit fallweisen Anpassungen) und 1973–1976 (flexible Wechselkurse) zunehmend grösser geworden. Ausserdem scheint sich die Geschwindigkeit der Anpassung an die Kaufkraftparitäten laufend verringert zu haben[44].

[40] So z. B. bei I. B. Kravis und R. E. Lipsey. Vgl. Irving B. Kravis und Robert E. Lipsey, Price Behavior in the Light of Balance of Payments Theories, in: Journal of International Economics, Vol. 8 (1978), S. 214, oder Robert Aliber, The Firm Under Pegged and Floating Exchange Rates, in: Scandinavian Journal of Economics, Vol. 78 (1976), S. 309–322.
Auch bei King und Kemp ergibt sich bei Verwendung des Grosshandelspreisindexes eine höhere Korrelation zwischen den relativen Inflationsraten und Wechselkursänderungen als bei Verwendung des Konsumgüterpreisindexes. Vgl. David King, The Performance of Exchange Rates in the Recent Period of Floating: Exchange Rates and Relative Rates of Inflation, Research Paper, No. 7613, Federal Reserve Bank of New York, May 1976, und Donald Kemp, The U. S. Dollar in International Markets: Mid-1970 to mid-1976, in: Federal Reserve Bank of St. Louis Review, Vol. 58 (1976), S. 7–14.
Nach H. Genberg sind diese Ergebnisse jedoch nicht eindeutig. Vgl. Hans Genberg, Purchasing Power Parity Under Fixed and Flexible Exchange Rates, in: Journal of International Economics, Vol. 8 (1978), S. 263

[41] Vgl. z. B. Paul A. Samuelson, Analytic Notes on International Real-Income Measures, in: Economic Journal, Vol. 84 (1974), S. 602; I. B. Kravis und R. E. Lipsey, Price Behavior..., a.a.O., S. 199ff.; oder H. Genberg, PPP: Exchange Rates, a.a.O., S. 263
Zur Diskussion der Indexprobleme bei der Ermittlung der Kaufkraftparität vgl. auch Lawrence H. Officer, The Purchasing-Power-Parity Theory of Exchange Rates: A Review Article, in: International Monetary Fund Staff Papers, Vol. 23 (1976), S. 1–60, insbes. S. 3ff.

[42] Vgl. Hans Genberg, Policy Autonomy of Small Countries, in: Erik Lundberg (Hrsg.), Inflation Theory and Anti-Inflation Policy, Proceedings of a Conference held by the International Economic Association at Saltsjöbaden, Sweden (Macmillan, London) 1977, S. 183–208. Vgl. auch H. Genberg, PPP: Exchange Rates, a.a.O., S. 253

[43] Vgl. Lawrence H. Officer, The Relationship Between Absolute and Relative Purchasing Power Parity, in: The Review of Economics and Statistics, Vol. 60 (1978), S. 562–568

[44] Vgl. H. Genberg, PPP: Exchange Rates, a.a.O., S. 247ff., insbes. S. 260 und 268

Nicht bestätigt wird die Kaufkraftparitätentheorie dagegen von Kravis und Lipsey. Diese kommen durch einen Vergleich der relativen Preisniveaus zwischen verschiedenen Ländern und deren Veränderung zwischen 1950 und 1970 zu dem Schluss, dass die relativen Preise zwischen verschiedenen Ländern, gemessen am Deflator des Bruttosozialprodukts, sowohl statisch als auch deren Veränderungen im Zeitablauf wesentliche Abweichungen von den Kaufkraftparitäten aufweisen[45]. Ebenfalls gegen die Meinung der OPTICA-Gruppe, dass die Entwicklung der Wechselkurse grösstenteils ein nominelles Phänomen ist, sprechen die Ergebnisse von Vaubel, der in seinen Untersuchungen zu dem Ergebnis gelangt, dass zwischen 1960 und 1975 sowohl nominelle als auch reale Wechselkursänderungen zu verzeichnen waren[46]. Dabei waren zwischen 1960 und 1967 die realen Wechselkursänderungen sehr viel grösser als die nominellen Veränderungen des Wechselkurses, und in der Periode 1970–1975, in der sich die nominellen Wechselkursänderungen erheblich vergrössert hatten, betrugen die realen Veränderungen immerhin noch ein Viertel der nominellen Wechselkursänderungen. Er glaubt auch nachweisen zu können, dass der grösste Teil der realen Wechselkursänderungen durch nominelle Veränderungen der Wechselkurse hervorgerufen wurde und dass daher nominelle Veränderungen des Wechselkurses ein wirksames Mittel zur Erreichung realer Wechselkursanpassungen seien[47].

Diese Ergebnisse machen deutlich, dass die Gültigkeit der Kaufkraftparitätentheorie nicht allein *empirisch* ermittelt werden kann. Eine wirtschaftspolitische Anwendung der Kaufkraftparitätentheorie als Grundlage für Wechselkursanpassungen erscheint vielmehr nur dann angebracht, wenn sich auch aufgrund *theoretischer* Überlegungen überzeugend nachweisen lässt, dass die Kaufkraftparitätentheorie unter allgemeinen, realistischen Bedingungen Gültigkeit besitzt.

Ihrem theoretischen Inhalt nach beschreibt aber die Kaufkraftparitätentheorie den Zusammenhang zwischen zwei interdependenten Variablen, dem Preisniveau und dem Wechselkurs, im langfristigen Gleichgewicht, in dem die Wirtschaftssubjekte frei von Geldillusion sind, bei Veränderungen des gesamtwirtschaftlichen Gleichgewichts infolge rein monetärer Störungen, d. h. bei autonomen Geldmengenänderungen[48]. Die Kaufkraftparitätentheorie stellt also eine (langfristige) Gleichgewichtstheorie dar. Als solche beschränkt sich ihre Aussage auf den Zusammenhang der relevanten Variablen in zwei verschiedenen (langfristigen) Gleichgewichtszuständen; sie gilt dagegen nicht auf dem Weg von einem Gleichgewicht zum anderen. Die Kaufkraftparitätentheorie gilt auch nicht, wenn die Wirtschaftssubjekte nicht frei von Geldillusion sind. Unterliegen die Wirtschaftssubjekte der Geldillusion, so gilt die Kaufkraftparitätentheorie im allgemeinen selbst im Gleichgewicht nicht. Die Kaufkraftparitätentheorie gilt ausserdem nur für statische Volkswirtschaften, in denen keine realwirtschaftlichen Änderungen auftreten. Für nicht-statische Volkswirtschaften, in denen sich das Realeinkommen verändert, gilt sie – selbst bei Konstanz der Geldmenge pro Gütereinheit und der Verhaltensweisen der Wirtschaftssubjekte – nicht. Die Betrach-

[45] Vgl. I. B. Kravis und R. E. Lipsey, Price Behavior..., a.a.O., S. 193–246

[46] Vgl. Roland Vaubel, Real Exchange-Rates Changes in the European Community: The Empirical Evidence and Its Implications for European Currency Unification; in: Weltwirtschaftliches Archiv, Bd. 112 (1976), S. 429–470

[47] Vgl. R. Vaubel, Real Exchange-Rates..., a.a.O., S. 430

[48] Vgl. W. Harbrecht, Zur Problematik..., a.a.O., S. 152. In diesem Beitrag hat der Verfasser die hier vorgenommene theoretische Einordnung der Kaufkraftparitätentheorie eingehend begründet

tung des Wechselkurses als rein monetäres Phänomen ist daher nur in einer statischen Welt richtig, in der die realwirtschaftlichen Faktoren unveränderlich sind. In allen anderen Fällen werden Wechselkursänderungen dagegen von zwei Faktoren bestimmt; nämlich sowohl von monetären Einflüssen als auch von realwirtschaftlichen Änderungen.
Nach dieser theoretischen Einordnung der Kaufkraftparitätentheorie beschränkt sich ihre praktische Relevanz demnach auf Situationen, in denen monetäre Änderungen die realwirtschaftlichen Änderungen um ein Vielfaches übertreffen, d.h. auf Situationen, in denen die Inflationsrate die reale Wachstumsrate um ein Vielfaches übersteigt, so dass realwirtschaftliche Änderungen vernachlässigt werden können, und der monetäre Anpassungsprozess relativ schnell erfolgt. Sie stellt damit z.B. die adäquate Theorie zur Erklärung des Zusammenhangs zwischen Inflation und Wechselkursverfall in Deutschland in den zwanziger Jahren dar[49], dagegen ist sie kaum geeignet, die Wechselkursveränderungen zwischen wachsenden Volkswirtschaften bei schleichender Inflation voll zu erklären. In letzterem Falle können nämlich die realwirtschaftlich bedingten Änderungen des Wechselkurses im Verhältnis zu den monetär bedingten Veränderungen kaum vernachlässigt werden.
Der von der OPTICA-Gruppe vorgeschlagene Wechselkursanpassungsmechanismus dürfte daher aus den folgenden drei Gründen kaum erfolgversprechend sein:
1. Der von der OPTICA-Gruppe definierte «Index der effektiven Kaufkraftparität», der auf dem Grosshandelspreisindex basiert, erscheint vom Standpunkt der ökonomischen Theorie aus gesehen nicht weniger problematisch zu sein wie jeder andere Kaufkraftparitätenindex, der auf anderen Preisindizes basiert. Den besseren empirischen Befunden bei Verwendung des Grosshandelspreisindexes stehen die beträchtlichen theoretischen Bedenken gegenüber. Solange aber in der Wissenschaft die Verwendung bestimmter Indikatoren noch derart umstritten ist, wie das nach unserer Auffassung bei den Indizes zur Ermittlung der Kaufkraftparitäten der Fall ist, sollte man auf einen solchen fragwürdigen Indikator keinen quasi automatischen Wechselkursanpassungsmechanismus begründen.
2. Nach dem gegenwärtigen Stand des ökonomischen Wissens wird die Kaufkraftparitätentheorie als eine Gleichgewichtstheorie begriffen, die eine blosse Gleichgewichtsbeziehung zwischen zwei Grössen zum Ausdruck bringt, die vieles unerklärt lässt. Danach beschreibt die Kaufkraftparitätentheorie einen empirisch mehr oder weniger deutlich erkennbaren komparativ-statischen Zusammenhang zwischen Preisen und Wechselkurs, ohne den genauen Mechanismus zu spezifizieren, wie der Wechselkurs und die Preise miteinander verknüpft sind, d.h. ohne den Prozess, der einen solchen Zusammenhang zuwege bringt, aufzuzeigen[50].
Demgegenüber liegt den Vorschlägen der OPTICA-Gruppe aber noch die (inzwischen veraltete) Vorstellung der Kaufkraftparitätentheorie als einer Kausalitätstheorie zugrunde, nach der die Preisniveaus der Länder (als exogene Variablen)

[49] Für diese Zeit stellte z. B. Haberler fest, dass ungefähr 99 Prozent der Abwertung der Deutschen Mark auf den Anstieg des absoluten Preisniveaus zurückzuführen seien und nur 1 Prozent auf Änderungen in der relativen Nachfrage. Vgl. Gottfried Haberler, The Theory of International Trade, London 1936, S. 37f.

[50] Vgl. W. Harbrecht, Zur Problematik..., a.a.O., S. 142; vgl. auch Jacob A. Frenkel, Purchasing Power Parity – Doctrinal Perspective and Evidence from the 1920s, in: Journal of International Economics, Vol. 8 (1978), S. 169f.

kausal den gleichgewichtigen Wechselkurs (als endogene Variable) bestimmen. Denn nur aus dieser Interpretation der Kaufkraftparitätentheorie heraus ist die Forderung der OPTICA-Gruppe zu verstehen, angesichts der unterschiedlichen Inflationsraten in den EG-Staaten die tatsächlichen Wechselkurse durch ein kontrolliertes Floating bzw. durch ein crawling-peg möglichst wenig von den nach der Kaufkraftparitätentheorie ermittelten gleichgewichtigen Wechselkursen abweichen zu lassen, um Zahlungsbilanzungleichgewichte innerhalb der Europäischen Gemeinschaft soweit wie möglich zu vermeiden. Stellt die Kaufkraftparitätentheorie jedoch tatsächlich eine Gleichgewichtstheorie dar, so wäre der Wechselkursanpassungsmechanismus der OPTICA-Gruppe zum Scheitern verurteilt, da weder die Preise noch die Wechselkurse als wirtschaftspolitische Aktionsvariable betrachtet werden dürften. Vielmehr würden beide Grössen aufgrund anderer exogener Gegebenheiten, wie z. B. der Geldmengenentwicklung, endogen bestimmt. Würde man nun versuchen, eine endogene Variable – nämlich den Wechselkurs – zu ändern, so würde man erstens wirtschaftspolitisch an den Symptomen kurieren, anstatt mit den wirtschaftspolitischen Massnahmen an den eigentlichen verursachenden Grössen anzusetzen, und zweitens wegen der gegenseitigen Interdependenz der Variablen durch die Wechselkursänderung selbst wieder Preisänderungen hervorrufen, d. h. den Ausgangspunkt des wirtschaftspolitischen Eingriffs durch die wirtschaftspolitische Massnahme selbst verändern.

3. Der entscheidende Einwand gegen eine Fixierung der realen Wechselkurse, d. h. gegen eine mechanistische Anpassung der innergemeinschaftlichen nominellen Wechselkurse entsprechend der Entwicklung der Kaufkraftparitäten, besteht aber wohl darin, dass eine derartige Vorgehensweise nach den Erkenntnissen der Wirtschaftstheorie nur zulässig ist, wenn alle beteiligten Volkswirtschaften statische Volkswirtschaften im Sinne der ökonomischen Theorie sind. Diese Voraussetzung ist aber in keinem EG-Land erfüllt und schon gar nicht in der Europäischen Gemeinschaft insgesamt. In wachsenden Volkswirtschaften werden sich aber aufgrund von Nachfrageverschiebungen zwischen einzelnen Gütern und Gütergruppen ständig die relativen Preise ändern und auch ändern müssen. Würde man nun in einer solchen dynamischen Welt versuchen, die realen Wechselkurse, die bekanntlich nichts anderes darstellen als den relativen Preis zwischen dem (gehandelten) Güterbündel eines Landes und dem (gehandelten) Güterbündel eines anderen Landes, zu fixieren, so würde man dadurch, sofern dieser reale Wechselkurs aufgrund veränderter realwirtschaftlicher Bedingungen nicht mehr dem gleichgewichtigen (realen) Wechselkurs entsprechen würde, Ungleichgewichtssituationen zementieren und letztlich sogar eine Fehlallokation im gesamten Wirtschaftsraum hervorrufen. Damit würden aber auch die Zahlungsbilanzungleichgewichte zwischen den EG-Staaten nicht vermindert, sondern auf Dauer nur noch grösser.

Ausschlaggebendes Kriterium für einen erforderlichen Wechselkursanpassungsbedarf kann demnach nach wie vor nur ein sog. fundamentales Zahlungsbilanzungleichgewicht sein.

Zur Beurteilung, ob ein Zahlungsbilanzungleichgewicht fundamental ist oder nur temporär, kann – und das soll hier nicht geleugnet werden – allerdings die Entwicklung der effektiven Kaufkraftparität gute Hinweise geben und somit als *zusätzlicher* Indikator für die Notwendigkeit und das Ausmass eines Wechselkursanpassungsbedarfs durchaus nützlich sein. Entscheidendes Anpassungskriterium muss aber die Entwicklung der Zahlungsbilanz selbst sein, denn Aufgabe des gleichgewichtigen Wechselkurses ist es nicht, eine bestimmte Kaufkraftparität zwischen zwei Ländern herzustellen und zu erhalten, sondern die Zahlungsbilanz der betreffenden Länder auszugleichen und ausgeglichen zu halten.

5.4 Die Einführung einer europäischen Parallelwährung als Weg zur Errichtung einer Währungsunion

5.4.1 Die Grundidee

Der wohl unkonventionellste Ansatz in der Diskussion um alternative Wege zur Errichtung einer Wirtschafts- und Währungsunion in Europa sieht den besten Weg zur monetären Einigung der EG in der Einführung einer europäischen Parallelwährung[51]. Der Grundgedanke dieses sog. Parallelwährungsansatzes besteht darin, in der Europäischen Gemeinschaft neben den bestehenden nationalen Währungen eine europäische Gemeinschaftswährung zu schaffen und diese parallel zu den weiterhin zirkulierenden nationalen Gemeinschaftswährungen in Umlauf zu setzen. Diese europäische Parallelwährung soll im Laufe der Zeit die nationalen Gemeinschaftswährungen nach und nach verdrängen, bis am Ende dieser Übergangszeit in der ganzen EG nur noch eine einheitliche Währung, nämlich die europäische (Parallel-)Währung, in Umlauf ist. Auf diese Weise würde die europäische Parallelwährung nicht nur zum formellen, sondern auch zum materiellen, d. h. vom Markt akzeptierten Träger und Katalysator der monetären Einigung Europas.
Nach Ansicht der Verfechter des Parallelwährungsansatzes kann die monetäre Integration Europas nämlich nicht einfach per Dekret über Nacht herbeigeführt werden. Vielmehr muss sich der Fortgang der Integration stärker als das vielfach eingeräumt wird aus marktwirtschaftlichen Kräften nähren. Da eine Integration immer auch vom Markte vollzogen werden muss, muss man sie genaugenommen sogar als eine ineinandergreifende Abfolge staatlicher Massnahmen und der Reaktion der Märkte hierauf verstehen. Aus diesem Grunde lässt sich auch eine umfassende Währungsvereinigung in dem Sinne ‹ein Land, eine Währung› nicht in einen festen Zeitplan pressen. Einmal angestossen, kann der Prozess aber durchaus seine eigene Dynamik gewinnen und die inneren und äusseren Währungsziele der Gemeinschaft eher erreichen als man es vielleicht am Anfang erwarten würde[52].
Die Einführung einer europäischen Parallelwährung setzt keine festen Wechselkurse zwischen den Währungen der Mitgliedstaaten der EG voraus, sondern bedingt geradezu (zumindest in einem gewissen Ausmass) flexible Wechselkurse zwischen den nationalen Gemeinschaftswährungen und der europäischen Gemeinschaftswährung, um möglichen Spannungen während des monetären Integrationsprozesses mit einem Minimum an sozialen Kosten begegnen zu

[51] Die Idee einer europäischen Parallelwährung tauchte zu Beginn der siebziger Jahre auf. Ein umfassender Überblick über die verschiedenen Vorschläge zum Parallelwährungsansatz findet sich bei Roland Vaubel, Die Pläne für eine europäische Parallelwährung – Ein Überblick –, in: Die Weltwirtschaft, 1972, Heft 2, S. 136–153, sowie bei E.-M. Lipp, Parallelwährung für Europa, a.a.O.

[52] Vgl. Giovanni Magnifico, European Monetary Unification for Balanced Growth: A New Approach, Princeton, New Jersey, August 1971 (Essays in International Finance, No. 88); deutsche Übersetzung in: Giovanni Magnifico, Eine Währung für Europa – Ein Weg zur Europäischen Währungsvereinigung –, Baden-Baden 1977, S. 33–67, hier S. 65

können[53]. Aus diesem Grunde wäre die Einführung einer europäischen Parallelwährung auch bei einem allgemeinen System flexibler Wechselkurse, wie es sich in der Europäischen Gemeinschaft nach dem Zusammenbruch des Bretton Woods-Systems zwischen den wichtigsten Gemeinschaftswährungen herausgebildet hatte, durchaus möglich, unter den seit Anfang der siebziger Jahre eingetretenen währungspolitischen Veränderungen wahrscheinlich sogar der einzige gangbare Weg.
Während die Grundidee des Parallelwährungsansatzes recht einfach ist und irgendwie bestechend wirkt, liegen die Probleme bei diesem Ansatz im Detail. Denn es ist klar, dass sich eine europäische Parallelwährung nur dann auf Dauer in einem Wettbewerbsprozess am Markt gegenüber den nationalen Gemeinschaftswährungen durchzusetzen vermag, wenn diese europäische Gemeinschaftswährung mehr Attraktivität besitzt als die nationalen Währungen. Die Attraktivität hängt aber letztlich davon ab, ob die europäische Gemeinschaftswährung die Funktionen des Geldes besser erfüllt als die konkurrierenden nationalen Gemeinschaftswährungen. Ein wesentliches Kriterium dafür ist, dass sich die europäische Parallelwährung als besseres Wertaufbewahrungsmittel erweist als die nationalen Gemeinschaftswährungen. Ob und in welchem Masse dies der Fall ist, wird aber in erster Linie von der konkreten Ausgestaltung der Parallelwährung und von deren Management bestimmt. In dieser konkreten Ausgestaltung der europäischen Parallelwährung unterscheiden sich die verschiedenen Vorschläge jedoch nicht unerheblich, so dass man bei diesem Ansatz nicht mehr von *einem* Vorschlag sprechen kann, sondern von verschiedenen Lösungsansätzen bzw. Vorschlägen sprechen muss, von denen die wichtigsten im folgenden in ihren Grundzügen dargestellt werden.

5.4.2 Der Vorschlag von G. Magnifico

Der Vorschlag von G. Magnifico[54] sieht die Gründung einer europäischen Zentralbank vor, welche sowohl die Funktion einer europäischen Investitionsbank als auch diejenige eines europäischen Währungsfonds übernehmen soll. Magnifico bezeichnet sie daher als «Europäische Vielzweckbank» («Multi-Role-European Bank»). Ihr Startkapital, in Gold, müsste eine Höhe haben, die mit der Durchschnittssumme an liquiden Währungsreserven vergleichbar ist, die die grösseren Zentralbanken in der Gemeinschaft unterhalten. Dieses Startkapital bildet die Basis, auf der sich unter Einhaltung bestimmter, flexibler Mindestreservevorschriften allmählich eine Kreditpyramide schaffen liesse.

[53] In diesem Punkt unterscheiden sich die verschiedenen Vorschläge zur Einführung einer europäischen Parallelwährung etwas. Während z.B. im sog. Allerheiligenmanifest (G. Basevi u. a., A Currency for Europe – The All Saints' Day Manifesto for European Monetary Union –, in: The Economist, November 1, 1975, S. 33–38 (im folgenden zitiert als Allerheiligenmanifest, a.a.O.), hier S. 37f.) ganz klar für flexible Wechselkurse plädiert wird, vertritt. G. Magnifico eine Zwischenposition, indem er eine «interne Teilflexibilität» der Wechselkurse während des Integrationsprozesses für notwendig hält (vgl. G. Magnifico, Eine Währung für Europa, a.a.O., S. 62ff.). James E. Meade (Europäische Währungsunion, in: Europäische Wirtschaftsintegration und Währungsvereinigung, herausgegeben von der Kommission der EG, Brüssel, Oktober 1973, Teil II: Individuelle Beiträge, S. 111–119, hier S. 116) schliesslich sieht eine Lösung in der «Ausarbeitung einer gemeinsamen Politik zur Anwendung häufiger, aber geringer Wechselkursänderungen»

[54] Vgl. Giovanni Magnifico, European Monetary Unification for Balanced Growth: A New Approach, Princeton, New Jersey, August 1971 (Essays in International Finance, No. 88); deutsche Übersetzung in: Giovanni Magnifico, Eine Währung für Europa – Ein Weg zur Europäischen Währungsvereinigung –, Baden-Baden 1977, S. 33–67, insbes. S. 55ff.

Die europäische Zentralbank müsste selbstverständlich mit den nationalen Zentralbanken einvernehmlich zusammenarbeiten, um ihre Aufgabe voll erfüllen zu können[55]. Andererseits dürfte die gemeinsame europäische Zentralbank den nationalen Zentralbanken nicht untergeordnet sein. Sie müsste vielmehr (mindestens) gleichberechtigt neben den nationalen Zentralbanken ihre Aktivitäten entfalten können. Vor allem müsste sie auch ungehinderten Zutritt zu den nationalen Geld-und Kapitalmärkten haben. Darüber hinaus müsste sie befugt sein, von der Gemeinschaft, von Regierungen und anderen öffentlichen Stellen Einlagen entgegenzunehmen, ebenso von Banken, Handels- und Industrieunternehmen, vielleicht auch von Privatpersonen. Die Einlagen sollen auf eine europäische Währungseinheit lauten (die «European Currency Unit», abgekürzt ECU), deren Wert sich aus einer direkten Parität zum Gold oder zu einem anderen geeigneten Massstab herleitet, der jedoch keine Währung sein darf[56]. Die Einleger sollten über diese Einlagen verfügen können, um Schulden untereinander zu begleichen sowie Verbindlichkeiten, die auf ECU oder Landeswährung lauten, wobei bei letzteren die jeweiligen Wechselkurse zugrunde gelegt werden. Schliesslich sollte die europäische Zentralbank auch befugt sein, auf ECU lautende Noten zu emittieren, also europäisches Geld in Umlauf zu bringen. Spätestens in diesem Stadium müsste die ECU zum gesetzlichen Zahlungsmittel erklärt werden.

Zwischen den nationalen Gemeinschaftswährungen und der europäischen Parallelwährung sollte während des Integrationsprozesses eine kontrollierte interne Teilflexibilität bestehen, deren konkrete Ausgestaltung selbst wieder flexiblen Kriterien unterworfen sein sollte. Grundsätzlich sieht Magnifico in flexiblen Wechselkursen innerhalb der Gemeinschaft jedoch ein desintegrierendes Element. Dagegen werden flexible Wechselkurse gegenüber anderen Währungsräumen als weniger nachteilig angesehen.

Die kontrollierte interne Teilflexibilität kann nach Meinung Magnificos im Prinzip durch verschiedene Interventionstechniken erreicht werden. Doch müsste nach seiner Meinung die Aufgabe, die Parität der ECU aufrechtzuerhalten, wohl der europäischen Vielzweckbank zugewiesen werden. Dagegen sollte die Verantwortung für die nationalen Gemeinschaftswährungen in erster Linie bei den nationalen Währungsbehörden verbleiben. Kursstützungsoperationen sollten in zunehmendem Masse anstatt in US-Dollar in nationalen Gemeinschaftswährungen und ECU stattfinden. Dadurch würde der Zahlungsverkehr zwischen den EG-Mitgliedstaaten zunehmend «internalisiert». Wenn die ECU erst einmal eine allgemeine Verwendung findet, sollte die europäische Vielzweckbank für den ECU-Dollarkurs verantwortlich sein und gegenüber diesem entsprechend den geltenden internationalen Abmachungen intervenieren, während die Mitgliedstaaten ihre Währungsparitäten in ECU fixieren und die nationalen Zentralbanken ihre Interventionen in ECU durchführen.

Die Attraktivität der europäischen Parallelwährung sieht Magnifico in ihrer uneingeschränkten Konvertierbarkeit in die Landeswährung und vice versa, d.h. in

[55] Als Hauptaufgabe der europäischen Vielzweckbank sieht Magnifico allerdings (leider) nicht ihre Funktion als europäische Zentralbank, sondern die Finanzierung einer umfangreichen Regionalförderung, um «den Regionen, die das sonst nicht schaffen würden, jene Impulse zu geben, die dort die Produktivkräfte voll zur Entfaltung kommen lassen.» (Eine Währung für Europa, a.a.O., S. 56)

[56] Mit der Bindung der ECU an das Gold wäre für die Inhaber freilich keine Goldgarantie verbunden, da die Goldparität der ECU fallweise geändert werden könnte. Vgl. auch G. Magnifico, Eine Währung für Europa, a.a.O., S. 58

einer uneingeschränkten bilateralen Konvertibilität. Sie kann auf diese Weise zu einer Diversifizierung der Risiken beitragen, «was schliesslich Wechselkursrisiken in vielen Fällen gegen Null gehen lässt»[57]. «So *könnte* es attraktiv werden, ECUs zu halten, sie Mitgliedswährungen und Eurodollars vorzuziehen.»[58] Ausserdem stellt sich Magnifico die ECU als ein gemeinschaftlich gesichertes, wertstabiles Aktivum vor, das einen Abfluss heisser Gelder aus der Gesamtgemeinschaft verhindern oder doch verringern würde. Wie diese Wertstabilität erreicht werden soll und welchen Grad (im Vergleich zu den nationalen Gemeinschaftswährungen) sie erreichen soll, wird allerdings nicht genauer ausgeführt. Gerade hiervon hängt es aber ab, ob die europäische Parallelwährung gegenüber allen nationalen Gemeinschaftswährungen genügend Attraktivität besitzt. Denn ist auch nur eine nationale Gemeinschaftswährung stabiler als die gemeinsame europäische Währung, so ist bei dem in der EG realisierten Liberalisierungsgrad im innergemeinschaftlichen Kapitalverkehr nicht einzusehen, warum als alternatives monetäres Anlagemedium zur heimischen Währung nicht gleich die wertstabilste nationale Gemeinschaftswährung der ECU vorgezogen werden sollte. Wäre dies aber der Fall, so bliebe die ECU eine Währung auf dem Papier, die keine (ausreichende) Akzeptanz erringen könnte.
Es zeigt sich also, dass der Erfolg einer europäischen Parallelwährung in entscheidendem Masse davon abhängig ist, dass sie wertstabiler ist als irgendeine nationale Gemeinschaftswährung. Nur wenn dies der Fall ist, besteht eine Aussicht, über die Einführung einer europäischen Parallelwährung zu einer Währungsunion in Europa zu gelangen. Indem Magnifico auf diese Fragen nicht eingeht, umgeht er das Kernproblem des Parallelwährungsansatzes, nämlich die Diskussion der Frage, wie eine rasche Ausbreitung und Interzirkulation der neuen europäischen Parallelwährung – vor allem im privaten Sektor – erreicht werden kann und welche Chancen bzw. Probleme von seiten des Marktes hierbei bestehen. Trotz dieses Mangels (oder vielleicht gerade deswegen) hat Magnifico mit seinem Vorschlag einen Denkanstoss gegeben, der eine umfassende Diskussion über diesen Ansatz ausgelöst hat und die Diskussion um die Errichtung einer Wirtschafts- und Währungsunion in Europa beflügelt hat[59].

5.4.3 Die Vorschläge im Allerheiligenmanifest

Am 1. November 1975 wandten sich neun[60] prominente europäische Wirtschaftswissenschaftler mit einem Manifest an die Öffentlichkeit, in dem sie eben-

[57] Siehe G. Magnifico, Eine Währung für Europa, a.a.O., S. 58
[58] Siehe ebenda
[59] Einen umfassenden Einblick in die Diskussion um diesen Ansatz sowie deren gegenwärtigen Stand aus der Sicht eines engagierten Befürworters dieses Ansatzes bietet R. Vaubel, Strategies..., a.a.O., sowie die Beiträge in M. Fratianni und Th. Peeters (Eds.), One Money..., a.a.O., Part II und III, S. 35–143
[60] Die neun Wissenschaftler waren Giorgio Basevi, Universität Bologna (Italien), Michele Fratianni, Indiana University, USA, und Katholische Universität Löwen (Belgien), zur Zeit auch als Wirtschaftsberater des Generaldirektors der GD II in der Kommission der EG tätig, Herbert Giersch, Universität Kiel, Pieter Korteweg, Universität Rotterdam (Niederlande), David O'Mahony, University College, Cork (Irland), Michael Parkin, University of Manchester (Grossbritannien), Theo Peeters, Katholische Universität Löwen (Belgien), Pascal Salin, Université Paris-IX-Dauphine (Frankreich), und Niels Thygesen, Universität Kopenhagen (Dänemark). Sie kamen zu einer Diskussionsrunde zusammen, die von der Arbeitsgruppe Europäische Währungsunion am Zentrum für ökonomische Studien der

falls die Einführung einer europäischen Parallelwährung forderten. Diese europäische Parallelwährung sollte von den Zentralbanken der EG-Mitgliedstaaten emittiert werden und mit einer konstanten Kaufkraft ausgestattet werden. Sie sollte von allen Staatsangehörigen der EG-Mitgliedstaaten mit ihrer Landeswährung zu einem flexiblen Wechselkurs uneingeschränkt erworben werden können[61].
In diesem Schritt erblickten die Unterzeichner des Allerheiligenmanifestes den besten Weg, um in Europa ein monetäres System zu verwirklichen, das nicht nur die gesamte Europäische Gemeinschaft umfassen würde, sondern gleichzeitig auch eine stabile Währung garantieren würde. Gleichzeitig hätten die Menschen bei einer derartigen Lösung die Gelegenheit, selbst zu entscheiden, ob sie eine Währungsunion wollen oder nicht, indem sie die neue (Gemeinschafts-)Währung akzeptieren oder nicht. Zwar glauben die Autoren des Allerheiligenmanifestes, dass die Menschen eine kaufkraftstabile europäische Gemeinschaftswährung wollen und akzeptieren, doch legen sie grossen Wert darauf, dass dies freiwillig geschieht, was bei der Einführung einer europäischen Währungsunion und einer gemeinsamen europäischen Währung per Regierungsbeschluss nicht der Fall wäre.
Darüber hinaus glauben die Autoren des Allerheiligenmanifestes, dass die Einführung einer kaufkraftgesicherten europäischen Parallelwährung der einfachste und billigste Weg wäre, um in Europa zu einem Zustand der Preisstabilität zurückzukehren. Will man die Wiederherstellung der Preisstabilität über eine Restabilisierung der nationalen Währungen erreichen, was zweifellos möglich ist, so muss man in den einzelnen Ländern je nach Ausmass des Wertverfalls der betreffenden Währung und der Hartnäckigkeit der Inflationserwartungen mit mehr oder weniger starken, möglicherweise mehrere Jahre andauernden Stabilisierungskrisen rechnen. Dieser Preis für die Rückkehr zur Preisstabilität erscheint aber vielen Regierungen als zu hoch. Hat die Inflation aber erst einmal ein bestimmtes Ausmass überschritten, so ist es oft billiger, eine Währung im Zuge einer Währungsreform durch eine neue Währung zu ersetzen als eine kranke Währung zu restabilisieren. Denn die Einführung einer neuen, stabilen Währung, die keinen inflationären Erwartungen unterliegt, kann ab einem bestimmten Zeitpunkt mit geringeren Übergangskosten verbunden sein als sie mit einer Restabilisierungskrise verbunden sind. Schliesslich ist es viel einfacher, eine Inflation zu verhüten

Katholischen Universität Löwen mit finanzieller Unterstützung durch das belgische Aussenministerium organisiert wurde. Ihr Manifest wurde im Economist vom 1. November 1975 veröffentlicht. Vgl. Allerheiligenmanifest, a.a.O.

[61] Die Idee einer kaufkraftgesicherten Parallelwährung wurde schon vor Veröffentlichung des Allerheiligenmanifestes von verschiedenen Autoren vertreten und als Lösungsansatz vorgeschlagen, so z. B. von C. C. von Weizsäcker, insbesondere aber von Autoren des Instituts für Weltwirtschaft in Kiel.
Vgl. Carl Christian von Weizsäcker, Ein Vorschlag zur Währungsunion, in: Beiträge und Stellungnahmen zu Problemen der Währungspolitik. Kieler Diskussionsbeiträge Nr. 10, Kiel 1971, S. 26–31; derselbe, Zur Problematik europäischer Währungspolitik, in: Volkswirtschaftliche Korrespondenz der Adolf-Weber-Stiftung, 11. Jhrg. (1972), Nr. 8; Norbert Walter, Europäische Währungsintegration: Kartell-Lösung versus Eurowährung, in: Die Weltwirtschaft, 1972, Heft 1, S. 41–51; Roland Vaubel, Plans for a European Parallel Currency and SDR Reform: The Choice of Value Maintenance Provisions and «Gresham's Law», in: Weltwirtschaftliches Archiv, Bd. 110 (1974), S. 194–228. Das Allerheiligenmanifest erzielte durch die Unterschrift von neun prominenten Wissenschaftlern aus den verschiedensten EG-Ländern und durch die Veröffentlichung im Economist die grösste Breitenwirkung und erlangte damit die grösste politische Wirkung von all diesen Vorschlägen

als sie zu beseitigen[62]. Wegen dieses ökonomischen Sachverhalts sehen die Autoren des Allerheiligenmanifestes eine einzigartige Chance, die Rückkehr zur Stabilität über eine Reform des Währungswesens in den EG-Mitgliedstaaten mit der Einführung einer gemeinsamen Währung in Europa zu verbinden. «The launching of a new common European money, the Europa, offers a unique opportunity of carrying out this monetary reform while at the same time setting the pace for monetary integration.»[63]

Ein – allerdings radikaler – Ansatz wäre die Ersetzung der nationalen Währungen durch ein stabiles europäisches Geld in einem Zug. Doch wäre dieser Weg zu abrupt und mit zu grossen Risiken behaftet. Daher sehen die Autoren des Allerheiligenmanifestes den einzigen gangbaren Weg, um beides – Restabilisierung und europäische Währungsvereinigung – mit einem Minimum an Übergangskosten zu erreichen, in der Einführung einer kaufkraftgesicherten europäischen Parallelwährung.

Die Sicherung der Kaufkraft einer Parallelwährung ist während der Übergangszeit, also in der Zeit, wo sie neben den nationalen Gemeinschaftswährungen zirkuliert und diese noch nicht vollständig verdrängt hat, im Prinzip recht einfach. Man braucht nur das Preisniveau eines repräsentativen Warenkorbs in Einheiten der Parallelwährung konstant zu halten. Der Warenkorb kann z. B. als gewogene Summe der nationalen Warenkörbe, die zur Berechnung der nationalen Konsumgüterpreisindizes verwendet werden, definiert werden. Dabei sollten die Gewichte den relativen Anteil eines jeden Landes am Bruttosozialprodukt der EG, am innergemeinschaftlichen Handel etc. widerspiegeln. Die europäische Parallelwährung selbst kann ebenfalls als ein Währungskorb definiert werden.

Konkret schlagen die Autoren des Allerheiligenmanifestes vor, die im März 1975 eingeführte Europäische Rechnungseinheit ERE als Basis für die neue europäische Parallelwährung, die den Namen «Europa» (abgekürzt ₠) erhalten sollte, zu verwenden. Die ERE stellt bekanntlich einen Währungskorb aus den neun Währungen der EG-Mitgliedstaaten dar, der sich wie folgt zusammensetzt[64]:

1 ERE =	0,828	DM			
+	0,0885	£	+	3,66	bfrs
+	1,15	FF	+	0,14	lfrs
+	109	Lit	+	0,217	dkr
+	0,286	hfl	+	0,00759	Ir£

Rechnet man die verschiedenen Währungen über deren aktuelle Wechselkurse in eine Währung um, so erhält man den Wert einer ERE in dieser betreffenden nationalen Währung. Allgemein ausgedrückt erhält man demnach den Wert einer ERE nach folgender Formel[65]

$$1\ \text{ERE} = \sum_{i=1}^{9} \frac{a_i}{r_i}$$

Dabei gibt a_i den Betrag der i-ten nationalen Währung im Währungskorb an und r_i

[62] Dies sind auch die Gründe dafür, weshalb in der (Währungs-)Geschichte oft die Schaffung eines neuen Geldes der Restabilisierung eines alten, bestehenden Geldes vorgezogen wurde. Vgl. Allerheiligenmanifest, a.a.O., S. 37

[63] Siehe ebenda, S. 36

[64] Vgl. Neunter Gesamtbericht der EG, 1975, Ziff. 178

[65] Vgl. auch Allerheiligenmanifest, a.a.O., S. 36

den Wechselkurs zwischen den neun Währungen und der Währung, in der der Wert der ERE ausgedrückt wird.
Diese ERE unterliegt natürlich in Gütereinheiten gemessen einem Wertverfall, sofern die nationalen Währungen des ERE-Korbs nicht stabil sind, sondern eine positive Inflationsrate aufweisen. Dieser Kaufkraftschwund der ERE ist gleich dem mit den Gewichten der einzelnen nationalen Währungen im Währungskorb der ERE gewichteten arithmetischen Mittel der nationalen Inflationsraten. Um nun aus der ERE eine europäische Währung mit konstanter Kaufkraft zu erhalten, muss diese daher im Wert um den jährlichen Kaufkraftverlust nach oben korrigiert werden. Die inflationssichere europäische Parallelwährung «Europa» auf der Grundlage der ERE hätte man demnach dann, wenn man der «Europa» den Wert

$$1 \,\not{E} = \sum_{i=1}^{9} \frac{a_i(1 + \pi_i)}{r_i}$$

zumessen würde. In dieser Formel gibt π_i die nationale Inflationsrate des Landes i in der relevanten Periode gemessen am Konsumgüterpreisindex an. Die Autoren des Allerheiligenmanifestes schlagen denn auch die Wertfestsetzung und -entwicklung ihrer kaufkraftstabilen «Europa» nach obiger Formel vor[66].
Bemerkenswert erscheint, dass die europäische Gemeinschaftswährung nach dem Vorschlag der Autoren des Allerheiligenmanifests (zumindest zunächst) nicht von einer gemeinsamen europäischen Zentralbank emittiert werden soll, sondern von den Zentralbanken der EG-Mitgliedstaaten. Eine gemeinsame europäische Zentralbank, die eine gemeinsame europäische Geldpolitik formuliert und realisiert, wird offenbar nicht für nötig gehalten! Jede nationale Zentralbank kann und darf gegen nationales Geld gerade so viele Europas zu einem flexiblen Wechselkurs, der die Kaufkraft der europäischen Parallelwährung konstant hält, emittieren, wie nachgefragt werden. In der Praxis dürfte dies auf ein crawling-peg zwischen den nationalen Währungen und der Parallelwährung hinauslaufen, in deren Zug die Gemeinschaftswährung laufend entsprechend der in nationaler Währung ermittelten Entwicklung der nationalen Konsumgüterpreisindizes aufgewertet wird. Wenn die europäische Parallelwährung alle nationalen Währungen vollständig ersetzt hat, soll ihr Angebot entsprechend einem Geldmengenziel ausgedehnt werden, das auch fortan eine stabile Kaufkraft garantiert[67].
Da die europäische Parallelwährung, so wie sie im Allerheiligenmanifest konzipiert ist, als Wertaufbewahrungsmittel zweifellos eine beträchtliche Attraktivität besitzt, jedenfalls eine grössere als alle nationalen Gemeinschaftswährungen, wäre unter diesem Gesichtspunkt eine rasche Akzeptanz durch die Wirtschaftssubjekte gewährleistet[68]. An Mitteln, die in dieser Währung eine Anlage suchen, dürfte daher kein Mangel bestehen. Weniger klar zu beantworten ist die Frage,

[66] Vgl. Allerheiligenmanifest, a.a.O., S. 36
Wie sich die auf diese Weise kaufkraftgesicherte «Europa» vom 10. März 1975 bis zum 10. September 1975 gegenüber den verschiedenen nationalen Währungen entwickelt hätte, haben Theo Peeters, Paul de Grauwe und Roland Vaubel in einer Simulationsstudie ermittelt. Vgl. Theo Peeters, Paul de Grauwe und Roland Vaubel, The Inflation-proofed Europa: How it might work, in: M. Fratianni und Th. Peeters (Eds.), One Money..., a.a.O., S. 44–51
[67] Vgl. Allerheiligenmanifest, a.a.O., S. 38
[68] Zu diesem Ergebnis kommt auch Vaubel. Vgl. R. Vaubel, Plans for a European Parallel Currency..., a.a.O.

wer sich in dieser Währung verschulden wollte und damit das Risiko einer (in nationalem Geld gerechnet) permanenten Schuldenaufwertung auf sich nehmen wollte. Die Geschäftsbanken jedenfalls dürften an Europa-Einlagen nur in dem Masse interessiert sein, wie sie auf Europa lautende Forderungen erwerben könnten, und auch die Zentralbanken könnten auf Dauer kaum die (in nationalen Geldeinheiten gemessene) permanente Aufwertung der Europa nur durch «Ausgleichsforderungen» (an wen?) «finanzieren», wenn das Vertrauen in die Europa nicht Schaden nehmen soll.[69] Dennoch scheint dieses Problem bei entsprechender Zinsdifferenzierung zwischen Krediten in nationaler Währung und in der europäischen Parallelwährung nicht unlösbar zu sein, vor allen Dingen dann nicht, wenn sich der Staat bereit erklären würde, sich in der europäischen (Parallel-) Währung zu verschulden.

Mit der Emission der europäischen Parallelwährung ist nach Meinung der Autoren des Allerheiligenmanifests keine Erhöhung der Gesamtgeldmenge in den Mitgliedstaaten der EG verbunden, da die europäische Parallelwährung von den Zentralbanken der EG-Mitgliedstaaten – zumindest zunächst – nur im Umtausch gegen nationale Landeswährung emittiert wird. Dadurch verringert sich der Geldumlauf in nationaler Landeswährung genau in dem Umfang, wie sich die umlaufende Geldmenge der europäischen Gemeinschaftswährung erhöht.

Diese Neutralität der Emission der europäischen Parallelwährung bezüglich des Gesamtgeldumlaufs in der EG bleibt nach unserer Meinung jedoch nur solange erhalten, wie auf dem emittierten gemeinsamen europäischen Zentralbankgeld kein Buchgeldschöpfungsprozess entsteht. Entwickelt sich auf dem von den europäischen Zentralbanken emittierten neuen europäischen Zentralbankgeld aber ein Buchgeldschöpfungsprozess, so erhöht sich die Geldmenge der europäischen Gemeinschaftswährung schon bald schneller als sich der Umlauf an nationalem Geld verringert. Damit kommt es aber im Zuge einer derartigen Einführung der europäischen Parallelwährung schon bald zu einer Erhöhung der Gesamtgeldmenge in der Gemeinschaft mit entsprechenden inflatorischen Effekten, die sich bei einer künstlichen Werterhaltung der europäischen Gemeinschaftswährung voll in einer beschleunigten Entwertung der nationalen Währungen niederschlägt.

Eine derartige Entwicklung wäre nur zu verhindern, wenn entweder nur die Zentralbanken Bankgeschäfte in der europäischen Gemeinschaftswährung tätigen dürften oder die Geschäftsbanken zwar grundsätzlich berechtigt wären, Einlagen in europäischer Währung entgegenzunehmen, dafür aber eine Hundert-Prozent-Mindestreserve bei den Zentralbanken zu hinterlegen hätten, wodurch ihnen eine Kreditschöpfung in der neuen europäischen Währung verwehrt wäre. Soll die europäische Parallelwährung sich aber zu einem echten gemeinsamen Geld entwikkeln, so wird man nicht verhindern dürfen, dass auch Geschäftsbanken auf diese europäische Gemeinschaftswährung lautende Einlagen annehmen und Kredite gewähren dürfen. Damit wäre aber die Grundlage für einen von den Zentralbanken nicht mehr unmittelbar kontrollierbaren Buchgeldschöpfungsprozess schon geschaffen.

[69] Auf dieses Problem hat auch D. Laidler in seiner Kritik an den Vorschlägen des Allerheiligenmanifestes hingewiesen. Vgl. David Laidler, Difficulties with European Monetary Union, in: M. Fratianni und Th. Peeters (Eds.), One Money..., a.a.O., S. 52–63, insbes. S. 55f.

Solange die Kaufkraftstabilität der europäischen Parallelwährung noch am Massstab der nationalen Gemeinschaftswährungen gemessen wird, mag es in einem solchen Fall durch entsprechende Interventionen der Zentralbanken dennoch möglich sein, die Kaufkraftstabilität der europäischen Parallelwährung zu gewährleisten. Wenn allerdings gegen Ende des Übergangsprozesses einmal die nationalen Währungen weitgehend verschwunden sind und die europäische Parallelwährung selbst zur Recheneinheit in der EG geworden ist, ist nicht mehr klar, wie die Kaufkraft der gemeinsamen Währung bei einem multiplen Zentralbanksystem ohne eine gemeinsame Geldpolitik hinreichend gewährleistet werden kann[70]. Hier kann auch kein gemeinsames Geldmengenziel Abhilfe verschaffen, weil bei einem multiplen Zentralbanksystem und der raschen Diffusion von zusätzlich geschaffenem Geld über den gesamten Währungsraum im nachhinein nicht mehr festgestellt werden kann, wer eine eventuelle Überschreitung des gesteckten Geldmengenzieles letztlich verursacht hat. Da bei jeder Geldschöpfung aber ein Münzgewinn (seignorage) entsteht, besteht natürlich für jede einzelne Zentralbank wie auch für die Geschäftsbanken ständig eine Versuchung, durch eine überdurchschnittliche Geldschöpfung einen überdurchschnittlichen Münzgewinn zu erzielen. Aus diesen Gründen muss bezweifelt werden, dass allein durch die Einführung einer europäischen Parallelwährung, selbst wenn diese mit einer (auf Dauer kaum einhaltbaren) Kaufkraftsicherung versehen ist, ohne gleichzeitige Schaffung einer gemeinsamen europäischen Zentralbank, die für eine gemeinsame Geldpolitik verantwortlich wäre, in der Europäischen Gemeinschaft ein neues geordnetes Währungswesen mit einer (am Ende) einzigen stabilen europäischen Währung geschaffen würde[71].

5.4.4 Der Vorschlag von J. E. Meade

Von den Vorschlägen zur Einführung einer europäischen Parallelwährung ist der Vorschlag von J. E. Meade am vorsichtigsten und zurückhaltendsten formuliert[72]. Dennoch – oder vielleicht auch gerade deswegen – hat sein Konzept im Zuge der «relance de l'unification monétaire européenne» Mitte der siebziger Jahre die grösste Beachtung gefunden und von allen Parallelwährungsvorschlägen die grösste praktische Bedeutung erlangt.
Meade geht von der Überzeugung aus, dass es den politisch Verantwortlichen der EG-Staaten bei der Ansteuerung einer Wirtschafts- und Währungsunion weniger um eine Währungsunion an sich geht, sondern vielmehr um eine als unvermeidbar angesehene Ergänzung der Wirtschaftsunion, damit letztere nicht einer permanenten Gefährdung ausgesetzt ist. Eine Währungsunion sollte seiner Meinung nach deshalb nur in dem Masse und nur in einer solchen Form gefördert werden, dass die Grundziele der Wirtschaftsunion dadurch leichter zu erreichen sind. Er befürchtet, dass die Währungsunion, wenn sie als Ziel an sich errichtet wird, die Verwirklichung dieser Grundziele der Wirtschaftsunion eher erschwert statt erleichtert. Wesentliche Bestandteile einer Wirtschaftsunion sind nach Meade

[70] Vgl. auch D. Laidler, a.a.O., S. 56

[71] In der Literatur werden diese Zweifel nicht nur von D. Laidler geteilt, sondern vor allem auch von B. Klein. Vgl. B. Klein, Competing Monies..., a.a.O.

[72] Der Vorschlag findet sich in den beiden Beiträgen: J. E. Meade, Notes on a European Currency, unveröff. Manuskript, 1972, und J. E. Meade, Europäische Währungsunion, in: Kommission der EG (Hrsg.), Europäische Wirtschaftsintegration und Währungsvereinigung (Deutsche Fassung), Brüssel, Oktober 1973, S. 111–119

nicht nur ein freier Warenverkehr, ein freier Verkehr der Produktionsfaktoren sowie eine Harmonisierung der Steuern, des Gesellschaftsrechts usw., sondern auch gemeinsame europäische Politiken in den Bereichen Landwirtschaft, Regionalentwicklung, Umweltschutz, öffentliches Auftragswesen, Förderung der Forschung, Entwicklung und Produktion in Grossindustrien wie der Stahl- und der Flugzeugindustrie, Einkommens- und Vermögensverteilung usw. Da es in höchstem Grade wünschenswert ist, diese Aufgaben nach ihren eigenen, grundlegenden Aspekten zu beurteilen und zu lösen, sollte es bei ihrer Lösung nicht notwendig oder gar vorrangig sein, auf die Auswirkungen auf die Zahlungsbilanz zwischen den einzelnen Gliedern der Wirtschaftsunion achten zu müssen. Deshalb sollten nach seiner Meinung nur solche Währungsvereinbarungen zwischen den neun Ländern angestrebt werden, «die alle reinen Finanz-, Währungs- und Zahlungsbilanzschwierigkeiten auf ein Mindestmass begrenzen, indem sie freien Handel, freien Kapitalverkehr und die ungehinderte Übertragung von Mitteln auf den Haushalt bzw. vom Haushalt eines EWG-Landes usw. gestatten.»[73]

Zur Lösung der monetären Zahlungsbilanzprobleme sieht Meade insgesamt nur zwei Möglichkeiten: erstens eine Währungsintegration und zweitens die Veränderung der Wechselkurse zwischen den nationalen Währungen.

Im Falle einer Währungsintegration, also der Schaffung einer gemeinsamen Währung, entfällt das technische Problem bei der Übertragung von Mitteln zwischen verschiedenen Teilen der Wirtschaftsunion. Die monetären Ströme sorgen allein und automatisch für einen permanenten Zahlungsbilanzausgleich. Die grundlegenden Probleme blieben in einer solchen Währungsunion aber dennoch bestehen, und zwar in Form von Depression und Deflation in Ländern, die sonst ein Zahlungsbilanzdefizit gehabt hätten, und von Inflation in Ländern, die sonst einen Zahlungsbilanzüberschuss erzielt hätten. «Solange die Voraussetzungen für eine mühelose Anpassung der einzelnen Volkswirtschaften an diese Deflationen und Inflationen fehlen, wird diese Methode der Währungsintegration die Errichtung einer echten Wirtschaftsunion erschweren und letztlich zu einer Katastrophe führen, wodurch das gesamte Unterfangen in Misskredit gebracht wird. Eine nationale Regierung, die im eigenen Lande mit einer durch ihre Mitgliedschaft in einer Währungsunion verursachten Arbeitslosigkeit zu kämpfen hat, wird Schritten beim Aufbau einer Wirtschaftsunion, die vielleicht von ihr verlangen, einen grösseren Beitrag zu einem gemeinsamen europäischen Haushalt zu leisten, öffentliche Aufträge an Unternehmen in anderen Mitgliedstaaten zu vergeben usw., nicht ohne weiteres zustimmen. Eine Regierung, die infolge einer Währungsunion im eigenen Lande Restriktionen hinnehmen muss, wird eine eindeutig protektionistische Haltung gegenüber solchen Politiken entwickeln. Schliesslich würde die Wirtschaftsunion zusammenbrechen.»[74]

Eine echte Währungsintegration verlangt nach der Meinung von Meade wesentlich mehr als nur die Einführung einer gemeinsamen Währung. Sie setzt

a) eine zentral integrierte Währungs- und Steuerpolitik,
b) eine koordinierte Lohnflexibilität und
c) eine hochentwickelte Regionalpolitik

voraus. Sind diese drei Voraussetzungen gegeben, so wird eine Währungsintegration zweifellos Vorteile mit sich bringen, ist dies jedoch nicht der Fall, dann hätte sie katastrophale Folgen. Damit muss aber die Errichtung einer Währungs-

[73] Siehe J. E. Meade, Europäische Währungsunion, a.a.O., S. 113
[74] Vgl. J. E. Meade, ebenda

union mit der Schaffung dieser Voraussetzungen beginnen, bevor die eigentliche Währungsintegration in Angriff genommen werden kann.

Versteht man die Währungsintegration als eine Ergänzung und Unterstützung der wirtschaftlichen Integration in einer Wirtschaftsunion, so sollten nach den monetären Veränderungen infolge des Zusammenbruchs des Bretton Woods-Systems in der Europäischen Gemeinschaft dennoch einige währungspolitische Schritte vorgenommen werden, und zwar

a) eine Zusammenlegung der europäischen Währungsreserven,
b) die Einführung einer gemeinsamen Wechselkurspolitik nach innen und außen und
c) die Einführung einer europäischen Korbwährung als Rechnungseinheit zwischen den nationalen Regierungen, Zentralbanken und EG-Institutionen.

Wenn schon ein System häufiger, geringer und schrittweiser Wechselkursanpassungen notwendig ist, da die Voraussetzungen für eine Währungsintegration noch nicht gegeben sind, dann wäre es nützlich, wenn sich die Neun zusammentun würden und dieses System gemeinsam handhaben könnten. Dabei sollten sie «aufs Ganze gehen» und ihre gesamten nationalen Reserven an Gold, Dollars und Sonderziehungsrechten, mit beträchtlichen Quoten ihrer eigenen Währung, in einem gemeinsamen Europäischen Devisenausgleichsfonds zusammenlegen. Dieser Europäische Währungsfonds sollte von den Neun gemeinsam verwaltet werden, so dass die Festlegung der Wechselkursanpassungen sowohl zwischen den Währungen der Neun selbst als auch zwischen ihren Währungen einerseits und dem Dollar andererseits zu einer gemeinsamen, zentralisierten europäischen Massnahme würde.

Ausserdem braucht man, wenn die Wirtschaftsunion ausgebaut werden soll, immer notwendiger eine gemeinsame Rechnungseinheit für die Einnahmen und Ausgaben des Zentralbudgets sowie beispielsweise für die Preisfestsetzung in der gemeinsamen Agrarpolitik. Da aber seit Anfang der siebziger Jahre Gold, Dollar und die Sonderziehungsrechte gegenüber den europäischen Währungen schwanken können, ist eine Rechnungseinheit auf dieser Basis nicht mehr sehr hilfreich. Meade schlägt daher vor, «dass die EWG als ihre Rechnungseinheit einen ‹Europa› wählt, der definiert wird als ein Bündel im voraus festgelegter Beträge der nationalen Währungen der neun Mitgliedstaaten.»[75] Mit diesem Vorschlag führte Meade als erster in die währungspolitische Diskussion die später auch verwirklichte Idee einer europäischen Korbwährung ein!

Eine Korbwährung hat nach Meade zwei entscheidende Vorteile gegenüber den schon (an den Dollar gebundenen) existierenden europäischen Rechnungseinheiten:

- Solange sich die Wechselkurse zwischen den nationalen Gemeinschaftswährungen pro Jahr nur um einige wenige Prozentpunkte ändern, wären die Schwankungen der Europäischen Korbwährung in nationaler Währung gerechnet so gering, dass man mit ihr z. B. nach wie vor in der Agrarpolitik rechnen kann, ohne Währungsausgleichsbeträge und Grenzkontrollen für landwirtschaftliche Erzeugnisse wieder einführen zu müssen.
- Da alle nationalen Währungen bereits für normale Markttransaktionen verwendet werden, könnte dieses Bündel von Währungen vom Europäischen Devisenausgleichsfonds als Interventionsmittel auf den Devisenmärkten gegenüber Drittlandswährungen, insbesondere gegenüber dem Dollar, benutzt werden.

[75] Siehe J. E. Meade, Europäische Währungsunion, a.a.O., S. 115

Die internationalen Währungsrelationen könnten so doppelstufig ausgedrückt und eventuell fixiert werden: erstens in einer Dollar/‹Europa›-Relation und zweitens in einer Relation jeder nationalen Gemeinschaftswährung gegenüber der ‹Europa›.

Die obengenannten Schritte sind nach der Meinung Meades vorläufig völlig ausreichend. Ihre Durchführung bietet jedoch – sofern die Zeit dafür reif ist – jederzeit die Möglichkeit, die europäische Rechnungseinheit zu einer Währung weiterzuentwickeln, die von anderen Wirtschaftssubjekten als nationalen und europäischen Regierungsstellen und Zentralbanken für Handelstransaktionen verwendet wird. Dazu müsste es erlaubt sein, dass Geschäftsbanken oder andere private Kunden ‹Europa›-Guthaben beim Europäischen Devisenausgleichsfonds halten dürfen. Würde man dies zulassen, so würde der Fonds zu einer Europäischen Zentralbank, die ‹Europa›-Noten oder Depositenscheine gegen die entsprechende Menge nationaler europäischer Währungen emittieren müsste und verpflichtet wäre, sämtliche emittierten ‹Europa›-Noten und Depositenscheine durch Rückkauf dieser ‹Europas› mit der entsprechenden Menge nationaler Währungen aus ihren eigenen Reserven einzulösen.

Ein solcher Schritt birgt nach Meade jedoch drei grosse Gefahren.

1. Er würde einen neuen, einfachen Weg zu Spekulationen zwischen den einzelnen europäischen Währungen eröffnen, die kaum zu kontrollieren wären.
2. Die private Verwendung von ‹Europa› kann leicht zu einer unkontrollierten Vergrösserung oder Verminderung des Geldvolumens in Europa führen, indem multiple Geldschöpfungs- und -kontraktionsprozesse in Gang gesetzt werden.
3. Die Einführung der ‹Europa› als Parallelwährung könnte zu rasch die nationalen Währungen ersetzen und damit zu rasch in Richtung auf eine Währungsintegration voranschreiten, bevor die obengenannten strukturellen Voraussetzungen für eine Währungsunion erfüllt sind.

Solange aber insbesondere die Lohnflexibilität nicht gewährleistet ist, für deren Verwirklichung gegenwärtig niemand ein Rezept hat, ist nach Meades Ansicht auf dem Wege zur Währungsunion grosse Vorsicht geboten. Daher sollte man auch mit der Entwicklung der vorgeschlagenen europäischen Rechnungseinheit zu einer europäischen Parallelwährung bis auf weiteres warten.

5.4.5 Zusammenfassung

Von den verschiedenen Vorschlägen zur Einführung einer europäischen Parallelwährung ist der Vorschlag Meades am meisten durchdacht und am sorgfältigsten ausgearbeitet. Indem er eine sukzessive Entwicklung und Interzirkulation einer europäischen Parallelwährung vorschlägt, berücksichtigt er in seinem Vorschlag auch am meisten den evolutorischen Charakter der europäischen Integration. Sein Konzept, eine gemeinschaftliche Währung zunächst einmal nur dort einzuführen, wo sie wirklich benötigt wird, nämlich in der EG als offizielles Rechenmittel und Zahlungsmittel zwischen den amtlichen Stellen der Gemeinschaft und der Mitgliedstaaten sowie zwischen den Zentralbanken der EG-Mitgliedstaaten untereinander, und erst, wenn ein wirklicher Bedarf nach einem gemeinschaftlichen Geld in der EG besteht und ausserdem die wirtschaftlichen Voraussetzungen für die Einführung einer vollwertigen gemeinschaftlichen Währung gegeben sind, diese Rechnungseinheit zu einer vollwertigen europäischen Parallelwährung weiterzuentwickeln und mit gebotener Vorsicht in Umlauf zu bringen, lässt zwei-

fellos eine ökonomische und politische Weitsicht erkennen, die den anderen Vorschlägen mehr oder weniger fehlt.
Meade weist einen Weg, wie man die für eine europäische Geldverfassung unerlässliche gemeinsame europäische Zentralbank sukzessive aus dem schon bestehenden Europäischen Fonds für währungspolitische Zusammenarbeit schaffen kann, und zeigt die Gefahren auf, die bei einer zu unüberlegten Emission der europäischen Parallelwährung auftauchen können.
Die einzige Frage, die bei Meade unbeantwortet bleibt, ist die Frage, wie eine europäische Parallelwährung, wenn sie einmal emittiert werden sollte, als Korbwährung definiert gegenüber den überdurchschnittlich stabilen nationalen Währungen konkurrieren kann. Da Meade diesen Schritt jedoch davon abhängig macht, dass seine Voraussetzungen für die Einführung einer gemeinsamen Währung, unter anderem also eine zentral integrierte Währungspolitik und eine koordinierte Lohnflexibilität, erfüllt sind, dürfte zu dem Zeitpunkt, wo er an eine Notenemission in Einheiten der europäischen Gemeinschaftswährung denkt, eine enge Koordinierung der Geldpolitik in der EG und damit eine enge Parallelentwicklung aller EG-Währungen nicht unwahrscheinlich sein, so dass die europäische Gemeinschaftswährung in ihrer Wertentwicklung kaum mehr in größerem Maße von der Entwicklung der nationalen Gemeinschaftswährungen abweichen dürfte. Würde eine Notenemission dagegen schon in einem früheren Stadium erfolgen, in dem die Wertentwicklung der verschiedenen nationalen Gemeinschaftswährungen noch mehr oder weniger stark auseinanderläuft, so wäre eine erfolgreiche Interzirkulation der Gemeinschaftswährung und eine Verdrängung aller nationalen Währungen allerdings noch keineswegs gewiss.
Wenn oben gesagt wurde, dass von den Vorschlägen zur Einführung einer europäischen Parallelwährung der Vorschlag von Meade die grösste Beachtung gefunden hat und die grösste praktische Bedeutung erlangt hat, so deshalb, weil die Idee Meades, eine neue europäische Rechnungseinheit als Währungskorb zu definieren und zunächst als Rechnungseinheit zwischen den nationalen Regierungen, Zentralbanken und EG-Institutionen einzuführen, inzwischen weitgehend realisiert wurde. Im April 1975 wurde vom Rat die sukzessive Einführung einer neuen Europäischen Rechnungseinheit (abgekürzt ERE) beschlossen, die auf Basis eines Währungskorbs aus den Währungen der neun EG-Staaten definiert wurde[76]. Ende 1978 wurde schliesslich ein «Europäisches Währungssystem» beschlossen, auf das wir im nächsten Kapitel ausführlich eingehen werden, in dem als zentraler Punkt eine neue Europäische Währungseinheit (abgekürzt ECU) eingeführt wurde, die ebenfalls als Währungskorb aus den Währungen der neun EG-Staaten definiert wurde. Sie ist (vorläufig) mit der ERE identisch und dient in dem neuen Währungssystem als Bezugsgrösse, Rechengrösse und Zahlungsmittel zum Saldenausgleich zwischen den Währungsbehörden der EG. Wie wir im nächsten Kapitel noch ausführlich sehen werden, wurden damit die Vorschläge von J. E. Meade weitgehend realisiert.

[76] Vgl. Beschluss des Rates vom 21. April 1975 über die Definition und die Umrechnung einer Europäischen Rechnungseinheit (ERE), ABl. Nr. L 104 vom 24.4.1975

6 Das Europäische Währungssystem EWS als zweiter Anlauf zur Errichtung einer Wirtschafts- und Währungsunion

6.1 Zur Entstehungsgeschichte des EWS

Ende 1978 haben die Regierungschefs der neun Mitgliedstaaten der Europäischen Gemeinschaft in ihrer Eigenschaft als Europäischer Rat in Brüssel ein Europäisches Währungssystem beschlossen, mit dem in Europa eine Zone der Währungsstabilität errichtet werden soll[1]. Das Europäische Währungssystem EWS sollte ursprünglich am 1. Januar 1979 in Kraft treten. Nach Ausräumung einiger Schwierigkeiten, die aufgrund eines französischen Vorbehalts entstanden waren, ist es dann tatsächlich erst durch den Europäischen Rat auf seinem Treffen in Paris am 13. März 1979 in Kraft gesetzt worden[2].
Mit dem Beschluss, in der Europäischen Gemeinschaft ein eigenes Europäisches Währungssystem zu errichten, haben die Vertreter der neun Mitgliedstaaten der EG einen zweiten Versuch eingeleitet, die Europäische Gemeinschaft zu einer Wirtschafts- und Währungsunion weiterzuentwickeln.
Das Europäische Währungssystem hat zum Ziel, «ein höheres Mass an Währungsstabilität in der Gemeinschaft herbeizuführen. Es ist als grundlegendes Element einer umfassenden Strategie anzusehen, die auf ein nachhaltiges Wachstum in Stabilität, eine schrittweise Rückkehr zur Vollbeschäftigung, die Angleichung des Lebensstandards und die Verringerung der regionalen Disparitäten in der Gemeinschaft abzielt. Das Währungssystem soll die Konvergenz der wirtschaftlichen Entwicklung erleichtern und dem Prozess der Europäischen Union neue Impulse verleihen.»[3] Die Regierungschefs der EG-Mitgliedstaaten «sind fest entschlossen, den dauerhaften Erfolg des EWS durch eine auf grössere innere und äussere Stabilität gerichtete Politik sowohl für Defizit- als auch für Überschussländer zu gewährleisten.»[4]
Obwohl im Tindemans-Bericht neue Schritte zur Errichtung einer Wirtschafts- und Währungsunion für notwendig gehalten wurden und obwohl der Kommissionspräsident Roy Jenkins in seiner berühmten Florentiner Rede zur Frage der Währungsunion[5] einen neuen Anlauf zur Errichtung einer Wirtschafts- und Währungsunion für wünschenswert hielt, war der Weg für die Errichtung des EWS erst

[1] Vgl. Schlussfolgerungen des Vorsitzes des Europäischen Rates über die Tagung vom 4. und 5. Dezember 1978 in Brüssel, abgedruckt in: Europa-Archiv 5/1979, S. D 123f. (Der Teil der «Schlussfolgerungen», der das EWS betrifft, ist auch im Bull.EG 12-1978, Ziff. 1.1.10, S. 10, abgedruckt.)
Die «Entschliessung des Europäischen Rates vom 5. Dezember 1978 über die Errichtung des Europäischen Währungssystems (EWS) und damit zusammenhängende Fragen» ist im Bull.EG 12-1978, Ziff. 1.1.11, S. 10ff., abgedruckt. (Vgl. auch Europa-Archiv 5/1979, S. D 124ff. Die beiden Texte weichen im Wortlaut jedoch geringfügig voneinander ab. Alle Textzitate in dieser Arbeit beziehen sich auf die im EG-Bulletin veröffentlichte Fassung.)

[2] Vgl. Kommuniqué des Europäischen Rates in Paris vom 12. März 1979, abgedruckt im Bull.EG 2-1979, S. 7

[3] Vgl. die «Schlussfolgerungen des Vorsitzes des Europäischen Rates über die Tagung vom 4. und 5. Dezember 1978 in Brüssel», a.a.O.

[4] Vgl. Ziff. 1.1 der EWS-Entschliessung

[5] Vgl. die Rede des Präsidenten der Kommission der Europäischen Gemeinschaften Roy Jenkins in Florenz am 27. Oktober 1977 zur Frage der Währungsunion (Jean-Monnet-Vorlesung), abgedruckt im Bull.EG 10-1977, Ziff. 1.1.1.ff., S. 6–16. (Vgl. auch Europa-Archiv 1/1978, S. D 1ff. Die beiden Versionen stimmen nicht wörtlich überein, da es sich um unterschiedliche Übersetzungen handelt.)

frei, als der französische Staatspräsident Giscard d'Estaing und der deutsche Bundeskanzler Helmut Schmidt sich im Rahmen der deutsch-französischen Konsultationsgespräche Anfang 1978 zu einer gemeinsamen Initiative entschlossen. Auf ihre Initiative beschloss der Europäische Rat auf seiner Tagung am 7. und 8. April 1978 in Kopenhagen, eine gemeinsame Strategie zu entwickeln, um Fortschritte in Richtung auf eine Wirtschafts- und Währungsunion zu erzielen. Am 6./7. Juli 1978 beschloss der Europäische Rat in Bremen, ein «System für eine engere währungspolitische Zusammenarbeit (Europäisches Währungssystem)» zu errichten, das «zu einer stabilen Währungszone in Europa führt»[6], und legte die Grundzüge des neuen Europäischen Währungssystems (EWS) fest[7]. Das EWS wurde vom Europäischen Rat schliesslich am 5. Dezember 1978 in Brüssel endgültig beschlossen. Nach diesem Beschluss sollte es am 1. Januar 1979 in Kraft treten.

6.2 Funktionsweise des EWS

Das neue Europäische Währungssystem besteht aus drei wesentlichen Elementen:
1. der Einführung einer neuen Europäischen Währungseinheit
2. einem Wechselkurs- und Interventionsmechanismus und
3. einem umfassenden Beistandssystem

6.2.1 Die Europäische Währungseinheit und ihre Funktionen

Zentraler Punkt des EWS ist eine neue Europäische Währungseinheit (im deutschen Text abgekürzt als ECU[8], im englischen ebenfalls als ECU für European Currency Unit; im französischen Text hat diese Währungseinheit die Bezeichnung «Ecu» im Singular bzw. «Ecus» im Plural. Die französische Bezeichnung ist damit mit dem Namen einer französischen Goldmünze im Mittelalter identisch[9]). Die ECU ist eine Kunstwährung, deren Wert sich aufgrund eines bestimmten Währungskorbs aus den nationalen Währungen der neun Mitgliedstaaten der Gemeinschaft ergibt. Das Gewicht der einzelnen Gemeinschaftswährungen in diesem Währungskorb wird entsprechend der wirtschaftlichen Bedeutung jedes Mitgliedstaates festgesetzt. Diese wird mit Hilfe ökonomischer Kriterien gemessen, wie zum Beispiel dem Anteil des betreffenden Landes am Bruttosozialprodukt der Gemeinschaft, dem Anteil am innergemeinschaftlichen Warenaus-

[6] Vgl. Punkt I.2. der «Schlussfolgerungen der Präsidentschaft des Europäischen Rates vom 6. und 7. Juli 1978», abgedruckt im Bull.EG 6-1978, Ziff. 1.5.2., S. 18ff.

[7] Vgl. die Anlage zu den «Schlussfolgerungen», abgedruckt a.a.O., S. 22

[8] Die deutsche Bezeichnung ist nicht einheitlich. So wird in der Text-Veröffentlichung des EG-Bulletins die Abkürzung EWE verwendet, während in der Text-Veröffentlichung des Europa-Archivs die Abkürzung ECU verwendet wird. Nachdem die Deutsche Bundesbank in ihren Veröffentlichungen die Abkürzung ECU verwendet, wird auch in dieser Arbeit im folgenden die Europäische Währungseinheit mit ECU abgekürzt. Diese Abkürzung wurde von Bundeskanzler Helmut Schmidt in seiner Regierungserklärung vom 6. Dezember 1978 als offizielle deutsche Abkürzung bezeichnet. Vgl. Regierungserklärung des Bundeskanzlers der Bundesrepublik Deutschland, Helmut Schmidt, am 6. Dezember 1978 über die Ergebnisse des Europäischen Rates in Brüssel, auszugsweise abgedruckt im Europa-Archiv 5/1979, S. D 131 ff., hier S. D 134f.

[9] Vgl. Werner Zohlnhöfer, Das Europäische Währungssystem: Zielvorstellungen und Erfolgsaussichten, in: List Forum Bd. 10 (1979/80), Heft 1, Februar 1979, S. 1–32, hier S. 13

tausch etc. In der Anfangsphase des EWS sind Wert und Zusammensetzung der ECU identisch mit dem Wert und der Zusammensetzung der Europäischen Rechnungseinheit ERE[10]. 1 ECU besteht demnach (vorläufig) aus dem folgenden Währungskorb der neun Gemeinschaftswährungen[11]:

0,828	Deutsche Mark (DM)	3,66	belgische Franken (bfrs)
0,0885	Pfund Sterling (£)	0,14	luxemburgische Franken (lfrs)
1,15	französische Franc (FF)	0,217	dänische Kronen (dkr)
109	italienische Lira (Lit)	0,00759	irische Pfund (Ir£)
0,286	holländische Gulden (hfl)		

Aufgrund der Wechselkurse für die einzelnen Gemeinschaftswährungen in DM am Jahresende 1978 hatte eine ECU am Jahresende 1978 einen Wert von 2,50868 DM. Daraus folgt, dass die DM am Jahresende 1978 zu etwa einem Drittel den Wert der ECU bestimmte (genau 0,828 DM/2,50868 DM = 33,0054 %). Die Gewichte der verschiedenen Währungen in der ECU sind jedoch nicht unveränderlich. Sie werden vielmehr innerhalb von sechs Monaten nach Inkrafttreten des EWS und danach alle fünf Jahre überprüft. Sie können auf Antrag auch zwischen den genannten Terminen überprüft werden; Voraussetzung dafür ist allerdings, dass sich der Anteil einer Währung an der ECU um (mindestens) 25 % geändert hat. Änderungen müssen einstimmig beschlossen werden; sie sind nach den zugrunde gelegten ökonomischen Kriterien vorzunehmen und dürfen von sich aus keine Änderung der Aussenwerte der ECU bewirken.
Die ECU wird im EWS verwendet
«a) als Bezugsgrösse (numéraire) für den Wechselkursmechanismus,
b) als Grundlage für einen Abweichungsindikator,
c) als Rechengrösse (dénominateur) für Operationen sowohl im Interventions- als auch im Kreditmechanismus,
d) als Instrument für den Saldenausgleich zwischen den Währungsbehörden der EG.» (Ziff. 2.2 der EWS-Entschliessung)

6.2.2 Der Wechselkurs- und Interventionsmechanismus

6.2.2.1 Der Wechselkursmechanismus

Zwischen den Währungen der Mitgliedstaaten der EG wird durch das EWS ein System fester Wechselkurse geschaffen, von denen die Gemeinschaftswährungen nur innerhalb enger Bandbreiten abweichen dürfen.
Die festen Wechselkurse zwischen den Gemeinschaftswährungen ergeben sich dadurch, dass jedes Land für seine Währung einen Leitkurs in ECU festsetzt. Dadurch ergeben sich auch für die Gemeinschaftswährungen untereinander feste

[10] Der Anteil der einzelnen EG-Währungen an dem Währungskorb für die Berechnung der ERE, der für die ECU vorläufig unverändert übernommen wurde, wurde auf der Grundlage des Bruttosozialprodukts (Durchschnitt 1969–1973), des Anteils jedes Mitgliedstaates am innergemeinschaftlichen Handel sowie der Quoten in den gemeinschaftlichen Beistandsmechanismen festgelegt. Vgl. Neunter Gesamtbericht der EG, 1975, Ziff. 178 und Ziff. 72; vgl. auch Statistische Beihefte zu den Monatsberichten der Deutschen Bundesbank, Reihe 5: Die Währungen der Welt, Nr. 2, Mai 1979, S. 61

[11] Vgl. Beschluss des Rates vom 21. April 1975 über die Definition und die Umrechnung einer Europäischen Rechnungseinheit (ERE), ABl. Nr. L 104 vom 24. 4. 1975, sowie die Mitteilung betreffend die Berechnung des von der Kommission veröffentlichten Gegenwerts der ECU und der ERE, ABl. Nr. C 69 vom 13. 3. 1979

Austauschverhältnisse. Ausserdem wird die ECU dadurch zur Bezugsgrösse für die Gemeinschaftswährungen. Die ECU-Leitkurse für die einzelnen Gemeinschaftswährungen lauteten bei Einführung des EWS[12]:

DM	2,51064	FF	5,79831
hfl	2,72077	Lit	1148,15
bfrs/lfrs	39,4582	Ir£	0,662638
dkr	7,08592	£	0,663247[13]

Diese ECU-Leitkurse dienen zur Festlegung eines Gitters bilateraler Wechselkurse, der sog. bilateralen Leitkurse. Alle bilateralen Leitkurse zusammen bilden das sog. «Paritätengitter»[14]. Es umfasst (ohne die ECU-Leitkurse) insgesamt 49 Leitkurse, und zwar 7 Leitkurse in jeder Währung, die das feste Wechselkursverhältnis zwischen dieser Währung und den 7 übrigen Gemeinschaftswährungen in Einheiten dieser Währung ausdrücken[15]. Die bilateralen Leitkurse erhält man aus den ECU-Leitkursen durch Umrechnung auf die nationalen Währungen. Die bilateralen Leitkurse der 7 übrigen Gemeinschaftswährungen zur DM lauteten bei Einführung des EWS[16]:

100 hfl	= 92,2767 DM	1000 Lit	= 2,18668 DM
100 bfrs/lfrs	= 6,36277 DM	1 Ir£	= 3,78886 DM
100 dkr	= 35,4313 DM	1 £	= 3,78537 DM
100 FF	= 43,2995 DM		

Bei den bilateralen Leitkursen handelt es sich nicht nur um sog. rechnerische Paritäten, die sich als «cross-rates» aus den ECU-Leitkursen ergeben, sondern sie besitzen ebenfalls amtlichen Charakter, da sie ebenfalls von den Notenbanken amtlich bekanntgegeben werden.

«Zu diesen Wechselkursen (d. h. bilateralen Leitkursen, der Verf.) werden Bandbreiten von ± 2,25 % festgelegt. EG-Länder, die nicht dem System der europäischen Währungsschlange angehören, sondern deren Währungen isoliert floaten, können in der Anfangsphase des EWS grössere Bandbreiten, und zwar bis zu 6 % wählen; diese sollten stufenweise reduziert werden, sobald es die wirtschaftlichen Gegebenheiten erlauben. Ein Mitgliedstaat, der nicht von Anfang an an dem Wechselkursmechanismus teilnimmt, kann sich zu einem späteren Zeitpunkt daran beteiligen.»
(Ziff. 3.1 der EWS-Entschliessung)

Für die Länder der «europäischen Währungsschlange», also für die Bundesrepublik Deutschland, die Niederlande, Belgien/Luxemburg und Dänemark, beträgt die maximal mögliche Bandbreite ± 2,25 %. Die übrigen EG-Staaten können an-

[12] Vgl. «Das Europäische Währungssystem», in: Monatsberichte der Deutschen Bundesbank, März 1979, S. 11–18, hier S. 14

[13] Grossbritannien hat zwar für seine Währung einen ECU-Leitkurs festgelegt, nimmt aber am Wechselkursmechanismus nicht teil. Vgl. «Die Mechanik des Europäischen Währungs-Systems», in: Frankfurter Allgemeine Zeitung, Nr. 62 vom 14. März 1979, S. 11 f.

[14] Das sog. Paritätengitter einschliesslich der festgesetzten Höchst- und Niedrigstkurse ist in den Monatsberichten der Deutschen Bundesbank, März 1979, S. 14, veröffentlicht

[15] Da Grossbritannien derzeit nicht am Wechselkursmechanismus teilnimmt, umfasst das Paritätengitter derzeit nur 36 bilaterale Leitkurse

[16] Vgl. Monatsberichte der Deutschen Bundesbank, März 1979, S. 14; zum Kurs des Pfund Sterling vgl. «Die Mechanik...», a.a.O., S. 11

fangs auch grössere Bandbreiten festlegen bzw. dem Wechselkursmechanismus ganz fern bleiben.
Von den isoliert floatenden Ländern haben sich Frankreich und Irland gleich zu Beginn für die enge Bandbreite von ± 2,25 % entschieden. Italien entschied sich dafür, zunächst die erweiterte Bandbreite von ± 6 % in Anspruch zu nehmen. Grossbritannien schliesslich schloss sich dem Wechselkursmechanismus zunächst nicht an.
Die Länder, die sich dem Wechselkursmechanismus angeschlossen haben, sind verpflichtet, den Kurs ihrer Währung innerhalb der gewählten Bandbreiten zu halten. Die Bandbreite jeder Währung wird durch die amtliche Festlegung der sogenannten oberen und unteren Interventionspunkte genau fixiert. Die amtlichen oberen und unteren Interventionspunkte der sechs am Wechselkursmechanismus teilnehmenden Partnerwährungen lauteten zu Beginn des EWS[17]:

Währung	DM-Leitkurs	unterer Interventionspunkt	oberer Interventionspunkt	Bandbreite
100 hfl	92,27670	90,2250	94,3750	2,25%
100 bfrs/lfrs	6,36277	6,2210	6,5080	2,25%
100 dkr	35,43130	34,6450	36,2350	2,25%
100 FF	43,29950	42,3350	44,2850	2,25%
1 Ir£	3,78886	3,7050	3,8750	2,25%
1000 Lit	2,18668	2,0590	2,3220	6 %
1 £	3,78537	–	–	–

Bei der Festsetzung der Leitkurse und der oberen und unteren Interventionskurse blieben die Kurse der Schlangenwährungen unverändert.
Überprüft man die Prozentabstände der oberen und unteren Interventionspunkte zum Leitkurs, so stellt man fest, dass sie nicht genau der festgelegten Bandbreite entsprechen. Das hängt damit zusammen, dass eine Verschiebung von Wechselkursen zwischen zwei Ländern unterschiedliche Prozentsätze ergibt, je nachdem, von welcher Währung her gerechnet wird. Deshalb liegen die unteren Interventionskurse – theoretisch – 2,2247 Prozent unter dem Leitkurs, die oberen Interventionskurse um 2,2753 Prozent über dem Leitkurs. Die Mitte entspricht den 2,25 Prozent. Zudem aber werden in einigen Ländern im Devisenhandel nur Kurse festgestellt, die auf eine runde «5» ausgehen; darauf musste bei der Festsetzung der Interventionskurse Rücksicht genommen werden. Dadurch entsprechen die Prozentabstände nicht genau den oben genannten Prozentsätzen[18].
«Anpassungen der Leitkurse werden im gegenseitigen Einvernehmen vorgenommen, und zwar nach einem gemeinsamen Verfahren, in das alle am Wechselkursmechanismus beteiligten Länder sowie die Kommission einbezogen sind. Im Gemeinschaftsrahmen finden gegenseitige Konsultationen über wichtige Beschlüsse zur Wechselkurspolitik zwischen den Ländern, die an dem System teilnehmen, und jedem Land, das nicht an ihm beteiligt ist, statt.» (Ziff. 3.2 der EWS-Entschliessung)
Damit sind die Teilnehmerstaaten am Wechselkursmechanismus des EWS in ihrer Wechselkurspolitik nicht mehr autonom. Vielmehr muss - vorher - über beabsichtigte Wechselkursänderungen eines Teilnehmerlandes «gegenseitiges Einvernehmen» erzielt werden.
Da jede Änderung der Wechselkurse den Anteil der einzelnen nationalen Währungen im Währungskorb der ECU verändert, wie auch jede singuläre Auf- oder Abwertung einer Gemeinschaftswährung gegenüber den übrigen Währungen den

[17] Vgl. Monatsberichte der Deutschen Bundesbank, März 1979, S. 14
[18] Vgl. «Die Mechanik...», in: FAZ, a.a.O., S. 11

Wert der ECU selbst verändert, dürfte es in Zukunft nicht mehr zu singulären Auf-oder Abwertungen *einer* Währung gegenüber den übrigen Währungen kommen; sondern nur noch jeweils zu einem umfassenden Realignement der Wechselkurse, das aus einem Bündel von gleichzeitigen Auf- und Abwertungen in unterschiedlichem Ausmass besteht[19].

Dies kann man sich klarmachen, wenn man z. B. eine Aufwertung der DM um 10 % gegenüber den übrigen Währungen durchführen wollte. Das würde bedeuten, dass in allen anderen Währungen gerechnet die DM um 10 Prozent teuerer werden soll. Da die DM aber im Währungskorb der ECU etwa einen Anteil von 33 Prozent hat (nach Leitkursen gerechnet genau von 32,98 %), würde der Wert der ECU in allen anderen Währungen gerechnet um 3,3 % ansteigen, wenn man die DM gegenüber der ECU um 10 % aufwerten würde. Würden die anderen Länder ihre ECU-Leitkurse unverändert lassen, so würde eine Aufwertung der DM um 10 % gegenüber der ECU aufgrund ihres Gewichtes in der ECU gegenüber den übrigen EWS-Währungen nur eine Verteuerung der DM um $(1 - {}^1/_3) \cdot 10\,\% = 6{,}7\,\%$ bewirken. Gegenüber Drittwährungen (z. B. dem Dollar) hätte eine solche Massnahme dagegen eine Aufwertungswirkung von 10 %, die sich zusammensetzt aus 6,7 %effektiver Aufwertung gegenüber den übrigen EWS-Währungen und einer Erhöhung des ECU-Wertes in Drittwährung, also etwa US-Dollar, gerechnet um 3,3 %.

Eine singuläre Aufwertung der DM gegenüber allen anderen am EWS beteiligten Ländern um 10 % wäre im EWS also entweder möglich durch eine Aufwertung der DM gegenüber der ECU um 6,7 % und eine gleichzeitige Abwertung aller übrigen Währungen gegenüber der ECU um 3,3 %, oder aber durch eine isolierte Aufwertung der DM gegenüber der ECU um 15 % (nämlich $10/(1 - {}^1/_3)$).

Im ersten Fall bliebe der Aussenwert der ECU (in Drittwährung gerechnet) unverändert, während sich im zweiten Fall der Aussenwert der ECU um $({}^1/_3) \cdot 15\,\% = 5\,\%$ erhöhen würde, und damit eine DM-Aufwertung indirekt auch für alle anderen EWS-Währungen gegenüber Drittwährungen eine Aufwertung mit sich brächte.

Um derartige indirekte Wirkungen zu vermeiden, müssen Wechselkursanpassungen zwischen den EWS-Währungen daher immer so erfolgen, dass der Aussenwert der ECU durch die Wechselkursanpassungen nicht verändert wird. Solche Wechselkursanpassungen sind aber nur jeweils durch umfassende Realignements, in die immer mehrere Währungen einbezogen werden, möglich.

Für diese Vorgehensweise spricht, dass bei einem *freien* Floating des EWS-Währungsverbunds gegenüber der Aussenwelt, insbesondere gegenüber dem Dollar, die Gesamtzahlungsbilanz der Europäischen Gemeinschaft, beziehungsweise, solange nicht alle EG-Mitgliedstaaten am Wechselkursmechanismus teilnehmen, die Gesamtzahlungsbilanz der dem Wechselkursverbund angehörenden Staaten, stets ausgeglichen ist, da sich der Währungsblock insgesamt und damit der Aussenwert der ECU stets so entwickelt, dass dies der Fall ist. Da dies so ist, sofern nicht bewusst und gewollt in Drittwährungen interveniert wird (d. h. ein schmutziges oder - positiv ausgedrückt – ein kontrolliertes Floating nach aussen

[19] Die Notwendigkeit von jeweils umfassenden Realignements der Wechselkurse anstelle isolierter Auf- oder Abwertung einer Währung betont auch die Deutsche Bundesbank. Vgl. Monatsberichte der Deutschen Bundesbank, März 1979, S. 13

betrieben wird), können interne (fundamentale) Zahlungsbilanzungleichgewichte innerhalb des Europäischen Währungssystems nur noch auftreten, wenn die *relativen Preise* der EWS-Währungen untereinander nicht mehr stimmen. Sie können nur beseitigt werden, indem die *relativen Preise* zwischen den EWS-Währungen unter der Nebenbedingung, dass der Aussenwert der ECU unverändert bleibt, durch eine Kombination von Auf- *und* Abwertungen der verschiedenen Währungen so korrigiert werden, dass ein Verschwinden der Zahlungsbilanzüberschüsse und -defizite erwartet werden kann. Dabei kann – um auf die Vorschläge der OPTICA-Gruppe zurückzukommen – die (unterschiedliche) Entwicklung der Kaufkraftparitäten *einen* Anpassungsindikator darstellen; sie darf jedoch keinesfalls das einzige Anpassungskriterium sein, da sich die richtigen, d.h. die Zahlungsbilanzgleichgewicht garantierenden Wechselkursrelationen ja nicht nur aufgrund unterschiedlicher monetärer Entwicklungen verändern können, sondern auch aufgrund von realwirtschaftlichen Änderungen[20]. *Entscheidendes* Anpassungskriterium kann daher nur der Zahlungsbilanzsaldo selbst sein! Alle anderen Indikatoren – auch die unterschiedliche Entwicklung der Kaufkraftparitäten – stellen nur Hilfsindikatoren dar, um das erforderliche Ausmass der Wechselkursanpassung besser abschätzen zu können.
Für umfassende Realignements anstelle von isolierten Wechselkursänderungen zumindest der grossen Währungen spricht ausserdem, dass die ECU auch Grundlage für den gemeinsamen Agrarmarkt sein soll. Da der Grenzausgleich im Agrarmarkt und dessen Beseitigung vor Beginn des Inkrafttretens des EWS Gegenstand heftiger Auseinandersetzungen war, dürfte wohl in Zukunft auch das Problem des Grenzausgleichs bei der Neufestsetzung der Wechselkurse eine wichtige Rolle spielen, wenn auch Grenzausgleich und dessen Abbau und Wechselkursänderungen innerhalb des EWS formell nicht miteinander verknüpft wurden.

6.2.2.2 Der Interventionsmechanismus

Die Einhaltung der Bandbreiten erfolgt durch Interventionen der Notenbanken an den Devisenbörsen.
«Interventionen erfolgen grundsätzlich in Teilnehmerwährungen.» (Ziff. 3.3 der EWS-Entschliessung)
«Bei Erreichen der durch die Bandbreiten bestimmten Interventionspunkte besteht die Pflicht zur Intervention in Teilnehmerwährungen.» (Ziff. 3.4 der EWS-Entschliessung)
Da immer, wenn eine Währung in einem Land auf den unteren Interventionspunkt absackt, die Währung dieses Landes im anderen Land am oberen Interventionspunkt steht, kommt es aufgrund dieser Bestimmung immer zu zweiseitigen Interventionen. Damit ist eine gewisse Symmetrie der Interventions- und Anpassungslast gewährleistet. Die Intervention erfolgt durch unbegrenzten Ankauf der schwachen Währung am unteren Interventionspunkt gegen heimische (starke) Währung im Lande der starken Währung und führt auf diese Weise zu einer Liquiditätserweiterung in diesem Lande, und durch unbegrenzten Verkauf der starken

[20] Das wird im Augenblick besonders im Falle Grossbritanniens deutlich, wo die monetäre Entwicklung eigentlich eine Abwärtsentwicklung des Pfund Sterling erwarten lassen müsste, wo aber aufgrund der Veränderung der Terms of Trade zugunsten Grossbritanniens infolge der realen Verteuerung des Erdöls gegenwärtig eine Aufwertungstendenz des Pfundes zu beobachten ist. Mit der Kaufkraftparitätentheorie ist dieses Phänomen nicht zu erklären!

Währung am oberen Interventionspunkt im Lande der schwachen Währung gegen heimische (schwache) Währung. Dadurch wird dem Kreislauf im Lande der schwachen Währung Geld entzogen.

Die starke Währung, die die Notenbank der schwachen Währung zur Stützung der eigenen Währung verkaufen muss, kann sie in unbegrenzter Höhe von der Notenbank der starken Währung borgen. Die geborgten Beträge muss sie ebenso wie die von der Notenbank der starken Währung im eigenen Lande zur Kursstützung angekauften Beträge an schwacher Währung im Zuge des Saldenausgleichs mit ECU zurückzahlen bzw. zurückkaufen.

In welchem Masse es nach dem Saldenausgleich im Lande der starken Währung zu Devisenzuflüssen und im Lande der schwachen Währung zu Devisenabflüssen kommt, hängt vom Umfang der Interventionen ab. Da der Devisenzufluss im einen Land gleich dem Devisenabfluss im anderen Land ist, ist die Anpassungslast immer beim kleineren Land grösser als beim grösseren Land. Dies gilt unabhängig davon, ob es zu Devisenzuflüssen oder -abflüssen kommt. Das folgt daraus, dass ein bestimmter Devisenbetrag im kleineren Land prozentual grössere Geldmengenveränderungen verursacht als im grösseren Land, da die absolute Geldmenge im kleineren Land kleiner ist als im grösseren Land.

Die obligatorischen Interventionen im EWS induzieren damit zwar der Richtung nach symmetrische Anpassungen, doch ist die Anpassungslast genau wie im Goldwährungssystem quantitativ keineswegs gleich gross, sondern immer für das kleinere Land grösser[21].

Neben den obligatorischen Interventionen (in Teilnehmerwährungen) an den oberen und unteren Interventionspunkten können auch schon innerhalb der zulässigen Bandbreiten Interventionen oder andere währungspolitische Massnahmen erforderlich werden, wenn eine Gemeinschaftswährung sich über ein bestimmtes Mass hinaus von ihrem ECU-Leitkurs entfernt. Dieses wird mit Hilfe eines sog. Abweichungsindikators gemessen.

«Als Indikator für die Feststellung von Abweichungen zwischen den Gemeinschaftswährungen findet ein EWE-Korb Verwendung. Es wird eine ‹Abweichungsschwelle› festgelegt, die bei 75 % des maximalen Abstands jeder Währung liegt. Sie wird so berechnet, dass das Gewicht keinen Einfluss auf die Wahrscheinlichkeit hat, mit der eine Währung die Schwelle erreicht.» (Ziff. 3.5 der EWS-Entschliessung)

Durch die Einführung eines Abweichungsindikators und einer Abweichungsschwelle innerhalb der zulässigen Bandbreiten in das EWS wurde eine Art objektives Frühwarnsystem geschaffen, mit dessen Hilfe bedrohliche Abweichungen einzelner Gemeinschaftswährungen rechtzeitig, d. h. vor Erreichen der obligatorischen Interventionspunkte erkannt werden können und geeignete wirtschafts-und währungspolitische Massnahmen zur Bekämpfung der bedrohlichen Situation eingesetzt werden können, ohne aufgrund der Verpflichtung zur obligatorischen Intervention an den Interventionspunkten gleich intervenieren zu müssen.

Nach dem Wortlaut der Entschliessung über das EWS wird als Abweichungsindikator «ein EWE-Korb» verwendet. Das muss nicht die ECU selbst sein. Sie wird allerdings nach dem Wortlaut der Entschliessung als Grundlage für den Abweichungsindikator verwendet.

[21] Auf die Tatsache, dass die Anpassungslast im Goldwährungssystem quantitativ keineswegs gleichmässig verteilt ist, ist nach Kenntnis des Verfassers bisher noch nirgends hingewiesen worden.

Die unmittelbare Verwendung der ECU selbst als Abweichungsindikator ist aus zwei Gründen nicht möglich:

1. weil nicht alle Gemeinschaftswährungen, aus denen sich die ECU zusammensetzt, am Wechselkursmechanismus teilnehmen, und
2. weil die Bandbreiten für die am Wechselkursmechanismus teilnehmenden Gemeinschaftswährungen (noch) unterschiedlich sind.

Würden alle Gemeinschaftswährungen am Wechselkursmechanismus unter Einhaltung der «regulären» Bandbreite von ± 2,25 % teilnehmen, so könnte man den ECU-Korb selbst als Abweichungsindikator verwenden. In diesem Falle ergibt sich die Abweichungsschwelle für jede Gemeinschaftswährung wie folgt[22]:
Die Abweichungsschwelle beträgt grundsätzlich 75 % der maximal zulässigen Abweichung des ECU-Tageswertes einer Währung von ihrem ECU-Leitkurs. Die maximal zulässige Abweichung des ECU-Tageswertes vom ECU-Leitkurs ist gegeben, wenn sich der Marktkurs der betreffenden Währung gegenüber allen anderen EWS-Währungen um die volle Schwankungsbreite von 2,25 % von den bilateralen Leitkursen entfernt hat, d. h. wenn alle anderen EWS-Währungen gleichzeitig entweder am oberen oder am unteren Interventionspunkt angelangt sind. Wegen des unterschiedlichen Gewichts der einzelnen Währungen im ECU-Währungskorb ergeben sich für die Teilnehmerwährungen unterschiedlich grosse maximale Abweichungen des ECU-Tageswertes vom ECU-Leitkurs. Die maximale Abweichung ist bei einer Währung mit hohem Korbgewicht geringer als bei einer Währung mit geringem Korbgewicht. Bei der Indikatorberechnung wird die tatsächliche Abweichung des ECU-Tageswertes einer Währung zu ihrer maximal zulässigen Abweichung in Beziehung gesetzt. Dadurch ist gewährleistet, dass die unterschiedlichen maximalen Abweichungen keinen Einfluss auf die Wahrscheinlichkeit haben, mit der einzelne Teilnehmerwährungen ihre Abweichungsschwelle erreichen. Allgemein wird die im EWS definierte Abweichungsschwelle bei Teilnahme aller Gemeinschaftswährungen am Wechselkursmechanismus unter Einhaltung einer einheitlichen Bandbreite von ± 2,25 % gegenüber den bilateralen Leitkursen nach folgender Formel berechnet:

$$A_i = 2{,}25\,\% \cdot (1 - a_i) \cdot 0{,}75 \qquad (1)$$

Darin ist A_i die Abweichungsschwelle der Währung i in Prozent von ihrem ECU-Leitkurs und a_i der Anteil der Währung i am ECU-Währungskorb.
Die Anteile der einzelnen Gemeinschaftswährungen am ECU-Währungskorb und die sich daraus ergebenden Abweichungsschwellen für die einzelnen Währungen sind in Tabelle 1 zusammengefasst.
Bemerkenswert ist, dass der so konstruierte Abweichungsindikator nicht immer vor Erreichen der bilateralen Interventionspunkte gegenüber einer Währung reagiert. Bei der vereinbarten Abweichungsschwelle können einzelne Währungen ihre bilateralen Interventionspunkte erreichen, ohne die Abweichungsschwelle zuvor überschritten zu haben[23]. Die Wahrscheinlichkeit dafür ist bei den kleineren Währungen grösser als bei den grossen.

[22] Vgl. Monatsberichte der Deutschen Bundesbank, März 1979, S. 13ff. Vgl. auch W. Zohlnhöfer, a.a.O., S. 16ff.
[23] Vgl. auch Monatsberichte der Deutschen Bundesbank, März 1979, S. 15

Tabelle 1:

Ermittlung der Abweichungsschwellen im EWS

Währung	ECU-Leitkurs	ECU-Währungskorb	DM-Parität	Anteil an ECU in DM[1]	Anteil in % a_i	max. mögliche Abweichung v. ECU-Leitkurs in %	Abweichungsschwelle in % v. ECU-Leitkurs A_i
DM	2,51064	0,828	–	0,82800	32,98	1,508	1,13
FF	5,79831	1,15	43,2995	0,49794	19,83	1,804	1,35
£	0,663247	0,0885	3,78537	0,33500	13,34	1,950	1,46[2]
hfl	2,72077	0,286	92,2767	0,26391	10,51	2,014	1,51
bfrs/lfrs	39,4582	3,80	6,36277	0,24179	9,63	2,033	1,52
Lit	1148,15	109	2,18668	0,23835	9,50	2,036	1,53[3]
dkr	7,08592	0,217	35,4313	0,07689	3,06	2,181	1,64
Ir£	0,662638	0,00759	3,78886	0,02876	1,15	2,224	1,67
				2,51064	100,00		

[1] Zu Leitkursen berechnet
[2] Gilt nur hypothetisch, da Großbritannien am Wechselkursmechanismus nicht teilnimmt.
[3] Da Italien von der erweiterten Bandbreite von ± 6% Gebrauch macht, beträgt für die italienische Lira die Abweichungsschwelle tatsächlich 4,07%.

Die Tatsache, dass der Abweichungsindikator nicht immer vorher überschritten wird, bevor eine Währung gegenüber einer anderen Währung ihre bilateralen Interventionspunkte erreicht, muss als ein Mangel des Abweichungsindikators angesehen werden. Er lässt sich allerdings vermeiden, wenn der Abweichungsindikator stärker als bisher auf die ECU – die gemeinsame Bezugsgrösse des EWS – bezogen wird. Das ergibt sich aus folgenden Überlegungen:
Die im EWS maximal zulässige Schwankungsbreite der Gemeinschaftswährungen untereinander von ± 2,25 % wird auch dann nicht überschritten, wenn jede Gemeinschaftswährung gegenüber ihrem ECU-Leitkurs eine maximale Bandbreite von ± 1,125 % (d. h. 2,25 % : 2) einhält. Das folgt aus der Tatsache, dass die Schwankungsbreite der cross-rates zweier «Nichtleitwährungen» unter Berücksichtigung des Zeitelements immer doppelt so hoch ist wie die maximal zulässige Schwankungsbreite jeder einzelnen «Nichtleitwährung» um die «Leitwährung». Die DM zum Beispiel würde ihre bilateralen Interventionspunkte nicht über- bzw. unterschreiten, wenn sie durch Interventionen gegenüber der ECU eine Bandbreite von ± 1,125 % einhält, d. h. bei einem ECU-Leitkurs von 2,51064 DM ihren Kurs zwischen 2,48240 DM und 2,53880 DM für eine ECU einhält. Analog kann man für die anderen Gemeinschaftswährungen rechnerische obligatorische ECU-Interventionspunkte errechnen. Berechnet man nun den Abweichungsindikator nach der Formel

$$A_i' = 1{,}125\,\% \cdot (1 - a_i) \cdot 0{,}75 \qquad (2)$$

wobei A_i' die Abweichungsschwelle der Währung i in Prozent von ihrem ECU-Leitkurs ist, so wäre gewährleistet, dass die Abweichungsschwelle *immer* vorher überschritten werden muss, bevor eine Währung gegenüber irgendeiner anderen Währung ihre bilateralen Interventionspunkte erreicht. Das liegt daran, dass der Abweichungsindikator für die einzelne Währung früher als nach der oben behandelten Konstruktion reagiert und in keinem Fall die maximal zulässige Schwankungsbreite gegenüber der ECU von 1,125 % erreicht, die gewährleistet, dass die bilateralen Interventionspunkte nicht überschritten werden. Zum Vergleich sind in der folgenden Tabelle die Abweichungsschwellen A_i und A_i' einander gegenübergestellt:

Tab. 2:
Vergleich der Abweichungsschwellen A_i nach dem EWS mit der Alternativlösung A_i'

Währung	ECU-Leitkurs	a_i	A_i	A_i'
DM	2,51064	32,98%	1,13	0,565
FF	5,79831	19,83%	1,35	0,676
£	0,663247	13,34%	1,46	0,731
hfl	2,72077	10,51%	1,51	0,755
bfrs/lfrs	39,4582	9,63%	1,52	0,762
Lit	1148,15	9,50%	1,53	0,764
dkr	7,08592	3,06%	1,64	0,818
Ir£	0,662638	1,15%	1,67	0,834

Ein Vergleich der beiden Abweichungsschwellen A_i und A_i' zeigt, dass A_i' immer (von Rundungen abgesehen) genau halb so gross ist wie A_i. Aus der Tabelle ist aber auch zu erkennen, dass die offizielle Abweichungsschwelle A_i bei allen Währungen grösser ist als die maximal zulässige Abweichung vom ECU-Leitkurs, die garantiert, dass die bilateralen Interventionspunkte nicht überschritten werden. Somit ist bei jeder Währung der Fall möglich, dass die bilateralen Interventionspunkte gegenüber einer Währung erreicht werden, bevor der Abweichungs-

indikator reagiert. Da jedoch mit abnehmendem Gewicht einer Währung in der ECU der Abweichungsindikator die «kritische Schwelle» von 1,125 % gegenüber der ECU stärker übersteigt, wird die Wahrscheinlichkeit, dass die bilateralen Interventionspunkte gegenüber einer Partnerwährung erreicht werden, bevor die Abweichungsschwelle A_i überschritten wird, mit abnehmendem Gewicht einer Währung im ECU-Währungskorb immer grösser. Am geringsten ist sie bei der DM. Bei dieser Währung ist die Abweichungsschwelle A_i so eng, dass der Abweichungsindikator praktisch immer vor Erreichen irgendwelcher bilateralen Interventionspunkte seine kritische Schwelle erreicht.
Solange nicht alle Währungen am Wechselkursmechanismus teilnehmen und die Bandbreiten der teilnehmenden Währungen noch unterschiedlich sind, kann die Formel (1) zur Berechnung der Abweichungsschwelle jedoch nicht unmittelbar angewendet werden. Vielmehr müssen in diesem Falle noch Korrekturen angebracht werden, da die Abweichungsschwelle vom ECU-Leitkurs dadurch überschritten werden kann, dass eine noch frei schwankende Gemeinschaftswährung oder eine in den erweiterten Bandbreiten schwankende Währung den ECU-Abweichungsindikator verfälscht.
Um im Abweichungsindikator die Effekte einer frei schwankenden Gemeinschaftswährung zu neutralisieren, muss man anstelle der ECU selbst eine Art korrigierte ECU berechnen und als Abweichungsindikator, in die die frei schwankende Währung immer mit ihrem (hypothetischen) Leitkurs eingeht, verwenden. Um die Auswirkungen einer am Wechselkursmechanismus teilnehmenden Gemeinschaftswährung mit einer grösseren Bandbreite als ± 2,25 % zu neutralisieren, muss man bei Erreichen der nach Formel (1) berechneten Abweichungsschwelle überprüfen, ob eine (oder mehrere) der Währungen um mehr als 2,25 % von ihren Leitkursen abweichen. Ist dies der Fall, so wäre zu untersuchen, ob die Abweichungsschwelle auch überschritten worden wäre, wenn die betreffenden Währungen diese Marge nicht überschritten hätten. Man muss dazu den Indikator durch Einsetzen hypothetischer Interventionskurse im Abstand von ± 2,25 % von den bilateralen Leitkursen korrigieren. Wird die Abweichungsschwelle dann nicht mehr überschritten, so lag die Ursache des Überschreitens der Abweichungsschwelle in einer zulässigen grösseren Abweichung dieser Währung, wird sie dennoch überschritten, so ist die Ursache in der Schwäche oder Stärke der anderen Währung zu suchen, für die die Schwelle überschritten wird[24].

«Überschreitet eine Währung ihre ‹Abweichungsschwelle›, so wird von den betreffenden Behörden erwartet, dass sie diese Situation durch angemessene Massnahmen korrigieren werden, und zwar durch

a) diversifizierte Interventionen,
b) interne währungspolitische Massnahmen,
c) Änderungen der Leitkurse,
d) andere wirtschaftspolitische Massnahmen.

Falls solche Massnahmen aufgrund von besonderen Umständen nicht getroffen werden, so sollen den anderen Behörden die Gründe hierfür insbesonders im Rahmen der ‹Konzertierung zwischen den Zentralbanken› mitgeteilt werden.
Erforderlichenfalls finden dann Konsultationen in den entsprechenden Gemeinschaftsgremien, einschliesslich dem Ministerrat, statt.» (Ziff. 3.6 der EWS-Entschliessung)

Eine Überschreitung der Abweichungsschwelle begründet demnach «eine Vermutung, dass Massnahmen zur Verminderung oder Ausschaltung der so indizierten Spannungen im Wechselkursgefüge ergriffen werden»[25], und zwar dadurch,

[24] Vgl. dazu auch Monatsberichte der Deutschen Bundesbank, März 1979, S. 15
[25] Vgl. Monatsberichte der Deutschen Bundesbank, März 1979, S. 13

dass die betreffenden Behörden diese Situation durch angemessene Massnahmen korrigieren werden[26]. Als mögliche Massnahmen werden an erster Stelle diversifizierte Interventionen, an zweiter Stelle interne währungspolitische Massnahmen, als dritte Möglichkeit Änderungen der Leitkurse und – wenn keine der genannten Massnahmen eingesetzt wird – andere wirtschaftspolitische Massnahmen genannt. Obwohl es unter Juristen strittig ist, ob die Reihenfolge einer Aufzählung eine Rangskala bzw. eine Prioritätenskala im juristischen Sinne beinhaltet, scheint es sich hier – wenn man die ökonomischen Zusammenhänge im EWS berücksichtigt – tatsächlich um die Stufen einer «flexible response» auf Wechselkursausschläge zu handeln.

Bei Überschreiten der Abweichungsschwelle wird zunächst davon ausgegangen, dass die betreffende Notenbank interveniert. Da es sich hier aber nicht um eine Interventionspflicht handelt wie bei den Interventionen an den Interventionspunkten, sondern nur um eine «Erwartung», dass «angemessene Massnahmen» ergriffen werden, handelt es sich hier nicht um obligatorische Interventionen, sondern um sog. fakultative Interventionen[27]. Da eine Währung die Abweichungsschwelle überschreiten kann, ohne dass gleichzeitig irgendeine andere Währung ihre Abweichungsschwelle überschreitet, ist im Falle der fakultativen Intervention nicht eindeutig klar, in welcher Währung interveniert werden soll. Die Zulässigkeit diversifizierter Interventionen lässt die Intervention in mehreren Währungen gleichzeitig zu, darunter auch Interventionen in Drittwährungen, wie etwa in US-Dollar.

Während die aufgrund des Paritätengitters bestehende Pflicht zu (obligatorischen) Interventionen tendenziell die kleinen EWS-Währungen in eine Kursdependenz der grossen EWS-Währungen bringt, überträgt die Indikatorregelung die Interventionslast überwiegend jenen grossen Währungen, die vornehmlich Gegenstand der internationalen Spekulation sind. Dafür gibt es zwei Gründe, die zusammenwirken:

1. Die Wahrscheinlichkeit, dass die Abweichungsschwelle überschritten wird, bevor die bilateralen Interventionspunkte einer Partnerwährung erreicht werden, ist um so grösser, je grösser das Gewicht der betreffenden Währung im ECU-Währungskorb ist.
2. Die internationale Währungsspekulation versucht vor allem aus dem relativen Kursverhältnis der grossen Währungen – insbesondere aus der Mark-Dollar-Relation – Nutzen zu ziehen.

[26] Die Formulierung: Ein Überschreiten der Abweichungsschwelle «begründet eine Vermutung» zu einem Handeln der betreffenden Behörden, ist eine offizielle Auslegung von Ziff. 3.6 der EWS-Entschliessung durch die Deutsche Bundesbank. Sie wird in allen offiziellen Interpretationen der Deutschen Bundesbank und ihrer Vertreter verwendet.
Die «Begründung einer Vermutung zu einem Handeln der betreffenden Behörden» ist wohl so zu interpretieren, dass bei Überschreiten der Abweichungsschwelle die betreffenden Behörden grundsätzlich «angemessene Massnahmen» zur Korrektur ergreifen müssen, wenn sie nicht gewichtige Gründe anführen können, die die Unterlassung derartiger Massnahmen oder die Ergreifung von Massnahmen durch andere Notenbanken sinnvoll erscheinen lassen. Da sich dadurch das gesamte Wechselkursgefüge innerhalb des EWS anders entwickelt als es sich entwickeln würde, wenn die betreffende Zentralbank ihrer Interventionspflicht nachkäme, muss man für ein derartiges abweichendes Verhalten einer Zentralbank «gegenseitiges Einvernehmen» zwischen allen Zentralbanken voraussetzen. Dieses ist im Rahmen der täglich stattfindenden Konzertierung zwischen den Notenbanken zu erzielen

[27] Vgl. auch die Regierungserklärung des deutschen Bundeskanzlers am 6. Dezember 1978, a.a.O., S. D 135

Damit dürfte insbesondere die DM als spekulative Währung im EWS mit entsprechenden Kursausschlägen gegenüber Drittwährungen aufgrund der Indikatorregelung zu (fakultativen) Interventionen «gezwungen» werden.
Genügen die fakultativen Interventionen nicht, eine Währung aus dem Warnbereich herauszuführen, so kann die betreffende Notenbank dem Kursdruck auf die eigene Währung durch geeignete interne währungspolitische Massnahmen begegnen. Dabei wird der Diskontpolitik eine zentrale Bedeutung beigemessen, da Zinsänderungen nicht nur die kurzfristigen Kapitalströme in die gewünschte Richtung lenken, sondern auch die Konjunktur des Landes in einem zahlungsbilanzausgleichenden Sinne beeinflussen.
Änderungen der Leitkurse sollten nur vorgenommen werden, wenn ein fundamentales Zahlungsbilanzungleichgewicht als Ursache für den Kursdruck (nach oben oder unten) anzusehen ist. Zu häufige Änderungen der Leitkurse zerstören auf Dauer den Sinn des EWS, ebenso kann das System Schaden erleiden, wenn Kursanpassungen zu spät vorgenommen werden.
Andere wirtschaftspolitische Massnahmen sollten unbedingt marktkonform sein und nicht in der Anwendung der Notstands-Klauseln des EWG-Vertrages bestehen.
In der Wahl der zur Auswahl stehenden Massnahmen ist jede Zentralbank autonom.
Falls solche Massnahmen aufgrund von besonderen Umständen nicht getroffen werden, so sollen den anderen Behörden die Gründe hierfür insbesondere im Rahmen der ‹Konzertierung zwischen den Zentralbanken› mitgeteilt werden. Diese Bestimmung zwingt eine Zentralbank, die trotz Überschreitens der Abweichungsschwelle keine Massnahmen ergreift, zur Rechtfertigung[28]. Die Bestimmung, dass erforderlichenfalls dann auch in den zuständigen Gemeinschaftsorganen, einschliesslich dem Ministerrat, Konsultationen stattfinden, macht aber deutlich, dass über ein derartiges abweichendes Verhalten einer Zentralbank – notfalls unter Einsatz aller zur Verfügung stehenden Gemeinschaftsinstitutionen – grundsätzlich gegenseitiges Einvernehmen zwischen allen Zentralbanken erzielt werden soll.
Insgesamt stellt der Abweichungsindikator und das Erreichen der Abweichungsschwelle für die Zentralbanken einen objektiven Auslöser dar, in gegenseitige Konsultationen einzutreten. Wird hierbei – wie unserer Meinung nach beabsichtigt – versucht, über angemessene Massnahmen gegenseitiges Einvernehmen zu erzielen, so könnten – zusammen mit der gemeinsamen Wechselkurspolitik, die die Deutsche Bundesbank aber nicht bedingungslos akzeptiert[29] – die Bestimmungen des EWS zum Beginn einer gemeinsamen Währungspolitik führen.

6.2.3 Das Beistandssystem

Das Beistandssystem des EWS besteht aus drei Teilen
– der sog. sehr kurzfristigen Finanzierung in unbegrenzter Höhe

[28] Wie stark die Verpflichtung zur Rechtfertigung ist, lässt sich aus dem Wortlaut der EWS-Entschliessung nicht genau entnehmen, auch nicht nach einem Vergleich mit anderen Vertragstexten. Im französischen Vertragstext wird für das Wort «sollen» der Begriff «doivent» verwendet und im englischen Text der Begriff «shall». Vgl. Bull.EG 12-1978, S. 11, Anm. 2

[29] Vgl. Otmar Emminger, Das Europäische Währungssystem und die deutsche Geldpolitik, in: Handelsblatt, Nr. 60, vom 26. März 1979, Beilage «Banken International», S. 3f.

- dem sog. kurzfristigen Währungsbeistand
- dem sog. mittelfristigen finanziellen Beistand

6.2.3.1 Die sehr kurzfristige Finanzierung

Um ihren Interventionsverpflichtungen voll nachkommen zu können, räumen sich die Notenbanken im Rahmen der sog. «sehr kurzfristigen Finanzierung» gegenseitig Währungskredite in eigener Währung in unbegrenzter Höhe ein. Auf diese Weise werden die zur Intervention erforderlichen Währungsbeträge von der jeweiligen Emissionsnotenbank auf dem Kreditwege zur Verfügung gestellt. Dieser Kreditweg ist erforderlich, da sich die Zentralbanken untereinander verpflichtet haben, Guthaben in Gemeinschaftswährungen nur im Rahmen sog. working balances innerhalb enger Grenzen zu unterhalten, die vom Ausschuss der Zentralbankpräsidenten festgelegt werden und nur mit Zustimmung der betreffenden Notenbank überschritten werden dürfen.

Die tatsächlich bereitgestellten Währungsbeträge werden zum ECU-Tageskurs in ECU umgerechnet und ebenso wie die im Rahmen von Stützungsoperationen von einer Notenbank angekauften Beträge in Partnerwährungen als Guthaben bzw. Verbindlichkeiten auf Finanzierungskonten beim Europäischen Fonds für währungspolitische Zusammenarbeit (abgekürzt EFWZ bzw. FECOM) verbucht.

Durch die Verbuchung der Interventionssalden auf ECU-Konten des EFWZ werden die entstehenden Guthaben für die betreffenden Gläubigerzentralbanken multilateral verwendbar. Der Saldenausgleich erfolgt 45 Tage nach Ende des Monats der Intervention, wobei für Beträge bis zur Höhe der Schuldnerquoten im kurzfristigen Währungsbeistand (siehe unten) auf Wunsch der Schuldnernotenbank «automatisch», also ohne ausdrückliche Zustimmung der Gläubigernotenbank, eine Prolongation um drei Monate möglich ist.

Für den Ausgleich der Salden aus Finanzierungsgeschäften im Rahmen der sehr kurzfristigen Finanzierung gilt im Prinzip folgendes[30]:

- Eine Schuldnerzentralbank hat Guthaben in der Gläubigerwährung, welche die für Arbeitsguthaben vereinbarten Obergrenzen überschreiten, vorrangig zum Saldenausgleich zu verwenden.
- Zur Tilgung des verbleibenden Schuldsaldos kann eine Schuldnerzentralbank ECU-Guthaben einsetzen, die aus der Einbringung von Währungsreserven beim EFWZ entstanden sind. Eine Gläubigerzentralbank ist jedoch nicht verpflichtet, Zahlung in ECU entgegenzunehmen, die 50% ihrer Forderung übersteigt.
- Andere Reserveelemente kann die Schuldnerzentralbank entsprechend der Zusammensetzung ihrer Reserven (ohne Gold) zur Tilgung eines noch verbleibenden Schuldnersaldos übertragen.

Von diesen strengen Vorschriften für den Saldenausgleich kann bei gegenseitigem Einvernehmen zwischen Schuldner- und Gläubiger-Zentralbanken abgewichen werden. So kann z. B. auch Gold für den Saldenausgleich verwendet werden, sofern sich Schuldner- und Gläubiger-Zentralbank auf einen Preis einigen.

Um einen Anfangsbestand an ECU zu schaffen, haben die teilnehmenden Zentralbanken der Gemeinschaft je 20% ihrer Gold- und Dollarreserven beim EFWZ hin-

[30] Vgl. Monatsberichte der Deutschen Bundesbank, März 1979, S. 16

terlegt und dafür ECU-Guthaben erhalten[31]. Jedes Vierteljahr wird überprüft, dass keine Zentralbank diesen Satz unterschreitet. Erforderlichenfalls muss eine Zentralbank, die diesen Satz unterschreitet, durch Hinterlegung zusätzlicher Gold-und Dollarreserven ihre ECU-Guthaben aufstocken. Damit wurde ein ausreichender Bestand an ECU geschaffen, um interne Zahlungsbilanzungleichgewichte ausgleichen zu können.

6.2.3.2 Der kurzfristige Währungsbeistand

Bis zur Errichtung eines im Europäischen Währungssystem geplanten Europäischen Währungsfonds werden die Anfang der siebziger Jahre geschaffenen Beistandsmechanismen zur längerfristigen Finanzierung von Zahlungsbilanzungleichgewichten beibehalten. Sie können in Anspruch genommen werden, wenn beim Saldenausgleich, d. h. nach Ablauf der sehr kurzfristigen Finanzierung in unbegrenzter Höhe, eine Verbindlichkeit offen bleibt, die nicht anderweitig, d. h. durch ECU-Guthaben oder Devisenreserven, abgedeckt werden kann. Dabei tritt zunächst der «kurzfristige Währungsbeistand» in Kraft und danach – falls eine «Anschlussfinanzierung» erforderlich ist – der «mittelfristige finanzielle Beistand».

Der kurzfristige Währungsbeistand läuft grundsätzlich drei Monate und kann insgesamt zweimal (früher nur einmal) um je drei Monate verlängert werden. Die Bedingungen bei der zweiten Verlängerung sind die gleichen wie bei der ersten Verlängerung. Der kurzfristige Währungsbeistand umfasst insgesamt 14 Mrd. ECU; das ist rund das Zweieinhalbfache der bisherigen Beträge. Durch die zweimalige Verlängerungsmöglichkeit besteht damit unter Berücksichtigung der sehr kurzfristigen Finanzierung ein System von Überbrückungskrediten zwischen den Zentralbanken von knapp eineinhalb Jahren.

Die Errichtung des kurzfristigen Währungsbeistands geht auf eine Empfehlung der Kommission vom 12. Februar 1969 («Barre-Plan»)[32] zurück und wurde vom Ministerrat am 26. Januar 1970 beschlossen. Im Gefolge dieser Einigung im Ministerrat wurde am 9. Februar 1970 zwischen den Zentralbanken der Mitgliedstaaten der EG ein Abkommen über den kurzfristigen Währungsbeistand geschlossen. Der kurzfristige Währungsbeistand stellt demnach ebenso wie die sehr kurzfristige Finanzierung eine Beistandsvereinbarung zwischen den Zentralbanken der EG-Staaten dar.

In dem Abkommen sind die Schuldner- und Gläubigerquoten sowie die Vergabebedingungen festgelegt. Die Schuldnerquote bestimmt den Betrag des Währungsbeistands, den jede Zentralbank erhalten kann; die Gläubigerquote den Betrag, zu dessen Finanzierung eine Zentralbank – im Rahmen der im Abkommen festgelegten Bedingungen – aufgrund des Vertrages verpflichtet ist.

Ursprünglich wurde die Höhe des kurzfristigen Währungsbeistands auf insgesamt 1 Mrd. RE festgelegt[33], die sich auf die damals noch sechs EWG-Staaten folgendermassen aufteilten:

[31] Die Gold- und Dollarreserven wurden nicht endgültig an den EFWZ abgetreten. Eigentümer der Gold- und Dollarreserven sind also nach wie vor die nationalen Zentralbanken. Sie erhalten auch nach wie vor die Erträge aus den Devisenanlagen und tragen deren Kursrisiko. Die ECU-Guthaben erhält jede Zentralbank vom EFWZ auf dem Kreditwege (in der Praxis durch revolvierende Dreimonats-Swapgeschäfte).
Vgl. Monatsberichte der Deutschen Bundesbank, März 1979, S. 16f.

[32] Vgl. «Barre-Plan», Sonderbeilage zum Bull.EG 3-1969

[33] Vgl. H. M. Mayrzedt, Die wirtschafts- und währungspolitische Zusammenarbeit in der

	Mill. RE	Anteil am Gesamtvolumen
Deutsche Bundesbank	300	30%
Belgische Nationalbank	100	10%
Bank von Frankreich	300	30%
Niederländische Zentralbank	200	20%
Bank von Italien	100	10%
	1000	100%

Nach der erneuten Erhöhung zu Beginn des Inkrafttretens des EWS beläuft sich der kurzfristige Währungsbeistand wie erwähnt auf insgesamt rund 14 Mrd. ECU, wobei sich die Schuldner- und Gläubigerquoten auf die neun EG-Zentralbanken wie folgt verteilen:

	Schuldner-quote	Gläubiger-quote	Anteil am Gesamtvolumen
Belgien	580	1 160	7,3%
Bundesrepublik Deutschland	1 740	3 480	22,0%
Dänemark	260	520	3,3%
Frankreich	1 740	3 480	22,0%
Großbritannien	1 740	3 480	22,0%
Irland	100	200	1,3%
Italien	1 160	2 320	14,8%
Luxemburg	–	–	–
Niederlande	580	1 160	7,3%
	7 900	15 800	100,0%
Rallongen	8 800	8 800	

Eine Zentralbank kann auf ihre Schuldnerquote und die halbe Rallongensumme zurückgreifen. Nur im Ausnahmefall können einer Notenbank alle Rallongen voll als Kredit zur Verfügung gestellt werden. Jedoch können die durch die letzte Erhöhung des kurzfristigen Währungsbeistands geschaffenen zusätzlichen Kreditmöglichkeiten nur von solchen Zentralbanken in Anspruch genommen werden, die am Wechselkurssystem teilnehmen[34].

Jede Kreditgewährung erfordert einen einstimmigen Beschluss des Ausschusses der EG-Zentralbankpräsidenten und löst ein besonderes Konsultationsverfahren auf Gemeinschaftsebene aus.

6.2.3.3 Der mittelfristige finanzielle Beistand

Der mittelfristige finanzielle Beistand wurde ebenfalls aufgrund der im «Barre-Plan» enthaltenen Empfehlungen der Kommission Anfang der siebziger Jahre errichtet[35]. Er wird von derzeit 5,5 Mrd. ECU auf 14,1 Mrd. ECU aufgestockt, wobei das effektive Kreditvolumen bis zu 11 Mrd. ECU erreichen kann. Dabei sind folgende Länderquoten vorgesehen[36]:

EWG, a.a.O., S. 24 ff. Die Rechnungseinheit RE, die früher in der EG allgemein verwendet wurde, entsprach dem alten Wert des US-Dollars (1 Unze Feingold = 35$), d.h. 1 RE = 0,88867088 Gramm Feingold. Daraus ergab sich damals 1 RE = 3,66 DM

[34] Vgl. Monatsberichte der Deutschen Bundesbank, März 1979, S. 17

[35] Vgl. den Beschluss des Ministerrats vom 22. März 1971 und die Ausführungen dazu im Bull.EG 4-1971, Erster Teil, S. 27 ff.

[36] Vgl. Monatsberichte der Deutschen Bundesbank, März 1979, S. 17
Ursprünglich war der mittelfristige finanzielle Beistand auf 2 Mrd. RE begrenzt, die sich wie folgt zusammensetzten:

	Bereitstellungsplafonds in Mio ECU	Anteil
Belgien	1 000	7,1
Bundesrepublik Deutschland	3 105	22,0
Dänemark	465	3,3
Frankreich	3 105	22,0
Großbritannien	3 105	22,0
Irland	180	1,3
Italien	2 070	14,7
Luxemburg	35	0,3
Niederlande	1 035	7,3
	14 100	100,0

Die im Rahmen des mittelfristigen finanziellen Beistands gewährten Kredite haben eine Laufzeit von zwei bis zu fünf Jahren. Sie können von einem Mitgliedstaat, der von Zahlungsbilanzschwierigkeiten betroffen oder ernstlich bedroht ist, in Anspruch genommen werden. Die Gewährung eines solchen Kredits erfolgt durch Beschluss des Ministerrats, der mit qualifizierter Mehrheit zustande kommen muss. Bei dem Beschluss über die Gewährung des gegenseitigen Beistands werden nicht nur Betrag und Bedingungen für den Kredit, sondern auch die wirtschaftspolitischen Verpflichtungen festgelegt, die der kreditnehmende Mitgliedstaat zu erfüllen hat, denn der Kredit kann an wirtschaftspolitische Auflagen geknüpft werden.

Betrachtet man das im EWS bestehende finanzielle Beistandssystem insgesamt, so gelangt man zu dem Schluss, dass die festen Wechselkurse innerhalb des Europäischen Währungssystems durch ein voll ausreichendes finanzielles Beistandssystem «flankiert» werden, in dessen Rahmen nach Auslaufen der Kredite in unbegrenzter Höhe im Rahmen der «sehr kurzfristigen Finanzierung» ein Kreditvolumen im Gegenwert von rund 25 Mrd. ECU (etwa 63 Mrd. DM) zur Verfügung steht. Diese Kredite sind mit zunehmender Laufzeit an immer strengere Bedingungen geknüpft. Während die Kredite im Rahmen der sehr kurzfristigen Finanzierung ohne jegliche Bedingungen in Anspruch genommen werden können, ja nicht einmal eingeräumt werden müssen, sondern praktisch ohne Zustimmung der Gläubigerzentralbank von der Schuldnerzentralbank in Anspruch genommen werden können, sofern ihre Aufnahme wegen Interventionen am Devisenmarkt erforderlich wird, löst die Inanspruchnahme des kurzfristigen Währungsbeistands immerhin ein besonderes Konsultationsverfahren aus. Die Inanspruchnahme des mittelfristigen finanziellen Beistands schliesslich kann – und wird, wie die Vergangenheit gezeigt hat – an wirtschaftspolitische Auflagen für das Empfängerland geknüpft werden. Dadurch gerät ein Land, das dem Ausgleich seiner Zahlungsbilanz längere Zeit nicht genügend Aufmerksamkeit schenkt, zunehmend unter den politischen Druck seiner EG-Partner. Ob dieser Druck ausreicht,

(Fortsetzung Fussnote 36)

	Mill. RE	Anteil
Deutschland	600	30%
Belgien/Luxemburg	200	10%
Frankreich	600	30%
Italien	400	20%
Niederlande	200	10%
	2 000	100%

Vgl. Bull. EG 4-1971, S. 28

eine innergemeinschaftliche Kreditgewährung, die immer mit Geldschöpfung verbunden ist, in Grenzen zu halten, muss die Zukunft jedoch erst erweisen.

6.3 Die ökonomischen Interdependenzen im Europäischen Währungssystem – Eine wirtschaftstheoretische Analyse

Bei Einführung des Europäischen Währungssystems wurde verschiedentlich die Meinung vertreten, das EWS stelle eine Rückkehr zum Bretton Woods-System dar und sei daher letztlich nur ein Bretton Woods-System im kleinen bzw. ein europäisches Bretton Woods-System. Tatsächlich haben das ehemalige Bretton Woods-System und das Europäische Währungssystem beim flüchtigen Hinsehen eine ganze Anzahl von Gemeinsamkeiten: feste Wechselkurse, die nur von Fall zu Fall geändert werden dürfen, eine gemeinsame Bezugsgrösse, ein umfassendes Beistandssystem sowie Konvertibilität der Währungen[37].

Bei einem genauen Vergleich des Europäischen Währungssystems mit dem Bretton Woods-System zeigen sich jedoch auch einige wesentliche Unterschiede. Der wohl auffälligste Unterschied zum Bretton Woods-System besteht darin, dass im EWS alle Währungen formal «gleichberechtigt» sind, wogegen im Bretton Woods-System der US-Dollar von Anfang an eine Sonderstellung innehatte, aus der sich im Laufe der Zeit das für das Bretton Woods-System charakteristische Leitwährungssystem entwickelte, mit dem Dollar als Leitwährung und den übrigen Währungen als Nichtleitwährungen. Ein zweiter wesentlicher Unterschied zum Bretton Woods-System besteht darin, dass es im EWS keine nationale Reservewährung gibt, sondern dass die Währungsreserven der EG-Mitgliedstaaten aus Anlagemedien bestehen, die (zumindest bisher) innerhalb des EWS nicht selbst geschaffen werden können.

Allerdings bedeutet die Tatsache, dass sich die Währungsreserven der EG-Staaten aus Anlagemedien zusammensetzen, deren Wert ausserhalb des EWS geschaffen wird, nicht, dass die Höhe der Währungsreserven im EWS exogen gegeben sei. Vielmehr ergibt sich die Höhe der Währungsreserven (aller EG-Mitgliedstaaten) im EWS aufgrund eines komplizierten Zusammenwirkens aller Zentralbanken, auf das wir noch zurückkommen werden.

Obwohl die genannten Unterschiede zwischen EWS und Bretton Woods-System – insbesondere im Vergleich zu den Übereinstimmungen der beiden Systeme – nicht zu sehr ins Gewicht zu fallen scheinen, sind – wie eine sorgfältige ökonomische Analyse zeigt – die ökonomischen Implikationen der Unterschiede zwischen beiden Währungssystemen doch von grösster Bedeutung und zeigen, dass die

[37] Die Konvertibilität der Währungen ist in der EWS-Entschliessung nicht explizit festgelegt. Sie ist jedoch ohne Zweifel «Geschäftsgrundlage» des EWS. Für die EWS-Währungen gilt sie einmal aufgrund der nach wie vor gültigen Konvertibilitätsbestimmungen des IWF-Abkommens, in dessen Rahmen alle EG-Mitgliedstaaten den Artikel-VIII-Status für ihre Währungen anerkannt haben, und darüber hinaus aufgrund der in Art. 67ff., 106 EWGV verankerten Freiheit des Kapital- und Zahlungsverkehrs. Wenn die Freiheit des Kapitalverkehrs in der EG bis heute auch noch nicht voll verwirklicht werden konnte, so besteht innerhalb der EG doch ein weit höheres Mass an Konvertibilität als es das IWF-Abkommen in Art. VIII vorsieht. (Die Länder mit Artikel-VIII-Status sind im jährlich erscheinenden «Annual Report on Exchange Restrictions», herausgegeben vom International Monetary Fund (hier 29th Report, Washington 1978, S. 472ff.) aufgeführt; zu den Bestimmungen über die Freiheit des Kapital- und Zahlungsverkehrs innerhalb der EG und ihrer Verwirklichung vgl. W. Harbrecht, Die Europäische Gemeinschaft, a.a.O., S. 130ff. und S. 147ff.

beiden Währungssysteme von Grund auf unterschiedlich sind und nur sehr bedingt miteinander verglichen werden können. Aufgrund dieser Unterschiede ergeben sich auch unterschiedliche Implikationen für die Wirtschafts- und Währungspolitik der Europäischen Gemeinschaft und deren Mitgliedstaaten, die es unbedingt zu beachten gilt, wenn es innerhalb des EWS nicht zu systembedingten Spannungen kommen soll, die den Bestand des EWS gefährden können.
Im folgenden sollen die im EWS aufgrund der Währungsordnung bestehenden ökonomischen Interdependenzen zwischen den Volkswirtschaften der Mitgliedstaaten der EG herausgearbeitet werden und daraus wirtschaftspolitische Folgerungen gezogen werden. Dabei werden wir zunächst den Fall der Unterbeschäftigung analysieren und die Folgerungen aus dem engen internationalen Konjunkturzusammenhang, der im EWS zwischen den Mitgliedstaaten der EG besteht, ziehen. Sodann werden wir den internationalen Preiszusammenhang im EWS im Rahmen eines Vollbeschäftigungsmodells analysieren und untersuchen, welche Faktoren eine inflationäre Entwicklung in der Europäischen Gemeinschaft hervorrufen können. Zum Schluss werden wir die Auswirkungen von Wechselkursänderungen innerhalb des EWS auf das Preisniveau in der EG und auf den Reservenbestand eines Landes untersuchen.

6.3.1 Die Übertragung von Beschäftigungsschwankungen im EWS

Zur Untersuchung der ökonomischen Interdependenz der EG-Staaten nach Errichtung des EWS sollen im folgenden zunächst die institutionellen Gegebenheiten im EWS zu einem Satz von Modellannahmen verdichtet werden. Danach können wir mit einem ökonomischen Modell, das von diesen Annahmen ausgeht, die gegenseitigen Interdependenzen ermitteln, indem wir die Übertragungseffekte von geld- und fiskalpolitischen Massnahmen eines Mitgliedstaates der Gemeinschaft (im Modell repräsentiert durch Land 1) auf die übrigen Mitgliedstaaten (repräsentiert durch ein Land 2) ermitteln.

6.3.1.1 Die Modellannahmen

Die Tatsache, dass innerhalb der Europäischen Gemeinschaft der Zahlungs- und Kapitalverkehr weitgehend liberalisiert ist sowie dass alle neun EG-Staaten sich den Pflichten des Art. VIII der IWF-Statuten unterworfen haben, bedeutet währungsordnungspolitisch gesehen die grundsätzliche Einführung der *Vollkonvertibilität* zwischen den Gemeinschaftswährungen[38]. Sie bedeutet darüber hinaus, dass es in der EG einen *einheitlichen Kapitalmarkt* gibt[39]. Auf einem solchen Markt

[38] Aus den Pflichten des Art. VIII der IWF-Statuten folgt nur eine Teilkonvertibilität, und zwar nur eine Ausländerkonvertibilität für laufende Transaktionen. Die grundsätzliche Vollkonvertibilität folgt aus den Artikeln 67 ff., 106 des EWG-Vertrages, in denen die Freiheit des Kapital- und Zahlungsverkehrs garantiert wird. Auf die Beschränkung der Freiheit des Kapitalverkehrs nach Art. 67 EWGV auf sog. «Berechtigte» sei jedoch ausdrücklich hingewiesen. Ausserdem sei darauf hingewiesen, dass in verschiedenen Mitgliedstaaten – gestützt auf die sog. Schutzklauseln des EWG-Vertrags (Art. 108, 109 EWGV) – noch immer Kapitalverkehrsbeschränkungen bestehen. Zu den Pflichten des Art. VIII der IWF-Statuten vgl. S. 92 ff. dieser Arbeit oder F. E. Aschinger, Das Währungssystem des Westens, a.a.O., S. 68 ff. Zu den Bestimmungen über den Kapital- und Zahlungsverkehr im EWG-Vertrag vgl. W. Harbrecht, Die Europäische Gemeinschaft, a.a.O., S. 130 ff. und S. 147 ff. und dort angegebene Literatur. Zu den noch geltenden Kapitalverkehrsbeschränkungen vergleiche die relevanten Passagen in den Gesamtberichten der EG, 1974 ff.

[39] Wie die Erfahrung zeigt, schränken die noch bestehenden Kapitalverkehrsbeschränkungen die Funktionsfähigkeit des einheitlichen Kapitalmarktes nicht wesentlich ein

können wir aber – von vorübergehenden Differenzen, die durch Arbitrage kurzfristig ausgeglichen werden, abgesehen – von der Existenz eines *einheitlichen Zinses* ausgehen.
Weiterhin soll im folgenden von einem *konstanten Bestand an Währungsreserven* aller EG-Staaten zusammengenommen ausgegangen werden. Diese Annahme ist allerdings nur unter ganz bestimmten Voraussetzungen zutreffend. Sie werden klar, wenn man überprüft, wann sich der Gesamtbestand an Währungsreserven in der Gemeinschaft verändert.
Da alle EG-Staaten ihre Währungsreserven – von den sog. working balances in Gemeinschaftswährungen, die aber relativ gering und weitgehend konstant sind, abgesehen – in Gold- und Dollarreserven halten, ist der Gesamtbestand an Währungsreserven in der Gemeinschaft im wesentlichen gleich der Summe aller Gold- und Dollarreserven der neun EG-Staaten[40]. Dieser Reservenbestand kann sich aus zwei Gründen ändern:
1. Wenn der durch das EWS geschaffene europäische Wechselkursverbund (d.h. die frühere «Schlange») gegenüber Drittwährungen nicht frei floatet, sondern – etwa um geordnete Währungsverhältnisse an den Devisenmärkten zu gewährleisten – auch gegenüber Drittwährungen interveniert. In diesem Fall fliessen der Gemeinschaft als Ganzes je nach Art der Interventionen entweder Devisen zu oder ab.
2. Wenn an den Gold- und Dollarreserven infolge veränderter Marktverhältnisse Bewertungsänderungen vorgenommen werden, etwa weil der Goldpreis am freien Markt gestiegen ist oder weil der Dollar gegenüber den EWS-Währungen gefallen ist.
Dagegen veränderte sich der Gesamtbestand an Währungsreserven innerhalb der Gemeinschaft nicht durch die Schaffung eines ECU-Bestandes durch die Hinterlegung von 20 % der Gold- und Dollarreserven beim Europäischen Fonds für währungspolitische Zusammenarbeit. Er verändert sich auch nicht, wenn infolge von Veränderungen des Devisenbestandes eines Mitgliedstaates zusätzlich Devisenreserven beim Europäischen Fonds gegen eine ECU-Gutschrift hinterlegt werden, um den Mindesthinterlegungssatz von 20% aufrechtzuerhalten. Das kann man sich klarmachen, wenn man den Entstehungsakt der ECU genau analysiert.
Zwar erhält jede Zentralbank bei Hinterlegung der Gold- und Dollarreserven beim Europäischen Fonds ECU-Guthaben in entsprechender Höhe, und das, obwohl die betreffende Zentralbank Eigentümer der hinterlegten Währungsreserven bleibt. Doch stehen diesen ECU-Guthaben, da sie in Form von 3-Monats-Swap-Krediten zur Verfügung gestellt werden, kurzfristige Verbindlichkeiten gegenüber dem Europäischen Fonds in gleicher Höhe gegenüber. Damit haben sich bei diesem Vorgang aber die Netto-Auslandsaktiva der einzelnen EG-Notenbanken nicht verändert. Anders als bei der Schaffung der Sonderziehungsrechte wurde durch die Einführung der ECU als Zahlungsmittel zwischen den Zentralbanken

[40] Schätzungen der Deutschen Bundesbank zufolge werden zwar schon etwa 7 bis 8 % der offiziellen Devisenreserven in der Welt in DM gehalten, doch ist dem Verfasser nicht bekannt, inwieweit solche DM-Reserven von den anderen EG-Partnern gehalten werden. Folgt man den Vereinbarungen der Zentralbankgouverneure der EG-Mitgliedstaaten, so ist das Halten von DM-Reserven (wiederum von den working balances abgesehen) innerhalb der EG nicht zulässig. Vgl. Otmar Emminger, 30 Jahre Deutsche Mark, in: Monatsberichte der Deutschen Bundesbank, Juni 1978, S. 5-12, hier S. 8

der EG-Mitgliedstaaten somit keine zusätzliche Liquidität geschaffen. Vielmehr wurde nur ein internationales Zahlungsmittel in ein anderes umgetauscht.
Der Gesamtbestand an Netto-Währungsreserven innerhalb der Gemeinschaft verändert sich auch dann nicht, wenn eine EG-Zentralbank im Rahmen des EWS-Interventionsmechanismus zu Stützungszwecken eine andere EWS-Währung gegen eigene Währung ankauft. Denn dem Zugang an Devisen im einen Land steht ein Zuwachs der Verbindlichkeiten aus Interventionen im europäischen Währungsverbund, die bei der Berechnung der Netto-Auslandsaktiva bzw. der Netto-Währungsreserven eines Landes berücksichtigt werden, in entsprechender Höhe gegenüber. Allerdings verändern sich bis zum Saldenausgleich die Brutto-Währungsreserven in der Gemeinschaft, da dem Zugang an Devisen im einen Land kein sofortiger Abgang an Devisen im anderen Land gegenübersteht, sondern nur eine Zunahme der kurzfristigen Auslandsverschuldung.
Dieser Sachverhalt ist für die ökonomische Analyse von grosser Bedeutung. Denn jede Veränderung der *Brutto*-Währungsreserven eines Landes ist – ceteris paribus – mit Geldschöpfung verbunden. Somit ist die Veränderung der Brutto-Währungsreserven der Gemeinschaft insgesamt auch für die aussenwirtschaftlich bedingte Geldmengenveränderung in der gesamten Gemeinschaft massgebend. Allerdings wird beim monatlichen Saldenausgleich diejenige Liquidität, die allein aufgrund der Veränderung der Brutto-Währungsreserven, nicht dagegen aufgrund einer Veränderung der Netto-Währungsreserven, entstanden ist, wieder vernichtet. Für die ökonomische Analyse bedeutet dies, dass bei einer Analyse, die einen sehr kurzfristigen Zeitraum betrachtet, nicht von einer Konstanz des Gesamtbestandes an Währungsreserven innerhalb der Gemeinschaft ausgegangen werden kann, sofern in diesem Zeitraum innergemeinschaftliche Interventionen stattgefunden haben, während bei einer ökonomischen Analyse, die einen etwas längeren Zeitraum betrachtet, d.h. also insbesondere bei der komparativ-statischen Untersuchung von Gleichgewichtszuständen, von einer Konstanz der Währungsreserven auch bei innergemeinschaftlichen Interventionen ausgegangen werden kann.
Wenn wir in der folgenden Modellanalyse von einem konstanten Bestand an Währungsreserven aller EG-Staaten zusammengenommen ausgehen, so gehen wir somit von folgenden Annahmen aus:

1. Der europäische Währungsverbund interveniert nicht gegenüber Drittwährungen[41].
2. Es werden keine Bewertungsänderungen bei den Gold- und Devisenreserven vorgenommen.
3. Die kurzfristigen Änderungen der Brutto-Währungsreserven vor dem Saldenausgleich werden vernachlässigt.

Mit der letzten Annahme beschränken wir die Gültigkeit unserer Analyse auf längerfristige Zeiträume[42].

[41] Die ökonomischen Implikationen der Tatsache, dass die Mitgliedstaaten der EG in der Realität auch gegenüber Drittwährungen intervenieren, um geordnete Währungsverhältnisse an den Devisenmärkten zu gewährleisten, werden wir später gesondert behandeln

[42] Damit ist hier ein Zeitraum von mehr als 75 Tagen gemeint, da der Saldenausgleich 45 Tage nach Ende des Monats der Intervention erfolgt. Nach 75 Tagen sind demnach alle Interventionen innerhalb des EWS mit Devisen abgerechnet worden. Dabei wurde von Besonderheiten wie Prolongation, Inanspruchnahme des kurzfristigen Währungsbeistands etc. abgesehen

6.3.1.2 Das Modell

Von den Annahmen eines gegebenen Gesamtbestandes an Währungsreserven und eines integrierten Kapitalmarktes, auf dem sich ein einheitlicher Zinssatz bildet, geht auch Robert Mundell in seinem 2-Länder-Welt-Modell aus, mit dem er den internationalen Konjunkturzusammenhang von unterbeschäftigten Volkswirtschaften bei festen Wechselkursen unter Berücksichtigung internationaler Rückwirkungen untersucht[43]. Wir können daher unsere Fragestellung mit Hilfe seines Modells analysieren. Allerdings werden wir das Mundell-Modell nicht unverändert übernehmen, sondern zu einem allgemeinen Modell der monetären Zahlungsbilanztheorie für den Fall der Unterbeschäftigung weiterentwickeln.

Bei Verwendung der Symbole
Y = Volkseinkommen
I = zinsabhängige Investitionen
A = autonome Investitionen
S = Sparen
B = Leistungsbilanz
M = Geldangebot
D = inländische Aktiva des Bankensystems
L = Geldnachfrage
R = Währungsreserven eines Landes
R^0 = Gesamtbestand an Währungsreserven (aller EG-Länder)
r = Zinssatz
w = Wechselkurs

und der Subskripte 1 und 2 für Land 1 und 2 können die im EWS bestehenden Beziehungen zwischen einem EG-Land (Land 1) und den übrigen EG-Ländern (repräsentiert durch Land 2) durch ein System von sieben Gleichungen beschrieben werden.

Die ersten beiden Gleichungen beschreiben den Gütermarkt in Land 1 und 2. Unter der Voraussetzung, dass auf den Gütermärkten beider Länder Gleichgewicht herrscht, gilt

$$I_1(r) + A_1 - S_1(Y_1) + B_1(Y_1, Y_2, w) = 0 \qquad (3)$$

und

$$I_2(r) + A_2 - S_2(Y_2) - B_1(Y_1, Y_2, w) = 0 \qquad (4)$$

Die beiden nächsten Gleichungen beschreiben den Geldmarkt der beiden Länder. Die nationalen Geldmärkte sind im Gleichgewicht, wenn in jedem Land Geldangebot gleich Geldnachfrage ist. Im Gleichgewicht gilt daher

$$M_1 = L_1(Y_1, r) \qquad (5)$$

und

$$M_2 = L_2(Y_2, r) \qquad (6)$$

Dabei wird angenommen, dass die Geldnachfrage in jedem Land vom Einkommen in diesem Land und vom Zinssatz r abhängig ist.

Das Geldangebot setzt sich in jedem Land aus zwei Komponenten zusammen: Aus der Geldmenge, die aufgrund inländischer Geldschöpfung entstanden ist,

[43] Vgl. R. Mundell, International Economics, a.a.O., S. 262ff.

und aus der Geldmenge, die durch den Ankauf von Devisen entstanden ist. Der Geldmenge, die aufgrund inländischer Kredite entstanden ist, stehen in der konsolidierten Bankbilanz der Volkswirtschaft (in der Zentralbank und Geschäftsbanken zusammengefasst sind) Forderungen an Inländer gegenüber; der Geldmenge, die durch den Ankauf von Devisen entstanden ist, stehen in der konsolidierten Bankbilanz der Volkswirtschaft dagegen Auslandsforderungen, d.h. im wesentlichen die Gold- und Devisenreserven des Landes, gegenüber[44]. Dies ergibt sich, weil in der konsolidierten Bilanz des Geldsystems der ausstehenden Geldmenge auf der Passivseite die Entstehungskomponenten der Geldmenge auf der Aktivseite gegenüberstehen und beide – da eine Bilanz immer ausgeglichen ist – identisch sind. Die Entstehungskomponenten der Geldmenge sind aber – wie die Bilanz ausweist – die Währungsreserven und die inländischen Aktiva des konsolidierten Bankensystems (d.h. alle anderen Aktiva minus alle anderen Passiva – kurz inländischer Kredit genannt –). Dies gilt selbst dann, wenn nur die Zentralbank ausländische Aktiva hält[45].
Formal lässt sich diese Aufteilung des gesamten Geldangebots in eine autonome inländische Komponente und eine aussenwirtschaftlich – durch die Höhe der Währungsreserven eines Landes – bestimmte Komponente durch die folgenden Identitätsgleichungen ausdrücken:

$$M_1 = D_1 + R_1 \tag{7}$$

und

$$M_2 = D_2 + R_2 \tag{8}$$

Da der Gesamtbestand an Währungsreserven R^0 beträgt, gilt ausserdem

$$R_1 + R_2 = R^0 \tag{9}$$

wobei hier R^0 als konstant angenommen wird.
Diese sieben Gleichungen enthalten fünf exogene Grössen, nämlich A_1, A_2, D_1, D_2 und R^0, und acht endogene Variablen, nämlich Y_1, Y_2, R_1, R_2, M_1, M_2, r und w. Nimmt man feste Wechselkurse an, wie das im EWS der Fall ist, so ist w gegeben und kann als Parameter betrachtet werden.
Dieses System von sieben Gleichungen kann man nun durch Ersetzen von R_2 durch $R^0 - R_1$ und Einsetzen von (7) und (8) in (5) und (6) auf das folgende Gleichungssystem mit vier Gleichungen reduzieren:

$$\begin{aligned}
&I_1(r) + A_1 - S_1(Y_1) + B_1(Y_1, Y_2, w) = 0\\
&I_2(r) + A_2 - S_2(Y_2) - B_1(Y_1, Y_2, w) = 0\\
&L_1(Y_1, r) - D_1 - R_1 = 0\\
&L_2(Y_2, r) - D_2 - R^0 + R_1 = 0
\end{aligned} \tag{10}$$

Sie stellen die Gleichgewichtsbedingungen für ein Geldmarkt- und Gütermarktgleichgewicht in beiden Ländern dar. Da der Wechselkurs w als Parameter betrachtet wird, der im EWS von den Regierungen der Mitgliedstaaten «in gegenseitigem Einvernehmen» festgesetzt wird, sind in den vier Gleichungen des Gleichungssystems (10) als endogene Grössen nur noch Y_1, Y_2, R_1 und r enthalten.

[44] Eine explizite Berücksichtigung eines zweistufigen Bankensystems und dessen Folgen für den Geldschöpfungsprozess befindet sich in den Modellen von Neumann, die auf dem hier dargestellten Modell von Mundell aufbauen. Vgl. M. Neumann, Theoretische..., a.a.O., S. 285ff.
[45] Vgl. E. M. Claassen, Weltinflation, a.a.O., S. 34f.

Sie können, da die vier Gleichungen voneinander unabhängig sind, mit Hilfe von (10) bestimmt werden. Dieses Modell von Mundell stellt ein Modell des monetären Ansatzes der Zahlungsbilanz für den Fall unterbeschäftigter Volkswirtschaften dar, in dem sich die endogenen Variablen Y_1, Y_2, R_1 und r im *Ungleichgewicht* folgendermassen verändern:
Nach Keynesscher Auffassung kommt es bei gegebenen Preisen und Löhnen – und von diesen Annahmen geht auch Mundell aus – in unterbeschäftigten Volkswirtschaften zu Einkommensänderungen, wenn am Gütermarkt des betreffenden Landes kein Gleichgewicht herrscht. Ist die Nachfrage am Gütermarkt grösser als das Güterangebot, so steigt die Produktion und damit das Einkommen; besteht am Gütermarkt ein Überschussangebot, so wird die Produktion eingeschränkt und das Volkseinkommen dieses Landes fällt. Dieser Zusammenhang lässt sich für die beiden Länder durch die beiden Differentialgleichungen

$$\dot{Y}_1 = \psi_1[I_1(r) + A_1 - S_1(Y_1) + B_1(Y_1,Y_2,w)] \tag{11}$$

und

$$\dot{Y}_2 = \psi_2[I_2(r) + A_2 - S_2(Y_2) - B_1(Y_1,Y_2,w)] \tag{12}$$

beschreiben.
Ebenso kommt es nach keynesscher Auffassung bei Unterbeschäftigung zu Zinssenkungen, wenn das Geldangebot grösser ist als die Geldnachfrage, und zu Zinssteigerungen, wenn am Geldmarkt eine Überschussnachfrage nach Geld besteht. Da wir – ebenso wie Mundell – von der Existenz eines integrierten Kapitalmarktes ausgehen, kommt es an diesem Markt zu Zinsveränderungen, wenn das Gesamtangebot an Geld in beiden Ländern nicht mit der Gesamtnachfrage nach Geld in beiden Ländern übereinstimmt. Besteht per Saldo eine Überschussnachfrage nach Geld, so führt diese zu einem Überschussangebot am Kapitalmarkt und damit zu Zinssteigerungen. Umgekehrt führt ein zu grosses Gesamtangebot an Geld zu einer Überschussnachfrage am Kapitalmarkt und damit zu Zinssenkungen. Der Zins verändert sich daher entsprechend der Differentialgleichung[46]

$$\dot{r} = \psi_3[L_1(Y_1, r) - (D_1 + R_1) + w(L_2(Y_2, r) - D_2 - R^0 + R_1)] \tag{13}$$

Um die Veränderung der Devisenreserven des Landes 1 R_1 zu ermitteln, soll im folgenden vom monetären Ansatz der Zahlungsbilanz ausgegangen werden. Nach diesem Ansatz stellt die Zahlungsbilanz ihrer Natur nach ein *grundsätzlich monetäres Phänomen* dar. Diese Vorstellung resultiert aus einer Identität, und zwar aus der Identität der konsolidierten Bilanz des Geldsystems. Danach ist die ausstehende Geldmenge (Passivseite) gleich den Entstehungskomponenten der Geldmenge (Aktivseite), nämlich gleich den Währungsreserven plus den inländischen Aktiva des konsolidierten Bankensystems. Die Änderung der Währungsreserven entspricht demzufolge der *Differenz* zwischen der Veränderung der Geldmenge und der Veränderung der inländischen Kreditmenge seitens des Bankensystems[47].
Unterstellt man nun eine stabile Geldnachfrage- und Geldangebotsfunktion, so kommt man zu dem Schluss, dass ein Ungleichgewicht auf dem Geldmarkt ein

[46] Von dieser Hypothese geht auch Neumann in seinen Modellen aus. Vgl. M. Neumann, Theoretische..., a.a.O., S. 285 ff.
[47] Diese Überlegungen gehen auf R. A. Mundell zurück. Vgl. R. A. Mundell, International Economics, a.a.O., S. 149 ff.

Ungleichgewicht der Zahlungsbilanz auslöst, das so lange andauert, bis der Geldmarkt wieder im Gleichgewicht ist[48].
Formal lässt sich dieser Zusammenhang zwischen Geldmarktungleichgewicht und Zahlungsbilanzungleichgewicht durch folgende Differentialgleichung beschreiben:

$$\dot{R}_1 = \psi_4[L_1(Y_1, r) - D_1 - R_1] \tag{14}$$

Das heißt solange im Lande 1 auf dem Geldmarkt eine Überschussnachfrage besteht, müssen sich die Wirtschaftssubjekte dieses Landes «ihr Geld aus dem Ausland hereinholen», indem sie gegenüber dem Ausland einen Leistungsbilanzüberschuss und/oder Netto-Kapitalimport erzielen. Ist umgekehrt das inländische Geldangebot grösser als die inländische Geldnachfrage, wird das überschüssige Geld zum Kauf von Gütern und Wertpapieren verwendet. Unter der Annahme konstanter Preise im In- und Ausland schwappt dabei auch ein Teil der Güternachfrage auf das Ausland über und es werden mehr Güter importiert. Von der zusätzlichen Wertpapiernachfrage schwappt infolge der Existenz eines integrierten Kapitalmarktes mit einem einheitlichen Zinssatz ebenfalls ein Teil auf das Ausland über und führt zu einem Kapitalexport. Beide Effekte zusammengenommen bewirken ein Zahlungsbilanzdefizit, das so lange anhält, bis sich im Inland das Geldangebot infolge der Devisenabflüsse soweit verringert hat, dass Geldangebot und Geldnachfrage wieder im Gleichgewicht sind.
Mit den Differentialgleichungen (11)–(14) besitzen wir nicht nur vier Gleichungen zur Bestimmung der Modellvariablen Y_1, Y_2, r und R_1, sondern auch ein System, das uns im Falle von Ungleichgewichten anzeigt, wie das neue Gleichgewicht wieder erreicht wird.
Gleichgewicht herrscht nun, wenn $\dot{Y}_1 = \dot{Y}_2 = \dot{r} = \dot{R}_1 = 0$ ist, bzw. wenn

$$\begin{aligned}
&I_1(r) + A_1 - S_1(Y_1) + B_1(Y_1, Y_2, w) = 0\\
&I_2(r) + A_2 - S_2(Y_2) - B_1(Y_1, Y_2, w) = 0\\
&L_1(Y_1, r) + L_2(Y_2, r) - D_1 - D_2 - R^0 = 0\\
&L_1(Y_1, r) - D_1 - R_1 = 0
\end{aligned} \tag{15}$$

ist[49]. Die Gleichgewichtswerte seien Y_1^*, Y_2^*, r^* und R_1^*. Diese Werte sind mit den Lösungswerten von (10) identisch, denn die ersten drei Gleichungen von (10) sind mit Gleichung (11), (12) und (14) identisch. Darüber hinaus entspricht Gleichung (13) der vierten Gleichung von (10). Das erkennt man, wenn man in (13) R^0 durch $R_1 + R_2$ ersetzt und $L_1 - D_1 - R_1 = 0$ setzt. Wie man leicht sieht, verkürzt sich dann im Gleichgewicht (13) zu $L_2 - D_2 - R_2 = 0$, d. h. zur vierten Gleichung von (10).
Zur Durchführung der komparativ-statischen Analyse bilden wir das totale Differential von (15). Setzt man $dS_i/dY_i = s_i$, $\delta B_i/\delta Y_i = m_i$, $\delta L_i/\delta Y_i = L_{iY}$, $\delta L_i/\delta r = L_{ir}$ und $dI_i/dr = I_{ir}$, so erhält man:

$$\begin{pmatrix} -s_1 + m_1 & m_2 & I_{1r} & 0 \\ -m_1 & -s_2 - m_2 & I_{2r} & 0 \\ L_{1Y} & L_{2Y} & L_{1r} + L_{2r} & 0 \\ L_{1Y} & 0 & L_{1r} & -1 \end{pmatrix} \cdot \begin{pmatrix} dY_1^* \\ dY_2^* \\ dr^* \\ dR_1^* \end{pmatrix} = \begin{pmatrix} -dA_1 \\ -dA_2 \\ dD_1 + dD_2 \\ dD_1 \end{pmatrix} \tag{16}$$

[48] Eine ausführliche Darstellung dieses Ansatzes findet sich bei E. M. Claassen, Weltinflation, a.a.O., S. 34 ff.
[49] Dabei wurde aus Vereinfachungsgründen w = 1 gesetzt

Da die Ableitungen s_1, s_2, m_2, L_{1Y} und L_{2Y} positiv sind und m_1, l_{1r}, l_{2r}, L_{1r} und L_{2r} negativ ist, hat die Determinante der links stehenden Matrix

$$\triangle = -[(s_1 s_2 + s_1 m_2 - s_2 m_1)(L_{1r} + L_{2r}) + (s_2 + m_2) l_{1r} L_{1Y} + (s_1 - m_1) l_{2r} L_{2Y} + m_2 l_{2r} L_{1Y} - m_1 l_{1r} L_{2Y}]$$

ein positives Vorzeichen. Da ausserdem die Spur der links stehenden Matrix ein negatives Vorzeichen besitzt, sind zwei notwendige Bedingungen für die (lokale) Stabilität (an der Stelle des Gleichgewichts) des Differentialgleichungssystems (15) erfüllt. Im folgenden soll daher vorausgesetzt werden, dass das System stabil ist.

Aus (16) lässt sich nun der Konjunkturzusammenhang bei Unterbeschäftigung zwischen den EG-Staaten nach Inkrafttreten des Europäischen Währungssystems EWS ermitteln, indem überprüft wird, welche Auswirkungen eine Erhöhung der autonomen Ausgaben eines EG-Landes (repräsentiert durch Land 1) infolge eines expansiven fiskalpolitischen Massnahmenpakets der Regierung dieses Landes sowie eine Erhöhung der autonom bestimmten Komponente der Geldmenge des betreffenden EG-Landes infolge einer expansiven Geldpolitik auf das Volkseinkommen dieses Landes, auf die Währungsreserven des Landes, auf das Volkseinkommen der übrigen EG-Länder (repräsentiert durch Land 2) und auf den Kapitalmarktzins in der EG hat.

Die entsprechenden Ableitungen sind[50]:

$$\frac{dY_1^*}{dA_1} = -\frac{1}{\triangle}[(s_2 + m_2)(L_{1r} + L_{2r}) + l_{2r} L_{2Y}] > 0$$

$$\frac{dY_2^*}{dA_1} = \frac{1}{\triangle}[m_1 (L_{1r} + L_{2r}) + l_{2r} L_{2Y}] \gtreqless 0$$

$$\frac{dr^*}{dA_1} = \frac{1}{\triangle}[(s_2 + m_2) L_{1Y} - m_1 L_{2Y}] > 0$$

$$\frac{dR_1^*}{dA_1} = -\frac{1}{\triangle}[m_1 L_{2Y} L_{1r} + (s_2 + m_2) L_{1Y} L_{2r} + l_{2r} L_{1Y} L_{2Y}] \gtreqless 0$$

$$\frac{dY_1^*}{dD_1} = -\frac{1}{\triangle}[(s_2 + m_2) l_{1r} + m_2 l_{2r}] > 0$$

$$\frac{dY_2^*}{dD_1} = \frac{1}{\triangle}[m_1 l_{1r} - (s_1 - m_1) l_{2r}] > 0$$

$$\frac{dr^*}{dD_1} = \frac{1}{\triangle}[m_1 s_2 - s_1(s_2 + m_2)] < 0$$

[50] Zu bemerken ist, dass diese Ableitungen mit denen von Mundell (International Economics, a.a.O., S. 265) trotz des modifizierten Ausgangsgleichungssystems (15) übereinstimmen. Dies ist jedoch nicht verwunderlich, da ja auch die Gleichgewichtswerte (Y_1^*, Y_2^*, r^*, R_1^*) der beiden Gleichungssysteme gleich sind. Stimmen aber die Gleichgewichtswerte in zwei Gleichgewichten überein, so muss natürlich auch die Veränderung der Gleichgewichtswerte von einem Gleichgewicht zum anderen gleich sein

$$-1 < \frac{dR_1^*}{dD_1} < 0$$ [51]

Diese Ableitungen machen deutlich, dass sowohl geldpolitische als auch fiskalpolitische Massnahmen eines EG-Landes im EWS die Wirtschaftstätigkeit und die Beschäftigung in den anderen EG-Ländern beeinflussen. Während geldpolitische Massnahmen eines EG-Landes immer auch eine expansive Wirkung auf die übrigen EG-Staaten ausüben, ist der beschäftigungspolitische Effekt fiskalpolitischer Massnahmen eines EG-Landes auf die übrigen EG-Staaten nicht eindeutig bestimmbar. Er kann sowohl positiv als auch negativ sein.

Das letztere Ergebnis mag auf den ersten Blick etwas überraschend erscheinen, da man von einem Boom in einem Land nach der traditionellen Theorie bei festen Wechselkursen eigentlich eine expansive Wirkung auf das Ausland erwarten würde. Eine genauere Analyse zeigt jedoch, dass bei freier Kapitalmobilität die infolge des Aufschwungs im Inland eintretende zusätzliche Geldnachfrage über Wertpapierverkäufe an das Ausland beschafft wird. Dies stellt aber nichts anderes als einen Kapitalimport dar, der das entstehende Leistungsbilanzdefizit verringert oder sogar überkompensieren kann[52]. Je nachdem, welcher der beiden Zahlungsbilanzeffekte schliesslich grösser ist, kommt es bei einer expansiven Fiskalpolitik zu Devisenzu- oder -abflüssen.

Demgegenüber ist eine expansive Geldpolitik eines EG-Landes im Europäischen Währungssystem immer mit Devisenabflüssen an die übrigen EG-Partner verbunden. Wie der Wert der Ableitung dR_1^*/dD_1 zeigt, wird durch den Devisenabfluss aber nur ein Teil der Geldmengenexpansion rückgängig gemacht, so dass per Saldo die Geldmenge im Lande 1 dennoch ansteigt. Da der Devisenabfluss des Landes einen Devisenzufluss bei den EG-Partnern bedeutet, erhöht sich bei einer expansiven Geldpolitik eines EG-Landes auch die Geldmenge der übrigen EG-Staaten und verstärkt dort den von Land 1 ausgehenden expansiven konjunkturellen Effekt.

Wir kommen aufgrund dieser Analyse zu dem Ergebnis, dass im EWS ein enger Konjunkturzusammenhang zwischen den EG-Staaten besteht, mit der Folge, dass jede konjunkturpolitische Massnahme eines Mitgliedstaates der Gemeinschaft in aller Regel (d. h. von dem sehr unwahrscheinlichen Spezialfall $dY_2^*/dA_1 = 0$ abgesehen) auch erhebliche konjunkturelle Effekte auf die übrigen Mitgliedstaaten hat.

[51] Beweis:
Aufgrund der Cramerschen Regel ergibt sich

$$\frac{dR_1^*}{dD_1} = \frac{1}{\triangle}\{[(s_1 - m_1)l_{2r} - m_1 l_{1r}]L_{2Y} + [(s_2 + m_2)s_1 - m_1 s_2]L_{2r}\} < 0 \quad (1)$$

Schreibt man dagegen die nach der Cramerschen Regel berechnete Lösung aus und löst die (4x4)-Determinante im Zähler und im Nenner nach der 4. Spalte auf, so erhält man

$$\frac{dR_1^*}{dD_1} = \frac{-\triangle_1 + \triangle_2}{-\triangle_2} = \frac{\triangle_1}{\triangle_2} - 1 \quad (2)$$

Darin sind $\triangle_1$ und $\triangle_2$ die nach der Auflösung nach der 4. Spalte verbleibenden (3x3)-Restdeterminanten. Da aber $-\triangle_2 = \triangle > 0$ ist, ist $\triangle_2 < 0$. Wie nun eine Berechnung von $\triangle_1$ zeigt, ist $\triangle_1 < 0$. Folglich ist $\triangle_1/\triangle_2 > 0$. Da aber nach (1) $dR_1^*/dD_1 < 0$ ist, muss demnach $0 < \triangle_1/\triangle_2 < 1$ und $-1 < dR_1^*/dD_1 < 0$ sein

[52] Vgl. R. Mundell, International Economics, a.a.O., S. 265f.

Vergleicht man den Konjunkturzusammenhang im EWS mit dem internationalen Konjunkturzusammenhang im Bretton Woods-System, so ergibt sich allerdings ein wesentlicher Unterschied. Während im Bretton Woods-System die Geldpolitik nur im Leitwährungsland wirksam war, ist im EWS die Geldpolitik jedes Landes wirksam. Das erkennt man, wenn man in (16) eine Veränderung von D_2 analysiert.
Man erhält:

$$\frac{dY_2^*}{dD_2} = \frac{1}{\triangle}[m_1 l_{1r} - (s_1 - m_1) l_{2r}] > 0$$

$$\frac{dY_1^*}{dD_2} = -\frac{1}{\triangle}[(s_2 + m_2) l_{1r} + m_2 l_{2r}] > 0$$

$$\frac{dr^*}{dD_2} = \frac{1}{\triangle}[m_1 s_2 - s_1(s_2 + m_2)] < 0$$

$$\frac{dR_1^*}{dD_2} = -\frac{1}{\triangle}\{L_{1Y}[(s_2 + m_2) l_{1r} + m_2 l_{2r}] + L_{1r}[s_1(s_2 + m_2) - s_2 m_1]\} > 0$$

Aus diesen Ableitungen ist ersichtlich, dass eine expansive Geldpolitik der EG-Partner eines EG-Landes das Volkseinkommen *aller* EG-Länder und das (einheitliche) Zinsniveau in der Gemeinschaft in genau derselben Weise und in genau dem gleichen Ausmass beeinflusst wie eine (im Ausmass entsprechende) eigene expansive Geldpolitik. Der einzige – allerdings sehr wesentliche – Unterschied besteht darin, dass, wenn die expansive Geldpolitik von der heimischen Zentralbank betrieben wird, es zu einer Verringerung der Währungsreserven dieses Landes kommt, während das Land eine Erhöhung der Währungsreserven verzeichnen kann, wenn die expansive Geldpolitik vom Ausland, d. h. von den EG-Partnern, ausgeht.
Im Gegensatz zum Bretton Woods-System stellt das Europäische Währungssystem demnach nicht nur institutionell, sondern auch von seinen konjunkturpolitischen Wirkungen her ein symmetrisches Währungssystem dar, in dem kein Land aufgrund institutioneller Gegebenheiten irgendwelche Privilegien besitzt. Damit ist die wirtschaftliche Interdependenz *innerhalb* des EWS eher mit der ökonomischen Interdependenz im Goldwährungssystem vergleichbar als mit jener, die in den sechziger Jahren zwischen den Mitgliedstaaten der EG bestand. Tatsächlich waren ja auch im Goldwährungssystem der Weltgoldbestand und damit die Währungsreserven exogen gegeben und (kurzfristig) konstant[53]. Ausserdem existierte im Goldwährungssystem aufgrund der Goldkonvertibilität der Währungen im Prinzip ein freier Weltkapitalmarkt. Ein Vergleich des EWS mit historischen Wirtschaftssystemen führt daher zu dem Ergebnis, dass *innerhalb* des EWS genau die gleichen Zahlungsbilanzmechanismen wirken wie im Goldwährungssystem[54]. Es scheint daher nicht übertrieben, in der Errichtung des EWS eine Neuauflage des Goldwährungssystems zu sehen – nicht in dem Sinne einer Wiederge-

[53] Längerfristig war der Zuwachs des Weltgoldbestandes durch die jährliche Neuproduktion exogen bestimmt

[54] Neumann sieht daher im oben explizierten Mundell-Modell eine modellmässige Beschreibung des Goldwährungssystems, das er (in einer eigenen Variante) seinem Leit-

burt des Goldes als internationales Zahlungsmittel und Reservemedium, sondern in dem Sinne einer Wiedereinführung der im Goldwährungssystem wirksamen Zahlungsbilanzmechanismen zur Lösung der Zahlungsbilanzprobleme innerhalb der EG. Wir können daher das EWS als ein «neo-klassisches Goldwährungssystem» bezeichnen.

Trotz der institutionellen Gleichberechtigung aller Länder und der Wirkungssymmetrie konjunkturpolitischer Massnahmen in einem solchen Währungssystem, d.h. der Wirksamkeit von Geld- und Fiskalpolitik in allen Ländern, sind die verschiedenen Länder im EWS dennoch nicht völlig gleichgestellt. Vielmehr besitzen in einem solchen System grosse Länder bei ihrer Stabilisierungspolitik einen grösseren wirtschaftspolitischen Freiheitsspielraum als kleine Länder. Dies folgt aus Zwei-Länder-Modellen von Cooper, Swoboda, Roper und Dornbusch, die alle auf dem oben dargestellten Mundell-Modell aufbauen[55]. Sie kommen alle zu dem Ergebnis, dass die Wirksamkeit der Stabilisierungspolitik – vor allem der Geldpolitik – eines Landes zur Beeinflussung von Volkseinkommen und Beschäftigung in direkter Proportionalität zu seiner relativen Grösse in bezug auf die «restliche Welt» steht[56].

Der Grund dafür liegt darin, dass eine expansive Geldpolitik eine Erhöhung des Gesamteinkommens der EG bewirkt, dessen Verteilung auf die einzelnen Mitgliedstaaten von ihrer jeweiligen relativen Grösse abhängt – gleichgültig in welchem Land die Expansionspolitik stattfindet. Umgekehrt ist der Devisenabfluss des Landes, das die expansive Geldpolitik betreibt, um so geringer, je höher sein Anteil am Sozialprodukt der gesamten Gemeinschaft ist. Damit benötigt ein grosses Land zur Durchführung einer expansiven Geldpolitik ceteris paribus weniger Devisenreserven als ein kleines Land. Geht man ausserdem von der Tatsache aus, dass grosse Länder im allgemeinen über einen höheren Bestand an Währungsreserven verfügen als kleine Länder, so ist der wirtschaftspolitische Spielraum eines grossen Landes aus zwei Gründen grösser als der eines kleinen Landes: erstens weil die «Kosten» einer nationalen Expansionspolitik (gemessen am Verlust von Währungsreserven) geringer sind und zweitens weil (infolge eines im

währungsmodell und dem Mundellschen Modell für flexible Wechselkurse (ebenfalls in einer eigenen Variante) gegenüberstellt. Vgl. M. Neumann, Theoretische..., a.a.O., S. 285ff. Zum Mundell-Modell für flexible Wechselkurse vgl. R. A. Mundell, International Economics, a.a.O., S. 266ff.

[55] Vgl. Richard N. Cooper, Macroeconomic Policy Adjustment in Interdependent Economies, in: Quarterly Journal of Economics, Vol. 83 (1969), S. 1–24;
Don Roper, Macroeconomic Policies and the Distribution of the World Money Supply, in: Quarterly Journal of Economics, Vol. 85 (1971), S. 119–146;
Alexander K. Swoboda und Rüdiger Dornbusch, Adjustment Policy and Monetary Equilibrium in a Two-Country-Model, in: A. K. Swoboda und M. B. Connolly (Eds.), International Trade and Money, London 1973
Alexander K. Swoboda, Monetary Policy under Fixed Exchange Rates-Effectiveness, the Speed of Adjustment, and Proper Use, in: Economica, Vol. 40 (1973), S. 136–154 (wiederabgedruckt in: The Monetary Approach to the Balance of Payments, edited by Jacob A. Frenkel und Harry G. Johnson, London 1976, S. 237–261);
E. M. Claassen, Weltinflation, a.a.O., S. 51

[56] So schreibt zum Beispiel A. K. Swoboda (Monetary Policy..., a.a.O., S. 247):
«To summarise, the effectiveness of monetary policy, defined as the full-equilibrium impact on domestic money income of a one dollar open-market operation, is directly proportional to the size of the home country relative to that of the rest of the world, this effectiveness tending to zero as the country becomes very small in relative terms»

allgemeinen höheren Reservenbestandes) der «Finanzierungsspielraum» eines grossen Landes im allgemeinen grösser ist. Dass die kleineren Länder in einem solchen System aufgrund ihres relativ geringeren wirtschaftspolitischen Spielraums in eine wirtschaftliche Abhängigkeitssituation von den grossen Ländern geraten, braucht nach dieser Analyse wohl kaum besonders hervorgehoben zu werden.

6.3.1.3 Wirtschaftspolitische Folgerungen für die Konjunkturpolitik der EG

Folgt man der in diesem Kapitel vertretenen Auffassung und betrachtet das Europäische Währungssystem aufgrund seiner Funktionsweise als ein «neoklassisches Goldwährungssystem», so ergeben sich daraus für die Wirtschafts- und Währungspolitik der EG-Mitgliedstaaten und der Europäischen Gemeinschaft folgenschwere Konsequenzen. Der klassische Goldstandard erzwang nämlich eine absolute Priorität des wirtschaftspolitischen Zieles ‹Zahlungsbilanzausgleich›. Bei freier Entfaltung wirkte der Goldautomatismus automatisch auf einen Ausgleich der Zahlungsbilanz hin. Dabei wurde der Geldmengen-Preis-Mechanismus vom Einkommensmechanismus und vom (sehr kurzfristig wirkenden) Zinsmechanismus unterstützt. Die Zahlungsbilanz wurde mit anderen Worten über Einkommensänderungen, Preisänderungen und temporäre Zinsdifferenzen ausgeglichen. Beschäftigung und Preisniveau standen somit im Dienste des Zahlungsbilanzausgleichs. Diese Zahlungsbilanzmechanismen konnten im klassischen Goldstandard funktionieren,

1. weil man vor Keynes glaubte, dass in einer Volkswirtschaft ein Vollbeschäftigungsgleichgewicht durch die Selbstheilungskräfte der Marktwirtschaft von allein automatisch erreicht würde, und
2. weil man vor Keynes nicht wusste, wie man eine aktive Konjunkturpolitik durch gezielten Einsatz der Fiskal- und Geldpolitik betreibt.

Diese beiden Gründe gewährleisteten, dass kein Land das Wirken dieser Mechanismen durch gezielte wirtschaftspolitische Massnahmen konterkarierte.
In einer Zeit, wo Preis(niveau)stabilität, Vollbeschäftigung und ein angemessenes Wirtschaftswachstum neben dem Zahlungsbilanzausgleich *eigenständige* wirtschaftspolitische Ziele sind, wobei die Prioritäten unterschiedlich sind, der Ausgleich der Zahlungsbilanz in den meisten Fällen aber am Ende rangiert, kann man nicht ernsthaft erwarten, dass die Staaten sich passiv dem Wirken der im Goldwährungssystem wirksamen Zahlungsbilanzmechanismen unterwerfen und Beschäftigungseinbussen sowie inflatorische und deflatorische Entwicklungen tatenlos in Kauf nehmen, nur um einen Ausgleich der Zahlungsbilanz in kurzer Zeit zu erreichen. Vielmehr muss man realistischerweise davon ausgehen, dass heute die Ziele Preisstabilität, Vollbeschäftigung und angemessenes Wirtschaftswachstum durch den Einsatz wirtschaftspolitischer Mittel aktiv angesteuert werden. Wegen der bestehenden Zielkonflikte werden diese wirtschaftspolitischen Massnahmen jedoch in vielen Fällen die Zahlungsbilanzmechanismen konterkarieren und einen Ausgleich der Zahlungsbilanz verhindern oder sogar neue Zahlungsbilanzungleichgewichte hervorrufen. Wird dadurch der Zahlungsbilanzausgleich zu lange verzögert, so droht längerfristig wegen der damit verbundenen monetären Wirkungen für die einzelnen Mitgliedstaaten die Gefahr eines Zerfalls des EWS.

Anders verhält es sich dagegen, wenn sich die Staaten zu einem konzertierten Vorgehen durchringen können. Eine derartige «Konzertierung» der kurzfristigen Wirtschaftspolitik ist nach Errichtung des EWS in der Europäischen Gemeinschaft unerlässlich. Im folgenden soll nun der Frage nachgegangen werden, in welchen Fällen eine *Koordinierung* der Wirtschaftspolitik ausreichend ist und in welchen Fällen eine *gemeinsame Wirtschaftspolitik* unerlässlich ist.
Was fiskalpolitische Massnahmen anbetrifft, so wird dadurch die Gesamt-Geldmenge in der Gemeinschaft nicht verändert. Da in der Gemeinschaft andererseits aufgrund der engen wirtschaftlichen Verflechtung der direkte internationale Preiszusammenhang für ein einheitliches Preisniveau sorgt, haben fiskalpolitische Massnahmen trotz einer Geldmengenumverteilung in der Gemeinschaft keine (negativen) Auswirkungen auf das Preisniveau. Diese Feststellung gilt selbst dann, wenn ein expansiver fiskalpolitischer Impuls in einem der Partnerländer auf vollbeschäftigte Kapazitäten stösst. Da die Faktoren Arbeit und Kapital in der Gemeinschaft mobil sind, hat dies im *Gleichgewicht* keine negativen Auswirkungen auf das Preisniveau der Partnerstaaten und der Gemeinschaft insgesamt.
Negative Auswirkungen ergeben sich aus einer expansiven Fiskalpolitik eines Landes für die übrigen Staaten allerdings aus der Tatsache, dass der Kapitalmarktzins der gesamten Gemeinschaft durch die Staatsverschuldung dieses Landes nach oben getrieben wird. Dadurch werden in allen Ländern private Investitionen (teilweise) verdrängt. Verteilt sich nun der stimulierende Effekt der expansiven Fiskalpolitik nicht genau in derselben Weise wie sich der kontraktive Effekt des Rückgangs der Privatinvestitionen verteilt, so kommt es zu einer regionalen Umstrukturierung der Arbeitslosigkeit. Wenn diese insgesamt auch etwas geringer wird, so kann das für einzelne Länder doch zu einer Erhöhung der Arbeitslosigkeit führen. Versucht nun das andere Land seine Arbeitslosigkeit in derselben Weise zu bekämpfen, so kann es in allen Ländern zu einer unerwünschten Eskalierung des Staatsanteils und der Staatsverschuldung kommen. Daher ist im EWS trotz der monetären Unschädlichkeit einer über den Kapitalmarkt finanzierten expansiven Fiskalpolitik eine in ihren Grundzügen abgestimmte Fiskalpolitik dringend erforderlich.
Durch die Abstimmung muss erstens gewährleistet werden, dass verschiedene Mitgliedstaaten nicht gleichzeitig in unterschiedlicher Richtung Fiskalpolitik betreiben, ausser es sei durch die unterschiedliche wirtschaftliche Entwicklung in den verschiedenen Mitgliedstaaten geboten. Ausserdem muss ein Konsens darüber erzielt werden, dass nicht ein Land eine Unterbeschäftigung mit expansiver Geldpolitik bekämpft, während das andere Land zur Bekämpfung der Arbeitslosigkeit die Fiskalpolitik einsetzt. Eine derartige unkoordinierte Konjunkturpolitik würde nämlich nur unnötig hohe Zahlungsbilanzungleichgewichte hervorrufen.
Das folgt aus unserem Modell, wenn man überprüft, wie eine expansive Geldpolitik des Landes 1 bei gleichzeitiger expansiver Fiskalpolitik des Landes 2 auf die Veränderung der Währungsreserven wirkt im Vergleich zu der Reservenänderung infolge einer Geldmengenexpansion des Landes 1 unter der Annahme, dass keine fiskalpolitischen Massnahmen ergriffen werden.

Es ist[57]

$$\frac{\left[\frac{dR_1^*}{dD_1}\right]_{dD_1 = dA_2}}{\left[\frac{dR_1^*}{dD_1}\right]_{\substack{dA_i = 0\\ i = 1,2}}} > 1 \qquad (17)$$

d. h. der Reservenverlust des Landes 1 und damit die entstehenden Zahlungsbilanzungleichgewichte während des Anpassungsprozesses sind bei einer unkoordinierten Konjunkturpolitik grösser als bei einer abgestimmten Konjunkturpolitik. Besonders gering bleiben die Zahlungsbilanzungleichgewichte, wenn man sich zum Zwecke der Konjunkturankurbelung auf eine abgestimmte expansive Geldpolitik einigen kann, d. h. darauf, dass in jedem Land eine expansive Geldpolitik durchgeführt wird. In diesem Fall ist nämlich[58]

$$\frac{\left[\frac{dR_1^*}{dD_1}\right]_{dD_1 = dD_2}}{\left[\frac{dR_1^*}{dD_1}\right]_{dD_2 = 0}} < 1 \qquad (18)$$

[57] Beweis:
Schreibt man das Ergebnis für $(dR_1^*/dD_1)_{dD1=dA2}$ und $(dR_1^*/dD_1)_{dAi=0,\ i=1,2}$, nach der Cramerschen Regel in (4x4)-Determinanten und löst nach Wegkürzen der gemeinsamen Nennerdeterminante $\triangle > 0$ die verbleibenden Determinanten jeweils nach der 4. Spalte auf, so erhält man:

$$\frac{\left[\frac{dR_1^*}{dD_1}\right]_{dD_1 = dA_2}}{\left[\frac{dR_1^*}{dD_1}\right]_{\substack{dA_i = 0\\ i = 1,2}}} = \frac{-\triangle_1 - \triangle_2 + \triangle_3}{-\triangle_2 + \triangle_3} = 1 + \frac{\triangle_1}{\triangle_2 - \triangle_3}$$

In diesem Ausdruck sind $\triangle_1$, $\triangle_2$ und $\triangle_3$ die verbleibenden (3x3)-Restdeterminanten. Da $\triangle_1 > 0$ und $\triangle_2 - \triangle_3 > 0$, folgt (17)

[58] Beweis:
Nach dem in Anmerkung 57 beschriebenen Verfahren erhält man für den Ausdruck

$$\frac{\left[\frac{dR_1^*}{dD_1}\right]_{dD_1 = dD_2}}{\left[\frac{dR_1^*}{dD_1}\right]_{dD_2 = 0}} = \frac{-2\triangle_1 + \triangle_2}{-\triangle_1 + \triangle_2} = 1 - \frac{\triangle_1}{\triangle_2 - \triangle_1}$$

Darin sind $\triangle_1$ und $\triangle_2$ wiederum (3x3)-Restdeterminanten. Da $\triangle_1 < 0$ und $\triangle_2 < 0$ sowie wegen $(dR_1^*/dD_1)_{dD2=0} < 0$ (vgl. [1] in Anm. 51 S. 172) auch $\triangle_2 - \triangle_1 < 0$ ist, ist $\triangle_1/(\triangle_2 - \triangle_1) > 0$. Zu bemerken ist, dass (18) auch negativ werden kann. Doch bleibt der Betrag immer geringer als die Reservenänderung von Land 1, die entstehen würde, wenn nur Land 2 eine expansive Geldpolitik betreiben würde

Unser Ergebnis, dass eine Koordinierung der Konjunkturpolitik die durch die konjunkturpolitischen Eingriffe verursachten Zahlungsbilanzungleichgewichte verringert, wird auch durch die Simulationsanalysen von Cooper und Roper bestätigt[59]. Beide kommen zu dem Ergebnis, dass

«(1) lack of coordination among policymakers
  (a) delays achievement of national objectives such as full employment and a targeted rate of growth, and
  (b) increases the requirements of international reserves when, under a regime of fixed but equilibrium exchange rates, the balance of payments is simply allowed to adjust passive by to policy changes directed at other objectives; and
(2) these delays in reaching targets and their calls on foreign exchange reserves increase with the degree of economic interdependence among nations.»[60]

Eine Koordinierung der Konjunkturpolitik scheint aber nicht nur aus ökonomischen Gründen dringend geboten, sondern liegt auch im politischen Interesse der EG-Staaten –, und zwar um so mehr, je kleiner ein EG-Staat ist. Dieser Schluss folgt aus der Erkenntnis, dass die «Kosten» einer isolierten Geldpolitik eines EG-Staates um so höher sind, je kleiner das betreffende Land ist[61]. Kleine Länder können daher eine effiziente Konjunkturpolitik nur über den Einsatz der Fiskalpolitik betreiben, die aber langfristig für das eigene Land sehr schädliche Nebenwirkungen hat und deren Wirksamkeit aus verschiedenen Gründen sehr umstritten ist[62], oder aber über einen *politischen Koordinierungsprozess,* in dem sie den Einsatz der Geldpolitik der anderen Mitgliedstaaten in ihrem Sinne zu beeinflussen versuchen. Dabei genügt – wie wir im nächsten Abschnitt noch eingehend begründen werden – bezüglich der Geldpolitik nicht eine Koordinierung der nationalen Politiken, sondern ist die Einführung einer gemeinsamen Geldpolitik unbedingt erforderlich! Bezüglich der Fiskalpolitik sollte man sich dagegen auf eine Koordinierung der nationalen Politiken in ihren Grundzügen beschränken, um den unterschiedlichen Bedürfnissen der Mitgliedstaaten und deren Bevölkerung ausreichend Rechnung zu tragen, zumal die Folgen des fiskalpolitischen Gebarens eines Mitgliedstaates letztlich fast ausschliesslich von der eigenen Bevölkerung getragen werden müssen. Die positiven wie die negativen Auswirkungen der Fiskalpolitik eines Mitgliedstaates auf die übrigen Staaten sind demgegenüber zwar nicht vernachlässigbar, aber doch relativ gering.

6.3.2 Der internationale Preiszusammenhang im EWS

Nachdem wir im vorigen Abschnitt gezeigt haben, dass im EWS ein enger internationaler Konjunkturzusammenhang besteht, der die EG-Mitgliedstaaten zu einer

59 Vgl. R. N. Cooper, Macroeconomic Policy..., a.a.O., und D. E. Roper, Macroeconomic Policies..., a.a.O.

60 Siehe R. N. Cooper, Macroeconomic Policy..., a.a.O., S. 22

61 Es sei hier betont, dass im Verhältnis zur gesamten Gemeinschaft auch die sog. grossen EG-Länder – sofern jedes für sich allein handelt – noch als verhältnismässig klein anzusehen sind

62 Auf die Arbeiten von Blinder und Solow und M. Neumann wurde in diesem Zusammenhang schon hingewiesen

Koordinierung ihrer Konjunkturpolitik zwingt, um die Zahlungsbilanzungleichgewichte bei Einsatz der Geld- und Fiskalpolitik zum Zwecke der Beschäftigungsstabilisierung möglichst gering zu halten, wollen wir in diesem Abschnitt den engen internationalen Preiszusammenhang im EWS aufzeigen und begründen, weshalb im EWS eine *gemeinsame Geldpolitik* erforderlich ist.
Zur Erforschung des internationalen Preiszusammenhangs im EWS wollen wir ein Zwei-Länder-Vollbeschäftigungsmodell von M. Neumann heranziehen, in dem dieser den internationalen Preiszusammenhang zwischen Volkswirtschaften unter Berücksichtigung der internationalen Rückwirkungen für den Fall fester Wechselkurse, eines gegebenen «Weltreservenbestandes» und eines integrierten Kapitalmarktes untersucht[63]. Da wir im folgenden Vollbeschäftigung unterstellen wollen und innerhalb des EWS die genannten Bedingungen alle gegeben sind, können wir den im EWS bestehenden internationalen Preiszusammenhang mit Hilfe des sog. «Goldwährungsmodells» von M. Neumann analysieren.
Obwohl sich auch die Vertreter der monetären Zahlungsbilanztheorie mit dem Problem des internationalen Preiszusammenhangs und dem Problem der Weltinflation befasst haben, stellt das oben erwähnte Modell von Neumann den einzigen existierenden «simultaneous-equation-approach» dar, aus dem sich der internationale Preiszusammenhang algebraisch unter Berücksichtigung aller Interdependenzen zwischen den verschiedenen Märkten ergibt[64]. Darüber hinaus ergeben sich aus den Modellen Neumanns – obwohl sie nicht dem monetären Zahlungsbilanzansatz zugerechnet werden können – im *Gleichgewicht* die gleichen Ergebnisse wie nach der monetären Theorie der Zahlungsbilanz mit Hilfe weniger stringenter Methoden[65].
In seinem Modell unterstellt Neumann einen direkten internationalen Preiszusammenhang auf dem Weltmarkt, d.h. die Gültigkeit von Jevons «law of one price» auf internationaler Ebene. Daraus folgt, dass der Wechselkurs zwischen unterschiedlichen nationalen Währungen im Gleichgewicht der Kaufkraftparität dieser Währungen entsprechen muss. Das Weltpreisniveau erhöht sich, wenn die Gesamtnachfrage nach Gütern am Weltmarkt das Gesamtangebot an Gütern am Weltmarkt übersteigt, und fällt, wenn das Gesamtangebot grösser ist als die Gesamtnachfrage. Das Zinsniveau bildet sich am Weltkapitalmarkt. Der Zins steigt, wenn die Weltnachfrage nach Geld das vorhandene Weltangebot an Geld übersteigt, und fällt, wenn am Weltmarkt ein Überschussangebot an Geld besteht. Da Wertpapiere und Realkapital als vollkommene Substitute betrachtet werden, beeinflussen Zinsänderungen unmittelbar den realen Sektor in den Volkswirtschaften.
Das Geldangebot setzt sich in seinem «Goldwährungssystem», das wir für unsere Untersuchung verwenden, aus jeweils einer autonomen Komponente der beiden

[63] Vgl. M. Neumann, Internationaler Preiszusammenhang..., a.a.O.
[64] Von den Arbeiten, die sich auf Basis der monetären Zahlungsbilanztheorie mit dem internationalen Preiszusammenhang befassen, sind hervorzuheben
Alexander K. Swoboda, Monetary Approaches to Worldwide Inflation, in: L. B. Krause und W. Salant (Eds.), Worldwide Inflation – Theory and Recent Experience –, Washington 1977, S. 9–51;
derselbe, Gold, Dollars, Euro-Dollars, and the World Money Stock under Fixed Exchange Rates, in: The American Economic Review, Vol. 68 (1978), S. 625–642;
E. M. Claassen, Weltinflation, a.a.O.
[65] Auf die Anmerkung 64 S. 80 sei hingewiesen

Länder zusammen sowie aus einem Teil, der durch den Ankauf von Gold oder Devisen durch die Notenbank entstanden ist und der sich mit der Veränderung der Währungsreserven verändert.
Die Zahlungsbilanz setzt sich wie in dem im 3. Kapitel behandelten Leitwährungsmodell von Neumann aus der Leistungsbilanz und der Kapitalverkehrsbilanz zusammen. Dabei wird angenommen, dass es zu einem Netto-Kapitalexport kommt, wenn die Überschussnachfrage nach Wertpapieren in einem Land, die gleich dem Überschussangebot an Geld in diesem Lande ist, grösser ist als die Netto-Emission an Wertpapieren in diesem Land[66].
Bei Verwendung folgender Symbole und Abhängigkeiten

$I_i = I_i(r)$	zinsabhängige Realinvestitionen des Landes i
A_i	reale autonome Ausgaben des Staates des Landes i
S_i	reales, vom Vollbeschäftigungseinkommen abhängiges und daher gegebenes Sparen des Landes i
$L_i = L_i(r)$	reale Geldnachfrage des Landes i
M_i	nominelles Geldangebot des Landes i, wobei $M_2 = \mu + R$ und $M_1 = M + w(R^0 - R)$
R	Devisenbestand des Landes 2, ausgedrückt in Währungseinheiten des Landes 2
R^0	Gesamtbestand an Währungsreserven (in Währungseinheiten des Landes 2)
$B = B(T)$	Leistungsbilanz des Landes 1
$T = w\pi/P$	Terms of Trade
P	Preisniveau am Weltmarkt, ausgedrückt in Währungseinheiten des Landes 1
π	Preisniveau in Währungseinheiten des Landes 2
w	Wechselkurs, ausgedrückt als der Preis einer Währungseinheit des Landes 2 ausgedrückt in Währungseinheiten des Landes 1
r	Zinssatz
$\psi_i > 0$	Anpassungsgeschwindigkeit auf dem i-ten Markt an das Gleichgewicht
I_{ir}	$= dI_i/dr < 0$
B_T	$= dB/dT > 0$
L_{ir}	$= dL_i/dr < 0$

verändern sich die endogenen Variablen P, π, r und R entsprechend dem Differentialgleichungssystem

$$\dot{P} = \psi_1 [I_1(r) + I_2(r) + A_1 + A_2 - S_1 - S_2]$$
$$\dot{\pi} = \psi_2 [P - w\pi]$$
$$\dot{r} = \psi_3 [PL_1(r) - (M + wR^\circ) + w\pi L_2(r) - w\mu]$$

$$\dot{R} = \pi \quad [- B(w\pi/P) + I_2(r) + A_2 - S_2 + L_2(r) - \frac{\mu + R}{\pi} \qquad (19)$$

bis auf allen Märkten Gleichgewicht herrscht, d. h. bis $\dot{P} = \dot{\pi} = \dot{r} = \dot{R} = 0$ ist.

[66] Vergleiche dazu die entsprechenden Ausführungen im 3. Kapitel dieser Arbeit sowie die dort angegebenen Literaturhinweise

Der Lösungsvektor des Systems sei (P^*, π^*, r^*, R^*). Er gibt die Gleichgewichtswerte für die endogenen Variablen bei gegebenen Werten der exogenen Grössen A_1, A_2, Y_1°, Y_2°, M, μ, w und R° an. Verändert sich eine der exogenen Grössen, so verändern sich auch die Gleichgewichtswerte der endogenen Variablen.
Die Veränderung der Gleichgewichtswerte der endogenen Variablen infolge von Veränderungen der exogenen Grössen erhält man bei einer komparativ-statischen Analyse. Diese lässt sich mit Hilfe des totalen Differentials von (19) an der Stelle des Gleichgewichts durchführen. Es lautet

$$\begin{pmatrix} 0 & 0 & I_{1r} + I_{2r} & 0 \\ 1 & -w & 0 & 0 \\ \frac{M + wR^\circ}{P^2} & \frac{\mu}{\pi^2} & L_{1r} + L_{2r} & 0 \\ \frac{B_T}{P} & -\frac{B_T \cdot w}{P} + \frac{\mu + R}{\pi^2} & I_{2r} + L_{2r} & -\frac{1}{\pi} \end{pmatrix} \cdot \begin{pmatrix} dP^* \\ d\pi^* \\ dr^* \\ dR^* \end{pmatrix}$$

$$= \begin{pmatrix} - dA_1 - dA_2 \\ \pi \, dw \\ \frac{w}{P} \cdot dR^\circ + \frac{1}{P} \cdot dM + \frac{1}{\pi} \cdot d\mu + \frac{R^\circ}{P} \cdot dw \\ - dA_2 + \frac{1}{\pi} \cdot d\mu + B_T \cdot \frac{\pi}{P} \cdot dw \end{pmatrix} \tag{20}$$

Da mit

$$\operatorname{sp} J = - w + L_{1r} + L_{2r} - \frac{1}{\pi} < 0$$

und

$$\det J = \triangle = - \frac{1}{\pi}(I_{1r} + I_{2r}) \left(\frac{\mu}{\pi^2} + \frac{w\,(M + wR^\circ)}{P^2}\right) > 0$$

zwei notwendige Stabilitätsbedingungen erfüllt sind, soll angenommen werden, dass das Differentialgleichungssystem (19) (lokal) stabil ist, d. h. dass im Falle eines Ungleichgewichts die (neuen) Gleichgewichtswerte im Rahmen des durch (19) beschriebenen Anpassungsprozesses auch tatsächlich erreicht werden.
Die komparativ-statische Analyse liefert uns folgende Ergebnisse:

1. Wirksamkeit der Fiskalpolitik:

$$\frac{\delta P^*}{\delta A_1} = - \frac{1}{\triangle} \cdot \frac{w}{\pi}(L_{1r} + L_{2r}) > 0$$

$$\frac{\delta \pi^*}{\delta A_1} = - \frac{1}{\triangle} \cdot \frac{1}{\pi}(L_{1r} + L_{2r}) > 0$$

$$\frac{\delta r^*}{\delta A_1} = - \frac{1}{I_{1r} + I_{2r}} > 0$$

$$\frac{\delta R^*}{\delta A_1} = \frac{1}{\triangle}\left[(l_{2r} + L_{2r})\left(\frac{\mu}{\pi^2} + \frac{w(M + wR^\circ)}{P^2}\right) - (L_{1r} + L_{2r})\frac{\mu + R}{\pi^2}\right] \gtreqless 0$$

$$\frac{\delta \pi^*}{\delta A_2} = -\frac{1}{\triangle} \cdot \frac{1}{\pi}(L_{1r} + L_{2r}) > 0$$

$$\frac{\delta P^*}{\delta A_2} = -\frac{1}{\triangle} \cdot \frac{w}{\pi}(L_{1r} + L_{2r}) > 0$$

$$\frac{\delta r^*}{\delta A_2} = -\frac{1}{l_{1r} + l_{2r}} > 0$$

$$\frac{\delta R^*}{\delta A_2} = \frac{1}{\triangle}\left[(L_{2r} - l_{1r})\left(\frac{\mu}{\pi^2} + \frac{w(M + wR^\circ)}{P^2}\right) - (L_{1r} + L_{2r})\frac{\mu + R}{\pi^2}\right] \gtreqless 0$$

2. Wirksamkeit der Geldpolitik

$$\frac{\delta P^*}{\delta M} = -\frac{1}{\triangle} \cdot \frac{1}{\pi^2}(l_{1r} + l_{2r}) > 0$$

$$\frac{\delta \pi^*}{\delta M} = -\frac{1}{\triangle} \cdot \frac{1}{P\pi}(l_{1r} + l_{2r}) > 0$$

$$\frac{\delta r^*}{\delta M} = 0$$

$$\frac{\delta R^*}{\delta M} = -\frac{1}{\triangle} \cdot \frac{1}{P} \quad (l_{1r} + l_{2r}) \quad \frac{\mu + R}{\pi^2} > 0$$

$$\frac{\delta \pi^*}{\delta \mu} = -\frac{1}{\triangle} \cdot \frac{1}{\pi^2}(l_{1r} + l_{2r}) > 0$$

$$\frac{\delta P^*}{\delta \mu} = -\frac{1}{\triangle} \cdot \frac{w}{\pi^2}(l_{1r} + l_{2r}) > 0$$

$$\frac{\delta r^*}{\delta \mu} = 0$$

$$\frac{\delta R^*}{\delta \mu} = \frac{1}{\triangle} \cdot \frac{1}{\pi}(l_{1r} + l_{2r})\left(\frac{wM}{P^2} + \frac{R^\circ - R}{\pi^2}\right) < 0 \qquad (21)$$

Nach diesen Ergebnissen haben im EWS sowohl fiskalpolitische als auch geldpolitische Massnahmen *eines* Landes immer Auswirkungen auf das Preisniveau in *beiden* Ländern. Dabei bewirkt eine expansive Massnahme eines Landes – gleichgültig, ob es sich um eine geldpolitische oder fiskalpolitische Massnahme handelt – immer einen Preisanstieg in beiden Ländern, und zwar in gleichem Ausmass.

Dies ist aus den obigen Ergebnissen unmittelbar zu erkennen, wenn man berücksichtigt, dass $P^* = w \cdot \pi^*$ ist. Wie man aus (21) sieht, ist

$$\frac{\delta P^*}{\delta A_1} = w \cdot \frac{\delta \pi^*}{\delta A_1}$$

$$\frac{\delta P^*}{\delta A_2} = w \cdot \frac{\delta \pi^*}{\delta A_2}$$

$$\frac{\delta P^*}{\delta M} = w \cdot \frac{\delta \pi^*}{\delta M}$$

$$\frac{\delta P^*}{\delta \mu} = w \cdot \frac{\delta \pi^*}{\delta \mu}$$

Ein anderes Ergebnis konnte auch gar nicht erwartet werden, da im Modell ein direkter internationaler Preiszusammenhang unterstellt wurde, der bewirkt, dass das Preisniveau in beiden Ländern im Gleichgewicht gleich ist. Damit müssen aber auch die Veränderungen des Preisniveaus im Gleichgewicht in allen Ländern gleich sein.

Die Auswirkungen von geld- und fiskalpolitischen Massnahmen sind im EWS unabhängig davon, von welchem Land diese Massnahmen ausgehen. Bei gleichen Massnahmen in gleicher Grössenordnung sind die Auswirkungen auf das einheitliche Preisniveau in der Europäischen Gemeinschaft gleich. Der einzige Unterschied zwischen dem aktiv werdenden Land und den übrigen Ländern besteht darin, dass das aktiv werdende Land bei einer expansiven Geldpolitik Devisenreserven verliert, während die übrigen Mitgliedstaaten in entsprechendem Masse Devisenzuflüsse zu verzeichnen haben. Eine restriktive Geldpolitik eines Mitglieds hat entsprechend die umgekehrte Wirkung.

Diese Feststellung gilt nicht für fiskalpolitische Massnahmen. Hierdurch kommt es im allgemeinen zwar ebenfalls zu Devisenbewegungen zwischen den einzelnen Ländern, doch kann in diesem Falle die Richtung des Devisenflusses im voraus nicht eindeutig bestimmt werden. Während ein Land für eine expansive Geldpolitik, d. h. ceteris paribus für eine inflationistische Geldpolitik immer mit einem Devisenabfluss «bestraft» wird, ist das bei einer inflationistischen Ausgabenpolitik des Staates nicht zwingend der Fall. Hier kann ein Land für seine inflationistische Ausgabenpolitik sogar noch durch einen Devisenzufluss «belohnt» werden.

Bemerkenswert erscheint, dass nicht nur eine expansive Geldpolitik eines Landes das Preisniveau in der Gemeinschaft erhöht, sondern auch eine expansive Fiskalpolitik eines Landes – und das, obwohl bei einer Finanzierung eines Budgetdefizits über den Kapitalmarkt kein neues Geld geschaffen wird. Dieses aus der Sicht der Monetaristen zunächst etwas überraschende Ergebnis folgt aus unserem Modell wegen der Annahme, dass die Geldnachfrage zinselastisch ist, d. h. dass bei einem höheren Zins weniger Geld nachgefragt wird. Nimmt man wie die Monetaristen eine konstante Geldumlaufsgeschwindigkeit an, so haben auch nach unserem Modell – da in diesem Fall $L_{1r} = 0$ und $L_{2r} = 0$ ist – fiskalpolitische Massnahmen keinen Einfluss auf das Preisniveau. Nimmt man dagegen – was auch die Monetaristen tun – an, dass die Geldumlaufsgeschwindigkeit vom Real-

zins abhängig ist, so hat eine durch eine expansive Fiskalpolitik verursachte Erhöhung des Realzinses auch nach monetaristischer Auffassung einen positiven Einfluss auf das Preisniveau.
Weiterhin bemerkenswert erscheint, dass eine expansive Geldpolitik im EWS den Realzins r im Gleichgewicht nicht verändert. Aus der dritten Gleichung des Gleichungssystems (19) kann man erkennen, dass der Realzins bei einer Geldmengenexpansion zwar vorübergehend absinkt, dann aber wieder ansteigt, sobald infolge der Preissteigerungen die nominelle Geldnachfrage in beiden Ländern ansteigt. Wie die Ableitungen $\delta r^*/\delta M = 0$ und $\delta r^*/\delta\mu = 0$ zeigen, steigt der Realzins r nach der anfänglichen Zinssenkung so lange an, bis er wieder sein Ausgangsniveau erreicht hat. Erst dann herrscht Gleichgewicht auf dem Kapitalmarkt und auf den nationalen Geldmärkten.
Von besonderem Interesse ist an dieser Stelle, in welchem Masse ein einzelner Mitgliedstaat der Gemeinschaft durch eine national ausgerichtete Geldpolitik das Preisniveau der Gemeinschaft beeinflusst. Bei dieser Frage gehen wir von der wohl realistischen Vorstellung aus, dass die Geldbehörden eines Landes bei geldpolitischen Massnahmen – zumindest bisher – fast ausschliesslich die Veränderung der *nationalen* Geldmenge im Auge haben, d. h. als Ziel der nationalen Geldpolitik eine bestimmte prozentuale Geldmengenexpansion der *nationalen* Geldmenge ansteuern. Entsprechend der Vorstellung unterschiedlicher «Inflationsneigungen» liegt diese Expansionsrate der nationalen Geldmenge in den verschiedenen EG-Mitgliedstaaten unterschiedlich hoch.
Nach den Erkenntnissen der Quantitätstheorie und der Monetaristen bewirkt in einer geschlossenen Volkswirtschaft eine Verdoppelung der Geldmenge bei einem konstanten realen Sozialprodukt und einer konstanten Umlaufsgeschwindigkeit des Geldes eine Verdoppelung des Preisniveaus. Das heisst mit anderen Worten, das Preisniveau erhöht sich proportional zur Geldmengenexpansion.
Dieses Ergebnis muss in offenen Volkswirtschaften modifiziert werden. Verdoppelt im EWS ein Land seine nationale Geldmenge, so steigt das Preisniveau in der Europäischen Gemeinschaft zwar an, aber es verdoppelt sich nicht, sondern steigt nur unterproportional an. Man kann nun zeigen, dass die expansive Geldpolitik eines Landes auf das gemeinschaftliche Preisniveau eine um so geringere Auswirkung hat, je kleiner das Land ist.

Das erkennt man, wenn man die Elastizitäten $\frac{\delta P^*/P^*}{\delta M/M}$ und $\frac{\delta\pi^*/\pi^*}{\delta\mu/\mu}$ berechnet.

Aus den in (21) zusammengefaßten Ergebnissen unserer komparativ-statischen Analyse ergibt sich für

$$\frac{\delta P^*}{\delta M} \cdot \frac{M}{P^*} = \frac{M}{w\mu + M + wR^\circ}$$

und für

$$\frac{\delta\pi^*}{\delta\mu} \cdot \frac{\mu}{\pi^*} = \frac{\mu}{\mu + M/w + R^\circ}$$

Berücksichtigt man nun, dass $w\mu + M + w \cdot R^0 = M_1^\circ$ die gesamte nominelle Geldmenge im EWS ausgedrückt in Währungseinheiten des Landes 1 ist und $\mu + M/w + R^0 = M_2^\circ$ die gesamte Geldmenge im EWS ausgedrückt in Währungseinheiten des Landes 2 ist, so geben die rechts stehenden Ausdrücke den Anteil der jeweiligen autonomen Komponenten der Geldmenge eines Landes am gesamten Geldangebot in der Europäischen Gemeinschaft an. Bezeichnen wir den Anteil des Landes 1 mit α und den Anteil des Landes 2 mit β', so ist

$$\frac{\delta P^*}{P^*} = \alpha \cdot \frac{\delta M}{M}$$

und

$$\frac{\delta \pi^*}{\pi^*} = \beta' \cdot \frac{\delta \mu}{\mu}$$

wobei $0 < \alpha < 1$ und $0 < \beta' < 1$ ist.
Daraus folgt, dass die geldpolitischen Massnahmen eines Landes einen um so geringeren Einfluss auf das einheitliche Preisniveau in der Gemeinschaft haben, je geringer die autonome Komponente der Geldmenge dieses Landes im Verhältnis zur gesamten Geldmenge in der Gemeinschaft ist[67].
Ausser den Veränderungen der autonomen Komponenten der Geldmenge der einzelnen EG-Länder hat auch eine Veränderung des Gesamtbestandes an Währungsreserven in der EG R^0 einen Einfluss auf das gemeinsame Preisniveau. Es ist nämlich

$$\frac{\delta P^*}{\delta R^\circ} = -\frac{1}{\Delta} \cdot \frac{w^2}{P\pi}(l_{1r} + l_{2r}) > 0$$

bzw.

$$\frac{\delta P^*}{\delta R^\circ} \cdot \frac{R^\circ}{P^*} = \frac{wR^\circ}{(w\mu + M + wR^\circ)}$$

Daraus folgt, dass sich auch bei einer Veränderung des Gesamtbestandes an Währungsreserven im EWS das gemeinschaftliche Preisniveau nur unterproportional erhöht. Andererseits folgt aus diesen Zusammenhängen klar, dass allgemeine Preissteigerungen im EWS auf zwei Ursachen zurückgeführt werden können: erstens auf autonome Geldmengenerhöhungen einzelner Mitgliedstaaten und zweitens auf eine Erhöhung des Gesamtbestandes an Währungsreserven im EWS, etwa infolge von Stützungskäufen gegenüber dem US-Dollar.
Erhöhen sich alle Komponenten der Gesamtgeldmenge im EWS mit der gleichen Wachstumsrate, so steigt das Preisniveau im gleichen Ausmass. Es ist nämlich[68]:

$$\frac{dP^*}{dM_1^\circ} \cdot \frac{M_1^\circ}{P^*} = \frac{\delta P^*}{\delta M} \cdot \frac{M}{P^*} + \frac{\delta P^*}{\delta \mu} \cdot \frac{\mu}{P^*} + \frac{\delta P^*}{\delta R^\circ} \cdot \frac{R^\circ}{P^*} = 1 \tag{22}$$

bzw.

$$\frac{dP^*}{P^*} = \frac{dM_1^\circ}{M_1^\circ}$$

[67] Zu diesem Ergebnis kommen auf anderem Wege auch die Vertreter der monetären Zahlungsbilanztheorie. Vgl. E. M. Claassen, Weltinflation, a.a.O., S. 77, und A. K. Swoboda, Monetary Approaches..., a.a.O., S. 18ff. Swoboda stellt dieses Ergebnis allerdings nicht explizit heraus; vielmehr folgt es nur implizit aus seinen Ausführungen

[68] Beweis:

Es ist
$$\frac{\delta P^*}{\delta M} \cdot \frac{M}{P^*} = \frac{M}{w\mu + M + wR^\circ}$$
$$\frac{\delta P^*}{\delta \mu} \cdot \frac{\mu}{P^*} = \frac{w\mu}{w\mu + M + wR^\circ}$$
$$\frac{\delta P^*}{\delta R^\circ} \cdot \frac{R^\circ}{P^*} = \frac{wR^\circ}{w\mu + M + wR^\circ}$$

Allgemein ergibt sich die Preisniveauänderung im EWS aus der Beziehung[69]:

$$\frac{dP^*}{P^*} = \alpha \cdot \frac{dM}{M} + \beta \cdot \frac{d\mu}{\mu} + \gamma \cdot \frac{dR^\circ}{R^\circ} \tag{23}$$

wobei $\alpha = M/M_1^\circ$, $\beta = w\mu/M_1^\circ$ und $\gamma = wR^0/M_1^\circ$ die Anteile der einzelnen (in Währungseinheiten des Landes 1 gemessenen) Komponenten an der (ebenfalls in Währungseinheiten des Landes 1 gemessenen) Gesamtgeldmenge sind. Dabei gilt $\alpha + \beta + \gamma = 1$.

Die Auswirkung einer expansiven Geldpolitik eines EG-Mitgliedstaates auf das Preisniveau in der Gemeinschaft ist demnach um so grösser, je stärker dieses Land seine Geldmenge erhöht und je höher der Anteil der autonomen Komponente der Geldmenge dieses Landes an der Gesamtgeldmenge in der Gemeinschaft ist, d. h. grob gesprochen je grösser dieses Land ist.

Theoretisch können damit auch kleine Länder das Preisniveau in der EG spürbar beeinflussen – sofern ihre Geldmengenexpansion nur gross genug ist. Tatsächlich ist dies jedoch nicht der Fall. Wie man nämlich aus

$$\frac{\delta R^*}{\delta \mu} = - \frac{M/w + R^\circ - R}{M/w + \mu + R^\circ} = \frac{M_2}{M_2^\circ} - 1 < 0 \tag{24}$$

erkennen kann, ist der Devisenabfluss des expandierenden Landes um so grösser, je höher der Anteil des anderen Landes an der Gesamtgeldmenge im EWS ist, bzw. je geringer der Anteil dieses Landes an der Gesamtgeldmenge ist[70]. Damit sind aber die «Kosten» einer expansiven Geldpolitik – gemessen am Verlust von Währungsreserven – für ein kleines Land höher als für ein grosses Land. Da ausserdem die Devisenreserven eines kleinen Landes ihrem absoluten Betrag nach im allgemeinen geringer sind als die eines grossen Landes, haben kleine Länder im EWS nur einen sehr engen Spielraum, eine eigene, von der allgemeinen Preisniveauentwicklung in der Gemeinschaft abweichende Stabilitätspolitik oder Inflationspolitik zu betreiben. Wollen sie sich vom allgemeinen Inflationszug in der Gemeinschaft absetzen, so bleibt ihnen als einziges, nachhaltig wirksames Mittel nur die Wechselkursänderung, auf deren Wirkungen wir noch genauer eingehen werden. Dagegen sind sie praktisch nicht in der Lage, bei festen, unveränderba-

und $w\mu + M + wR^0 = M_1^\circ$

Daraus folgt (22) unmittelbar

69 Beweis:

Da $P^* = P^*(M, \mu, R^0, A_1, A_2, w)$ ist, ist bei $dA_1 = dA_2 = dw = 0$ die Gesamtänderung von P^*

$$dP^* = \frac{\delta P^*}{\delta M} \cdot dM + \frac{\delta P^*}{\delta \mu} \cdot d\mu + \frac{\delta P^*}{\delta R^\circ} \cdot dR^\circ$$

Dividiert man die ganze Beziehung durch P^* und erweitert die rechts stehenden Ausdrücke in geeigneter Weise, so erhält man

$$\frac{dP^*}{P^*} = \frac{\delta P^*}{\delta M} \cdot \frac{M}{P^*} \cdot \frac{dM}{M} + \frac{\delta P^*}{\delta \mu} \cdot \frac{\mu}{P^*} \cdot \frac{d\mu}{\mu} + \frac{\delta P^*}{\delta R^\circ} \cdot \frac{R^\circ}{P^*} \cdot \frac{dR^\circ}{R^\circ}$$

Berücksichtigt man nun die in Anmerkung 1 aufgezeigten Beziehungen, so folgt (23) unmittelbar

70 Den Ausdruck (24) erhält man aus (21) durch explizite Berechnung

ren Wechselkursen das gemeinschaftliche Preisniveau spürbar in ihrem Sinne zu beeinflussen. Wir kommen daher zu dem Schluss, dass im EWS die (mehr oder weniger grosse) Inflation in erster Linie von den grossen Ländern der Gemeinschaft gemacht wird und damit im wesentlichen von ihnen zu verantworten ist.
Von besonderem Interesse ist auch die Frage, ob die Erhöhung des allgemeinen Preisniveaus im EWS bei unterschiedlichen Inflationsneigungen zweier Länder auf Dauer von dem Land mit der höheren Inflationsneigung bestimmt wird oder von dem Land mit der geringeren Inflationsneigung, d. h. von dem stabilitätsbewussteren Land.
Bei dieser Frage ist zunächst vorauszuschicken, dass das gemeinschaftliche Preisniveau in der EG bei Existenz unterschiedlicher nationaler Währungen natürlich sowohl in der Währung des Landes 1 gemessen werden kann als auch in der Währung des Landes 2. Da im Gleichgewicht $P^* = w\pi^*$ ist, ergeben sich bei (exogenen) Veränderungen des Wechselkurses natürlich auch unterschiedliche Inflationsraten, je nachdem, ob das Preisniveau und die Preisniveauentwicklung in Währungseinheiten des Landes 1 oder in Währungseinheiten des Landes 2 gemessen werden. Eine eindeutige Aussage ist in diesem Falle nicht möglich, da es allein eine Frage des Geschmacks ist, welche Währung bei der Ermittlung der Inflationsrate unterstellt wird.
Die oben aufgeworfene Frage hat allerdings dann einen Sinn und ist von zentralem Interesse, wenn man sie für den Fall zu beantworten versucht, dass die Wechselkurse *unverändert* bleiben. Denn in diesem Fall entscheidet die Antwort auf diese Frage darüber, ob in einer Währungsunion, wie sie im Werner-Plan konzipiert war, sich die stabilitätsorientierten Länder einem «Diktat der Inflationisten» ausgesetzt sehen oder ob sich die Länder mit einer höheren Inflationsneigung einem unerwünschten «Deflationierungsdiktat» ausgesetzt fühlen.
Geht man davon aus, dass der Gesamtbestand an Währungsreserven in der Gemeinschaft gegeben und unveränderlich ist (was voraussetzt, dass keine Interventionen gegenüber Drittwährungen erfolgen), so verändert sich die *Verteilung* dieses gegebenen Reservenbestandes nach den Erkenntnissen aus unserem Modell immer zugunsten des Landes, das keine expansive Geldpolitik betreibt oder zumindest eine geringere Geldmengenexpansion zulässt als die anderen Länder. Dadurch verengt sich der Expansionsspielraum der stärker inflationierenden Länder immer mehr. Haben sie alle Devisenreserven verloren, so können sie ihre autonome Komponente der Geldmenge, die nunmehr mit ihrer nationalen Gesamtgeldmenge identisch ist, nur noch maximal in dem gleichen Ausmass ausdehnen wie das stabilitätsbewusste Land, da sie andernfalls zahlungsunfähig werden. Damit wird aber die Steigerungsrate des allgemeinen Preisniveaus im EWS *langfristig* von dem Land mit der geringsten Inflationsneigung bestimmt!
Dieser langfristigen «Preisführerfunktion» des Landes mit der geringsten Inflationsneigung steht allerdings kurzfristig, d. h. solange Länder mit einer höheren Inflationsneigung noch über einen Devisenbestand verfügen, ein «Inflationierungsdiktat» der weniger stabilitätsbewussten Länder gegenüber. Denn solange diese Länder noch die «Kosten» einer stärkeren Geldmengenexpansion tragen bzw. bezahlen können, steigt das Preisniveau etwa entsprechend dem gewogenen Durchschnitt der unterschiedlichen nationalen Geldmengenexpansion an, also stärker als es das Land mit der geringsten Inflationsneigung gutheisst[71]. Dass

[71] Genaugenommen liegt die Preissteigerungsrate etwas unter dem gewogenen Durchschnitt der nationalen Geldmengenexpansion, da annahmegemäss $dR^0 = 0$ ist

ein derartiges «Inflationsdiktat» in der Europäischen Gemeinschaft über mehrere Jahre andauern kann und erhebliche Ausmasse annehmen kann, braucht, angesichts der Ausstattung der verschiedenen EG-Staaten mit internationaler Liquidität, nicht besonders hervorgehoben zu werden.
Der Anpassungsprozess kann vom stabilitätsbewussten Land allerdings erheblich verkürzt werden, wenn sich dieses Land dazu durchringt, die Geldmengenexpansion der anderen Länder durch eine Kontraktion der eigenen Geldmenge zu neutralisieren. Diese Vorgehensweise ist jedoch nicht unbegrenzt möglich.

6.3.3 Wechselkursänderungen im EWS

Im vorigen Abschnitt haben wir gezeigt, dass die Preisniveauentwicklung in der Europäischen Gemeinschaft im wesentlichen von den grossen Ländern bestimmt wird, da kleine Länder infolge der unverhältnismässig hohen «Kosten» einer abweichenden autonomen Geldpolitik nur über einen geringen geldpolitischen Spielraum verfügen. Wir haben im vorigen Abschnitt jedoch auch schon angedeutet, dass ein kleines Land sich nachhaltig von einer ihm unerwünschten Preisniveauentwicklung «absetzen» kann, wenn es zu (wiederkehrenden) Wechselkursänderungen bereit ist. Im folgenden sollen die Auswirkungen von Wechselkursänderungen im EWS analysiert werden. Dabei werden wir zunächst mit Hilfe des Vollbeschäftigungsmodells von Neumann die Preiswirkungen von Wechselkursänderungen innerhalb des EWS untersuchen und in einem zweiten Schritt überlegen, von welchen Ländern im EWS infolge ökonomischer Sachzwänge Wechselkursänderungen am ehesten zu erwarten sind.

6.3.3.1 Die Preiswirkungen von Wechselkursänderungen im EWS

Aus dem Vollbeschäftigungsmodell von Neumann (19) ergeben sich im *Gleichgewicht,* d. h. nach Abschluss aller Anpassungsprozesse, folgende Auswirkungen einer Wechselkursänderung innerhalb des EWS:

$$\frac{\delta P^*}{\delta w} = - \frac{1}{\triangle}(l_{1r} + l_{2r}) \cdot \frac{\mu}{\pi^2} > 0$$

$$\frac{\delta \pi^*}{\delta w} = \frac{1}{\triangle} \cdot (l_{1r} + l_{2r}) \cdot \frac{M + wR^\circ}{P^2} < 0$$

$$\frac{\delta r^*}{\delta w} = 0$$

$$\frac{\delta R^*}{\delta w} = \frac{1}{\triangle}(l_{1r} + l_{2r}) \cdot \frac{M(\mu + R)}{P^2 \cdot \pi} < 0 \qquad (25)$$

Danach führt eine Wechselkursänderung *eines* Landes sowohl im Inland als auch in den übrigen EG-Staaten zu einer Veränderung des Preisniveaus. Sie führt darüber hinaus zu einer Umverteilung der Währungsreserven innerhalb des EWS, im Gleichgewicht aber nicht zu einer Veränderung des Realzinses in der Gemeinschaft.
Berücksichtigt man, dass der Wechselkurs oben als der Preis einer Währungseinheit des Landes 2 ausgedrückt in Währungseinheiten des Landes 1 definiert

wurde, so bedeutet eine Erhöhung des Wechselkurses (d. h. ein positives δw) in unserem Modell eine Abwertung der Währung des Landes 1 gegenüber der Währung des Landes 2 bzw. eine Aufwertung der Währung des Landes 2 gegenüber der Währung des Landes 1, wobei diese Wirkung unabhängig davon eintritt, *welches* Land diese Wechselkursänderung vornimmt, d. h. ob Land 1 formell gegenüber Land 2 abwertet oder ob Land 2 formell gegenüber Land 1 aufwertet. Da beide formellen Schritte materiell genau das gleiche bedeuten und beide Länder in gleicher Weise tangieren, sollte es unter diesem Gesichtspunkt an sich selbstverständlich sein, dass Wechselkursänderungen im EWS nur in gegenseitigem Einvernehmen vorgenommen werden[72].
Beachtet man diesen Zusammenhang, so folgt aus (25), dass sich das Preisniveau des abwertenden Landes infolge der Wechselkursänderung erhöht, während das Preisniveau des aufwertenden Landes sinkt[73]. Ausserdem führt eine Wechselkursänderung zu einem Devisenfluss von dem Land, dessen Währung infolge der Wechselkursänderung (relativ) aufgewertet wird, in das Land, dessen Währung infolge der Wechselkursänderung (relativ) abgewertet wird. Diese Preiswirkungen treten ebenso wie der beschriebene Devisenfluss unabhängig davon ein, ob die Wechselkursänderung formell als Aufwertung der Währung des Landes 2 gegenüber jener des Landes 1 deklariert wird oder aber als Abwertung der Währung des Landes 1 gegenüber der des Landes 2.
Nachdem eine Wechselkursänderung im EWS sowohl das Inlandspreisniveau als auch das Preisniveau der übrigen EWS-Teilnehmerstaaten beeinflusst, erhebt sich die Frage, ob sich infolge einer Wechselkursänderung eines EG-Staates das Inlandspreisniveau dieses Staates oder das Preisniveau der übrigen EG-Staaten (d. h. das Auslandspreisniveau) stärker verändert. Diese Frage lässt sich mit Hilfe unseres Modells beantworten, wenn man ermittelt, um welchen Prozentsatz sich das Preisniveau beider Länder verändert, wenn sich der Wechselkurs um ein Prozent verändert.
Aus (25) erhält man unter Berücksichtigung, dass

$$\triangle = -\frac{1}{\pi}(I_{1r} + I_{2r})\left(\frac{\mu}{\pi^2} + \frac{w(M + wR^\circ)}{P^2}\right)$$

ist, für die Elastizität $\frac{\delta P^*/P^*}{\delta w/w}$ den Ausdruck

$$\frac{\delta P^*}{\delta w} \cdot \frac{w}{P^*} = \frac{w\mu}{w\mu + M + wR^\circ} = \beta$$

woraus folgt, daß

$$\frac{\delta P^*}{P^*} = \beta \cdot \frac{\delta w}{w} \tag{26}$$

ist.

Entsprechend erhält man aus (25) für die Elastizität $\frac{\delta\pi^*/\pi^*}{\delta w/w}$ den Ausdruck

$$\frac{\delta\pi^*}{\delta w} \cdot \frac{w}{\pi^*} = -\frac{M + wR^\circ}{w\mu + M + wR^\circ} = -(\alpha + \gamma)$$

[72] Auf andere Gesichtspunkte, die unter bestimmten Umständen auch einseitige Wechselkursänderungen rechtfertigen, wird an späterer Stelle eingegangen

[73] Es sei an dieser Stelle darauf hingewiesen, dass im Modell Preisflexibilität nach oben und unten unterstellt wurde

woraus wegen $\alpha + \beta + \gamma = 1$ folgt, daß

$$\frac{\delta\pi^*}{\pi^*} = -(1-\beta) \cdot \frac{\delta w}{w} \tag{27}$$

ist.

Diese Ergebnisse zeigen, dass sich das heimische Preisniveau eines Landes infolge einer Wechselkursänderung um so stärker und das Auslandspreisniveau (d.h. das Preisniveau der übrigen EG-Staaten) um so weniger ändert, je geringer der Anteil der autonomen Geldkomponente dieses Landes an der Gesamtgeldmenge im EWS ist[74]. Daraus folgt, dass die von Wechselkursänderungen verursachte Last der Preisanpassung auf die einzelnen Länder in umgekehrtem Verhältnis zu ihrer relativen Grösse verteilt ist, oder mit anderen Worten, dass die Last der Preisanpassung im wesentlichen auf den kleinen Ländern ruht und von diesen getragen werden muss[75]. Dennoch ist, da $0 < \beta < 1$ ist, in jedem Land – also auch in den sog. kleinen Ländern – die Veränderung des Preisniveaus geringer als die Wechselkursänderung, denn erst die Summe der Preisniveauänderungen in beiden Ländern zusammengenommen ergibt die nach der Kaufkraftparitätentheorie notwendige proportionale Änderung der Preisniveaus entsprechend der erfolgten Wechselkursänderung[76].

6.3.3.2 Die Auswirkung von Wechselkursänderungen auf den Reservenbestand eines Landes

Der Devisenfluss, der durch eine einprozentige Wechselkursänderung in Gang gesetzt wird, beträgt:

$$\frac{\delta R^*}{\delta w/w} = -\frac{M(\mu + R)}{w\mu + M + wR^\circ} = -\alpha \cdot M_2 \tag{28}$$

[74] Zu diesem Ergebnis kommen auf anderem Wege auch Dornbusch und Claassen. Vgl. Rüdiger Dornbusch, Devaluation, Money, and Nontraded Goods, in: The American Economic Review, Vol. 63 (1973), S. 871–880, und Emil Maria Claassen, Weltinflation bei flexiblen Wechselkursen, in: Kredit und Kapital, 10. Jhrg. (1977), S. 18–44, insbes. S. 30 ff.

[75] Dass die Anpassungslast für ein Land (2) im Verhältnis zu den übrigen EG-Staaten (Land 1) um so grösser wird, je geringer der Anteil der autonomen Geldkomponente dieses Landes an der Gesamtgeldmenge im EWS ist, folgt auch aus dem Koeffizienten

$$\varrho = -\frac{\delta\pi^*/\pi^*}{\delta P^*/P^*} = \frac{1-\beta}{\beta}$$

den wir als «Anpassungslastkoeffizienten» bezeichnen können. Es ist nämlich

$$\frac{d\varrho}{d\beta} = -\frac{1}{\beta^2}$$

d.h. der Anpassungslastkoeffizient eines Landes ist um so geringer, je höher der Anteil der autonomen Geldkomponente dieses Landes an der Gesamtgeldmenge im EWS ist. Umgekehrt nimmt die Anpassungslast des Landes 2 im Verhältnis zu der des Landes 1 mit abnehmendem Anteil der autonomen Geldkomponente des Landes 2 an der Gesamtgeldmenge im EWS überproportional - nämlich quadratisch - zu

[76] Da im Gleichgewicht $w = P^*/\pi^*$ ist, muss natürlich immer

$$\frac{\delta P^*}{P^*} - \frac{\delta\pi^*}{\pi^*} = \frac{\delta w}{w} \tag{i}$$

Obwohl in diesem Ausdruck mit $\alpha = M/M_1^\circ$ neben der absoluten Geldmenge des Landes 2 M_2° auch eine relative Grösse enthalten ist, kann aufgrund dieses Ausdrucks kein Schluss gezogen werden, ob aufgrund ökonomischer Überlegungen Wechselkursänderungen eher von grossen oder von kleinen Ländern vorgenommen werden.
Betrachtet man jedoch den prozentualen Zuwachs an nationalen Devisenreserven infolge einer Abwertung als einen «Abwertungsgewinn» eines abwertenden Landes und den prozentualen Verlust an nationalen Devisenreserven als «Aufwertungsverlust» bzw. als «Kosten» einer Aufwertung für das aufwertende Land, so gibt der Ausdruck

$$\frac{\delta R^*/R^*}{\delta w/w} = -\alpha\left(1 + \frac{\mu}{R^*}\right) \tag{29}$$

einige interessante Aufschlüsse. Setzt man nämlich voraus, dass das gewünschte Verhältnis zwischen heimischem Kreditgeld und Reservengeld, d. h. zwischen «Innengeld» und «Aussengeld»[77], in allen Ländern etwa gleich hoch ist[78], so ist der prozentuale Reservenverlust infolge einer Aufwertung für ein Land um so geringer, je kleiner der Anteil der autonomen Geldkomponente des Auslands an der Gesamtgeldmenge im EWS ist, das heisst mit anderen Worten, je grösser das aufwertende Land im Verhältnis zu den übrigen EG-Staaten ist. Dem steht allerdings der «Nachteil» gegenüber, dass die (gewünschte) Preiswirkung einer Aufwertung auf das heimische Preisniveau für ein grosses Land ebenfalls geringer ist als für ein kleines Land, da die Aufwertung eines grossen Landes einen stärkeren Preiserhöhungseffekt auf das ausländische Preisniveau ausübt als eine entsprechende Aufwertung eines kleinen Landes. Umgekehrt erzielt ein kleines Land durch eine Abwertung einen höheren prozentualen Reservengewinn und einen stärkeren (gewünschten) Preiseffekt auf das eigene Preisniveau als ein grosses Land.
Obwohl diese Wirkungen einer Wechselkursänderung theoretisch interessant sind, können sie nach unserer Meinung das Aufwertungs- bzw. Abwertungsverhalten einzelner Länder jedoch ebensowenig erklären wie der in Beziehung (28) ausgedrückte Zusammenhang.
Eine Erklärung des Aufwertungs- bzw. Abwertungsverhaltens einzelner Länder lässt sich nach unserer Auffassung dagegen aus folgenden Überlegungen gewinnen:

1. Wie oben nachgewiesen wurde, können grosse Länder in weit stärkerem Masse *ihre* Stabilitäts- bzw. Inflationsvorstellungen durch den Einsatz nationaler geldpolitischer Massnahmen realisieren als kleine Länder. Ist ein kleines Land, dessen

sein. Wie eine Addition von (26) und (27) zeigt, entsprechen die gefundenen Ergebnisse dieser Bedingung, was aufgrund der getroffenen Annahmen auch nicht anders zu erwarten war. Die Überprüfung unserer Ergebnisse anhand der Bedingung (i) kann somit als Beweis für die Richtigkeit der obigen Ergebnisse gewertet werden

[77] Die Begriffe «Innengeld» und «Aussengeld» werden hier in einem anderen Sinn verwendet als die Begriffe «inside money» und «outside money» bei Gurley und Shaw. Vgl. J. G. Gurley und E. S. Shaw, Money in a Theory of Finance, Washington 1960

[78] Tatsächlich dürfte die gewünschte Relation $\mu/R^* = 1/k^*$ in kleinen Ländern geringer sein als in grossen Ländern, da kleine Länder relativ mehr internationale Liquidität benötigen als grosse Länder. Dadurch ändert sich jedoch nichts an der folgenden Aussage. Sie wird im Gegenteil noch durch die hier vertretene Vermutung verstärkt

geldpolitischer Spielraum in der Praxis weitgehend beschränkt ist, mit den Stabilitäts- bzw. Inflationsvorstellungen des grossen Landes, d. h. der économie dominante, nicht einverstanden, muss dieses (kleine) Land durch Änderung seines Wechselkurses die wirtschaftspolitische Konsequenz ziehen.

2. Geht man davon aus, dass jedes Land eine bestimmte Zusammensetzung seiner nationalen Geldmenge aus «Innengeld» und «Aussengeld» plant und damit ein ganz bestimmtes Verhältnis $k^* = R^*/\mu$ wünscht, so weicht bei einer bestimmten Differenz zwischen dem tatsächlichen Reservenbestand und dem gewünschten Reservenbestand $e = R - R^*$ die tatsächliche Relation k von der gewünschten Relation k^* um so mehr ab, je kleiner μ ist[79]. Das hat zur Folge, dass eine bestimmte Toleranzschwelle $t = |k - k^*|$ bei kleineren Ländern früher überschritten wird als bei grösseren Ländern. Entsprechend müssen diese früher reagieren als grosse Länder.

3. Aus einer ähnlichen Überlegung folgt, dass Länder gleicher Grösse sich um so eher zu einer Wechselkursänderung gezwungen sehen, je kleiner ihre geplante «Aussengeld/Innengeld-Relation» k^* ist. Denn eine tatsächliche «Aussengeld/Innengeld-Relation» k weicht von einer geplanten k^* prozentual um so mehr ab, je niedriger der geplante Wert k^* ist[80]. Im Falle einer Abwertung ist dieser Sachverhalt unmittelbar einsichtig. Verfügt ein Land über relativ (d. h. in Relation zu seiner Grösse) geringe Währungsreserven, so muss es im Falle einer negativen Zahlungsbilanz eher abwerten als ein Land mit relativ hohen Devisenreserven.

Aufgrund dieser Überlegungen kommen wir zu dem Schluss, dass in einem Währungssystem wie dem EWS Wechselkursänderungen in erster Linie von den kleinen Ländern zu erwarten sind, die eine von den grossen Ländern bzw. von der Mehrheit der Mitgliedstaaten[81] abweichende Geldwertpolitik betreiben wollen. Dabei werden aufgrund ökonomischer Sachzwänge Abwertungen eher erfolgen als Aufwertungen[82]. Eine Abwertung wird schliesslich um so schneller erfolgen, je geringer die Devisenreserven eines Landes im Vergleich zu seiner Grösse sind.

[79] Das folgt aus

$$k - k^* = \frac{R}{\mu} - \frac{R^*}{\mu} = \frac{e}{\mu}$$

[80] Beweis:
Es sei $k_1^* = R_1^*/\mu$ und $k_2^* = R_2^*/\mu$. Setzt man voraus, dass $k_1^* > k_2^*$, so ist $R_1^* > R_2^*$. Dann ist

$$\frac{k_1 - k_1^*}{k_1^*} = \frac{e}{R_1^*} < \frac{k_2 - k_2^*}{k_2^*} = \frac{e}{R_2^*}$$

[81] Eine von der Mehrheit der EWS-Staaten abweichende Geldwertpolitik eines Landes zwingt *dieses* abweichende Land zur Wechselkursänderung, da jeder EG-Mitgliedstaat – auch jedes sog. grosse Land – gegenüber der Gemeinschaft der übrigen EG-Partner ein relativ kleines Land ist, selbst wenn diese Mehrheit aus den sog. kleineren Staaten besteht. Das gilt auch für die Bundesrepublik Deutschland, die, gemessen am Anteil des Bruttosozialprodukts der Gemeinschaft, als grösster EG-Mitgliedstaat nur über einen Anteil von etwa 33 Prozent am Bruttosozialprodukt der Gemeinschaft verfügt. (1977 betrug der Anteil der Bundesrepublik Deutschland am Bruttoinlandsprodukt der EG, berechnet zu laufenden Preisen und Wechselkursen, 32,6 %. Vgl. OECD, Main Economic Indicators, September 1978, S. 156.)

[82] Dieses Ergebnis stimmt mit der Realität überein. Tatsächlich gab es in der Vergangenheit weit mehr Abwertungen als Aufwertungen. Eine alternative Erklärung für diese Tatsache liefert W. M. Corden. Vgl. W. M. Corden, Inflation, Exchange Rates, and the World Economy, Oxford 1977, S. 79ff.

Diese Aussagen folgen ausschliesslich aus dem gegenseitigen Abhängigkeitsverhältnis zwischen grossen und kleinen Ländern im EWS, d. h. aufgrund eines Kriteriums, das wir als «Dependenzkriterium» bezeichnen wollen. Im EWS, in dem bekanntlich Wechselkursänderungen nur in gegenseitigem Einvernehmen vorgenommen werden sollen, können bei der Frage, welches Land eine Wechselkursanpassung durchführt, neben diesem Dependenzkriterium jedoch durchaus auch noch andere Kriterien eine Rolle spielen. Geht man zum Beispiel – entgegen unseren Modellannahmen – davon aus, dass wegen einer bestehenden Preisstarrheit nach unten ein absolutes Absinken des Preisniveaus in dem Land, dessen Währung durch eine Wechselkursänderung aufgewertet wird, ausgeschlossen ist, so kann bei der Frage, ob eine erforderliche Wechselkursanpassung in Form einer Aufwertung oder einer Abwertung vorgenommen werden soll, neben dem Dependenzkriterium etwa auch der Inflationierungseffekt dieser alternativen Massnahmen auf das Gesamtsystem, d. h. auf das «Weltpreisniveau», eine Rolle spielen. Da wir in unserer Analyse jedoch Preisflexibilität nach oben und unten unterstellt haben, können wir mit Hilfe unseres Modells zu dieser Frage keine Aussage treffen[83].

6.4 Wirtschaftspolitische Erfordernisse im EWS

Soll das EWS auf Dauer von Bestand sein und soll vor allem dieser zweite Versuch zur Errichtung einer Wirtschafts- und Währungsunion erfolgreicher sein als der erste, so darf sich das Europäische Währungssystem nicht in einer Fixierung der Wechselkurse der EG-Staaten und der Einführung einer neuen Europäischen Währungseinheit erschöpfen. Vielmehr erfordert eine dauerhafte Sicherung der Funktionsfähigkeit des EWS von den EG-Mitgliedstaaten

1. eine ausreichende Koordinierung der Fiskalpolitik der EG-Mitgliedstaaten
2. eine gemeinsame Geldpolitik in der Europäischen Gemeinschaft
3. eine gemeinsame Währungspolitik der EG gegenüber Drittstaaten
4. die Errichtung einer gemeinsamen Europäischen Zentralbank

6.4.1 Koordinierung der Fiskalpolitik

Auf die Notwendigkeit einer ausreichenden Koordinierung der Fiskalpolitik der EG-Mitgliedstaaten wurde oben schon hingewiesen. Sie ist erforderlich, weil fiskalpolitische Massnahmen eines EG-Mitgliedstaates nicht nur Beschäftigungswirkungen im eigenen Lande verursachen, sondern im allgemeinen auch die Beschäftigung in den übrigen EG-Staaten beeinflussen. Dabei kann nicht von vornherein bestimmt werden, ob die beschäftigungspolitischen Massnahmen eines Landes im EWS auf die Partnerstaaten einen positiven oder negativen Beschäftigungseffekt ausüben werden. Gerade hierin liegt jedoch ein Grund für eine Koordinierung der Fiskalpolitik. Die Partnerstaaten können nämlich auf fiskalpo-

[83] In diesem Zusammenhang sei auf A. D. Crockett und M. Goldstein verwiesen, die mögliche Ratchet-Effekte ausführlich diskutieren, insbesondere auch das sog. Mundell-Laffer-Argument. Vgl. Andrew D. Crockett und Morris Goldstein, Inflation Under Fixed and Flexible Exchange Rates, in: International Monetary Fund Staff Papers, Vol. 23 (1976), S. 509–544, insbes. S. 523ff.

litische Massnahmen eines EG-Staates nicht adäquat reagieren, da sie deren Wirkungen auf ihre eigene Volkswirtschaft im voraus nicht zuverlässig abschätzen können.
Der zweite Grund für die Notwendigkeit einer ausreichenden Koordinierung der Fiskalpolitik im EWS ergibt sich aus möglichen Preiswirkungen fiskalpolitischer Massnahmen eines Landes bei Vollbeschäftigung im EWS. Wie im vergangenen Abschnitt gezeigt wurde, kann eine expansive Fiskalpolitik eines Landes einen inflatorischen Effekt auf das Preisniveau in der Gemeinschaft ausüben, sofern in den EG-Staaten Vollbeschäftigung herrscht. Diese inflationäre Wirkung resultiert aus den Zinssteigerungen, die eine Defizitfinanzierung des Staates auf dem einheitlichen europäischen Kapitalmarkt verursacht, und der damit verbundenen Erhöhung der Geldumlaufsgeschwindigkeit. Gleichzeitig erfolgt ein Nachfragestoss von seiten des Staates, der bei unelastischem Angebot zwangsläufig zu Preissteigerungen führen muss.
Gegen diesen Grund könnte man einwenden, dass bei allgemeiner Vollbeschäftigung eine expansive Fiskalpolitik nicht erforderlich sei. Dieser Einwand ist in der Theorie richtig. In der Realität ist es jedoch häufig strittig, wann sich eine Volkswirtschaft in einem Zustand allgemeiner Vollbeschäftigung befindet. Ausserdem kommt es in der Realität häufig vor, dass bestimmte Wirtschaftszweige sich noch in einem Zustand der Unterbeschäftigung befinden, während andere schon vollbeschäftigt sind. Gerade in solchen Übergangsphasen bzw. Zwischenphasen zwischen Unterbeschäftigung und Vollbeschäftigung ist ein Beschäftigungseffekt infolge einer expansiven Fiskalpolitik jedoch immer auch mit gewissen Preissteigerungen verbunden, die im EWS nach Ablauf der Anpassungsprozesse alle EG-Staaten berühren.
Für eine Koordinierung der Fiskalpolitik spricht drittens die Tatsache, dass fiskalpolitische Massnahmen eines Landes im allgemeinen Zahlungsbilanzungleichgewichte zwischen den EG-Staaten verursachen. Fiskalpolitische Massnahmen eines Landes beeinträchtigen daher im allgemeinen die Partnerstaaten in der Verwirklichung ihrer wirtschaftspolitischen Ziele. Sie haben daher ein berechtigtes Interesse an einer Koordinierung der Fiskalpolitik der EG-Mitgliedstaaten. Da in der Europäischen Gemeinschaft alle Mitgliedstaaten wirtschaftlich eng miteinander verbunden sind und ihre gegenseitige Interdependenz durch die Einführung des EWS noch verstärkt wurde, liegt eine Koordinierung der Fiskalpolitik und damit eine gewisse Einwirkungsmöglichkeit auf die EG-Partner im wirtschaftlichen und politischen Interesse aller EG-Staaten.
Obwohl die Wirksamkeit der Fiskalpolitik als Mittel zur Konjunktursteuerung bei Einführung einer *gemeinsamen* Fiskalpolitik höchstwahrscheinlich beträchtlich höher wäre als bei einer blossen Koordinierung der nationalen fiskalpolitischen Massnahmen der EG-Mitgliedstaaten, sprechen mehrere Gründe gegen die Einführung einer gemeinsamen Fiskalpolitik.
Der wichtigste Grund ist wohl der, dass der Haushalt der Europäischen Gemeinschaften viel zu gering ist, um damit deutliche konjunktur- und beschäftigungspolitische Akzente setzen zu können. Der Gemeinschaft fehlt es also schon an den nötigen Mitteln, um eine eigene, gemeinsame Fiskalpolitik betreiben zu können. Gewisse beschäftigungspolitische Effekte können allenfalls im Rahmen der Regionalpolitik der Gemeinschaft erzielt werden. Von dieser Möglichkeit sollte auch konsequent und konzentriert Gebrauch gemacht werden. Bis heute wurde der Europäische Regionalfonds allerdings ausschliesslich zur Bekämpfung regionaler und struktureller Ungleichgewichte eingesetzt, nicht dagegen

unter allgemeinen konjunkturpolitischen Aspekten gesehen. Es wäre jedoch durchaus denkbar, dass sich die Erhöhung der Mittel für die Durchführung der gemeinsamen Regionalpolitik der EG in Zukunft nicht nur an den Erfordernissen der Struktur- und Regionalpolitik ausrichtet, sondern dabei auch gesamtwirtschaftliche konjunkturelle Aspekte berücksichtigt werden.
Die nationalen Haushalte der EG-Mitgliedstaaten eignen sich ebenfalls nicht für eine gemeinsame Fiskalpolitik der EG. Die Gemeinschaft besitzt nämlich – über ihre (sehr beschränkten) Kompetenzen bezüglich eigener Einnahmen hinaus – keine Steuer- und Ausgabenhoheit. Sie kann damit weder direkt die Einnahmenseite der nationalen Haushalte beeinflussen noch durch eigene Verordnungen etc. direkt auf das Ausgabengebaren der nationalen Haushalte einwirken.
Eine derartige direkte Einwirkungsmöglichkeit der Gemeinschaft auf das Haushaltsgebaren der EG-Mitgliedstaaten ist auch gar nicht wünschenswert und würde, unabhängig davon, ob sie wünschenswert wäre oder nicht, zumindest vorläufig politisch keine Zustimmung finden. Wünschenswert wäre eine solche direkte Einwirkungsmöglichkeit vor allem deshalb nicht, weil die gliedstaatliche Steuer- und Ausgabenhoheit Kern jeder föderativen Staatsstruktur ist. Da aber niemand in der Gemeinschaft die EG als Vorläufer eines neuen gemeinsamen Einheitsstaates der europäischen Völker betrachtet, kann auch niemand ernsthaft für eine eigene, gemeinsame Fiskalpolitik der EG eintreten, die der Gemeinschaft mehr Rechte einräumt als ihren eigenen Haushalt auch unter konjunkturpolitischen Gesichtspunkten zu planen. Da der Gemeinschaftshaushalt aber voraussichtlich noch für eine lange Zeit gesamtwirtschaftlich eine quantité negligable sein wird, dürften von ihm noch für lange Zeit keine wesentlichen konjunkturpolitischen Wirkungen ausgehen.
Aus diesen Gründen verbleibt den Institutionen der Gemeinschaft nicht mehr, als sich für eine wirksame Koordinierung der nationalen Fiskalpolitik der EG-Mitgliedstaaten einzusetzen. Da eine derartige Koordinierung der nationalen Fiskalpolitik der EG-Mitgliedstaaten nicht nur im Interesse der Gemeinschaftsinstitutionen, sondern wegen ihrer ökonomischen spill-over-Effekte auf die übrigen Mitgliedstaaten der Gemeinschaft auch im Interesse der Mitgliedstaaten der Gemeinschaft liegt, sollte eigentlich auch ein politischer Konsens bezüglich einer wirksamen Koordinierung nicht nur im Hinblick auf eine Weiterentwicklung der Europäischen Gemeinschaft zu einer Wirtschafts- und Währungsunion zu erzielen sein.

6.4.2 Einführung einer gemeinsamen Geldpolitik

Wichtiger als eine ausreichende Koordinierung der Fiskalpolitik der EG-Mitgliedstaaten ist für die langfristige Sicherung der Funktionsfähigkeit des EWS und für einen Erfolg dieses zweiten Versuchs, die Europäische Gemeinschaft zu einer Wirtschafts- und Währungsunion weiterzuentwickeln, die Einführung einer *gemeinsamen* Geldpolitik. Die Notwendigkeit einer gemeinsamen Geldpolitik ergibt sich aus folgenden Gründen:
1. Nach den Erkenntnissen der Anhänger der monetären Zahlungsbilanztheorie besteht zwischen dem internen monetären Gleichgewicht eines Landes und dessen externem Gleichgewicht, das sich in einer ausgeglichenen Zahlungsbilanz ausdrückt, ein enger kausaler Zusammenhang. Besteht auf einem der beiden Märkte ein Ungleichgewicht, so führt dies nach der monetären Zahlungsbilanztheorie (kausal) immer auch zu einem Ungleichgewicht auf dem anderen Markt.

Nachdem die EG-Mitgliedstaaten mit der Ziffer 3.2 der EWS-Entschliessung[84] ihre nationale Autonomie bezüglich der Festlegung und Änderung ihrer Wechselkurse innerhalb des EWS zugunsten eines «gemeinsamen Verfahrens» aufgegeben haben, d. h. materiell eine *gemeinsame Wechselkurspolitik* bezüglich der innergemeinschaftlichen Wechselkurse eingeführt haben, haben sie damit gleichzeitig auch materiell – nämlich wegen der engen kausalen Beziehungen zwischen internem monetären Gleichgewicht und externem Gleichgewicht – ihre geldpolitische Autonomie aufgegeben. Im System fester Wechselkurse ist nämlich, wie wir gezeigt haben, infolge der Devisenflüsse, die durch geldpolitische Massnahmen eines Landes erzeugt werden, die Wirksamkeit der nationalen Geldpolitik stark eingeschränkt. Diese weitgehende Unwirksamkeit der nationalen Geldpolitik – vor allem der kleinen Länder – können die EG-Mitgliedstaaten auf Dauer aber nur dann akzeptieren, wenn sie durch eine wirksame *gemeinsame Geldpolitik* aller EWS-Staaten zusammengenommen ersetzt wird, die von jedem einzelnen EWS-Mitglied mitgetragen wird. Die Einführung einer gemeinsamen Geldpolitik ist damit nicht mehr und nicht weniger als die logische bzw. ökonomische Konsequenz aus der Einführung einer gemeinsamen innergemeinschaftlichen Wechselkurspolitik.

2. Unterstellt man einen direkten internationalen Preiszusammenhang im EWS, so hat – wie wir gezeigt haben – jede geldpolitische Massnahme eines Mitgliedstaates der Gemeinschaft einen Einfluss auf das (nach erfolgter Güterarbitrage) einheitliche Preisniveau der EG. Da infolge der engen wirtschaftlichen Verknüpfung der Volkswirtschaften der EG-Staaten und der hohen internationalen Arbeitsteilung innerhalb der Europäischen Gemeinschaft die Annahme eines direkten internationalen Preiszusammenhangs innerhalb der EG in hohem Masse realistisch ist, dürfte dieses Ergebnis einen hohen Realitätsgrad besitzen und schon innerhalb relativ kurzer Zeiträume in der Realität zum Tragen kommen.

Bestehen nun zwischen einzelnen EG-Mitgliedstaaten Unterschiede bezüglich des wünschenswerten Grades an Preisniveaustabilität, so wird dies bei einer rein national ausgerichteten Geldpolitik der Mitgliedstaaten der EG zu einer unterschiedlichen Expansion der einzelstaatlichen nationalen Komponenten der Gesamtgeldmenge in der Gemeinschaft führen. Dies führt aber insgesamt zu einer Inflationierung in der EG. Da nämlich das EG-Preisniveau bei Vollbeschäftigung (etwa) im gewogenen Durchschnitt der nationalen Geldmengenexpansionsraten ansteigt, die nationalen Geldbehörden den «Erfolg» ihrer Geldpolitik bisher aber nicht an ihrer geplanten Geldmengenexpansionsrate messen, sondern an der «geplanten» Änderungsrate des allgemeinen (gemeinschaftlichen) Preisniveaus, sind Länder, die eine überdurchschnittliche Inflationsneigung besitzen, geneigt, ihre Geldmenge nicht nur entsprechend ihrer Inflationsneigung zu erhöhen, sondern – da infolge der Durchschnittsentwicklung des gemeinschaftlichen Preisniveaus das tatsächliche Preisniveau in der Gemeinschaft mit einer geringeren Rate ansteigt als mit der «gewünschten» Inflationsrate dieser Staaten – mit noch einer viel grösseren Rate.

Begrenzt wird das inflationäre Verhalten dieser Staaten nur durch die dadurch eintretenden Devisenabflüsse. Da diese aber bei den Partnerstaaten als Devisen-

[84] Ziff. 3.2 der EWS-Entschliessung lautet:
«Anpassungen der Leitkurse werden im gegenseitigen Einvernehmen vorgenommen, und zwar nach einem gemeinsamen Verfahren, in das alle am Wechselkursmechanismus beteiligten Länder sowie die Kommission einbezogen sind...»

zuflüsse auftreten, erhöhen sie in diesen Ländern die Expansionsrate der Geldmenge über das gewünschte Mass hinaus und verursachen auf diese Weise höhere Inflationsraten als geplant. Dabei können sich diejenigen Länder, denen eine derartige Entwicklung nicht zusagt, nicht einmal unbedingt von dieser unerwünschten Entwicklung abhängen, weil die einzige Möglichkeit dazu die Wechselkursänderung ist, die aber – da sie nur in gegenseitigem Einvernehmen vorgenommen werden kann – von den stärker inflationierenden Ländern blockiert werden kann. In einer solchen Situation ist es für ein stabilitätsorientiertes Land ein geringer Trost, dass sich die Partnerstaaten wegen der Begrenztheit ihrer Devisenreserven langfristig seinen Stabilitätsvorstellungen unterordnen müssen, denn bis diese long-run-Aussage Realitätsgehalt erhält, können die Preise schon sehr stark gestiegen sein. Nach allen Erfahrungen kann eine derartige Entwicklung aber nicht mehr zurückgedreht werden, weil ein einmal erreichtes Preisniveau nach allen Erfahrungen nicht mehr unterschritten wird. Ländern, denen in einer solchen Situation eine gewünschte Wechselkursänderung längerfristig verweigert wird, verbleibt daher als ultima ratio nur das sog. «opting out», d. h. ein Austritt aus dem gemeinsamen Wechselkursverbund.

Diese Überlegungen machen deutlich, dass ohne eine gemeinsame Geldpolitik die Wechselkurse innerhalb des EWS kaum längerfristig fixiert werden können und dass daher das EWS ohne Einführung einer gemeinsamen Geldpolitik kaum eine erfolgreiche Ausgangsbasis für eine Wirtschafts- und Währungsunion in Europa sein wird.

3. Die Einführung einer gemeinsamen Geldpolitik erscheint drittens erforderlich, weil dadurch die monetär bedingten innergemeinschaftlichen Zahlungsbilanzungleichgewichte minimiert werden. Diese Aussage folgt einmal aus der Beziehung (18), die zeigt, dass die Zahlungsbilanzungleichgewichte infolge geldpolitischer Massnahmen zur Bekämpfung der Unterbeschäftigung geringer sind, wenn beide Länder eine expansive Geldpolitik betreiben als wenn nur ein Land eine expansive Geldpolitik betreibt. Die gleiche Aussage gilt aber auch im Vollbeschäftigungsfalle. Auch hier ist[85]

$$\frac{\left[\frac{dR^*}{d\mu}\right]_{d\mu\,=\,dM}}{\left[\frac{dR^*}{d\mu}\right]_{dM\,=\,0}} < 1 \tag{30}$$

Das heisst mit anderen Worten, dass eine gemeinsame Geldpolitik die durch geldpolitische Massnahmen verursachten Zahlungsbilanzungleichgewichte verrin-

[85] Beweis:
Schreibt man das Ergebnis für $(dR^*/d\mu)_{d\mu=dM}$ und $(dR^*/d\mu)_{dM=0}$ nach der Cramerschen Regel in (4 x 4)-Determinanten und löst nach Wegkürzen der gemeinsamen Nennerdeterminante $\triangle$ die verbleibenden Determinanten jeweils nach der 4. Spalte auf, so erhält man

$$\frac{\left[\frac{dR^*}{d\mu}\right]_{d\mu\,=\,dM}}{\left[\frac{dR^*}{d\mu}\right]_{dM\,=\,0}} = -\frac{-\left(\frac{1}{P}+\frac{1}{\pi}\right)\triangle_1+\frac{1}{\pi}\triangle_2}{-\frac{1}{\pi}\triangle_1+\frac{1}{\pi}\triangle_2} = D$$

gert, und zwar sowohl im Falle der Unterbeschäftigung als auch im Falle der Vollbeschäftigung. Eine gemeinsame Geldpolitik sollte daher auch unter diesem Gesichtspunkt eingeführt werden.

6.4.3 Einführung einer gemeinsamen Währungspolitik gegenüber Drittländern

Von grösster Bedeutung für die langfristige Sicherung der Funktionsfähigkeit des EWS und der Weiterentwicklung der Europäischen Gemeinschaft zu einer Wirtschafts- und Währungsunion ist in der gegenwärtigen Weltwährungsordnung die Einführung einer gemeinsamen Währungspolitik gegenüber Drittstaaten. Sie ist aus folgenden Gründen unerlässlich und vordringlich:

1. Jede Intervention eines EWS-Mitgliedstaates gegenüber Drittwährungen verändert die Gesamtgeldmenge im EWS. Das folgt aus der Tatsache, dass sich die Gesamtgeldmenge im EWS M^0 zusammensetzt aus den autonomen Geldmengenkomponenten der einzelnen Mitgliedstaaten und aus dem gemeinsamen «outside-money», das auf dem Gesamtbestand an Währungsreserven innerhalb des EWS basiert und daher dem gemeinsamen Reservenbestand R^0 entspricht. Je nach Beschäftigungssituation hat jede Veränderung von R^0 durch Interventionen eines Landes am Devisenmarkt gegenüber Drittwährungen je nach Veränderungsrichtung entweder expansive oder restriktive Beschäftigungswirkungen in allen Mitgliedstaaten oder eine inflatorische oder deflatorische Auswirkung auf das gemeinsame Preisniveau. Interventionen *eines* EWS-Mitglieds am Devisenmarkt gegenüber Drittwährungen haben demnach immer eine Veränderung des Gesamtbestandes an Devisenreserven und damit der Gesamtgeldmenge im EWS zur Folge und damit unmittelbar Preis- und/oder Beschäftigungswirkungen in *allen* EWS-Staaten.

2. Jede Intervention eines EWS-Mitglieds am Devisenmarkt gegenüber Drittwährungen verursacht ceteris paribus in allen EWS-Ländern ein Zahlungsbilanzungleichgewicht und damit verbunden Devisenveränderungen. Damit wird aber durch eine aktive Interventionspolitik eines EG-Mitgliedstaates gegenüber Drittwährungen nicht nur ein Ungleichgewicht der Gesamtzahlungsbilanz der Gemeinschaft gegenüber dem Rest der Welt verursacht bzw. konserviert, sondern es werden durch eine derartige Politik auch Zahlungsbilanzungleichgewichte zwischen den einzelnen Teilnehmerstaaten innerhalb des EWS auftreten bzw. deren Ausgleich verhindert. Das erkennt man aus dem Wert der Ableitung

$$\frac{\delta R^*}{\delta R^\circ} = -\frac{1}{\triangle}(l_{1r} + l_{2r}) \cdot \frac{w(\mu + R)}{P \cdot \pi^2} = \frac{\mu + R}{\mu + M/w + R^\circ}$$

die man aus (20) erhält.

In diesem Ausdruck sind $\triangle_1$ und $\triangle_2$ die verbleibenden (3 × 3)-Restdeterminanten. Dieser Ausdruck läßt sich nun folgendermaßen umformen:

$$D = 1 + \frac{-\frac{1}{P}\triangle_1}{-\frac{1}{\pi}(\triangle_1 - \triangle_2)}$$

Da $\triangle_1 < 0$ und $(\triangle_1 - \triangle_2) > 0$ ist, ist $D < 1$. Zu bemerken ist, dass D auch negativ werden kann. Doch bleibt die Reservenänderung bei einer Geldmengenänderung beider Länder immer geringer als wenn nur ein Land eine geldpolitische Massnahme ergreift

Aus ihr folgt, dass durch den Ankauf von Drittwährungen durch ein EWS-Mitglied in jedem EG-Land die Devisenreserven ansteigen, wobei sich der Devisenzufluss in die Europäische Gemeinschaft (nach Abschluss aller Anpassungsprozesse innerhalb des EWS) auf die einzelnen EWS-Staaten entsprechend ihrem Anteil an der Gesamtgeldmenge im EWS aufteilt[86]. Das heisst mit anderen Worten, dass alle EG-Länder von Veränderungen des Gesamtbestandes an Devisenreserven im EWS (unter Berücksichtigung ihrer Grösse) in gleicher Weise betroffen werden, und zwar unabhängig davon, welches Land die Intervention in Drittwährungen durchführt.

3. Die von einem Land durch den Ankauf von Drittwährungen verursachte Geldmengenexpansion im EWS unterliegt im Gegensatz zu der durch eine Erhöhung der autonomen Geldkomponente dieses Landes verursachten Geldmengenerhöhung im EWS keinen ökonomischen Grenzen. Damit kann ein EWS-Mitglied durch den Ankauf von Drittwährungen die Gesamtgeldmenge im EWS (theoretisch) beliebig erhöhen und damit den Partnerstaaten (theoretisch) jede beliebige Inflationsrate aufzwingen. Die oben getroffene Feststellung, dass im EWS bei konstantem Gesamtbestand an Währungsreserven *langfristig* das Land mit der geringsten Inflationsneigung die Inflationsrate im EWS bestimmt, verkehrt sich bei der Zulässigkeit von Interventionen gegenüber Drittwährungen in ihr Gegenteil: Ist es den nationalen Zentralbanken gestattet, an den Devisenmärkten in Drittwährungen zu intervenieren, so kann jedes EWS-Mitglied durch fortgesetzte Ankäufe von Drittwährungen die Gesamtgeldmenge im EWS beliebig erhöhen, mit der Folge, dass das Land mit der höchsten Inflationsneigung auf diese Weise seine gewünschte Inflationsrate der gesamten Gemeinschaft aufzwingen kann.

Diese drei Gründe machen deutlich, weshalb eine gemeinsame Währungspolitik gegenüber Drittstaaten nicht nur unerlässlich, sondern auch vordringlich ist. Das haben auch die Schöpfer des EWS aufgrund der Erfahrungen mit der europäischen Währungsschlange gesehen. Sie haben daher in die EWS-Entschliessung die Bestimmung aufgenommen, dass Interventionen grundsätzlich in Teilnehmerwährungen zu erfolgen haben[87]. Im einzelnen wird die Interventionspolitik – insbesondere die fakultativen Interventionen innerhalb der obligatorischen Interventionspunkte, die auch in Drittwährungen erfolgen können – im Rahmen der täglich stattfindenden «Konzertierung der Zentralbanken» abgestimmt. Die Schöpfer des EWS haben sich darüber hinaus in Ziff. 5.1 der EWS-Entschliessung auf eine Koordinierung der Wechselkurspolitiken gegenüber Drittländern verständigt und soweit möglich auf eine Konzertierung mit den Währungsbehörden dieser Länder.

Uns erscheint jedoch eine *Koordinierung* der Wechselkurspolitiken gegenüber Drittländern auf Dauer nicht ausreichend. Die Wechselkurspolitik gegenüber Drittländern tangiert nämlich nicht nur die Zahlungsbilanzen und das aussenwirtschaftliche Gleichgewicht der Mitgliedstaaten, sondern – sogar in erster Linie –

[86] Man kann leicht erkennen, dass die Veränderung des Devisenbestandes des anderen Landes $R' = R^0 - R$ bei einer Veränderung von R^0

$$\frac{\delta R'}{\delta R^\circ} = 1 - \frac{\delta R^*}{\delta R^\circ} = \frac{M/w + R^\circ - R}{\mu + M/w + R^\circ}$$

beträgt

[87] Vgl. Ziff. 3.3 der EWS-Entschliessung

das aussenwirtschaftliche Gleichgewicht der Europäischen Gemeinschaft als Ganzes gegenüber Drittländern. Damit wird aber durch eine Koordinierung der Wechselkurspolitik gegenüber Drittländern mehr oder weniger direkt auch eine ganz bestimmte Handelspolitik der Europäischen Gemeinschaft gegenüber diesen Ländern betrieben. Die Handelspolitik befindet sich aber nach den Römischen Verträgen im Kompetenzbereich der Gemeinschaft und nicht mehr im Kompetenzbereich der Mitgliedstaaten. Folglich müssen die Gemeinschaftsorgane auch an der Formulierung der Wechselkurspolitik beteiligt sein. Dies geschieht bisher mangels eines geeigneten Organs nicht in ausreichendem Masse.
Eine blosse Koordinierung der Währungspolitik gegenüber Drittländern wahrt ausserdem nicht genügend die Interessen der Gemeinschaft als Ganzes. Die nationalen Zentralbankgouverneure, in deren Kompetenzbereich bisher die Koordinierung liegt, führen diese in erster Linie jeweils unter Beachtung ihrer nationalen geldpolitischen Ziele durch, nicht jedoch in ausreichendem Masse im Hinblick auf die Gesamtgeldmenge der Gemeinschaft. Dagegen hätte die Einführung einer gemeinsamen Währungspolitik nicht nur zur Folge, dass in verstärktem Masse eine Kontrolle der Gesamtgeldmenge erfolgen könnte, sondern es würde damit gleichzeitig ein Teil der Möglichkeiten der nationalen Zentralbanken, Geldschöpfung zu betreiben, beschnitten und auf ein Gemeinschaftsorgan übertragen. Es wäre dies aber nicht weniger als ein erster wesentlicher Schritt auf dem Wege zur Errichtung einer gemeinsamen Geldordnung in der Europäischen Gemeinschaft, ohne die eine Währungsunion auf Dauer nicht denkbar ist.

6.4.4 Errichtung einer gemeinsamen Europäischen Zentralbank

Eine gemeinsame Geldpolitik in der Europäischen Gemeinschaft und eine gemeinsame Währungspolitik gegenüber Drittländern lassen sich ohne Errichtung einer gemeinsamen Europäischen Zentralbank nicht in vernünftiger Weise realisieren. Monetäre Verantwortung kann nur von einer monetären Autorität geübt werden. Entsprechend kann eine *gemeinsame* Geld- und Währungspolitik in der Europäischen Gemeinschaft nur von einer *gemeinsamen* monetären Autorität, d. h. von einer Europäischen Zentralbank ausgehen.
Die Notwendigkeit eines gemeinschaftlichen Zentralbanksystems in einer Währungsunion ist unbestritten. Nicht genügend Klarheit besteht aber offenbar darüber, dass die Errichtung einer Währungsunion mit der Errichtung eines gemeinsamen Zentralbanksystems erst beginnt. Dies bedeutet jedoch nicht, dass die Errichtung einer Wirtschafts- und Währungsunion unbedingt die Errichtung eines neuen Zentralbanksystems voraussetzt. Auch bestehende nationale Zentralbanken können bei der Bildung einer Währungsunion die Funktionen einer gemeinsamen Zentralbank übernehmen. Doch setzt dies voraus, dass die übrigen Teilnehmerstaaten diese nationale Zentralbank als «monetary authority» anerkennen und sich ihren Entscheidungen unterordnen. Im Falle der belgisch-luxemburgischen Währungsunion ist dies der Fall. Und auch im Falle der britisch-irischen Währungsunion ordnete sich die Zentralbank Irlands über 100 Jahre lang den Entscheidungen der Bank von England unter.
Die Betrauung einer nationalen Zentralbank mit den Funktionen einer gemeinsamen Zentralbank ist in der Europäischen Gemeinschaft jedoch nicht möglich. Denn eine derartige Vorgehensweise widerspricht dem Gleichheitsgrundsatz al-

ler Mitgliedstaaten in der Europäischen Gemeinschaft. Soll die EG wirklich zu einer Wirtschafts- und Währungsunion weiterentwickelt werden, ist daher die Errichtung einer neuen, gemeinsamen Zentralbank unvermeidlich. Da eine sofortige völlige Unterordnung der nationalen Zentralbanken unter eine neu geschaffene und in ihrer Funktionsfähigkeit unerprobte gemeinsame Zentralbank von allen Mitgliedstaaten jedoch mit Recht als zu risikoreich empfunden wird und daher im Prinzip von allen mit Recht abgelehnt wird, kann ein gemeinsames europäisches Zentralbanksystem nur stufenweise errichtet werden. Eine stufenweise Errichtung eines europäischen Zentralbanksystems setzt aber voraus, dass zunächst *neben* den nationalen Zentralbanken eine gemeinsame europäische Zentralbank errichtet wird, der dann im Laufe der Zeit sukzessive – möglichst nach einem vorher festgelegten Stufenplan – monetäre Kompetenzen von den nationalen Zentralbanken der Mitgliedstaaten übertragen werden.
Als Anfang in dieser Richtung kann die Errichtung des Europäischen Fonds für währungspolitische Zusammenarbeit (EFWZ) im Jahre 1973 angesehen werden. Solange dieser Fonds allerdings nur als Verbuchungsstelle der Interventionen im gemeinschaftlichen Interventionssystem und als Clearingstelle beim innergemeinschaftlichen Saldenausgleich dient, kann man ihn noch kaum als Vorläufer einer gemeinsamen europäischen Zentralbank bezeichnen.
Zur Einführung einer gemeinsamen Geld- und Währungspolitik und zur Weiterentwicklung des EFWZ zu einer gemeinsamen europäischen Zentralbank sollten dem EFWZ sukzessive in der unten angegebenen Reihenfolge folgende eigene Kompetenzen übertragen werden:
1. Die Pflicht und das alleinige Recht, die im Rahmen des EWS erforderlichen obligatorischen Interventionen in Gemeinschaftswährungen an den festgelegten Interventionspunkten durchzuführen, bis von den betroffenen nationalen Zentralbanken oder dem Ausschuss der Zentralbankpräsidenten, der sukzessive die Funktion eines europäischen Zentralbankrates zu übernehmen hätte, andere Direktiven ergehen.
2. Die Pflicht und das alleinige Recht, die im Rahmen der täglich stattfindenden «Konzertierung zwischen den Zentralbanken» beschlossenen fakultativen Interventionen in Teilnehmerwährungen und Drittwährungen durchzuführen. Dabei sollten sich die im Rahmen der «Konzertierung zwischen den Zentralbanken» gefassten Beschlüsse zunehmend auf die grundsätzliche Vorgehensweise beschränken und dem EFWZ in der Durchführung zunehmend Eigenverantwortung übertragen werden und ein eigener Ermessensspielraum belassen werden.
3. Eine schrittweise endgültige Übertragung der gesamten Gold- und Devisenreserven auf den EFWZ im Umtausch gegen ECU und ein unwiderruflicher Verzicht der nationalen Zentralbanken auf Haltung eigener Devisenreserven in einer anderen Valuta als der ECU. Die gesamten Währungsreserven der nationalen Zentralbanken würden demnach ausschliesslich aus ECU-Forderungen gegenüber dem EFWZ bestehen.
4. Das Recht, im Zuge des Ankaufs von Drittwährungen die Europäische Währungseinheit ECU autonom zu schöpfen, sowie das Recht und die Pflicht, diese – zunächst nur gegenüber Zentralbanken der EWS-Mitgliedstaaten und von Drittländern – zum offiziellen Wechselkurs in jede Gemeinschaftswährung zu konvertieren. Mit diesem Recht erhielte der EFWZ materiell das Recht, neben den nationalen Zentralbanken in beschränktem Umfang nationale Gemeinschaftswährungen emittieren zu dürfen.
5. Das ausschliessliche Recht, mit den Währungsbehörden von Drittländern wäh-

rungspolitische Vereinbarungen zu treffen, einschliesslich dem Recht – sofern dies im Interesse der Europäischen Gemeinschaft und einer funktionsfähigen Weltwährungsordnung geboten erscheint – von den Währungsbehörden von Drittländern ECU-Einlagen entgegenzunehmen.

6. Das ausschliessliche und unbedingte Recht, EG-Inländern nationale Gemeinschaftswährungen in ECU umtauschen zu dürfen und von diesen verzinsliche wie unverzinsliche ECU-Einlagen entgegenzunehmen. Auf diese Weise würde die Freiheit des Kapitalverkehrs innerhalb der EG auf alle EG-Bürger ausgedehnt und nicht mehr nur auf sog. «Berechtigte» beschränkt. Das Recht der Entgegennahme von ECU-Guthaben von EG-Inländern sollte vom EFWZ auch auf andere Banken übertragen werden können, sofern diese sich bereit erklären, sich bezüglich der ECU-Guthaben den Bestimmungen des EFWZ einschliesslich etwaiger Mindestreserveverpflichtungen etc. zu unterwerfen.

7. Erst nach Durchführung all dieser Massnahmen und erst nach zufriedenstellenden Erfahrungen und genügend Vertrauen der Wirtschaftssubjekte in die neue Gemeinschaftswährung kann die ECU im Zuge einer Währungsreform zum einzigen gesetzlichen Zahlungsmittel in der Europäischen Gemeinschaft erklärt werden und die nationalen Währungen vollständig ersetzen.

Betont werden muss, dass das Recht zu Wechselkursänderungen den nationalen Zentralbanken bis zum Schluss, d. h. bis zur vollständigen Ersetzung der nationalen Währungen, erhalten bleiben muss, da nach Einführung einer gemeinsamen Geldpolitik die Wechselkursänderung für die nationalen Währungsbehörden noch die einzige Möglichkeit ist, sich von unerwünschten gemeinschaftlichen Entwicklungen abzusetzen. Gleichzeitig stellt das Recht zur Wechselkursänderung, auch wenn sie nur im gegenseitigen Einvernehmen erfolgen kann, das einzige, aber doch sehr wirksame ökonomische Druckmittel der nationalen Zentralbanken dar, den Europäischen Währungsfonds zu einer stabilitätsorientierten Geldpolitik zu bewegen. Denn eine allgemeine Akzeptanz der ECU – sowohl innerhalb der EG als auch durch ausländische Zentralbanken – ist nur zu erreichen, wenn sich die ECU als die stabilste aller Gemeinschaftswährungen erweist, d. h. mit anderen Worten, wenn die ECU mindestens so stabil ist wie die stabilste nationale Gemeinschaftswährung.

Damit wird hier im Gegensatz zu vielen anderen Vorschlägen zur Errichtung einer Wirtschafts- und Währungsunion die Auffassung vertreten, dass bei einer stufenweisen Errichtung einer Währungsunion zuerst die Geldpolitik vergemeinschaftet werden muss und erst ganz am Ende die Wechselkurse unwiderruflich fixiert werden können. Dabei erscheint es aus ökonomischen und psychologischen Gründen sogar geraten, auch in einer Währungsunion auf eine unwiderrufliche Fixierung der Wechselkurse der verschiedenen Währungen untereinander ganz zu verzichten. Denn die Beibehaltung nationaler Gemeinschaftswährungen in einer Währungsunion bekundet ja den politischen Willen, die nationale währungspolitische Souveränität nur unter Vorbehalt abzutreten und sich letztlich ein Rückerlangungsrecht der übertragenen Souveränität vorzubehalten. Sind die Mitgliedstaaten aber bereit, auf diesen nationalen währungspolitischen Souveränitätsvorbehalt unwiderruflich zu verzichten, was bei einer unwiderruflichen Fixierung der Wechselkurse der Fall wäre, so kann man diesem politischen Willen auch gleich durch Einführung einer einzigen Gemeinschaftswährung Nachdruck und die nötige Glaubhaftigkeit verleihen.

Die obigen Ausführungen zur stufenweisen Errichtung einer Europäischen Zentralbank verdeutlichen, dass die Errichtung einer Europäischen Zentralbank und damit auch die Errichtung einer endgültigen, unauflöslichen Währungsunion in der Europäischen Gemeinschaft nicht auf intergouvernementaler Basis erfolgen kann. Die monetäre Autorität einer Europäischen Zentralbank kann auf Dauer nicht eine von den nationalen Zentralbanken der Mitgliedstaaten abgeleitete Autorität sein, sondern muss originärer Natur sein. Der Verfasser sieht auch nicht die Möglichkeit, ein gemeinsames europäisches Zentralbanksystem auf föderativer Basis zu errichten, d. h. in einer Form, in der neben der gemeinsamen Zentralbank auch die nationalen Zentralbanken der Mitgliedstaaten noch eine gewisse Teilautonomie bezüglich der Geldschöpfung und Steuerung der Gesamtgeldmenge besitzen.

Ein intergouvernementales oder föderatives System kann allenfalls als Übergangssystem errichtet werden. In der Endstufe einer Währungsunion müssen jedoch alle monetären Kompetenzen ausschliesslich bei der gemeinsamen Zentralbank liegen. Nur wenn dies der Fall ist, kann die Europäische Zentralbank die gesamte Verantwortung für die monetäre Entwicklung in der EG tragen und dafür auch voll verantwortlich gemacht werden. Das heisst mit anderen Worten, dass es in einer europäischen Währungsunion am Ende nicht nur noch eine einzige – gemeinsame – Währung geben darf, sondern auch nur eine einzige «monetary authority» geben kann, die für das gesamte Geld- und Währungswesen in der EG verantwortlich ist.

Im ersten Kapitel haben wir im Rahmen unserer integrationstheoretischen Überlegungen festgestellt, dass jede höhere Form wirtschaftlicher Integration letztlich ökonomisch nicht begründbar ist, sondern immer durch ausserökonomische, politische Motive der beteiligten Staaten erklärt werden muss. In ganz besonderem Masse gilt das für die Weiterentwicklung der EG zu einer Wirtschafts- und Währungsunion, wie sie hier vom EWS ausgehend vorgezeichnet wurde. Die Verwirklichung der oben aufgeführten Massnahmen, durch die das EWS zu einer echten Währungsunion fortentwickelt würde, setzt bei jedem einzelnen Schritt politische Entscheidungen voraus, die nur getroffen werden, wenn der entsprechende politische Wille vorhanden ist. Dabei gibt es im Kern keine erfolgversprechenden Ersatzlösungen, da die monetäre Autorität von der Natur der Sache her nicht teilbar ist.

Aus der Unterzeichnung der EWS-Entschliessung lässt sich nach unserer Meinung allerdings noch kein Rückschluss auf einen im Vergleich zu früher stärkeren politischen Willen zu einer Vertiefung der wirtschaftlichen und politischen Integration in Europa ziehen. Durch die Errichtung des EWS wurde vielmehr im wesentlichen nur der Zustand innerhalb der Europäischen Gemeinschaft wiederhergestellt, der vor dem Zusammenbruch des Bretton Woods-Systems als «monetäre Geschäftsgrundlage» der Gemeinschaftsverträge bestanden hatte. Dabei besteht – wie wir in unserer wirtschaftstheoretischen Analyse klar herausgearbeitet haben – zwischen der monetären Situation der EG vor dem Zusammenbruch des Bretton Woods-Systems und der jetzigen, durch die Errichtung des EWS geschaffenen Situation allerdings ein wesentlicher Unterschied: Die Einhaltung der Regeln der Bretton Woods-Konvention implizierte für die EG – wenn auch unfreiwillig und von aussen aufgezwungen – materiell eine gemeinsame Geldpolitik, wogegen aus der Einhaltung der EWS-Regeln noch keine gemeinsame Geldpolitik resultiert, die langfristige Sicherung der Funktionsfähigkeit des EWS vielmehr von der (gesonderten) Einführung einer gemeinsamen Geldpolitik abhängig ist.

Wird das EWS nicht in der oben vorgezeichneten Richtung weiterentwickelt, so bleibt es das, was es gegenwärtig ist: ein zwischenstaatliches Währungsarrangement vom Charakter des Bretton Woods-Abkommens, das den Namen «Europäisches Währungssystem» nicht deshalb verdient, weil es sich um ein neues europäisches Gemeinschaftssystem handelt, sondern weil es gegenwärtig regional auf die Länder der Europäischen Gemeinschaft begrenzt ist. In seiner gegenwärtigen Form könnte das EWS auch genausogut auf Drittländer ausgedehnt werden und so zum Grundstein einer neuen Weltwährungsordnung werden, ohne dass aus dem Beitritt eines Landes zu diesem System der Schluss gezogen werden könnte, dass dieses Land zu irgendwelcher politischer Integration bereit wäre. Entsprechend steht es gegenwärtig um die Beständigkeit des EWS: Es dürfte in seiner gegenwärtigen Form so lange von Bestand sein und seine Regeln dürften von den Teilnehmerstaaten – wie bei allen internationalen Vereinbarungen – so lange eingehalten werden, als dies für die Teilnehmerstaaten von Vorteil ist und daher in ihrem Interesse liegt. Bringt das EWS einem Teilnehmerstaat aufgrund bestimmter Umstände einmal nicht mehr genügend Vorteile oder gar mehr Nachteile als Vorteile, so kann ein Teilnehmerstaat jederzeit aus dem Wechselkurs- und Interventionsmechanismus austreten. Da die «Kosten» eines solchen «opting-out» relativ gering sind, besteht – zumindest bisher – permanent die latente Gefahr eines Zerfalls des EWS, die auch bei einem vorübergehenden Erfolg des EWS nicht übersehen werden darf.

7 Das politische Kernproblem der Errichtung einer Wirtschafts- und Währungsunion in der Europäischen Gemeinschaft und die Einführung eines Leitwährungssystems in der EG als politischer Ausweg aus diesem Dilemma

Dass ein integrierter Wirtschaftsraum wie der Gemeinsame Markt der Europäischen Gemeinschaft durch eine währungspolitische Integration flankiert bzw. ergänzt werden muss, ist heute wohl unbestritten. Die Erkenntnis, dass eine derartige währungspolitische Integration *zumindest* in der Einführung eines *Systems fester Wechselkurse* bestehen muss, in dem die Paritäten nicht beliebig, sondern wie im EWS grundsätzlich nur «in gegenseitigem Einvernehmen» geändert werden können, scheint sich im Laufe der Zeit aufgrund der Erfahrungen in der Europäischen Gemeinschaft wie auf internationaler Ebene nach dem Zusammenbruch des Bretton Woods-Systems zu Beginn der siebziger Jahre ebenfalls allgemein durchgesetzt zu haben. Die Rückkehr zu einem System fester Wechselkurse innerhalb der Europäischen Gemeinschaft und zu «geordneten Währungsverhältnissen» auf internationaler Ebene sind der sichtbare Beweis dafür.
Jedem weiteren Schritt auf dem Gebiet der währungspolitischen Integration stehen die Mitgliedstaaten der EG jedoch auch heute noch skeptisch und reserviert gegenüber. Das mag seinen tieferen Grund darin haben, dass alle Staaten eine (nach ihrer Auffassung) geordnete Geldverfassung und Geldordnung als Grundbestandteil eines geordneten Staatswesens und des sozialen Friedens sowie der staatlichen Identität ansehen und daher den Verzicht auf eine nationale Münzhoheit und eine nationale Geld- und Währungspolitik als eine staatliche Selbstaufgabe empfinden, zu der sie unter anderem um so weniger bereit sind, je höher die Ungewissheit über die Funktionsweise der Geldordnung ist, die an die Stelle der nationalen Geldordnung treten soll.
Dies gilt in besonderem Masse für die Länder der Europäischen Gemeinschaft, die in ihren nationalen Inflationsneigungen und damit in ihrem Verständnis von einer geordneten Geldordnung noch erhebliche Unterschiede aufweisen, die sich kaum auf einen gemeinsamen Nenner bringen lassen. Ihre Furcht vor einer weitergehenden monetären Integration ist daher nicht nur verständlich, sondern aus subjektiver nationaler Sicht in gewisser Weise auch berechtigt.
Andererseits kann aber ein System fester Wechselkurse aufgrund des engen ökonomischen Zusammenhangs zwischen internem und externem Gleichgewicht ohne eine im Ergebnis einheitliche Geldpolitik auf Dauer nicht von Bestand sein. Auch das folgt nicht nur aus der ökonomischen Theorie, sondern auch aus den Erfahrungen mit historischen Systemen fester Wechselkurse, insbesondere mit der Weltwährungsordnung von Bretton Woods. Dieses System hat so lange befriedigend funktioniert, als die Nichtleitwährungsländer sich der Geldpolitik der Vereinigten Staaten unterordneten und darauf verzichteten, ihre eigenen geldpolitischen Vorstellungen – sofern sie von denen der Vereinigten Staaten abwichen – zu verwirklichen. Als dies nicht mehr der Fall war, begann der Zerfall des Bretton Woods-Systems.
Die Tatsache, dass ein System fester Wechselkurse nur von Dauer sein kann, wenn es mit einer im Ergebnis einheitlichen Geldpolitik korrespondiert[1], bei währungspolitischen Überlegungen zu ignorieren, hiesse, an den Fakten der Realität vorbeizuplanen. Dass ein solches Vorgehen nicht gut gehen *kann,* liegt auf der

[1] Man kann hier fast schon von einem «monetären Korrespondenzprinzip» sprechen

Hand. Die Frage in der Diskussion um die währungspolitische Integration der EG kann daher heute – nach Errichtung des EWS – nicht mehr sein, *ob* eine gemeinsame Geld- und Währungspolitik in der EG erforderlich ist oder nicht, sondern nur noch, *wie* eine im Ergebnis einheitliche Geldpolitik aller Mitgliedstaaten der Gemeinschaft unter den gegenwärtigen Umständen am besten erreicht werden kann. Denn einerseits ist nach der Errichtung des EWS eine gemeinsame Geldpolitik der EG dringend erforderlich, andererseits sind die Mitgliedstaaten bis heute noch nicht bereit, sich ihre nationale Souveränität auf dem Gebiet der Geld- und Währungspolitik wesentlich beschneiden zu lassen und auf eine neue, gemeinsame Institution zu übertragen.
Das politische Ziel der Verwirklichung einer gemeinsamen Geldpolitik in der EG bei voller Wahrung der nationalen Souveränität der Mitgliedstaaten auf dem Gebiet der Geld- und Währungspolitik kann nach Auffassung des Verfassers – und dies stellt eine Kernthese dieser Arbeit dar – durch *Einführung eines Leitwährungssystems* in der Europäischen Gemeinschaft realisiert werden. Wie wir im 3. Kapitel unserer Arbeit ausführlich nachgewiesen haben, stellt das Leitwährungssystem das einzige bekannte internationale Währungssystem dar, das aufgrund seiner ökonomischen Funktionsweise in einem System fester Wechselkurse gleichzeitig eine im Ergebnis in allen Staaten einheitliche Geldpolitik sichert oder – anders ausgedrückt – das im gesamten Währungsraum die Verwirklichung einer «gemeinsamen Geldpolitik» garantiert. Diese Tatsache folgt aus dem Faktum, dass in einem Leitwährungssystem allein das Leitwährungsland eine aktive Geldpolitik betreiben kann, da die Geldpolitik nur im Leitwährungsland wirksam ist, in den Nichtleitwährungsländern dagegen nicht. Damit dürfte heute das Leitwährungssystem das einzige ökonomisch beständige bzw. stabile Währungssystem mit festen Wechselkursen sein!
Gegen diese These spricht auch nicht die erwiesene Funktionsfähigkeit des klassischen Goldstandards im vorigen Jahrhundert. Denn – wie wir ebenfalls in dieser Arbeit begründet haben – konnten die Zahlungsbilanzmechanismen des klassischen Goldwährungssystems nur funktionieren, weil sich alle Länder dem sog. Goldautomatismus passiv unterworfen haben und seine Wirksamkeit nicht durch eine aktive Geldpolitik ausser Kraft gesetzt haben. Nachdem wir durch Keynes jedoch erst einmal gelernt haben, wie man durch eine aktive Geld- und Fiskalpolitik die wirtschaftliche Aktivität und damit die Beschäftigung in einer Volkswirtschaft steuern kann, kann man heute von einem Land kaum mehr erwarten, dass es sich der Wirkungsweise des Goldautomatismus passiv unterzieht. Jedes aktive Eingreifen der nationalen Währungsbehörden in die Versorgung der Volkswirtschaft mit Geld führt aber nach den heutigen Erkenntnissen der ökonomischen Theorie zwangsläufig zu Zahlungsbilanzungleichgewichten und damit zu (zusätzlichen) Spannungen in einem solchen System, welche, wenn sie quantitativ grössere Ausmasse erreichen und nicht mehr nur von vorübergehender Natur sind, letztlich zwangsläufig zur Zerstörung des Systems führen müssen.
Auch unter integrationstheoretischen Aspekten ist das Leitwährungssystem von besonderem Interesse. Es stellt nämlich letztlich eine *intergouvernementale Form einer Währungsunion* dar oder, mit anderen Worten, eine Währungsunion zwischen souveränen Staaten, die nach wie vor formell im vollen Besitz ihrer währungspolitischen Souveränität sind. Zwar verzichten die Länder, die sich gegenüber einem anderen Land in die Position eines Nichtleitwährungslandes begeben, freiwillig materiell auf eine autonome Geldpolitik und übernehmen statt dessen die geldpolitischen Vorstellungen des Leitwährungslandes, doch handelt es

sich hier nicht um einen formellen Verzicht gegenüber irgendeiner anderen Institution und auch nicht um einen unwiderruflichen Verzicht. Vielmehr kann sich das Nichtleitwährungsland jederzeit einseitig aus der Position des Nichtleitwährungslandes herauslösen und kann auf diese Weise jederzeit auch materiell seine volle geld- und währungspolitische Autonomie wieder zurückerlangen. Bei dem Verzicht eines Nichtleitwährungslandes auf eine autonome Geldpolitik handelt es sich demnach nur um einen materiellen Verzicht auf Widerruf, nicht dagegen um einen formellen Verzicht zugunsten einer supranationalen Institution. Entsprechend stellt das Leitwährungssystem eine «Währungsunion auf Widerruf» dar.

Die Charakterisierung des Leitwährungssystems als intergouvernementale Form der Währungsunion ist deshalb angemessen, weil ein Leitwährungssystem materiell alle Eigenschaften einer Währungsunion besitzt bis auf eine, nämlich eine einheitliche Währung im gesamten Währungsraum. Ein Leitwährungssystem besitzt feste Wechselkurse, eine «gemeinsame» Geldpolitik und in gewisser Weise sogar ein «gemeinsames» Zentralbanksystem.

In einem Leitwährungssystem bestehen (von einer geringen Schwankungsmöglichkeit innerhalb enger Bandbreiten abgesehen) feste Wechselkurse zwischen den Währungen der «Währungsblocks». Sie ergeben sich aus der Fixierung fester Paritäten zwischen den Nichtleitwährungen und der Leitwährung durch die Nichtleitwährungsländer und deren Einhaltung durch Interventionen der Währungsbehörden der Nichtleitwährungsländer an den Devisenmärkten gegenüber der Leitwährung. Statt einer einzigen Währung verbleiben in einem Leitwährungssystem demnach verschiedene Währungen in Umlauf. Da sie jedoch alle (zumindest solange die Paritäten nicht geändert werden) in einer festen Austauschrelation zueinander stehen, sind sie – von Umtauschkosten abgesehen – alle gleich «gut» und können materiell als ein gemeinsames Geld betrachtet werden, das nur in verschiedenen Zahlungsmitteln seinen Ausdruck findet[2].

Ein Leitwährungssystem ist zweitens durch eine «gemeinsame» Geldpolitik gekennzeichnet. Sie kommt dadurch zustande, dass sich die Wirkungen der Geldpolitik des Leitwährungslandes über die festen Wechselkurse auf die Nichtleitwährungsländer übertragen, während die Geldpolitik der Nichtleitwährungsländer unwirksam ist. Insofern wird die «gemeinsame» Geldpolitik im Leitwährungssystem vom Leitwährungsland autonom festgelegt und betrieben. Dennoch können wir von einer «gemeinsamen» Geldpolitik in diesem System sprechen – und zwar nicht nur in dem Sinne, dass sie im ganzen System einheitlich ist bzw. gleichermassen wirkt. Dass sich die Geldpolitik des Leitwährungslandes im gesamten Währungsraum durchsetzen kann, erfordert nämlich einen stillschweigenden Konsens zwischen dem Leitwährungsland und den Nichtleitwährungsländern. Indem letztere ihre Wechselkurse gegenüber der Leitwährung unverändert lassen, d. h. sich von einer bestimmten Geldpolitik des Leitwährungslandes nicht durch eine Änderung ihrer Wechselkurse absetzen, erteilen sie dem Leitwährungsland ihre stillschweigende Zustimmung zu seiner Geldpolitik.

Obwohl das Verfahren, wie im Leitwährungssystem eine einheitliche Geldpolitik

[2] Aus diesem Grunde glaubte ja auch der «Werner-Bericht» schon von einer Währungsunion sprechen zu können, wenn die Wechselkurse zwischen den Gemeinschaftswährungen «unwiderruflich» fixiert sind. Dass im Leitwährungssystem die Paritäten noch nicht einmal «unwiderruflich» fixiert sind, ändert an unserer Aussage nichts, sie macht nur deutlich, dass es sich bei einem Leitwährungssystem immer nur um eine «Währungsunion auf Widerruf» handelt und handeln kann

erreicht wird, sich in der Vergangenheit im Bretton Woods-System über ein Jahrzehnt zweifellos als wirksam erwiesen hat, ist es vom politischen Standpunkt aus gesehen dennoch problematisch. Es ist nämlich undemokratisch. Während das Leitwährungsland die Art seiner Geldpolitik autonom festlegen kann, können die Nichtleitwährungsländer nur darüber entscheiden, ob sie *diese* vom Leitwährungsland autonom festgelegte Geldpolitik unverändert übernehmen wollen oder nicht. Auf die Festlegung der Geldpolitik des Leitwährungslandes selbst haben sie dagegen keinen Einfluss. Ihnen bleibt im Zweifel nur die Wahl des geringeren Übels: Bedingungslose Übernahme der Geldpolitik des Leitwährungslandes oder Änderung der Wechselkurse.

Ein Leitwährungssystem ist schliesslich in gewisser Weise durch ein «gemeinsames» Zentralbanksystem gekennzeichnet. «Gemeinsame» Zentralbank des Systems ist die Zentralbank des Leitwährungslandes. Ihren geldpolitischen Entscheidungen ordnen sich die Zentralbanken der Nichtleitwährungsländer unter, solange sie zwischen ihrer Währung und der Leitwährung durch Interventionen eine feste Parität beibehalten. Die Zentralbanken der Nichtleitwährungsländer verzichten auf die Möglichkeit einer von der Geldschöpfung des Leitwährungslandes abweichenden, autonomen Geldschöpfung. Versucht ein Nichtleitwährungsland, unter Beibehaltung eines unveränderten Wechselkurses von der Geldmengenexpansionsrate des Leitwährungslandes abzuweichen, so wird es durch Devisenflüsse zwischen dem Leitwährungsland und dem Nichtleitwährungsland, die im Nichtleitwährungsland zu kompensierenden Geldmengenveränderungen führen, wieder in den «Konvoi» zurückgezwungen. Es gilt hier das gleiche Prinzip wie zwischen der Zentralbank und den Geschäftsbanken in einer geschlossenen Volkswirtschaft. Auch hier kann die Geldschöpfung aller Geschäftsbanken nur im Gleichschritt mit der Zuwachsrate an Zentralbankgeld erfolgen. Andernfalls ergeben sich Liquiditätsschwierigkeiten, die die Geschäftsbanken wieder in den gemeinsamen Konvoi zurückzwingen.

Natürlich kann die Errichtung einer «Währungsunion auf Widerruf» durch Einführung eines Leitwährungssystems in der Europäischen Gemeinschaft nicht das Endziel der Bemühungen um eine währungspolitische Integration in Europa sein. Denn die Europäische Gemeinschaft soll nicht eine Gemeinschaft auf Widerruf sein, sondern die Basis für eine dauerhafte wirtschaftliche und politische Integration. Dennoch könnte die Einführung eines Leitwährungssystems in der Europäischen Gemeinschaft ein erster Schritt zur Weiterentwicklung der EG zu einer dauerhaften Wirtschafts- und Währungsunion sein. Eine intergouvernementale Währungsunion auf Widerruf könnte schliesslich zur ersten Stufe einer echten Wirtschafts- und Währungsunion in der EG werden.

Will man die Europäische Gemeinschaft – wie hier vorgeschlagen – über die Einführung eines Leitwährungssystems zu einer Wirtschafts- und Währungsunion weiterentwickeln, so muss man neben den bestehenden nationalen Zentralbanken der EG-Mitgliedstaaten eine gemeinsame Europäische Zentralbank errichten, die als Institution der Europäischen Gemeinschaft alle Rechte einer Zentralbank erhalten muss, und eine eigene Gemeinschaftswährung schaffen, die gegenüber den nationalen Gemeinschaftswährungen in den Rang einer Leitwährung erhoben wird. Dabei muss man sich aber darüber im klaren sein, dass man eine Währung zwar per Dekret zu einer Leitwährung erklären kann; dass sie aber nur dann zu einer wirklichen Leitwährung wird, wenn sie vom «Markt» bzw. von den nationalen Zentralbanken der Mitgliedstaaten der EG als solche auch wirklich akzeptiert wird. Vom Markt wird nach den Erfahrungen der Währungsge-

schichte eine Währung als Leitwährung aber nur dann akzeptiert, wenn eine Reihe von Voraussetzungen erfüllt ist.
Diese Erfahrungen stützen sich nicht nur auf den Auf- und Niedergang des US-Dollars als Leitwährung im Bretton Woods-System, sondern auch auf den Niedergang des Pfund Sterling als internationale Leit- und Reservewährung nach dem 2. Weltkrieg sowie auf die zunehmende internationale Bedeutung der DM in jüngster Zeit. Verschiedentlich wird sogar die Meinung vertreten, dass auch das Währungssystem vor dem 1. Weltkrieg in Wirklichkeit nicht ein klassischer Goldstandard war, wie er in den Lehrbüchern der Aussenhandelstheorie üblicherweise beschrieben wird, sondern eher eine Art «Pfundstandard» darstellte, in dem das Pfund Sterling eine Art Leitwährungsfunktion besass und Grossbritannien in gewisser Weise die Rolle eines Leitwährungslandes einnahm und die übrigen Staaten sich in einer nichtleitwährungsländerähnlichen Position befanden[3].
Nach diesen Erfahrungen werden vom Markt als Leitwährung nur solche Währungen akzeptiert, die folgende Voraussetzungen erfüllen:
1. Es muss sich um eine bedeutsame Handelswährung handeln. Das heisst, es muss sich um die Währung eines Landes handeln, das einen erheblichen Anteil am Welthandel hat und für viele Länder die Position des wichtigsten Handelspartners einnimmt.
2. Es muss sich um eine frei konvertierbare Währung handeln. Das heisst, die Währung darf keinen (nennenswerten) Devisenbeschränkungen unterliegen. Nach den Erfahrungen der Währungsgeschichte akzeptiert der Markt von den wichtigsten Handelswährungen nur jene als Leitwährungen, die ein Höchstmass an freier Konvertierbarkeit aufweisen –, und zwar nicht nur im internationalen Handels- und Zahlungsverkehr, sondern gerade auch im internationalen Kapitalverkehr.
3. Es muss sich um eine Währung handeln, die in hohem Grade (wert-)stabil ist. In der Währungsgeschichte waren Leitwährungen nämlich immer auch zugleich internationale Reservewährungen.
Obwohl wir im 3. Kapitel unserer Arbeit herausgestellt haben, dass die Leitwährungsfunktion und die Reservewährungsfunktion zwei verschiedene und voneinander getrennte Funktionen sind, fallen sie dennoch in der Realität wenn auch nicht immer, so doch häufig zusammen[4]. Das hängt damit zusammen, dass ein Nichtleitwährungsland den Wechselkurs seiner Währung gegenüber der Leitwährung durch Interventionen am Devisenmarkt konstant hält. Zu diesem Zweck benötigt es einen ausreichenden Reservenbestand in der Währung des Leitwährungslandes, wenn es nicht vollständig vom Kredit des Leitwährungslandes abhängig sein will.
Als internationale Reservewährung bzw. als internationales Wertaufbewahrungsmittel werden aber vom Markt nur solche Währungen akzeptiert, die sich als in hohem Grade wertstabil erwiesen haben und auch für die Zukunft als sicheres,

[3] Vgl. Arthur I. Bloomfield, Monetary Policy Under the International Gold Standard: 1880–1914, New York 1959.
Obwohl der Begriff Leitwährung bei Bloomfield nicht direkt vorkommt, kann seine Analyse des Goldwährungssystems vor dem 1. Weltkrieg aus der Sicht der in unserer Arbeit dargestellten Theorie der Leitwährung ohne weiteres in dieser Weise interpretiert werden

[4] Dass die beiden Funktionen nicht untrennbar miteinander verbunden sind, erkennt man am Schweizerfranken, der international sicherlich eine gewisse Bedeutung als Reservewährung erlangt hat, bis heute aber keine Leitwährungsfunktion besitzt. Ähnliches gilt auch für den holländischen Gulden

d. h. wertstabiles Anlagemedium gelten. Erweist sich eine bestimmte Reservewährung im Laufe der Zeit als nicht mehr genügend stabil bzw. als unstabiler als andere Reservemedien, so setzt eine Flucht aus dieser Währung in andere Reservemedien ein und die Währung verliert in relativ kurzer Zeit ihren Reservewährungscharakter. Da die Flucht aus dieser Währung zu Abwertungen dieser Währung gegenüber anderen Währungen, auch Nichtleitwährungen, führt, verliert eine solche Währung nach einer geringen Zeit auch ihre Leitwährungsfunktion.
4. In der betreffenden Währung muss ein leistungsfähiger Kapitalmarkt existieren. Ein leistungsfähiger Kapitalmarkt ist Voraussetzung dafür, dass eine Währung die Funktion einer internationalen Reservewährung übernehmen kann. Da jede Leitwährung gleichzeitig auch internationale Reservewährung ist, muss demnach in der Währung des Leitwährungslandes ein leistungsfähiger Kapitalmarkt existieren. Dieser Kapitalmarkt muss gross genug sein, um die Devisenüberschüsse von Nichtleitwährungsländern ohne Funktionsstörungen absorbieren zu können, und er muss insbesondere gross genug sein, um im Bedarfsfalle eine kurzfristige Liquidierung der Auslandsaktiva der Nichtleitwährungsländer ohne Funktionsstörungen zu verkraften. Nur wenn dies der Fall ist, kann ein Nichtleitwährungsland ohne ein zu grosses (Wertpapier-)Kursrisiko einzugehen seine Devisenüberschüsse in dieser Währung ertragbringend anlegen.
Obwohl es sich bei diesen Voraussetzungen um Voraussetzungen handelt, die vorliegen müssen, damit eine existierende *nationale* Währung vom Markt als Leitwährung akzeptiert wird, machen sie doch auch deutlich, welche Voraussetzungen eine europäische Gemeinschaftswährung erfüllen muss, damit sie sich zunächst neben den nationalen Währungen behaupten kann und schliesslich sogar zur europäischen Zentral- und Leitwährung avancieren kann. Hat eine europäische Gemeinschaftswährung erst einmal in der EG den Status einer Leitwährung erlangt, so ist es bis zur vollständigen Verdrängung der unterschiedlichen nationalen (Neben-)Währungen durch die europäische Zentralwährung kein allzu grosser und allzu einschneidender Schritt mehr.
Nach der hier vertretenen Auffassung kann unter den gegenwärtig gegebenen politischen Voraussetzungen in der Europäischen Gemeinschaft nicht über Nacht per Dekret bzw. durch gemeinsamen Beschluss eine unitaristische Währungsunion verwirklicht werden, d. h. eine Währungsunion, in der es nur eine einzige, gemeinsame Währung und nur eine einzige, gemeinsame monetäre Autorität gibt. Vielmehr muss eine europäische Gemeinschaftswährung – als Parallelwährung – neben den bestehenden nationalen Gemeinschaftswährungen langsam heranwachsen und das Vertrauen der Bürger gewinnen. Dazu ist eine gemeinsame Europäische Zentralbank erforderlich, die für die europäische Gemeinschaftswährung genauso zuständig sein muss und genauso zuständig sein können muss wie die Zentralbanken der EG-Mitgliedstaaten für ihre nationalen Währungen. Um dieser Aufgabe gerecht werden zu können, müssen der Europäischen Zentralbank alle Kompetenzen einer Zentralbank ungeschmälert eingeräumt werden.
Eine wirkliche Überlebenschance hat eine auf diese Weise ins Leben gerufene europäische Zentralwährung aber nur dann, wenn alle beteiligten Zentralbanken, also sowohl die gemeinsame Europäische Zentralbank als Advokat der europäischen Zentralwährung als auch die nationalen Zentralbanken der EG-Mitgliedstaaten als Vertreter der nationalen Gemeinschaftswährungen, gewillt sind, dieser europäischen Zentralwährung den Rang einer Leitwährung einzuräumen. Denn nur auf diesem Wege besteht eine reelle Chance, bei weitgehender Erhal-

tung der währungspolitischen Souveränität der EG-Mitgliedstaaten eine gemeinsame Geldpolitik in der Europäischen Gemeinschaft zu realisieren, ohne die ein System fester Wechselkurse auf Dauer nicht beibehalten werden kann.
Die Einführung der ECU als Bezugs- und Rechengrösse im EWS sowie als Instrument für den Saldenausgleich zwischen den Währungsbehörden der EG-Mitgliedstaaten stellt einen ersten, richtigen Schritt in Richtung auf eine Einführung einer europäischen Gemeinschaftswährung dar. Dennoch kann man in diesem Schritt nur einen Anfang sehen, dem weitere Schritte folgen müssen, wenn sich die ECU zu einer echten Gemeinschaftswährung weiterentwickeln soll. Im vorigen Kapitel wurde ein Weg aufgezeigt, wie man das EWS in Richtung auf eine *föderalistische Währungsunion* mit zunehmender Konzentration der währungspolitischen Kompetenzen beim EFWZ oder seinem Nachfolger, einem zu schaffenden Europäischen Währungsfonds, weiterentwickeln kann. Ob dieser Weg wirklich beschritten werden kann, erscheint angesichts der mangelnden Bereitschaft der EG-Mitgliedstaaten zur Aufgabe wesentlicher Teile ihrer währungspolitischen Souveränität jedoch zweifelhaft.
Es soll daher im folgenden aufgezeigt werden, welche Massnahmen ergriffen werden müssten, um das EWS zu einem Leitwährungssystem und damit zu einer intergouvernementalen Währungsunion als einer ersten Stufe zu einer echten Währungsunion weiterzuentwickeln, in dem die ECU den Rang der gemeinsamen Leitwährung für die nationalen Gemeinschaftswährungen der EG-Mitgliedstaaten einnimmt.
Der erste und wichtigste Schritt zur Weiterentwicklung des EWS zu einem echten Leitwährungssystem müsste darin bestehen, der ECU einen vom Wert der nationalen Gemeinschaftswährungen unabhängigen, eigenständigen Wert zu verleihen.
In ihrer gegenwärtigen Form mag die ECU zwar vielleicht eine durchaus akzeptable gemeinsame Bezugsgrösse für den Wechselkursmechanismus des EWS und eine brauchbare Recheneinheit für Transaktionen zwischen den Zentralbanken der EG-Mitgliedstaaten sein, dagegen entspricht sie schon von ihrer Konstruktion her nicht den Anforderungen an eine eigenständige Gemeinschaftswährung. Als Korbwährung besitzt die ECU nämlich keinen originären Wert, der ihr von einer gemeinsamen Europäischen Währungsbehörde kraft ihrer monetären Autorität verliehen wurde, sondern nur einen von den nationalen Gemeinschaftswährungen abgeleiteten Wert, der vom EFWZ in keiner Weise beeinflusst werden kann. Von einer *eigenständigen* Gemeinschaftswährung kann man aber erst sprechen, wenn die zuständige Währungsbehörde – in unserem Falle die gemeinsame Europäische Zentralbank – den Wert ihrer Währung autonom, d. h. frei nach eigenem Ermessen festlegen kann.
Aber auch aus einem zweiten Grund ist die ECU in ihrer gegenwärtigen Definition kaum geeignet, zu einer vollwertigen gemeinsamen Zentralwährung zu avancieren. Eine europäische Korbwährung, wie sie die ECU gegenwärtig darstellt, hat als Parallelwährung neben den nationalen Gemeinschaftswährungen keine echte Überlebenschance und erst recht keine Chance, vom Markt als europäische Leitwährung akzeptiert zu werden. Sie würde auch als Reservemedium der nationalen Zentralbanken auf Dauer kaum freiwillig akzeptiert werden. Denn aufgrund ihrer Konstruktion entwickelt sich der Wert einer Korbwährung wie der ECU immer nur entsprechend dem (gewogenen) Durchschnitt der nationalen Gemeinschaftswährungen. Damit ist die Wertentwicklung der ECU im EWS aber zwangsläufig schlechter als die Wertentwicklung bestimmter nationaler Gemeinschafts-

währungen. Mit dieser Eigenschaft wird die ECU aber der Stabilitätsanforderung an eine Leitwährung nicht gerecht.
Würde man die ECU in ihrer gegenwärtigen Definition über ihre gegenwärtigen Funktionen hinaus in Richtung auf eine echte europäische Gemeinschaftswährung weiterentwickeln – etwa indem sie von allen EG-Inländern als Wertaufbewahrungsmittel erworben werden dürfte –, so wäre sie allenfalls für die EG-Bürger aus den Mitgliedstaaten mit schwachen nationalen Währungen eine attraktive Alternative, nicht dagegen für die Bürger der Mitgliedstaaten mit starken nationalen Währungen. Bei freier Konvertibilität der ECU würde sie schliesslich nicht einmal für die Angehörigen von Mitgliedstaaten mit schwachen nationalen Währungen genügend attraktiv sein, sondern von diesen allenfalls als Tauschmittel verwendet werden, um über die ECU in den Besitz starker nationaler Gemeinschaftswährungen zu gelangen[5].
Aus diesen Ausführungen folgt, dass eine europäische Gemeinschaftswährung nur dann eine echte Chance hat, vom Markt akzeptiert zu werden, wenn sie mindestens so stabil ist wie die stabilste nationale Gemeinschaftswährung. Ein möglicher Weg, um dieses Ziel zu erreichen, könnte in der Einführung der Goldkonvertibilität der ECU zu einem festen Preis bestehen. Dieser Weg würde eine Rückkehr zum Gold-Devisen-Standard von Bretton Woods in europäischem Rahmen bedeuten. Wie die Entwicklung des US-Dollars zur westlichen Leitwährung bewiesen hat, hätte die ECU in einem solchen System durchaus gute Chancen, zur Leitwährung in der Europäischen Gemeinschaft zu avancieren.
Ein zweiter möglicher Weg, um die ECU zur stabilsten Gemeinschaftswährung zu machen, wäre eine Wertbindung der europäischen Gemeinschaftswährung durch die Europäische Zentralbank in Form einer «Negativklausel». Dazu müsste die Europäische Zentralbank für ihre Währung die Garantie übernehmen, dass sich der Wert ihrer Währung immer an der jeweils stärksten nationalen Gemeinschaftswährung orientiert. Auf diese Weise würde für alle Zeit verhindert, dass irgendeine nationale Gemeinschaftswährung – auch nur zeitweise – stabiler wäre als die europäische Gemeinschaftswährung. Eine Entwicklung einer derart gesicherten europäischen Gemeinschaftswährung zur europäischen Zentral- und Leitwährung wäre so gut wie sicher, da sie in jeder Hinsicht die beste aller Gemeinschaftswährungen wäre[6].
Der zweite Schritt zur Weiterentwicklung des EWS zu einem Leitwährungssystem müsste darin bestehen, die europäische Gemeinschaftswährung stärker als es bisher im EWS der Fall ist in den Mittelpunkt des Wechselkurs- und Interventionsmechanismus zu stellen.
Im EWS in seiner bisherigen Form steht die ECU als Bezugsgrösse für den Wechselkursmechanismus und als Grundlage für einen Abweichungsindikator zwar formell im Mittelpunkt; in der Praxis des EWS sind jedoch nicht die ECU-Kurse von

[5] Dabei wurde unterstellt, dass die Vollkonvertibilität nur «bilateral» zwischen der europäischen Gemeinschaftswährung und jeder nationalen Gemeinschaftswährung eingeführt wird, nicht dagegen direkt zwischen den nationalen Gemeinschaftswährungen untereinander. Wäre letzteres der Fall, so wäre die ECU nicht einmal als Transfermedium erforderlich, um in den Besitz starker nationaler Gemeinschaftswährungen zu gelangen

[6] Dies gilt nicht nur hinsichtlich der Stabilität dieser Währung, sondern auch hinsichtlich der Akzeptanz als Zahlungsmittel. Die europäische Zentralwährung wäre nämlich das einzige gesetzliche Zahlungsmittel, das in der ganzen Gemeinschaft gilt. Demgegenüber würden die nationalen Gemeinschaftswährungen alle nur regional begrenzt als gesetzliches Zahlungsmittel Geltung haben

Bedeutung, sondern die bilateralen Leitkurse sowie die bilateralen (obligatorischen) Interventionspunkte. Dies könnte und müsste, sofern die ECU in den Rang einer Leitwährung erhoben werden sollte, geändert werden. Ginge man dazu über, im EWS anstatt einer bilateralen Bandbreite von ± 2,25 % zwischen den oberen und unteren bilateralen Interventionskursen zweier nationaler Gemeinschaftswährungen für jede nationale Gemeinschaftswährung nur noch einen ECU-Leitkurs sowie eine zulässige Bandbreite von ± 1,125 % gegenüber diesem ECU-Leitkurs festzulegen und auch die Interventionspunkte nur noch in ECU festzusetzen, so hätten zwei nationale Gemeinschaftswährungen immer noch einen gegenseitigen Schwankungsspielraum von ± 2,25 % und trotzdem würde in diesem Falle die ECU nicht nur formell, sondern auch materiell in den Mittelpunkt des Wechselkurs- und Interventionsmechanismus treten.
Eine Fixierung der Paritäten und Interventionspunkte allein gegenüber der ECU hätte schliesslich auch den erwünschten Effekt, dass für jeden Mitgliedstaat der Gemeinschaft das Kursrisiko der ECU geringer ist als das Kursrisiko einer anderen nationalen Gemeinschaftswährung. Damit würde aber die ECU als Reservemedium der Zentralbanken sowie als Anlage- und Zahlungsmittel im europäischen Geschäftsverkehr selbst dann noch einen Vorteil bieten und vorgezogen, wenn sie «nur» genauso gut wäre wie die beste nationale Gemeinschaftswährung.
Schliesslich könnte auch der auf der ECU basierende Abweichungsindikator in einem wie oben vorgeschlagen reformierten EWS seine Funktionen besser erfüllen als der im EWS gegenwärtig angewandte Abweichungsindikator. Wie wir in Abschnitt 6.2 nachgewiesen haben, wird im EWS die sog. Abweichungsschwelle, die als eine Art Frühwarnsystem eine Vorwarnung vor möglichen Spannungen im EWS auslösen soll, nicht immer vor Erreichen der obligatorischen Interventionspunkte überschritten. Dies ist zweifellos eine Schwäche des gegenwärtig im EWS angewandten Abweichungsindikators. Würde man den Abweichungsindikator – wie in Abschnitt 6.2 vorgeschlagen – stärker als bisher auf den ECU-Leitkurs einer Währung beziehen, so würde dadurch nicht nur die ECU stärker in den Mittelpunkt des EWS gerückt, sondern auch der oben erwähnte Mangel des bisher angewandten Abweichungsindikators beseitigt.
Ein gewisses Problem stellt bei einer neu geschaffenen europäischen Gemeinschaftswährung sicherlich die Schaffung eines hinreichend grossen Kapitalmarktes in dieser Währung dar, der nach unseren obigen Ausführungen eine ökonomische Voraussetzung dafür ist, dass eine Währung die Funktion einer Leitwährung erfolgreich übernehmen kann. Hier muss zunächst festgestellt werden, dass der Kapitalmarkt der Europäischen Gemeinschaft von seinem Potential her mit Sicherheit gross genug ist, um den Anforderungen eines Leitwährungskapitalmarktes gerecht werden zu können. Als zweites kann man wohl auch davon ausgehen, dass eine europäische Gemeinschaftswährung, die mindestens so stabil ist wie die stabilste nationale Gemeinschaftswährung, eine gesuchte Anlagewährung wäre.
Dennoch wird hier nicht verkannt, dass aller Anfang schwer ist. Ein Anfang könnte allerdings dadurch gemacht werden, dass sich die EG-Mitgliedstaaten darauf einigen, gemeinschaftsinterne Zahlungsbilanzdefizite längerfristig nicht durch gegenseitige Notenbankkredite – etwa durch Inanspruchnahme des kurzfristigen und mittelfristigen Währungsbeistands – zu finanzieren, sondern über ECU-Anleihen an einem gemeinsamen europäischen Kapitalmarkt, deren Erwerb nicht nur den Angehörigen der EG-Partnerstaaten erlaubt sein sollte, sondern auch

den eigenen Staatsbürgern des emittierenden Landes. Auf diese Weise könnte in dieser Währung innerhalb relativ kurzer Zeit ein Kapitalmarkt mit einer nicht nur beträchtlichen regionalen, sondern höchstwahrscheinlich auch einer erheblichen internationalen Bedeutung geschaffen werden.

Gelingt es, das EWS in der hier aufgezeigten Richtung weiterzuentwickeln und zu verbessern, so würde dies nicht nur «die Konvergenz der wirtschaftlichen Entwicklung erleichtern», sondern würde auch tatsächlich «dem Prozess der Europäischen Union neue Impulse verleihen»[7]. Insbesondere wäre die Europäische Gemeinschaft mit der Weiterentwicklung des EWS zu einem Leitwährungssystem aber ihrem Ziel einer Wirtschafts- und Währungsunion einen erheblichen Schritt nähergekommen. Denn die Errichtung einer intergouvernementalen Währungsunion auf Widerruf in der Europäischen Gemeinschaft würde zweifellos schon eine erste Stufe auf dem Wege zu einer echten Wirtschafts- und Währungsunion sein, die in einer zweiten Stufe durch zunehmende Übertragung von währungspolitischen Kompetenzen auf die gemeinsame Europäische Zentralbank in eine föderalistische Währungsunion übergeleitet werden könnte, bevor sie schliesslich in einer dritten Stufe als unitaristische Währungsunion ihre Vollendung finden würde.

[7] Vgl. Schlussfolgerungen des Europäischen Rates in Brüssel vom 5. Dezember 1978, a.a.O.

Literaturverzeichnis

Adenauer, Konrad, Erinnerungen 1953–1955, Stuttgart 1966

Aghevli, B., und *Borts, G. H.,* The Stability and Equilibrium of the Balance of Payments under a Fixed Exchange Rate, in: Journal of International Economics, Vol. 3 (1973), S. 1–20

Albrecht, K., Probleme und Methoden der wirtschaftlichen Integration, Kieler Vorträge, Heft 1, Kiel 1951

Aliber, Robert, The Firm Under Pegged and Floating Exchange Rates, in: Scandinavian Journal of Economics, Vol. 78 (1976), S. 309–322

Aschinger, Franz E., Das Währungssystem des Westens, 2. ergänzte Auflage, Frankfurt 1973

Bachmann, Hans, Partielle Wirtschaftsunion? – Betrachtungen zum Schuman-Plan –, in: Aussenwirtschaft, 5. Jhrg. 1950, S. 237–243

Balassa, Bela, Towards a Theory of Economic Integration, in: Kyklos, Vol. 14 (1961), S. 1–17

Balassa, Bela, The Theory of Economic Integration, 2. Auflage, London 1965

Balassa, Bela, Comment: Regional Monetary Integration of the Developing Countries, in: Robert A. Mundell und Alexander K. Swoboda (Eds.), Monetary Problems of the International Economy, Chicago–London 1969, S. 151–156

Balassa, Bela, Monetary Integration in the European Common Market, in: Alexander K. Swoboda (Ed.), Europe and the Evolution of the International Monetary System. – Proceedings of the First Conference of the International Center for Monetary and Banking Studies, Genf 1973, S. 93–128

«Barre-Plan», Memorandum der Kommission an den Rat über die Koordinierung der Wirtschaftspolitik und die Zusammenarbeit in Währungsfragen innerhalb der Gemeinschaft vom 12. Februar 1969, Sonderbeilage zum Bull.EG 3-1969

Barre, Raymond, Rede vor dem Europäischen Parlament am 18. Mai 1971, abgedruckt in: Bull.EG 6-1971, S. 15ff.

Basevi, G., u. a., A Currency for Europe – The All Saints' Day Manifesto for European Monetary Union –, in: The Economist, November 1, 1975, S. 33–38

Biehl, Dieter, Ursachen interregionaler Einkommensunterschiede und Ansatzpunkte für eine potentialorientierte Regionalpolitik in der Europäischen Gemeinschaft, in: Hans von der Groeben und Hans Möller, Möglichkeiten und Grenzen einer Europäischen Integration, Bd. 2: Verteilung der wirtschaftlichen Kräfte im Raum, Baden-Baden 1977

Biehl, Dieter, Zur Rolle der öffentlichen Finanzen in der Europäischen Integration, in: Integration 2/78, S. 35–44

Biehl, Dieter, u. a., Bestimmungsgründe des regionalen Entwicklungspotentials, Kieler Studie 133, Tübingen 1975

Binswanger, Christoph, Das Deviseninterventionssystem der EWG und Kooperationsperspektiven für die Schweiz, in: Franz E. Aschinger u. a., Der europäische Währungsblock, Bern–Stuttgart 1973, S. 45–59

Blinder, Alan S., und *Solow, Robert M.,* Does Fiscal Policy Matter?, in: Journal of Public Economics, Vol. 2 (1973), S. 319–337

Bloomfield, Arthur I., Monetary Policy Under the International Gold Standard: 1880–1914, New York 1959

Brandt, Willy, Rede des SPD-Vorsitzenden Willy Brandt vor der Europabewegung am 19. November 1974 in Paris, abgedruckt in: Informationsdienst, Deutscher Rat der Europäischen Bewegung, 26. Jhrg. (1975), Nr. 2 (Beilage der Europa-Union)

Brehm, Hermann, Die Witteveen-Fazilität, in: WiSt, 7. Jhrg. 1978, S. 332–333

Burgard, Hermann, Einige Bemerkungen zu Art. 103 des EWG-Vertrages, in: Zeitschrift für die gesamte Staatswissenschaft, 122. Bd., 1966, S. 291–327

Claassen, Emil Maria, Der monetäre Ansatz der Zahlungsbilanztheorie, in: Weltwirtschaftliches Archiv, Band 111 (1975), S. 1–23

Claassen, Emil Maria, Weltinflation bei flexiblen Wechselkursen, in: Kredit und Kapital, 10. Jhrg. (1977), S. 18–44

Claassen, Emil Maria, Weltinflation, München 1978

Coombes, D., Politics and Bureaucracy in the European Community, London 1970

Cooper, Richard N., Macroeconomic Policy Adjustment in Interdependent Economics, in: Quarterly Journal of Economics, Vol. 83 (1969), S. 1–24

Corden, W. M., Inflation, Exchange Rates, and the World Economy, Oxford 1977

Crockett, Andrew D., und *Goldstein, Morris,* Inflation Under Fixed and Flexible Exchange Rates, in: International Monetary Fund Staff Papers, Vol. 23 (1976), S. 509–544

Denton, Geoffrey, Finanzföderalismus und der Haushalt der Europäischen Gemeinschaft, in: Integration 1/79, S. 10–18

Département Central d'Economie et Statistique, Kredietbank SA, Brüssel, «Die Lenkung der europäischen Währungsschlange», in: Aussenwirtschaft, 31. Jhrg. (1976), S. 184–194

Deutsche Bundesbank, «Der europäische Wechselkursverbund», in: Monatsberichte der Deutschen Bundesbank, Januar 1976, S. 23–30

Deutsche Bundesbank, «Das Europäische Währungssystem», in: Monatsberichte der Deutschen Bundesbank, März 1979, S. 11–18

Dornbusch, Rüdiger, Devaluation, Money, and Nontraded Goods, in: The American Economic Review, Vol. 63 (1973), S. 871–880

Dubois, Monique, Die Währungspolitik in der EWG und der Barre-Plan, in: Aussenwirtschaft, 25. Jhrg. (1970), S. 88–100

Dürr, Ernst, Prozesspolitik, in: Werner Ehrlicher u. a., Kompendium der Volkswirtschaftslehre, Bd. 2, 4. überarbeitete und erweiterte Auflage, Göttingen 1975, S. 95–177

Emminger, Otmar, Die Rolle der Währungspolitik in der europäischen Integration, in: Herbert Giersch (Hrsg.), Integration durch Währungsunion?, Tübingen 1971, S. 67–77

Emminger, Otmar, 30 Jahre Deutsche Mark, in: Monatsberichte der Deutschen Bundesbank, Juni 1978, S. 5–12

Emminger, Otmar, Das Europäische Währungssystem und die deutsche Geldpolitik, in: Handelsblatt, Nr. 60, vom 26. März 1979, Beilage Banken International, S. 3f.

Faber, Malte, und *Breyer, Friedrich,* An Economic Approach to Constitutional Aspects of European Integration, unveröffentlichtes Manuskript 1979

Feldsieper, Manfred, Währungsunionen II: Zielsetzungen und Probleme, in: Handwörterbuch der Wirtschaftswissenschaft, Bd. 8, Stuttgart–New York–Tübingen–Göttingen–Zürich 1980

Fetter, Frank W., The Irish Pound, London 1955

Fratianni, Michele, und *Peeters, Theo* (Eds.), One Money for Europe, London 1978

Frenkel, Jacob A., Purchasing Power Parity – Doctrinal Perspective and Evidence from the 1920s, in: Journal of International Economics, Vol. 8 (1978), S. 169–191

Frisch, Helmut, Eine Verallgemeinerung des skandinavischen Modells der Inflation – Mit einer empirischen Analyse für Österreich, in: Empirica (Zeitschrift des Österreichischen Instituts für Wirtschaftsforschung) 1976, Heft 2, S. 197–218

Frisch, Helmut (Ed.), Inflation in Small Countries, Proceedings of an International Conference Held at the Institute for Advanced Studies Vienna, November 1974, Berlin–Heidelberg–New York 1976

Frisch, Helmut, Inflation Theory 1963–1974, A «Second Generation» Survey, in: Journal of Economic Literature, Vol. 15 (1977), S. 1289–1317

Gäfgen, Gérard, Theorie der Wirtschaftspolitik, in: Werner Ehrlicher u. a., Kompendium der Volkswirtschaftslehre, Bd. 2, 4. überarbeitete und erweiterte Auflage, Göttingen 1975, S. 1–94

Gehrmann, D., und *Harmsen, S.,* Monetäre Integration in der EWG, Hamburg 1972

Genberg, Hans, Policy Autonomy of Small Countries, in: Erik Lundberg (Hrsg.), Inflation Theory and Anti-Inflation Policy, Proceedings of a Conference held by the International Economic Association at Saltsjöbaden, Sweden (Macmillan, London), 1977, S. 183–208

Genberg, Hans, Purchasing Power Parity Under Fixed and Flexible Exchange Rates, in: Journal of International Economics, Vol. 8 (1978), S. 247–276

Giersch, Herbert, Allgemeine Wirtschaftspolitik, Bd. I: Grundlagen, Wiesbaden 1960

Groeben, Hans von der, Boeckh, Hans von, Thiesing, Jochen, Kommentar zum EWG-Vertrag, Bd. 1, 2. neubearbeitete Auflage, Baden-Baden 1974

Gurley, J. G., und *Shaw, E. S.,* Money in a Theory of Finance, Washington 1960

Haberler, Gottfried, The Theory of International Trade, London 1936

Hallstein, Walter, Der unvollendete Bundesstaat, Düsseldorf–Wien 1969

Hallstein, Walter, Die Europäische Gemeinschaft, 2. Auflage, Düsseldorf–Wien 1974

Harbrecht, Wolfgang, Die Europäische Gemeinschaft, Stuttgart–New York 1978

Harbrecht, Wolfgang, Diskussionsbericht zu Hans Michaelis, Europapolitik und Energiepolitik, in: Die Kernenergie als Problem europäischer Politik, Schriftenreihe des Arbeitskreises Europäische Integration e. V. Nr. 5, Baden-Baden 1980, S. 31–34

Harbrecht, Wolfgang, Zur Problematik der Kaufkraftparitätentheorie als Grundlage für Wechselkursanpassungen in einem europäischen Währungssystem, in: Internationale Anpassungsprozesse, Schriften des Vereins für Socialpolitik N. F. 114, hrsg. von Artur Woll, Berlin 1981, S. 123–159

Heckscher, Eli, The Effect of Foreign Trade on the Distribution of Income, in: Ekonomisk Tidskrift, Vol. 21 (1919), S. 497–512; wiederabgedruckt in: Readings in the Theory of International Trade, London 1961, S. 272–300
Herzog, Roman, Allgemeine Staatslehre, Frankfurt 1971
Heuss, Ernst, Klassischer Freihandel oder Integration?, in: Ordo – Jahrbuch für die Ordnung von Wirtschaft und Gesellschaft, 11. Bd. 1979, S. 95f.
International Monetary Fund, 29th Annual Report on Exchange Restrictions, Washington 1978
Ipsen, Hans Peter, Europäisches Gemeinschaftsrecht, Tübingen 1972
Issing, Otmar, Leitwährung und internationale Währungsordnung, Berlin 1965
Issing, Otmar, Der Internationale Währungsfonds (The International Monetary Fund), in: WiSt, 5. Jhrg. 1976, S. 29–31
Jellinek, Georg, Allgemeine Staatslehre, 3. Auflage, 1914
Jenkins, Roy, Rede des Präsidenten der Kommission der Europäischen Gemeinschaften Roy Jenkins in Florenz am 27. Oktober 1977 zur Frage der Währungsunion (Jean-Monnet-Vorlesung), abgedruckt im Bull.EG 10-1977, Ziff. 1.1.1.; siehe auch Europa-Archiv, 1/1978, S. D 1 ff.
Johnson, Harry G., Towards a General Theory of the Balance of Payments, in: International Trade and Economic Growth, London 1958, S. 153–168; wiederabgedruckt in: J. A. Frenkel und H. G. Johnson (Hrsg.), The Monetary Approach to the Balance of Payments Theory, London 1976, S. 46–63
Keller, Klaus J., Die internationale Konjunktursynchronisation – Empirischer Befund, Ursachen, Auswirkungen –, Bern–Stuttgart 1981
Kemp, Donald, The U.S. Dollar in International Markets; Mid-1970 to mid-1976, in: Federal Reserve Bank of St. Louis Review, Vol. 58 (1976), S. 7–14
King, David, The Performance of Exchange Rates in the Recent Period of Floating: Exchange Rates and Relative Rates of Inflation, Research Paper, No. 7613, Federal Reserve Bank of New York, May 1976
Klein, Benjamin, Competing Monies, European Monetary Union and the Dollar, in: Michele Fratianni und Theo Peeters (Eds.), One Money for Europe, London 1978, S. 69–94
Klisch, Carsten-Michael, Die Konjunkturpolitik in der Europäischen Wirtschaftsgemeinschaft, Baden-Baden 1974
Kommission der EG, Europäische Währungsintegration und Währungsvereinigung, Brüssel, Oktober 1973
Krämer, Hans R., Formen und Methoden der internationalen wirtschaftlichen Integration – Versuch einer Systematik –, Tübingen 1969
Krämer, Hans R., Experience with Historical Monetary Unions, Kieler Diskussionsbeitrag zu aktuellen wirtschaftspolitischen Fragen Nr. 5, Kiel, Juni 1970
Krämer, Hans R., Die Bemühungen der EWG um die Errichtung einer Währungsunion, Kieler Diskussionsbeiträge Nr. 6, Kiel 1970
Krämer, Hans R., Die Bemühungen der EWG um die Errichtung einer Währungsunion, in: Herbert Giersch (Hrsg.), Integration durch Währungsunion?, Tübingen 1971, S. 78–105
Kravis, Irving B., und *Lipsey, Robert E.,* Price Behavior in the Light of Balance of Payments Theories, in: Journal of International Economics, Vol. 8 (1978), S. 193–246
Kuska, Edward A., On the Almost Total Inadequacy of Keynesian Balance-of-Payments Theory, in: The American Economic Review, Vol. 68 (1978), S. 659–670
Lahnstein, Manfred, Über die Währungsunion zur Wirtschaftsunion?, in: Europa-Archiv 9/1978, S. 263–270
Laidler, David, Difficulties with European Monetary Union, in: Michele Fratianni und Theo Peeters (Eds.), One Money for Europe, London 1978, S. 52–63
Liebich, Ferdinand K., Das GATT als Zentrum der internationalen Handelspolitik, Baden-Baden 1971
Lipp, Ernst-Moritz, Parallelwährung für Europa, Baden-Baden 1979
Lochner, Norbert, Was bedeuten die Begriffe Harmonisierung, Koordinierung und gemeinsame Politik in den europäischen Verträgen, in: Zeitschrift für die gesamte Staatswissenschaft, Bd. 118 (1962), S. 35–61
Lutz, Christian, Die europäische Währungsschlange, in: Aussenwirtschaft, 29. Jhrg. 1974, S. 175–183
Lynch, Patrick, Monetary Integration – A Note on the Irish Experience, in: Bericht der Studiengruppe «Wirtschafts- und Währungsunion 1980», Anlage II: Individuelle Beiträge, Brüssel, März 1975, S. 87–94

«MacDougall-Bericht», Bericht der Sachverständigengruppe zur Untersuchung der Rolle der öffentlichen Finanzen bei der Europäischen Integration, Band I: Generalbericht, Band II: Einzelbeiträge und Arbeitsunterlagen, hrsg. von der Kommission der EG, Brüssel, April 1977

Magnifico, Giovanni, European Monetary Unification for Balanced Growth: A New Approach, Princeton, New Jersey, August 1971 (Essays in International Finance, No. 88); deutsche Übersetzung in: Giovanni Magnifico, Eine Währung für Europa – Ein Weg zur Europäischen Währungsvereinigung –, Baden-Baden 1977, S. 33–67

Magnifico, Giovanni, Eine Währung für Europa – Ein Weg zur Europäischen Währungsvereinigung –, Baden-Baden 1977

«Marjolin-Bericht», Bericht der Studiengruppe «Wirtschafts- und Währungsunion 1980», hrsg. von der Kommission der EG, Brüssel, März 1975

Mayne, Richard, Die Einheit Europas, aus dem Englischen übersetzt von Ruprecht Paqué, München 1963

Mayrzedt, Hans Manfred, Die wirtschafts- und währungspolitische Zusammenarbeit in der EWG, in: Franz E. Aschinger u. a., Der europäische Währungsblock, Bern–Stuttgart 1973, S. 19–43

Meade, James E., Europäische Währungsunion, in: Europäische Wirtschaftsintegration und Währungsvereinigung, hrsg. von der Kommission der EG, Brüssel, Oktober 1973, Teil II: Individuelle Beiträge, S. 111–119

Müller-Armack, Alfred, Hasse, Rolf, Merx, Volker, Starbatty, Joachim, Stabilität in Europa – Strategien und Institutionen für eine europäische Stabilitätsgemeinschaft –, Düsseldorf–Wien 1971

Mundell, Robert A., International Economics, New York–London 1968

Mundell, Robert A., Vorwort zu Harry G. Johnson und Alexander K. Swoboda (Eds.), The Economics of Common Currencies, London 1973, S. 11–12

Musgrave, Richard A., Musgrave, Peggy B., Kullmer, Lore, Die öffentlichen Finanzen in Theorie und Praxis, Bd. 1–4, Tübingen 1975–1978; auf die Verhältnisse in Deutschland übertragene Neuauflage des Werkes von Richard A. Musgrave, Public Finance in Theory and Practice, New York 1973

Neumann, Manfred, Theoretische Volkswirtschaftslehre 1: Einführung und Theorie des Volkseinkommens, Heidelberg 1973

Neumann, Manfred, Internationaler Preiszusammenhang bei festen und flexiblen Wechselkursen, in: Zeitschrift für Wirtschafts- und Sozialwissenschaften 1974, S. 105–122

Neumann, Manfred, Privates Sparen und die Wirksamkeit der Fiskalpolitik in der Bundesrepublik Deutschland, in: Finanzarchiv, N.F., Bd. 36 (1977), S. 249–265

OECD, Main Economic Indicators, Paris, September 1978

Officer, Lawrence H., The Purchasing-Power-Parity Theory of Exchange Rates: A Review Article, in: International Monetary Fund Staff Papers, Vol. 23 (1976), S. 1–60

Officer, Lawrence H., The Relationship Between Absolute and Relative Purchasing Power Parity, in: The Review of Economics and Statistics, Vol. 60 (1978), S. 562–568

Ohlin, Bertil, Interregional and International Trade, Cambridge (Mass.) 1933

«OPTICA-Report '75» – Towards Economic Equilibrium and Monetary Unification in Europe, hrsg. von der Kommission der EG in Brüssel, II/909/75-E final, Brussels, 16. January 1976

«OPTICA-Report 1976» – Inflation and Exchange Rates: Evidence and Policy Guidelines for the European Community, hrsg. von der Kommission der EG in Brüssel, II/855/76-E Final, Brussels, 10. February 1977

Peeters, Theo, de Grauwe, Paul, und *Vaubel, Roland,* The Inflation-proofed Europa: How it might work, in: Michele Fratianni und Theo Peeters (Eds.), One Money for Europe, London 1978, S. 44–51

Perrenoud, Jean, L'Union Européenne des Paiements – Ses aspects essenciels – Ses problèmes généraux, in: Aussenwirtschaft, 5. Jhrg. 1950, S. 156–176

Phillips, A. W., The Relationship Between Unemployment and the Rate of Change of Money Wage Rates in the United Kingdom, 1861–1957, in: Economica, Vol. 25 (1958), S. 283–299

Predöhl, Andreas, und *Jürgensen, Harald,* Europäische Integration, in: HdSW, 3. Bd., Stuttgart–Tübingen–Göttingen 1961, S. 371–386

Pütz, Theodor, Grundlagen der theoretischen Wirtschaftspolitik, 3. neubearbeitete und erweiterte Auflage, Stuttgart 1975

Reichert, Johann Ernst, Die Rückkehr zur Konvertibilität der Währungen, Baseler Dissertation 1961, Lörrach 1962

Roper, Don, Macroeconomic Policies and the Distribution of the World Money Supply, in: Quarterly Journal of Economics, Vol. 85 (1971), S. 119–146
Samuelson, Paul A., International Trade and the Equalization of Factor Prices, in: The Economic Journal, Vol. 58 (1948), S. 163–184; deutsche Übersetzung: Der Ausgleich der Faktorpreise durch den internationalen Handel, in: Klaus Rose, Theorie der internationalen Wirtschaftsbeziehungen, Köln–Berlin 1965, S. 69–87
Samuelson, Paul A., Analytic Notes on International Real-Income Measures, in: Economic Journal, Vol. 84 (1974), S. 602
Sannwald, R., und *Stohler, J.,* Wirtschaftliche Integration, Basel–Tübingen 1958
Scharrer, Hans-Eckart, Differenzierte Integration im Zeichen der Schlange – Utopie und Dogma in Tindemans' Vorschlägen zur Wirtschafts- und Währungspolitik, in: H. Schneider und W. Wessels (Hrsg.), Auf dem Wege zur Europäischen Union - Diskussionsbeiträge zum Tindemans-Bericht, Bonn 1977
Scharrer, Hans-Eckart, Währungsintegration und Wechselkurssteuerung in der Gemeinschaft, in: Integration 4/78, S. 152–162
Schiller, Karl, Artikel «Wirtschaftspolitik», in: HdSW, 12. Bd., Stuttgart-Tübingen-Göttingen 1965, S. 210–231
Schmidt, Helmut, Regierungserklärung des Bundeskanzlers der Bundesrepublik Deutschland, Helmut Schmidt, am 6. Dezember 1978 über die Ergebnisse des Europäischen Rates in Brüssel, auszugsweise abgedruckt in: Europa-Archiv, 5/1979, S. D 131 ff.
Schneider, Erich, Lineamenti di una teoria economica del mercato commune, in: Rivista Economica de Scienze Economiche e Commerciali, Vol. 5 (1957)
Siegler, Heinrich von, Dokumentation der Europäischen Integration 1946–1961, unter besonderer Beachtung des Verhältnisses EWG–EFTA, Bonn–Wien–Zürich 1961
Sohmen, Egon, Wechselkurs und Währungsordnung, Tübingen 1973
«Spaak-Bericht», Bericht der Delegationsleiter an die Aussenminister, erstellt vom Regierungsausschuss, eingesetzt von der Konferenz von Messina, Brüssel, 21. April 1956
Statistisches Bundesamt (Hrsg.), Statistisches Jahrbuch für die Bundesrepublik Deutschland, Stuttgart–Mainz, diverse Jahrgänge
Swoboda, Alexander K., Monetary Policy Under Fixed Exchange Rates – Effectiveness, the Speed of Adjustment, and Proper Use, in: Economica, Vol. 40 (1973), S. 136–154; wiederabgedruckt in: The Monetary Approach to the Balance of Payments, edited by Jacob A. Frenkel und Harry G. Johnson, London 1976, S. 237–261
Swoboda, Alexander K., Monetary Approaches to Balance of Payments Theory, in: E. M. Claassen und P. Salin (Eds.), Recent Issues in International Monetary Economics, Amsterdam 1976, S. 3–23; deutsche Übersetzung: Monetäre Ansätze des internen und externen Gleichgewichts, in: E. M. Claassen (Hrsg.), Kompendium der Währungstheorie, München 1971, S. 107–126
Swoboda, Alexander K., Monetary Approaches to Worldwide Inflation, in: L. B. Krause und W. Salant (Eds.), Worldwide Inflation – Theory and Recent Experience –, Washington 1977, S. 9–51
Swoboda, Alexander K., Gold, Dollars, Euro-Dollars, and the World Money Stock Under Fixed Exchange Rates, in: The American Economic Review, Vol. 68 (1978), S. 625–642
Swoboda, Alexander K., und *Dornbusch, Rüdiger,* Adjustment, Policy, and Monetary Equilibrium in a Two Country-Model, in: Michael B. Connolly und Alexander K. Swoboda (Eds.), International Trade and Money, London 1973, S. 225–261
Thygesen, Niels, Inflation and Exchange Rates – Evidence and Policy Guidelines for the European Community, in: Journal of International Economics, Vol. 8 (1978), S. 307 bis 317
«Tindemans-Bericht», Die Europäische Union, Bericht von Leo Tindemans an den Europäischen Rat, Beilage 1/76 zum Bull.EG
Vandamme, Jacques, Die abgestufte Integration im Tindemans-Bericht, in: Integration 3/78, S. 83–89
Vaubel, Roland, Die Pläne für eine europäische Parallelwährung – Ein Überblick –, in: Die Weltwirtschaft, 1972, Heft 2, S. 136–153
Vaubel, Roland, Plans for a European Parallel Currency and SDR Reform: The Choice of Value Maintenance Provisions and «Gresham's Law», in: Weltwirtschaftliches Archiv, Bd. 110 (1974), S. 194–228
Vaubel, Roland, Real Exchange-Rates Changes in the European Community: The Empirical Evidence and Its Implications for European Currency Unification, in: Weltwirtschaftliches Archiv, Bd. 112 (1976), S. 429–470

Vaubel, Roland, Strategies for Currency Unification. – The Economics of Currency Competition and the Case for a European Parallel Currency –, Kieler Studie 156, Tübingen 1978

Walter, Norbert, Europäische Währungsintegration: Kartell-Lösung versus Eurowährung, in: Die Weltwirtschaft, 1972, Heft 1, S. 41–51

Weiller, Jean, Les degrés de l'intégration et les chances d'une ‹zone de coopération› internationale, in: Revue Economique, Vol. 9 (1958)

Weizsäcker, Carl Christian von, Ein Vorschlag zur Währungsunion, in: Beiträge und Stellungnahmen zu Problemen der Währungspolitik. Kieler Diskussionsbeiträge Nr. 10, Kiel 1971, S. 26–31

Weizsäcker, Carl Christian von, Zur Problematik europäischer Währungspolitik, in: Volkswirtschaftliche Korrespondenz der Adolf-Weber-Stiftung, 11. Jhrg. (1972), Nr. 8

«Werner-Bericht», Zwischenbericht über die stufenweise Verwirklichung der Wirtschafts-und Währungsunion, Beilage zum Bull.EG 7-1970

«Werner-Bericht», Bericht an Rat und Kommission über die stufenweise Verwirklichung der Wirtschafts- und Währungsunion in der Gemeinschaft (endgültiger Text), Sonderbeilage zum Bull.EG 11-1970

Wheave, K. C., Federal Government, 3rd Ed., London 1953

Willgerodt, Hans, Domsch, Alexander, Hasse, Rolf, Merx, Volker, Wege und Irrwege zur europäischen Währungsunion, Freiburg 1972

Wrightsman, D., IS, LM and External Equilibrium: A Graphical Analysis, in: The American Economic Review, Vol. 60 (1970), S. 203–208

Zohlnhöfer, Werner, Das Europäische Währungssystem: Zielvorstellungen und Erfolgsaussichten, in: List Forum, Bd. 10 (1979/80), Heft 1, Februar 1979, S. 1–32

o. V., Artikel «Konvertibilität», in: Staatslexikon, Bd. 5, 6. Auflage, Freiburg 1960

o. V., «Texte zur Europäischen Politischen Zusammenarbeit (EPZ)», hrsg. vom Presse- und Informationsdienst der Bundesregierung, Bonn 1976

o. V., «Die Forderungen verdienen Unterstützung» – Interview mit Prof. Dr. Hallstein, in: Wirtschaftsdienst, 56. Jhrg. (1976), Heft 3, S. 122

o. V., «Die Mechanik des Europäischen Währungs-Systems», in: Frankfurter Allgemeine Zeitung, Nr. 62, vom 14. März 1979, S. 11 f.

Verträge und andere offizielle Dokumente

a) Verträge

Abkommen über den Internationalen Währungsfonds und dessen Änderungen, BGBl. 1952 II, S. 638 ff., BGBl. 1968 II, S. 1227 ff., BGBl. 1978 II, S. 15 ff.

Abkommen über die Internationale Bank für Wiederaufbau und Entwicklung (Weltbank), BGBl. 1952 II, S. 638 ff.

Vertrag über die Gründung der Europäischen Gemeinschaft für Kohle und Stahl, BGBl. 1952 II, S. 447 ff.

Vertrag zur Gründung der Europäischen Wirtschaftsgemeinschaft, BGBl. 1957 II, S. 753 ff.

Vertrag zur Gründung der Europäischen Atomgemeinschaft, BGBl. 1957 II, S. 753 ff.

Abkommen über gemeinsame Organe für die Europäischen Gemeinschaften, BGBl. 1957 II, S. 753 ff.

Vertrag zur Einsetzung eines gemeinsamen Rates und einer gemeinsamen Kommission der Europäischen Gemeinschaften, BGBl. 1967 II, S. 1454 ff., ebenso ABl. der EG Nr. 152 vom 13. Juli 1967, S. 2

Beschluss vom 21. April 1970 über die Ersetzung der Finanzbeiträge der Mitgliedstaaten durch eigene Mittel der Gemeinschaften, ABl. der EG Nr. L 94 vom 28. April 1970, S. 19

Vertrag zur Änderung bestimmter Haushaltsvorschriften der Verträge zur Gründung der Europäischen Gemeinschaften und des Vertrages zur Einsetzung eines gemeinsamen Rates und einer gemeinsamen Kommission der Europäischen Gemeinschaften (sog. 1. Haushaltsvertrag), ABl. der EG Nr. L 2 vom 2. Januar 1971, S. 1

Vertrag über den Beitritt des Königreiches Dänemark, Irlands, des Königreiches Norwegen und des Vereinigten Königreiches Grossbritannien und Nordirland zur Europäischen Wirtschaftsgemeinschaft und zur Europäischen Atomgemeinschaft einschliesslich der Akte über die Beitrittsbedingungen und die Anpassungen der Verträge und der Schlussakte, BGBl. 1972 II, S. 1127 ff., ebenso ABl. der EG Nr. L 73 vom 27. März 1972

Vertrag zur Änderung bestimmter Finanzvorschriften der Verträge zur Gründung der Europäischen Gemeinschaften und des Vertrages zur Einsetzung eines gemeinsamen Rates